U0909532

北京印刷学院传播学重点建设学科项目

高等学校编辑专业教学参考书

20世纪
中国著名编辑出版家
研究资料汇辑

2

宋应离 袁喜生 刘小敏 编

河南大学出版社

目　　录

鲁　迅

夏丏尊

陆费逵

王云五

章锡琛

鲁 迅

鲁迅(1881～1936),浙江绍兴人。原名周树人,字豫才。1898年5月到南京求学。1902年东渡日本留学,先入仙台医专学医,后弃医从文,1909年回国。1912年应蔡元培邀请,赴南京中华民国临时政府教育部任职。1918年4月,参加《新青年》的编辑工作,并在该刊发表了第一篇白话小说《狂人日记》。1921年12月至1922年2月,其代表作《阿Q正传》问世,由于思想意蕴的深刻和表现形式的独特,使阿Q这个形象成为不朽的典型。除创作小说之外,鲁迅还写了大量战斗性很强的杂文。他除在教育部任职外,还先后在北京大学、北京女子师范大学、厦门大学、中山大学任教。

鲁迅既是杰出的文学家,又是著名的编辑家。1912年初,就任绍兴《越铎日报》名誉总编辑,五四时期参加《新青年》编辑工作。1921年与人合译《人间的生活》。1922年,编成与他人合译的《爱罗先珂童话集》。1924年,支持《语丝》创刊,并成为主要撰稿人。1925年发起组织莽原社,并主编《莽原》杂志。1927年3月编辑《〈未名〉新集》6种。1928年初指导《未名》半月刊的编辑业务。同年6月，与郁达夫合编《奔流》月刊。年底，发起成立朝花社，主编《朝花》杂志，同时与冯雪峰合编《科学的艺术论丛书》和《萌芽月刊》。1930年2月主编《文艺研究》，4月主编“左联”机关刊物《巴尔底山》旬刊及《世界文化》。1931年4月，与冯雪峰合编《前哨·纪念战死者专号》。12月与冯合编“左联”机关刊物《十字街头》。1934年8月，主编《译文》月刊，后由黄源接编。在编辑文艺期刊的同时，还编辑了不少图书。如先后与郑振铎合编有《北平笺谱》、《十竹斋笺谱》，亲自编辑了瞿秋白的译文集《海上述林》，编辑了曹靖华所译的《苏联作家七人集》等。据统计，鲁迅一生曾先后创办六七家出版社，编辑和参与编辑的各种图书七十多种，丛书十多种，校阅和帮助出版的又有十多种，总计约两千余万字；编辑和参与编辑文艺刊物十多种，和青年作者通信几百封。

毛泽东在《新民主主义论》中指出：“鲁迅是中国文化革命的主将，他不但是伟大的文学家，而且是伟大的思想家和伟大的革命家……鲁迅是在文化战线上，代表全民族的大多数，向着敌人冲锋陷阵的最正确、最勇敢、最坚决、最忠实、最热忱的空前的民族英雄。”他在编辑工作中表现出的无私奉献、热情扶持新人的崇高精神永远值得继承和发扬光大。

自叙传略

鲁 迅

我于一八八一年生在浙江省绍兴府城里的一家姓周的家里。父亲是读书的；母亲姓鲁，乡下人，她以自修得到能够看书的学力。听人说，在我幼小时候，家里还有四五十亩水田，并不很愁生计。但到我十三岁时，我家忽而遭了一场很大的变故，几乎什么也没有了；我寄住在一个亲戚家，有时还被称为乞食者。我于是决心回家，而我的父亲又生了重病，约有三年多，死去了。我渐至于连极少的学费也无法可想；我的母亲便给我筹办了一点旅费，教我去寻无需学费的学校去，因为我总不肯学做幕友或商人——这是我乡衰落了的读书人家子弟所常走的两条路。

其时我是十八岁，便旅行到南京，考入水师学堂了，分在机关科。大约过了半年我又走出，改进矿路学堂去学开矿，毕业之后，即被派往日本去留学。但待到在东京的预备学校毕业，我已经决意要学医了，原因之一是因为我确知道了新的医学对于日本的维新有很大的助力。我于是进了仙台（Sendai）医学专门学校，学了两年。这时正值俄日战争，我偶然在电影上看见一个中国人因做侦探而将被斩，因此又觉得在中国还应该先提倡新文艺。我便弃了学籍，再到东京，和几个朋友立了些小计画，但都陆续失败了。我又想往德国去，也失败了。终于，因为我的母亲和几个别的人很希望我有经济上的帮助，我便回到中国来；这时我是二十九岁。

我一回国，就在浙江杭州的两级师范学堂做化学和生理学教员，第二年就走出，到绍兴中学堂去做教务长，第三年又走出，没有地方可去，想在一个书店去做编译员，到底被拒绝了。但革命也就发生，绍兴光复后，我做了师范学校的校长。革命政府在南京成立，教育部长招我去做部员，移入北京，一直到现在。近几年，我还兼做北京大学，师范大学，女子师范大学的国文系讲师。

我在留学时候，只在杂志上登过几篇不好的文章。初做小说是一九一八年，因了我的朋友钱玄同的劝告，做来登在《新青年》上的。这时才用“鲁迅”的笔名（Pen-name）；也常用别的名字做一点短论。现在汇印成书的只有一本短篇小说集《呐喊》，其余还散在几种杂志上。别的，除翻译不计外，印成的又有一本《中国小说史略》。

选自《鲁迅全集》第7卷第79～80页，人民文学出版社1963年

我和《语丝》的始终[①]

鲁　迅

同我关系较为长久的，要算《语丝》了。

語絲

第一期

每星期一出版

地址

報費

廣告費

發刊辭

本期目錄

生活之藝術

《语丝》创刊号

大约这也是原因之一罢，"正人君子"们的刊物，曾封我为"语丝派主将"，连急进的青年所做的文章，至今还说我是《语丝》的"指导者"。去年，非骂鲁迅便不足以自救其没落的时候，我曾蒙匿名氏寄给我两本中途的《山雨》[②]，打开一看，其中有一篇短文，大意是说我和孙伏园君在北京因被晨报馆所压迫，创办《语丝》，现在自己一做编辑，便在投稿后面乱加按语，曲解原意，压迫别的作者了，孙伏园君却有绝好的议论，所以此后鲁迅应该听命于伏园。这听说是张孟闻先生的大文，虽然署名是另外两个字。看来好像一群人，其实不过一两个，这种事现在是常有的。

自然，"主将"和"指导者"，并不是坏称呼，被晨报馆所压迫，也不能算是耻辱，老人该受青年的教训，更是进步的好现象，还有什么话可说呢。但是，"不虞之誉"，也和"不虞之毁"一样地无聊，如果生平未曾带过一兵半卒，而有人拱手颂扬道，"你真像拿破仑呀！"则虽是志在做军阀的未来的英雄，也不会怎样舒服的。我并非“主将”的事，前年早已声辩了——虽然似乎很少效力——这回想要写一点下来的，是我从来没有受过晨报馆的压迫，也并不是和孙伏园先生两个人创办了《语丝》。这刊的创办，倒要归功于伏园一位的。

那时伏园是《晨报副刊》[3]的编辑，我是由他个人来约，投些稿件的人。

然而我并没有什么稿件，于是就有人传说，我是特约撰述，无论投稿多少，每月总有酬金三四十元的。据我所闻，则晨报馆确有这一种太上作者，但我并非其中之一，不过因为先前的师生——恕我僭妄，暂用这两个字——关系罢，似乎也颇受优待：一是稿子一去，刊登得快；二是每千字二元至三元的稿费，每月底大抵可以取到；三是短短的杂评，有时也送些稿费来。但这样的好景象并不久长，伏园的椅子颇有不稳之势。因为有一位留学生（不幸我忘掉了他的名姓）新从欧洲回来，和晨报馆有深关系，甚不满意于副刊，决计加以改革，并且为战斗计，已经得了“学者”[4]的指示，在开手看Anatole France[5]的小说了。

那时的法兰斯，威尔士，萧，[6]在中国是大有威力，足以吓倒文学青年的名字，正如今年的辛克莱儿一般，所以以那时而论，形势实在是已经非常严重。不过我现在无从确说，从那位留学生开手读法兰斯的小说起到伏园气忿忿地跑到我的寓里来为止的时候，其间相距是几月还是几天。

“我辞职了。可恶！”

这是有一夜，伏园来访，见面后的第一句话。那原是意料中事，不足异的。第二步，我当然要问问辞职的原因，而不料竟和我有了关系。他说，那位留学生乘他外出时，到排字房去将我的稿子抽掉，因此争执起来，弄到非辞职不可了。但我并不气忿，因为那稿子不过是三段打油诗，题作《我的失恋》，是看见当时“阿呀阿唷，我要死了”之类的失恋诗盛行，故意做一首用“由她去罢”收场的东西，开开玩笑的。这诗后来又添了一段，登在《语丝》上，再后来就收在《野草》中。而且所用的又是另一个新鲜的假名，在不肯登载第一次看见姓名的作者的稿子的刊物上，也当然很容易被有权者所放逐的。

但我很抱歉伏园为了我的稿子而辞职，心上似乎压了一块沉重的石头。几天之后，他提议要自办刊物了，我自然答应愿意竭力"呐喊"。至于投稿者，倒全是他独力邀来的，记得是十六人，不过后来也并非都有投稿。于是印了广告，到各处张贴，分散，大约又一星期，一张小小的周刊便在北京——尤其是大学附近——出现了。这便是《语丝》。

那名目的来源，听说，是有几个人，任意取一本书，将书任意翻开，用指头点下去，那被点到的字，便是名称⑦。那时我不在场，不知道所用的是什么书，是一次便得了《语丝》的名，还是点了好几次，而曾将不像名称的废去。但要之，即此已可知这刊物本无所谓一定的目标，统一的战线；那十六个投稿者，意见态度也各不相同，例如顾颉刚教授，投的便是"考古"稿子，不如说，和《语丝》的喜欢涉及现在社会者，倒是相反的。不过有些人们，大约开初是只在敷衍和伏园的交情的罢，所以投了两三回稿，便取"敬而远之"的态度，自然离开。连伏园自己，据我的记忆，自始至今，也只做过三回文字，末一回是宣言从此要大为《语丝》撰述，然而宣言之后，却连一个字也不见了。于是《语丝》的固定的投稿者，至多便只剩了五六人，但同时也在不意中显了一种特色，是：任意而谈，无所顾忌，要催促新的产生，对于有害于新的旧物，则竭力加以排击——但应该产生怎样的"新"，却并无明白的表示，而一到觉得有些危急之际，也还是故意隐约其词。陈源教授痛斥"语丝派"的时候，说我们不敢直骂军阀，而偏和握笔的名人为难，便由于这一点。但是，叱吧儿狗险于叱狗主人，我们其实也知道的，所以隐约其词者，不过要使走狗嗅得，跑去献功时，必须详加说明，比较地费些力气，不能直捷痛快，就得好处而已。

当开办之际，努力确也可惊，那时做事的，伏园之外，我记得还有小峰和川岛[8]，都是乳毛还未褪尽的青年，自跑印刷局，自去校对，自叠报纸，还自己拿到大众聚集之处去兜售，这真是青年对于老人，学生对于先生的教训，令人觉得自己只用一点思索，写几句文章，未免过于安逸，还须竭力学好了。

但自己卖报的成绩，听说并不佳，一纸风行的，还是在几个学校，尤其是北京大学，尤其是第一院（文科）。理科次之。在法科，则不大有人顾问。倘若说，北京大学的法，政，经济科出身诸君中，绝少有《语丝》的影响，恐怕是不会很错的。至于对于《晨报》的影响，我不知道，但似乎也颇受些打击，曾经和伏园来说和，伏园得意之余，忘其所以，曾以胜利者的笑容，笑着对我说道：

"真好，他们竟不料踏在炸药上了！"

这话对别人说是不算什么的。但对我说，却好像浇了一碗冷水，因为我即刻觉得这"炸药"是指我而言，用思索，做文章，都不过使自己为别人的一个小纠葛而粉身碎骨，心里就一面想：

"真糟，我竟不料被埋在地下了！"

我于是乎"彷徨"起来。

谭正璧先生有一句用我的小说的名目，来批评我的作品的经过的极伶俐而省事的话道："鲁迅始于'呐喊'而终于'彷徨'"（大意），我以为移来叙述我和《语丝》由始以至此时的历史，倒是很确切的。

但我的"彷徨"并不用许多时，因为那时还有一点读过尼采的《Zarathustra》[9]的余波，从我这里只要能挤出——虽然不过是挤出——文章来，就挤了去罢，从我这里只要能做出一点"炸药"来，就拿去做了罢，于是也就决定，还是照旧投稿了——虽然对于意外的被利用，心里也耿耿了好几天。

《语丝》的销路可只是增加起来，原定是撰稿者同时负担印费的，我付了十元之后，就不见再来收取了，因为收支已足相抵，后来并且有了赢余。于是小峰就被尊为“老板”，但这推尊并非美意，其时伏园已另就《京报副刊》编辑之职，川岛还是捣乱小孩，所以几个撰稿者便只好擠住了多睐眼而少开口的小峰，加以荣名，勒令拿出赢余来，每月请一回客。这“将欲取之，必先与之”的方法果然奏效，从此市场中的茶居或饭铺的或一房门外，有时便会看见挂着一块上写“语丝社”的木牌。倘一驻足，也许就可以听到疑古玄同先生的又快又响的谈吐。但我那时是在避开宴会的，所以毫不知道内部的情形。

我和《语丝》的渊源和关系，就不过如此，虽然投稿时多时少。但这样地一直继续到我走出了北京。到那时候，我还不知道实际上是谁的编辑。

到得厦门，我投稿就很少了。一者因为相离已远，不受催促，责任便觉得轻；二者因为人地生疏，学校里所遇到的又大抵是些念佛老妪式口角，不值得费纸墨。倘能做《鲁宾孙教书记》或《蚊虫叮卵脬论》，那也许倒很有趣的，而我又没有这样的“天才”，所以只寄了一点极琐碎的文字。这年底到了广州，投稿也很少。第一原因是和在厦门相同的；第二，先是忙于事务，又看不清那里的情形，后来颇有感慨了，然而我不想在它的敌人的治下去发表。

不愿意在有权者的刀下，颂扬他的威权，并奚落其敌人来取媚，可以说，也是“语丝派”一种几乎共同的态度。所以《语丝》在北京虽然逃过了段祺瑞及其吧儿狗们的撕裂，但终究被“张大元帅”⑩所禁止了，发行的北新书局，且同时遭了封禁，其时是1927年。

这一年，小峰有一回到我的上海的寓居，提议《语丝》就要在上海印行，且嘱我担任做编辑。以关系而论，我是不应该推托的。于是担任了。从这时起，我才探问向来的编法。那很简单，就是：凡社员的稿件，编辑者并无取舍之权，来则必用，只有外来的投稿，由编辑者略加选择，必要时且或略有所删除。所以我应做的，不过后一段事，而且社员的稿子，实际上也十之九直寄北新书局，由那里径送印刷局的，等到我看见时，已在印钉成书之后了。所谓“社员”，也并无明确的界限，最初的撰稿者，所余早已无多，中途出现的人，则在中途忽来忽去。因为《语丝》是又有爱登碰壁人物的牢骚的习气的，所以最初出阵，尚无用武之地的人，或本在别一团体，而发生意见，借此反攻的人，也每和《语丝》暂时发生关系，待到功成名遂，当然也就淡漠起来。至于因环境改变，意见分歧而去的，那自然尤为不少。因此所谓“社员”者，便不能有明确的界限。前年的方法，是只要投稿几次，无不刊载，此后便放心发稿，和旧社员一律待遇了。但经旧的社员绍介，直接交到北新书局，刊出之前，为编辑者的眼睛所不能见者，也间或有之。

经我担任了编辑之后，《语丝》的时运就很不济了，受了一回政府的警告，遭了浙江当局的禁止，还招了创造社式“革命文学”家的拼命的围攻。警告的来由，我莫名其妙，有人说是因为一篇戏剧[11]；禁止的缘故也莫名其妙，有人说是因为登载了揭发复旦大学内幕的文字，而那时浙江的党务指导委员[12]老爷却有复旦大学出身的人们。至于创造社派的攻击，那是属于历史底的了，他们在把守“艺术之宫”，还未“革命”的时候，就已经将“语丝派”中的几个人看做眼中钉的，叙事夹在这里太冗长了，且待下一回再说罢。

但《语丝》本身，却确实也在消沉下去。一是对于社会现象的批评几乎绝无，连这一类的投稿也少有，二是所余的几个较久的撰稿者，这时又少了几个了。前者的原因，我以为是在无话可说，或有话而不敢言，警告和禁止，就是一个实证。后者，我恐怕是其咎在我的。举一点例罢，自从我万不得已，选登了一篇极平和的纠正刘半农先生的“林则徐被俘”之误的来信以后，他就不再有片纸只字；江绍原先生绍介了一篇油印的《冯玉祥先生……》来，我不给编入之后，绍原先生也就从此没有投稿了。并且这篇油印文章不久便在也是伏园所办的《贡献》[13]上登出，上有郑重的小序，说明着我托辞不载的事由单。

还有一种显著的变迁是广告的杂乱。看广告的种类,大概是就可以推见这刊物的性质的。例如"正人君子"们所办的《现代评论》上,就会有金城银行的长期广告,南洋华侨学生所办的《秋野》⑭上,就能见"虎标良药"的招牌。虽是打着"革命文学"旗子的小报,只要有那上面的广告大半是花柳药和饮食店,便知道作者和读者,仍然和先前的专讲妓女戏子的小报的人们同流,现在不过用男作家,女作家来替代了倡优,或捧或骂,算是在文坛上做工夫。《语丝》初办的时候,对于广告的选择是极严的,虽是新书,倘社员以为不是好书,也不给登载。因为是同人杂志,所以撰稿者也可行使这样的职权。听说北新书局之办《北新半月刊》,就因为在《语丝》上不能自由登载广告的缘故。但自从移在上海出版以后,书籍不必说,连医生的诊例也出现了,袜厂的广告也出现了,甚至于立愈遗精药品的广告也出现了。固然,谁也不能保证《语丝》的读者决不遗精,况且遗精也并非恶行,但善后办法,却须向《申报》之类,要稳当,则向《医药学报》的广告上去留心的。我因此得了几封诘责的信件,又就在《语丝》本身上登了一篇投来的反对的文章⑮。

但以前我也曾尽了我的本分。当袜厂出现时,曾经当面质问过小峰,回答是"发广告的人弄错的";遗精药出现时,是写了一封信,并无答复,但从此以后,广告却也不见了。我想,在小峰,大约还要算是让步的,因为这时对于一部分的作家,早由北新书局致送稿费,不只负发行之责,而《语丝》也因此并非纯粹的同人杂志了。

积了半年的经验之后,我就决计向小峰提议,将《语丝》停刊,没有得到赞成,我便辞去编辑的责任。小峰要我寻一个替代的人,我于是推举了柔石。

但不知为什么,柔石编辑了六个月,第五卷的上半卷一完,也辞职了。

以上是我所遇见的关于《语丝》四年中的琐事。试将前几期和近几期一比较,便知道其间的变化,有怎样的不同,最分明的是几乎不提时事,且多登中篇作品了,这是因为容易充满页数而又可免于遭殃。虽然因为毁坏旧物和戳破新盒子而露出里面所藏的旧物来的一种突击之力,至今尚为旧的和自以为新的人们所憎恶,但这力是属于往昔的了。

十二月二十二日

注释:

① 转载自《鲁迅全集》第4卷,人民文学出版社1981年版。

② 《山雨》,半月刊,1928年8月在上海创刊,同年12月停刊,王任叔、张孟闻等人编辑。

③ 北京《晨报》创刊于1918年12月,创办人汤化龙。"五四"前,该报"第七版"曾请李大钊主编,1920年起由孙伏园主编。1921年"第七版"改为单页《副刊》,这个名称就是鲁迅取的,他的《阿Q正传》即在该刊的星期特刊连载。1924年孙离去,次年由徐志摩主编。

④ 指陈源(西滢)。

⑤ A.法朗士(1844~1924),法国作家,著有长篇小说《企鹅岛》等。

⑥ 法兰斯,即法朗士;H.G.威尔士(1866~1946),英国作家,著有长篇小说《未来的世界》等;萧,即萧伯纳(1856~1950),英国剧作家,著有《魔鬼的门徒》等剧本、小说五十多部。

⑦ 关于《语丝》的命名另有一说。据顾颉刚1924年11月2日日记:"伏园以晨报馆侵夺副刊文字之权,辞出。拟办一周刊,今日开会。到会者有启明先生、玄同先生、绍原、小峰、廷谦、伏园及余。命名久不决,余看(俞)平伯诗中有'语丝'二字,颇写意,不落褒贬,提出之,通过。定11月16日发行首期,每人派出8元。"见王煦华的《语丝社的创立及其命名的由来》,载《出版史料》1987年第2期。又,《语丝》的16个长期撰稿人是"周作人、钱玄同、江绍原、林玉(语)堂、鲁迅、川岛、斐君女士、王品青、(章)衣萍、(吴)曙天女士、孙伏园、李小峰、淦女士(冯沅君)、顾颉刚、(孙)春台、林兰女士"。

⑧ 川岛,即章廷谦。

⑨ 即尼采的名著《扎拉图斯特如是说》。

⑩ 指张作霖。

⑪ 指《语丝》第4卷第12期(1928年3月19日)女作家白薇的独幕剧《革命神的受难》。剧中有革命神斥责一个反动军官的台词:"原来你是民国英雄,是革命军的总指挥么?""你阳假革命的美名,阴行你吃人的事实。"因影射蒋介石,《语丝》就受到国民党政府的警告。

⑫ 指许绍棣。《语丝》第4卷第32期(1928年8月16日)刊载了读者冯珧《谈谈复旦大学》一文,揭露复旦大学内部一些腐败情况。出身于该校的许绍棣便于1928年9月,用国民党浙江省党务指导委员会的名义,以"言论乖谬,存心反动"的罪名,在浙江查禁了《语丝》并其他书刊15种。

⑬ 《贡献》,旬刊,1927年12月5日创刊于上海,国民党改组派的刊物。

⑭ 《秋野》,月刊,上海暨南大学华侨学生团体秋野社主办,1927年11月创刊,次年10月终刊。

⑮ 指1929年4月《语丝》第5卷第4期的《建议撤销广告》一文。

选自宋原放主编、陈江辑注《中国出版史料》现代部分第1卷上册,山东教育出版社,湖北教育出版社2001年

关于编辑出版工作的几封信

鲁　迅

致　胡　适[1]

(1921)

适之先生:

寄给独秀的信,启孟以为照第二个办法最好,他现在生病,医生不许他写字,所以由我代为声明。

我的意思是以为三个都可以的[2],但如北京同人一定要办,便

可以用上两法而第二个办法更为顺当。至于发表新宣言说明不谈政治，我却以为不必，这固然小半在“不愿示人以弱”[③]，其实则凡《新青年》同人所作的作品，无论如何宣言，官场总是头痛，不会优容的。此后只要学术思想艺文的气息浓厚起来——我所知道的几个读者，极希望《新青年》如此——就好了。

树　一月三日

注释：

① 胡适，字适之，安徽绩溪人，曾留学美国。当时任北京大学文科教授，《新青年》杂志编辑。他挂着自由主义学者的招牌，而实际上却是投靠蒋介石反动政权和美国帝国主义的走卒。

② 1920年12月，胡适企图改变当时正在新文化运动中起领导作用的《新青年》杂志的性质，他写信给陈独秀提出主张，并征求李大钊、鲁迅和钱玄同等人的意见，他在信中说：“今《新青年》差不多成了Soviet Russia（《苏俄》，当时的一种进步的外文杂志）的汉译本，故我想另创办一个专谈学术艺文的杂志。”他提出三个办法，第一、听《新青年》流为一种有特别色彩的杂志，而另创一种哲学文学的杂志；第二、发表宣言，声明《新青年》不谈政治，而只注重学术、思想和艺术的改造；第三、停办。鲁迅在回信中赞成加强学术思想，而反对发表声明不谈政治的宣言。

③ 胡适在给陈独秀的信中说，《新青年》宣言不谈政治，“此时上海同人似不便做此一着，兄似更不便，因为不愿示人以弱。但北京同人正不妨如此宣言”。

选自《鲁迅全集》第9卷第301页，人民文学出版社1963年

致邹韬奋[①]

(1933)[②]

韬奋先生：

今天在《生活周刊》广告上，知道先生已做成《高尔基》[③]，这

实在是给中国青年的很好的赠品。

我以为如果能有插图，就更加有趣味，我有一本高尔基画像集，从他壮年至老年的像都有，也有漫画。倘要用，我可以奉借制版。制定后，用的是那几张，我可以将作者的姓名译出来。

此上，即请

著安。

鲁　迅　上　五月九日

注释：

① 邹韬奋：参看《准风月谈》《关于翻译》（下）注4。

② 此信据收信人编译的《革命文豪高尔基》一书《编译后记》所引抄存。

③ 《高尔基》，即《革命文豪高尔基》，参看《准风月谈》《关于翻译》（下）注4。

选自《鲁迅全集》第10卷第156页，人民文学出版社1963年

致刘炜明[1]

一（1934）

炜明先生：

昨天我收到了来信。这几年来，短评我还是常做，但时时改换署名，因为有一个时候，邮局只要看见我的名字便将刊物扣留，所以不能用。近来他们方法改变了，名字可用，但压迫书局，须将稿子先送审查，或不准登，或加删改，书局是营业的，只好照办。所以用了我旧名发表的，也不过是无关紧要的文章。

集合了短评，印成一本的，一共有三种，一就是《二心集》，二曰《伪自由书》，三曰《南腔北调集》，出版后不久，都被禁止，印出的书，或卖完，或被没收了。现在只有《伪自由书》还有，不知先生已见过否？倘未见，当寄上。

至于别的两种，我自己也无存书，都早给别人拿去了，别处也无法寻觅。倘没有人暗中再印，大约是难以到手的。但我当随时留心，万一可得，自当寄奉。

风子不是我的化名。

专此布复，即颂
时绥。

迅　上　十月卅一日

二　(1934)

炜明先生：

十五日惠函收到。一个人处在沉闷的时代，是容易喜欢看古书的，作为研究，看看也不要紧，不过深入之后，就容易受其浸润，和现代离开。

我请先生不要寄钱来。一则，因为我琐事多，容易忘记，疏忽；二则，近来虽也化名作文，但并不多，而且印出来时，常被检查官删削，弄得不成样子，不足观了。倘有单行本印出时，当寄上，不值几个钱，无须还我的。

《二心集》我是将版权卖给书店的，被禁之后，书店便又去请检查，结果是被删去三分之二以上，听说他们还要印，改名《拾零集》，不过其中已无可看的东西，是一定的。

现在当局的做事，只有压迫，破坏，他们哪里还想到将来。在文学方面，被压迫的哪里只我一人，青年作家，吃苦的多得很，但是没有人知道。上海所出刊物，凡有进步性的，也均被删削摧残，大抵办不去。这种残酷的办法，一面固然出于当局的意志，一面也因检查官的报私仇，因为有些想做“文学家”而不成的人们，现在有许多是做了秘密的检查官了，他们恨不得将他们的敌手一网打尽。

星洲也非言论自由之地，大约报纸上的消息，是不会确于上海的，邮寄费事，还是不必给我罢。

专此布复，即颂
时绥。

鲁　迅　十一月二十八夜

三　(1934)

炜明先生：

十二日的信，早收到了；《星洲日报》也收到了一期，内容也并不比上海的报章减色，谢谢。《二心集》总算找到了一本，是杭州的书店卖剩在那里的，下午已托书店和我新印的一本短评，一同挂号寄上，但不知能收到否。此种书籍，请先生万不要寄书款来，因为我从书店拿来，以作者的缘故，是并不花钱的。

中国的事情，说起来真是一言难尽。从明年起，我想不再在期刊投稿了。上半年曾在《自由谈》(《申报》)上作文，后来编辑换掉了，便不再投稿；改寄《动向》(《中华日报》)，而这副刊明年1月1日起就停刊。大约凡是主张改革的文章，现在几乎不能发表，甚至于还带累刊物。所以在日报上，我已经没有发表的地方。至于期刊，我给写稿的是《文学》，《太白》，《读书生活》，《漫画生活》[②]等，有时用真名，有时用公汗，但这些刊物，就是常受压迫的刊物，能出到几期，很说不定的。出版的那几本，也大抵被删削得不成样子。

今年设立的书报检查处，很有些“文学家”在那里面做官，他们虽然不会做文章，却会禁文章，真禁得什么话也不能说。现在我如果用真名，那是不要紧的，他们只将文章大删一通，删得连骨子也没有；我新近给明年的《文学》写了一篇随笔，约七八千字，但给他们只删剩了一千余字，不能用了。而且办事也不一律，就如那一本《拾零集》，是中央删剩，准许发卖的，但运到杭州去，却仍被没收，他们的理由是：这里特别禁止。

黑暗之极，无理可说，我自有生以来，第一次遇见。但我是还要反抗的。从明年起，我想用点功，索性来做整本的书，压迫禁止，当然仍不能免，但总可以不给他们删削了。

专此布复，并颂

时绥。

迅　上　十二月三十一夜

注释：

① 刘炜明，广东人，当时侨居星加坡。

② 《漫画生活》，参见《且介亭杂文》《附记》注 8。

选自《鲁迅全集》第 10 卷第 246～249 页，人民文学出版社 1963 年

致唐弢

（1936）

唐弢先生：

来信收到。编刊物决不会"绝对的自由"，而且人也决不会"不属于任何一面"，一做事，要看出来的。如果真的不属于任何一面，那么，他是一个怪人，或是一个滑人，刊物一定办不好。

我看，对于这样的一个要求条件，还是不编干净罢。

病中，不能多写，乞恕为幸。

此请

日安。

鲁　迅　五月二十二日

选自《鲁迅全集》第 10 卷第 233 页，人民文学出版社 1963 年

鲁迅先生怎样对待写作和编辑工作

许广平

一　鲁迅先生怎样读报，怎样在写作中运用报纸上的材料

在我的印象中，他读报是不费很多时间的，每天报来，看得很快。但是他的记忆力很好，有些他认为有用的材料，记得很牢。要用的时候，一翻报纸，就能找到。有一次，他要我替他找一个报纸上的材料，我翻遍了报纸都没找到，后来他告诉我到某报的某月某日第几版的角落处去找，果然就找到了。我看报的时间比较多，他不以为然，认为不需要浪费那么多时间，因为旧社会的报纸，大多是无聊的黄色新闻，或者是国民党官方消息，不值得花太多的时间。

他在写作中大量运用报上的材料。他也做剪报工作。上海的鲁迅博物馆里，保存着一本剪报集，剪贴得很整齐，每页上还有标题、批语。这些资料大部分是从《申报》、《大晚报》剪下来的，有一个中心思想（主题可能是反蒋的，记不清了）。他当时打算运用这些资料写一篇东西的，后来没有写成。

他运用报上材料写东西的本领很大，他常常利用反动报纸的材料作为反面教材。翻翻鲁迅的杂文就很容易发现这一点。比如《伪自由书》、《准风月谈》两书的“后记”大部分材料都是报上的，经他一引用，加上三言两语，就有力地打击了敌人。他订的报纸不多，有些报纸是朋友和学生们寄给他的。

二 鲁迅先生怎样做编辑工作

鲁迅参加过编辑工作的刊物，我看到的有《奔流》、《语丝》、《北新》半月刊等，以后又编辑过《译文》。在这些刊物中，编辑《奔流》是他最感到吃力的了。他尊重读者来稿，不但亲自编，有时还给作者抄写稿件，不但他自己抄，而且还要我帮着抄。他取舍稿件完全从稿件的政治意义出发，该登的让它登出，不怕自己受累。《语丝》常常对时局发点“牢骚”，稿件都是按鲁迅的意见选择的。有一次，复旦大学的一个学生向《语丝》投了一篇稿件，批评复旦大学内部的黑暗。照当时一般编辑的处理，这篇稿就会给压下来，鲁迅却不，因为作者敢于揭发时弊，鲁迅就支持他，把它登出来了。这件事得罪了一些人，后来遭到报复，但鲁迅不怕。

鲁迅为了工作是不计报酬、不计劳累的。《奔流》一个月出一期，虽然是约了两个朋友合编的，但是，实际上担子都落在鲁迅一个人身上。尽管他本身的工作很忙，他仍旧负责到底，勤勤恳恳地编稿。

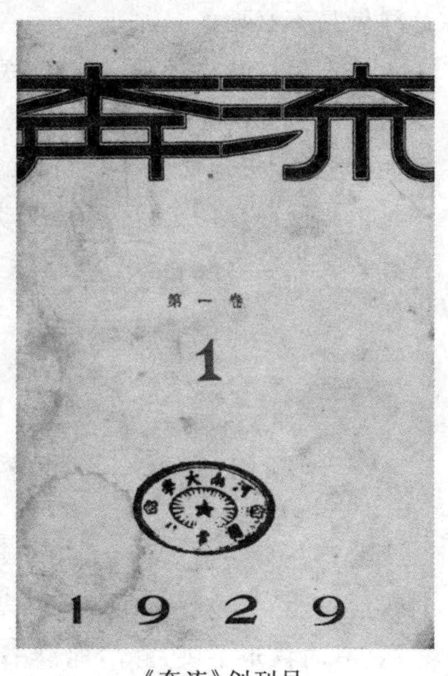

《奔流》创刊号

在编辑工作中，他随时收到稿件随时看，从不积压。翻译的稿件还要尽可能地按原文逐字逐句对照一遍，因为他的英、法文比较差，英文方面稿件就找周建人，或者找懂英文的青年学生帮忙看。他在这方面是花过很大精力的。许多今天有名的翻译家的文章,当时都是经他亲笔改过的。在这方面,他也培养了不少青年作家。能够像鲁迅这样做的作家,在当时是不多的。

有些稿件适合登在别的刊物上,他也认真负责地介绍给别的刊物。

鲁迅很尊重作者的劳动,对别人的文章,从不乱加删改,有一次他给曹靖华的信中说:"这篇文章我改了几个字,不知道你的意见怎样?"稿件如要作更多修改,他通常是提出意见,请作者自己去改。随便大笔一挥,甚至改变了作者原来的意思,这是鲁迅最为反对的。

在编辑工作中,鲁迅主张实事求是,反对哗众取宠。有这样一件小事,当时,《作家》月刊曾经在目录上刊登过世界文学家的照片,其中也有鲁迅的照片。鲁迅对这一点很不满意,他认为,一个人的工作、生活都应该是朴实的,应当实事求是,刊物也应该如此,这样做是不必要的。

他不但认真做编辑工作,也关心出版工作,随时对出版商提出有关出版方面的意见。出版商不一定听他的话,小节则让步,事关重大,就要积极地交涉了。当时的《奔流》、《语丝》、《北新》半月刊都是由出版商承印的,国民党反动当局对这些刊物不满意,因为这些刊物提倡新文化,鲁迅为了使这几个刊物能够保持下来,尽过不少的力量。

三　鲁迅先生在写一篇文章之前,通常要作哪些准备工作,日常怎样积累写作材料

鲁迅在写一篇稿件之前,常常有一个很长的酝酿的时期。有时候遇见朋友,他就会谈起来,说他看到了什么材料,想写个什么东西;有时候也不讲,静静地读书,默默地思索,或者暗自打腹稿。有时候,看起来鲁迅写得很快,但这是日常不间断地、多方面的学

习、积累的结果，是勤学苦练的结果。他从来不浪费一点一滴的时间，有机会就读书。他几乎是时刻准备着拿起笔来战斗。他常说："把别人喝咖啡的时间都用进去了"，这就是指学习。

他不但读书，也愿意多增加一些感性知识。鲁迅在上海的时候，常常去看电影，在北京他常常到现在的北京剧场去看电影，但是看的次数比在上海的时候要少些。鲁迅对看电影不是单纯为了消遣，而是为了增加感性知识，这也是一种学习。看过电影，鲁迅有时候也利用电影的材料写东西。记得当时，他对非洲情况的影片很感兴趣，他很关心非洲人民在比利时、法国殖民者统治下的苦难生活，了解非洲的丰富的天然资源。他说："非洲我们是不会去的了，能在电影中了解了解也是好的。"此外，鲁迅也很重视从实际中获得知识，如像参观展览会、研究有关动植物的书籍等，尽可能地去观察和了解。总之，他所汲取的知识是多方面的。

因为有这样的经常积累，再加上记忆力好，脑子里总是储备丰富，无论古今中外，大小题目，他都能应付自如。这是他刻苦地、勤勤恳恳地工作的结果。他所积累的各种材料，都是经过自己的一番溶化的。

鲁迅在写作前不写提纲，甚至写一篇较长的文章也不写提纲；当他拿起笔来的时候，文章已有几分成熟了。他从不临时找材料，有时候也在写作前翻翻书，那是为了证实自己记忆的确切程度。至于材料、构思，那是在下笔以前就已经想好了的。

四　鲁迅先生怎样修改自己的稿件

鲁迅怎样修改自己的稿件，从鲁迅留下的手稿中可以看到一些迹象。从手稿中可以看出，鲁迅的修改多半是个别的字、句子，整段整页的删改是没有的。

他的写作态度很认真，随随便便一挥而就的文章，在他是从来没有过的。他曾说过，“多看看，不要看到一点就写”，“写不出时不硬写”，“写完时至少看两遍，竭力将可有可无的字、句、段删去，毫不可惜”（见《答北斗杂志社问》）。他自己就是这样做的。前面已经提到，他在写文章以前，总是经过深思熟虑，腹稿打好了，就提起笔来，一气呵成，所以初稿往往就是定稿。

鲁迅的手稿一般都写得很整洁，改动得很少，但有时改动一字一句，都经过细心推敲。比如《为了忘却的纪念》这篇文章中有一首诗：

惯于长夜过春时，挈妇将雏鬓有丝。
梦里依稀慈母泪，城头变幻大王旗。
忍看朋辈成新鬼，怒向刀丛觅小诗。
吟罢低眉无写处，月光如水照缁衣。

诗中字句“惯于长夜过春时”原来“夜”字后面是“度”字，后来自觉不妥，就改成“过”字了，这一字的推敲是经过相当考虑的。后面“忍看朋辈成新鬼，怒向刀丛觅小诗”两句，在 1932 年 7 月 1 日日记上是写的“眼看朋辈成新鬼，怒向刀边觅小诗”，写《为了忘却的纪念》的时候，“眼看”改成了“忍看”，“刀边”改为“刀丛”，虽然两字之差，但是更深刻地表现了鲁迅当时的愤怒心情和对敌人的刻骨仇恨。

又如在《死》这篇文章里，有一句原来是这样写的：“大约我们看待生死都有些随随便便，不像欧洲人的认真了。”后来改成：“大约我们的生死久已被人们随意处置，认为无足重轻，所以自己也看得随随便便，不像欧洲人那样的认真了。”前者容易被人当作一句平常的话，而后者却明确地表现出它的战斗性和它的深刻的社会意义了。这样的例子，在《鲁迅全集》中是很多的。

五　鲁迅先生怎样对待校勘、校对工作

鲁迅的校勘工作是继承了清代的校勘工作的优良传统的，也就是所谓考正校勘。我们现在到鲁迅博物馆去看，还能够看到鲁迅是怎样整理文学遗产的。尤其是《嵇康集》的校勘工作，他一共抄写了三遍，字迹写得工工整整。这三次是根据三种不同的版本校勘的，每当发现某个版本的说法不同的时候，他马上写一个小纸条夹在里边（顺便说说，鲁迅是很注意节约的，一张稿纸只剩下一点边边头头，他都裁下来积存起来，放在桌边，以备随时作夹条用），或者在上面注上眉批，就这样，《嵇康集》反复校勘了好多遍。从这里，我们可以看出，鲁迅整理文学遗产的严肃态度，也可以看出他对读书又是多么的认真了。

对编排工作，鲁迅也是很认真的。他很注意装潢和美化版面。他编《译文》的时候，提倡多登木刻，原因之一是可以美化版面。他希望书里边也最好能有配合人物或情节的插图。另一点是他主张书和杂志不要排得很挤，字号要大一些，一片密密麻麻的小字，会使读者看了透不过气来。他主张一般的文章开头空五六行的位置，有时在文章的空处加上一点小的图案花样，美化刊物。

鲁迅常常亲自做校对工作。校对中，遇到一行的顶头有标点，他都认真地画到每行的末尾；一张校样，正面看看，还要倒过来看看，这样，字排得正不正，排行是不是歪斜，就很容易发现了。他要求天地头要排得整整齐齐，那个地方空得多，那个地方比较挤，那个地方错落不齐，他都在样子上做出记号，有时用尺画一条直线，以引起排字工友的注意。鲁迅最讨厌的就是把字排错了，因为一字之差，常常把整个意思弄错了。鲁迅先生去世以后，我曾经替他整理发表了《关于章太炎先生二三事》，文章里有一句原文是“令人神旺”，不知是排错了，还是编辑搞错了，印出来成了“令人神

往”,“令人神旺”和“令人神往”两者的意思是不同的,这不是鲁迅的原话。鲁迅对这种错误是不满意的。

他在编辑工作中,只要有可能,编排校的工作总是自己亲自来做的,以认真负责的态度对读者。他总认为,一期刊物、一本书出的错误少一点,就对读者的帮助更大一点。自己能做多少,就努力做多少。

六　鲁迅先生怎样对待读者来信和青年作家写给他的稿件

鲁迅日常收到的读者来信是很多的,他几乎是每信必复(少数无聊的信例外),并且尽快地答复,从不积压。他通常是利用茶余饭后的休息时间来写回信,不占工作时间。

对青年作家的稿件他是很认真看的。那时候,一般的人对青年作家是不够关心的。鲁迅不这样,他在这方面是不计时间和精力的。编刊物的时候,遇有不能采用的稿件,他总是及时退给作者;能用的稿件,他就认真地修改。他收到的稿件是各种各样的,有的稿纸很薄,是那种双层软纸,字又写得不清楚,看时很费力,他就垫一张纸在双层稿纸中间,衬着看。有的稿件写得很马虎,并且还附了一句类似这样的话:“我这个稿件写得很乱,写了懒得再看一遍,现在寄给你看看吧!”鲁迅为难地笑了笑,但他还是认真地看下去了。

鲁迅对青年作家的稿件是很尊重的,如果对稿件有些意见,他就说明:有几点意见提供你参考。《勇敢的约翰》的译者孙用,当时是邮政局的一个邮务员,他将《勇敢的约翰》译稿送给鲁迅之后,鲁迅就千方百计地给他介绍出版,跑遍了许多书店,看了人家的许多冷面孔。但是,只要能够帮助青年作家出版一本书,他也就在欣喜中忘掉了辛苦,甚至把自己的工作都丢开了。

七　鲁迅先生有哪些良好的写作习惯

鲁迅经常是在晚上写作。那时候，我是不赞成这样做的，但到现在，当我自己也写东西的时候，才觉得晚上写作确实要比白天好。夜里很清静，思路不会打乱。在上海，晚上他要写东西的时候，他总催我先去睡觉，我知道他要写东西，也就走开了。他晚上睡得很晚，有时吃一点点心又继续工作了。写作的时候他很注意端正姿势，坐得很直，眼睛和桌子保持一定的距离，十年如一日，所以他没有弯腰驼背的现象。写作中，有时候需要想想再写，他就停笔坐到桌旁的一张躺椅上抽支烟静思一番，然后再继续写下去。他抽烟很多，写作时右手拿笔，左手拿烟，但常常是忘记抽它，多数是自己烧掉的。

最后，我感到鲁迅习惯于写短文章，这是值得学习的。目前有些文章长了些，我看可以写得短一些。新闻工作者的杂志，可以提倡提倡，《毛泽东选集》中的重要文章就是很短的。

原载《新闻业务》1961年第2期

鲁迅全集发刊缘起[①]

——一九三八年（民国二十七年）

鲁迅先生纪念委员会

鲁迅先生离开我们已经一年半了，鲁迅先生纪念委员会早就决定进行刊印全集的工作。中间因种种人事的波折和意外的困难，直到目前，才整理完毕付刊。这是纪念会所深为抱歉的。

鲁迅先生一生著述，浩如烟海，编定全集，不是一件轻易的事情。幸而鲁迅先生去世之前，曾手拟“三十年集”总目，把生平著作及述作，依照年代先后，分作十卷，这次纪念委员会刊行全集，是以这一目录作为基础，再加上翻译作品，依照翻译年代先后，分作十卷。都为二十卷。中有不少未刊稿，如《古小说钩沉》、《汉文学史纲要》等，都是许多读者所久欲一读的。又有不少业已绝版的译著，如《会稽郡故书杂集》、《月界旅行》、《集外集拾遗》中诸作，及《毁灭》等，是一般读者所不易搜求得到的。鲁迅先生一生的著译，已略尽于此。此外还有《日记》、《书简》、《六朝造象目录》、《六朝墓志目录》、《汉碑帖》、《汉画像》等，因影印工程浩大，一时不易问世；辑录之刘恂《岭表录异》、谢承《后汉书辑本》二种，因原稿尚未觅得，都只好有待于续编了。

鲁迅先生致力于“著”与“译”，直到最后，未尝稍懈。他那博大精微的学识，勤劬审慎的态度，使他在所从事的工作部门里，都有伟大的成就。他不仅是一位现代最伟大的作者，他也是现代最伟大的一位学者、一位思想家。他结束了一个“朴学”的旧时代，他开辟了一个“战斗”的新时代，他的学术，是承前启后的；他的思想，是贯通中外的。

鲁迅先生从学医转变到研究文艺，一贯是站在改造社会的决心上。他相信科学力量的伟大，但他也痛感当时社会的黑暗。他早年翻译《地底旅行》和《月界旅行》两部科学小说，并选译俄国安特列夫的短篇（见《域外小说集》）便是从这两个动机出发的。但他是章太炎先生的弟子，他接受了清代朴学家谨严的治学精神。这一时期，他遗留给我们的，便是《会稽郡故书杂集》、《中国小说史略》、《小说旧闻钞》、《古小说钩沉》、《嵇康集》、刘恂的《岭表录异》、谢承的《后汉书》。他的校辑工作，极其精密深刻，一字一句的异同，都不肯轻易放过，远胜于王谟的《汉魏遗书钞》，马国翰的《玉函山房辑逸书》，甘泉黄氏的《汉学堂丛书》。

正和这治学精神一样，他又非常精密深刻地观察着现实社会。《新青年》的刊行，使他谨严的笔，向另一方面发展。他写下许多小说和杂感，刊行了《呐喊》、《野草》、《坟》、《热风》、《华盖集》及《彷徨》诸书。大都是黑暗的暴露与热辣的讽刺之作，尤其是《阿Q正传》一篇，不但已为全世界人士所讽诵，且将旧中国的民族性，予以典型地描出。

旧的憎恶，培养了新的憧憬，在这时，鲁迅先生他翻译了《苦闷的象征》、《出了象牙之塔》、《爱罗先珂童话集》、《桃色的云》、《一个青年的梦》和《工人绥惠略夫》。

然而，时代进展着。他那热爱青年世代的本性，和强韧的战斗精神，随着1925年的"五卅运动"和第二年的"三一八"的屠杀，更积极的发皇起来。他和残酷的军阀政客冲突着，他和托庇权门伪自由主义思想学者搏斗着。他终于被迫离开北京，到厦门大学和中山大学讲学。但他又非常敏锐地看出光明背后的黑暗，鲜血中间的毒污。最后定居于上海，他悼惜革命的夭亡，前进者的虚弱，他写下不少的杂文，作着两面的斗争。《已而集》、《三闲集》、《二心集》诸书中文字，便是那时写的。《壁下译丛》、《卢那卡尔斯基》的《艺术论》和《文艺批评》，蒲力汗诺夫的《艺术论》和苏联的《文艺政策》等书，便是那时译的。

之后，是新哲学运动的展开。鲁迅先生更坚决地为年青的世代作更壮烈的奋斗。他的工作向积极的破坏和积极的建设两方面发展。他写着《伪自由书》、《准风月谈》、《南腔北调集》、《花边文学》诸作，他译着雅谷武莱武的《十月》、法捷耶夫的《毁灭》及两部苏联短篇小说选集《竖琴》和《一天的工作》。最后，他还为青年世代中若干分子的彷徨与混乱，写下《且介亭杂文集》中某些极重要的文字；为树立产生伟大作品之基础。翻译了空前遒劲与瑰伟的果戈理的《死魂灵》。直到他死前的最后一刻他还为这《死魂灵》的第二部翻译而执笔。

鲁迅先生对于艺术有特殊的爱好。很早时候，便在搜辑六朝造像和汉画像。这些都是非常名贵的作品，可惜散藏各地，一时无法整理。他译了板垣鹰穗的《近代美术思潮论》，印行了《引玉集》、《北平笺谱》、《木刻纪程》、《死魂灵百图》等书。他开了中国木刻的创作风气，带青年到另一条路上去。但在全集里，除《近代美术思潮论》，其余都未能编入。

然而，在研究鲁迅先生著述的发展过程上，这全集已足够了。这是一个火炬，照耀着中国未来的伟大前途；也是一个指针，指示着我们怎样向这前途走去。在这个民族抗争的期间内，这全集的出版，将发生怎样的作用，是可以想象得到的。

注释：

① 录自《文艺阵地》第1卷第3号。

宜闲《鲁迅全集出书的回忆》："当日本侵略匪帮打到上海的时候，上海各阶层爱国市民在苦难中间，看到中国共产党的正确的政治路线所照射的光辉，开始以各种隐蔽的方式进行抗日救国的斗争。大家要求着把自己的思想武装起来。文化界的伟大战士鲁迅的著作，正同马克思列宁主义的经典著作和中国共产党地下发行的各种书刊一样，愈益变成了大家最珍爱、最需要的精神食粮。当时由于时局的恶化，鲁迅著作的各种单行本逐渐绝迹于市面，而鲁迅先生家属所藏的一些鲁迅未刊稿，在险恶的战时环境中间甚至有随时遭受毁灭的危险。因此，留在上海的一部分文化界人士，深切地感觉到一种刻不容缓的责任就把鲁迅著作全部收集起来，出版《鲁迅全集》。但在敌人的威胁之下，公开出版发行这样的书籍无论如何是不可能的。后来由于上海文化界和工商界爱国组织的若干同志，志愿担负征集预约和内部发行的任务，出版《鲁迅全集》的愿望这才得以实现了。

全集的编辑计划，用鲁迅先生生前手订的《三十年集》编目做骨子，加上许广平先生搜集起来的翻译部分。依各书的性质分作20册。除却一部分用原稿发排以外，大部分是用初版本发排的。许广平、郑振铎、王任叔三先生是编辑计划的起草者。起草完成以后，经过上海著作界诸友的讨论，方才正式决定。

当时上海各大书局纷纷向后方撤退，留下来的没有继续出书，因此上海印刷业陷于休闲的状态，排印和装订的工价都跌到最低的纪录。纸张虽然没有新货进口，也还是价格停滞着。这就是全集成本低廉的主要原因。全集出版业务，是在我的寓所楼下，一个不公开的合作社性质的出版机关——复社。担任复社经理业务的是张宗麟先生。全集编校部分由许广平、王任叔两先生负责。出版部分由黄幼雄先生和我负责。发行部分则由陈明先生负责。（陈明先生后来加入新四军，在作战中牺牲）张宗麟、黄幼雄两先生天天到复社办公，和印刷厂、装订作、纸号的营业员讨价还价，我也帮同着跑印刷厂、装订作催工看样，因为我们受了鲁迅先生的精神的感召，深深地觉得必须把全集印得尽善尽美，这才对得起鲁迅先生，对得起我们自己。

我们对于印刷厂和装订作的技术要求是很高的。我们看了样子不算数，还亲自到工场去，看工人们在实际上怎样做。如果在细节方面看到有些不妥当，就要工人们照我们的意思改一改。我应当在这里特别提及3个技术人员的名字。就是管理排版工程的徐鹤生先生，管理印刷工程的吴松盛先生，以及管理装订工程的陈鳌生先生。他们3位都是在印刷界积有10年以上的经验的，他们对于20大本全集的生产过程，显然都尽了最大的努力了。不到4个月，《鲁迅全集》的三种版本都出齐了。甲种纪念本重道林纸印，封面皮脊烫金装楠木箱，预约价每部国币100元。乙种纪念本重道林纸印，封面红布烫金，预约价每部国币50元，普及本白报纸印，封面红纸布脊，预约价每部国币8元外埠20元，另加邮寄费。出书以后，陆续发给预约定户，剩下来的不到几十部了。

全集的错字，谁都觉得比别的任何书籍都少，这也并不是出于偶然。唐弢、蒯斯曛两先生志愿担任义务校对，在排版期间，天天到许广平先生寓所的亭子间看校样，最后的校样则是许广平、王任叔两先生负着校看的责任。全集中间有几本关于古书辑述的著作，由精通古文的冯都良先生担任着标点和审阅工作，也是出于志愿投效的。全集的纸型共打两副，在上海沦陷期间，分藏在两处安全的地方。最近全集再版本出书了，当然这是用初版的纸型印成的。”（《文艺丛刊》第2辑，1946年香港刊。）

按：复社的资金，是由复社社员每人缴纳50元入社费凑集起来的。

社员为胡愈之、许广平、周建人、吴耀宗、沈体兰、张宗麟、郑振铎、孙瑞璜、胡咏骐、胡仲持、黄幼雄、冯仲足等20人。复社出版的书籍除《鲁迅全集》外,还有《列宁选集》、《联共党史》、《西行漫记》、《续西行漫记》及《列宁选集》单行本《左派幼稚病》与《两个策略》等。

又《周报》第20期郑振铎《蛰居散记》有《记复社》一文可参看。

选自张静庐辑注《中国现代出版史料》丙编,中华书局1956年

鲁迅全集序及编校后记[①]

——一九三八年(民国二十七年)

蔡元培　许广平

序

“行山阴道上,千岩竞秀,万壑争流,令人应接不暇”;有这种环境,所以历代有著名的文学家美术家,其中如王逸少的书,陆放翁的诗,尤为永久流行的作品。最近时期,为旧文学殿军的,有李越缦先生,为新文学开山的,有周豫才先生,即鲁迅先生。

鲁迅先生本受清代学者的濡染,所以他杂集《会稽郡故书》,校《嵇康集》,辑谢承《后汉书》,编汉碑帖,六朝墓志目录,六朝造象目录等,完全用清儒家法。惟彼又深研科学,酷爱美术,故不为清儒所囿,而又有他方面的发展,例如科学小说的翻译,《中国小说史略》、《小说旧闻钞》、《唐宋传奇集》等,已打破清儒轻视小说的习惯;又金石学为自宋以来较发展之学,而未有注意于汉碑之图案者,鲁迅先生独注意于此项材料之搜罗;推而至于《引玉集》、《木刻纪程》、《北平笺谱》等等,均为旧时代之考据家赏鉴家所未曾着手。

先生阅世既深，有种种不忍见不忍闻的事实，而自己又有一种理想的世界，蕴积既久，非一吐不快。但彼既博览而又虚衷，对于世界文学家之作品，有所见略同者，尽量的迻译，理论的有卢那卡尔斯基、蒲力汗诺夫之艺术论等；写实的有阿尔志跋绥夫之《工人绥惠略夫》，果戈理之《死魂灵》等，描写理想的有爱罗先珂及其他作者之童话等，占全集之半，真是谦而勤了。

“借他人之酒杯，浇自己的块垒”，虽也痛快，但人心不同如其面，环境的触发，时间的经过，必有种种蕴积的思想，不能得到一种相当的译本，可以发舒的，于是有创作。鲁迅先生的创作，除《坟》、《呐喊》、《野草》数种外，均成于1925至1936年中，其文体除小说三种、散文诗一种、书信一种外，均为杂文与短评，以十二年光阴成此多许的作品，他的感想之丰富，观察之深刻，意境之隽永，字句之正确，他人所苦思力索而不易得当的，他就很自然地写出来，这是何等天才！又是何等学力！

综观鲁迅先生全集，虽亦有几种工作，与越缦先生相类似的；但方面较多，蹊径独辟，为后学开示无数法门，所以鄙人敢以新文学开山目之。然欤否欤？质诸读者。

民国二十七年六月一日蔡元培。

编 校 后 记

鲁迅先生禀赋超卓，强记敏感，热爱群伦，而遇多拂逆。毕生心血，寄诸楮墨，喜怒哀乐，达于文辞，率直淋漓，不假掩饰，渊博纯正，光芒四射，而一以振励民族精神为依归。决不同于屈原之徒发牢骚，司马迁之止于孤愤。先生著译宏博，仅就述著而言，达二十九种。先生遗稿中，即有手定之著述目录二纸：(略)

记得先生大病前，曾经说到过：他自从1906年，二十六岁中止学医而在东京从事文艺起，迄今刚刚30年。只是著述方面，已有二百五十余万言，拟将截至最近的辑成十大本，作一纪念，名曰“三十年集”。当时出版界闻讯，不胜欣忭，纷请发行。使先生不病且死，必能亲自整理，力臻美善。无奈愿与事违，先生竟病且死，死后行将二年，始将全集印行，捧诵遗著，弥念往昔，不胜痛悼。

先生每出一书，编校皆极谨严；广平襄助左右，多承指导，凡有疑难请益，片言立决。现在全集出版，彷徨疑似，指引无从。所有愆误，追悔莫及。所幸文化界同人，热心协力，卒底于成。谨就经过，略陈一二。

溯自先生逝后，举世哀悼。舆情所趋，对于全集出版，几成一致要求。函札纷至，荷蒙启迪，举其大要，则一望早日出版；二希收集完备；三冀售价低廉。窃思先生著述，其已印行者，整理较易。其未印行如《六朝造象目录》、《六朝墓志目录》、《汉碑帖》、《汉画象》等，非专家竟难措手，整理最为困难。幸蒙先生老友许寿裳、画室两先生对纪念逝者，援助家属，向不辞劳苦。关于全集进行，亦不断惠函指示，始终给予许多宝贵帮助。1937 年春，台静农先生亲临凭吊，承于全集，粗加整理，并约同许寿裳先生商请蔡元培、马裕藻、沈兼士、茅盾、周作人诸先生同意，任全集编辑委员。是时广平正拟在沪先行整理，俟得蔡元培、茅盾两先生指示之后，乘去夏暑假之便，赴平就教于马、许、沈、周诸先生暨台静农、魏建功、曹靖华、李霁野诸君子，冀集群思，使臻完善。然后携回沪上，设法印行。不料“七七”卢沟桥事起，一切计划，俱告停顿。去秋先生周年逝世纪念会席上，沪上文化界又复以全集出版事相督促。良以敌人亡我，首及文化。开战以来，国内文化机关，图籍古物，被毁灭者，不知凡几。出版先生全集，保卫祖国文化，实为急不容缓之事。然庐墓为墟，救死不暇；百业凋敝，谋生日拙；虽有大心，终无善策。而先生以一生心血，从事于民族解放的业绩，又岂任其久久搁置，失所楷模。语云：纸张寿于金石。自维无力为此，每一念及，怒焉心伤。幸胡愈之先生，本其一向从事文化工作之热忱，积极计划全集出版事宜,经几许困难,粗具规模。且拟以其手创之复社,担当斯责;广平亦即欣然承诺。复社诸君子,尽海上知名之士,董其事者,为胡愈之、张宗麟、黄幼雄、胡仲持、郑振铎、王任叔诸先生。约定以编辑责任,归鲁迅先生纪念委员会;复社则主持出版,代理发行。惟纪念委员会同人,散处四方;集中编辑,势所难能。虽函件往返,指示实多,而实际责任,不得不集于少数人身上。所幸复社同人,措施得宜。工作皆有秩序,进行亦极顺利。六百余万言之全集,竟得于三个月中短期完成,实开中国出版界之奇迹。其各部工作概况,大略如次:

(一)编辑部工作

分集稿、抄写、编辑、校对各项:

1. 集稿

先生著译,已有专书行世者固多,但散佚者亦复不少。其已印成书而久经绝版者,有《月界旅行》、《地底旅行》、《域外小说集》、《艺术论》两种、《现代新兴文学的诸问题》、《文艺与批评》、《文艺政策》、《会稽郡故书杂集》等。《月界旅行》承杨霁云先生见借,《地底旅行》亦由杨先生从《浙江潮》第十期上抄录见寄,惟仅开首二章;阿英先生闻全集付排,即从其藏书中觅得全书见借;使成完璧。《域外小说集》,原有初版上集一册,且已封面烂坏,可资编印者,仅赖中华新出版本。幸蒯斯曛先生应邀参加编校事宜,知家藏有《域外小说集》下册初版本即以见赠。封面完好如初,作淡蓝色,上署“域外小说▵”篆字,“会稽周氏兄弟纂译”等字。毛边精装。虽穿线之铁丝已坏,而书式仍极美观。得此一书,其于校对时,启迪实多。《艺术论》两种及《现代新兴文学的诸问题》、《文艺与批评》、《文艺政策》等书,则早由周文、胡愈之两先生辛苦搜得。《会稽郡故书杂集》,本已雕版印行,但手写本则存作人先生处,托魏建功先生借得,亲从北平运出,保存于昆明。此次全集出版,魏先生将此航寄至港,托茅盾先生请人带沪。全集编目之初,即将此书列入。然犹不知书在何处。辗转电询,凡阅一月有余,而犹无消息,心殊惴惴,迨一见稿本,如获至宝,欣喜之情,无言可喻。魏先生来书有云:“先师手泽,得安抵尊处,私怀释然。自去年十一月装箱交运,浮沉港上凡五月,几至散失,于心惴惴也。今竟得如愿刻入全集,幸甚幸甚。”即此可知一书之成,殊非易易。其他未经付印,由先生编定辑录者,有《古小说钩沉》、《嵇康集》、《山民牧唱》及《集外集拾遗》。由广平集录散佚译文而成书者,有《译丛补》。《古小说钩沉》、《嵇康集》、《山民牧唱》写本完整,只要重行抄写付印即可。《集外集拾遗》一部分由先生亲自编定,一部分由广平续编。其中许多序文后记,借助于王冶秋先生所编之《鲁迅序跋文集》的稿本者不少,《城与年插图本小引》则为先生于 1936 年 3 月 10 日扶病所记,原拟将此书付印,“以供读者的赏鉴,以尽自己的责任,以作我们的尼古拉·亚历克舍夫君的纪念”的。但先生的计划没有实现而“亡故”了。我们的“悲哀”的“纪念”,要超过先生之于尼古拉·亚历克舍夫!本已计划过大概,拟印成与《引玉集》同样精美,不料也为“八一三”炮火所粉碎,说来真不胜悲愤。现在先将小引收在《集外集拾遗》中,以资提示,使他日得完成先生遗志。至《译丛补》一书,谢澹如先生帮助最多。谢先生曾将先生全部翻译佚文,分类抄成目录,用功极勤,全集集稿时并见借《前哨》、《萌芽》、《十字街头》、《在沙漠上》、《奇剑及其他》、《朝花周刊》等书,然搜录之后,与谢先生所编译文目录对照,尚缺不少。谢先生于先生译文,本皆保存,徒因家在南市,旧藏皆毁于火,无法补足。幸文化界同人,闻讯之下,尽皆以各书见借。先后给予不少便利者,有柳亚子、阿英、徐川、唐弢、席涤尘、蒯斯曛诸先生。此中因缘已于《译丛补编后记》中稍及一二,这里不再详说。

最后关于集稿方面,犹须提及者,即为周建人先生将《药用植物》亲由日文校正一通,且把原书见赠,使制图更加清晰。又由郑振铎先生从美术专门学校,借得《近代美术思潮论》原书制版。因原书日本业已绝版,无从购得。而北新中译本,插图类多模糊,无法翻印。得此一书制版,使全集更加灿烂;衷心感激,已非笔墨所能形容。

2. 抄写

此项工作,较为细碎。因原书或为借来孤本,或属先生手写,俱不宜于污染。《集外集拾遗》、《月界旅行》、《山民牧唱》等书,早由王贤桢先生抄录。《古小说钩沉》原分订十册,由王贤桢、单亚庐、周玉兰、吴观周、王厂青诸先生分抄。《嵇康集》则为先生老友邵文镕先生之长女公子景渊所抄。《地底旅行》全部和《译丛补》的大部分亦为邵先生之次女公子景濂,三女公子景洛,四女公子景渭等协力抄成。其关于辑录书籍的标点方面,同人中有拟不采用者,有主张应加标点者,兹为统一书例并使初学易解起见,特商请冯都良先生标点《嵇康集》及《古小说钩沉》。郑振铎、吴文祺两先生标点《会稽郡故书杂集》。冯、郑、吴三先生,于国学极有研究,想可稍免于错误。

3. 编辑

此项工作最为繁难,既须顾及著作年代,又须适合每册字数。过厚则装订为难;过薄则书式不一。几经煞费苦心,使成今日之排次,但亦不甚惬意。例如《药用植物》一书,翻译之时间较后,今则因十八卷字数太多,移至十四卷。第八、第九、第十各卷,著作年代较早,以其性质类似,则参照先生"三十年集"编排之初意,列于著作之部之最后。此一工作,以郑振铎、王任叔两先生用力为多。至字数方面原计共约五百万字,不意陆续搜寻,《集外集拾遗》超过先生预定约三分之二。而《地底旅行》亦补成全书。《竖琴》、《一天的工作》原定只收先生翻译部分;及动手编排时,因序文与各篇皆有关联,《一天的工作》一篇本非先生所翻译,但既以篇名作书名,删去更不相宜。继思两书皆费先生无数心血,亲手编定,为免割裂,自应一并附入。至《译丛补》,样本预先并未列入。盖以为未能搜集如此齐备,附于别一书后即可。今承文化界同人协助,使卓然得成巨帙。而全集字数遂超过六百万字以上。

最后编辑方面,尚有一事足述。先生文章,其单行问世者,每有重出。如蒲氏《艺术论》序文,既列原书,又收于《二心集》中。编辑时遇有此种困难,则将此文保存于原书中,而于另一书之目录上列入篇名,下注"文略见某某卷本书"字样,以资识别。此虽创例,但为节省篇幅,免却重出,不得不尔。

4. 校对

此项工作,亦极困难。先生著译,发行者不止一家,且以时间先后,格式颇不一律。既出全集,最好能求统一。故于事先由负出版全责之黄幼雄先生,拟就"鲁迅全集排式"如下:(略)

至于工作之分配,约略如下。最初由朱础成先生负责校对三次,然后再由我们校对二次,改正后,再看清样一次。我们的初校者,为林珏、金性尧、王厂青、周玉兰诸先生,二校者为唐弢、柯灵、吴观周诸先生和广平。吴观周先生又担任校对之收发分配接洽事宜,几等于我们校对部主任。最后一次清样,则由王任叔、蒯斯曛两先生担任。校对时,大都极为谨慎,一遇疑似之处,其有手写本或初版本可查者,则必一一查出改正,力求没有错误。但因时间匆促,错误一定难免,深望读者予以曲谅。

(二)出 版 部

此项工作为黄幼雄、胡仲持两先生所主持。书本的式样,纸张的良窳,制图的设计,印刷成本的计算,俱惟两先生是赖。两先生学识丰富,经验宏博,故能处理得有条不紊。同时承揽排字印刷工作者,一为大丰制版所,一为作者出版事务所。前者主持人为徐寿生先生,后者主持人为朱础成先生,皆不恤减低成本,为文化界服务。朱先生复精制象牙书签千枚,随书附送,用意更可感佩。至制图方面,为科学照相制版公司独力负责。较之原单行本,更为精美。

（三）发 行 部

复社工作，总揽其成者，为胡愈之、张宗麟两先生。在全集出版时，张先生全部精力，几尽放在发行方面。吴子良、施从祥两先生又复不辞劳瘁，热心奔走，积极推销全集。使人感佩无地。推销方法，分社友非社友两种。凡愿为复社会员，得由本埠各社会团体介绍，廉价定购。其用意无非使鲁迅精神得以深入购买力较弱之各阶层。非会员则由通易信托公司、远东图书杂志公司、新新公司等代为豫约。结果出乎意料之外，初版千五百部几大部为本埠读者定购净尽。至外埠推销情形，虽不甚详，但华南方面得茅盾、巴金、王纪元等先生热心号召，成绩亦斐然可观。汉口方面得邵力子、沈钧儒诸先生特予介绍，定购亦极踊跃。国外方面，美国由陶行知先生推动，购者踊跃；南洋方面，索书钜数，致成供不应求之势，则王纪元等先生之力也。此中一切擘画策动，则全赖胡愈之先生。

又纪念委员会编印全集的意义，曾在启事中说明："目的在扩大鲁迅精神的影响，以唤醒国魂，争取光明。所以定价力求低廉，只够作纸张印费。但为纪念鲁迅先生不朽功业起见，特另印纪念本，以备各界人士珍藏。"所以本会主席蔡元培先生、副主席宋庆龄先生，曾通函海内外人士，募集纪念本，原函如下：

> 敬启者：鲁迅先生为一代文宗，毕生著述，承清代朴学之绪余，奠现代文坛之础石，此次敝会同人，特为编印全集，欲以唤醒国魂，砥砺士气，谅为台端所赞许。惟因全集篇幅浩繁，印刷费用甚钜，端赖各界协力襄助，以底于成。除普通刊本廉价发行预约外，另印精制纪念本一种，以备各界人士定购，每部收价国币一百元，将来除印刷成本外，如有溢利，一概拨充鲁迅先生纪念基金。素仰台端爱护文化，兹特附呈《鲁迅全集》样本一册，倘荷赐购，并介绍友人定购，则不仅敝会之幸而

已。顺颂著祺。

鲁迅先生纪念委员会主席蔡元培、副主席宋庆龄。

蔡先生对全集出版方面，曾再三赐予援助，计划久远，费去不少精神。且曾向商务印书馆设法订立契约；只以烽火弥漫，商业停顿，欲即速进行，势有不可；而全集出版，众望殊殷，事不宜迟。此中隐衷，幸蒙商务负责人王云五先生同情谅解，来函允先出版，不胜感激。至蔡先生文章道德，海内传颂。鲁迅先生一生，深蒙提掖，此次更承为全集作序，知所宗尚，鲁迅先生有知，亦必含笑九泉，岂徒私人之感幸。

总计此次编印全集经过，个人虽承友朋指导，有若干预备；但实由复社同人暨各界人士合力而成。历时四月，动员百数十学者文人以及工友，为全集而挥笔、排校；以齐赴文化保卫的目的，我个人的感谢，实无法形容。然此亦可见中国已团结如铁石，任何外力，不能侵略了。

鲁迅先生昔曾说过："其实我也不必多说了，我所要说的，都在几十本著作里面了。"他不自己承认有天才，又说："哪里有天才，我是把别人喝咖啡的工夫都用在工作上的。"他实在是不断学习，不断努力。当他抱病时，朋友劝他休息。他就说："什么是休息，我是不懂得的，怎样娱乐，我也全不会的。"但还有人说他"有闲！"现在全集出版，就作一次总答复吧！1936年夏间，当先生病重时，适世界大文豪高尔基逝世，以高氏毕生的文化功绩，和对革命的贡献，人们是应该痛惜的，而且甚至不禁叹息说："为什么鲁迅不死，死了高尔基？"这为什么，是没有人能解答的。但鲁迅先生自知很清楚，他说："我哪里比得上高尔基？"如果先生一死，的确可以替代高尔基的话，那真是"如可赎兮，人百其身"！鲁迅先生是不会吝于一死的。但奇怪的是，他真个死了之后，却又有不少人说："中国的高尔基死了。……他的死，在中国，比苏联损失一个高尔基还要大。"

现在全集终于出版了，我们仿佛喘了口气，放下一重心事；但一想到全集达到读者手中时，我们的责任，也更重了，会不会因我们工作的粗率，妨害先生精神的传达呢？我们惭愧着，惴惴着，愿受一切爱好鲁迅著作的人士的指教和裁判。

一九三八年七月七日写于卢沟桥纪念周年，许广平。

注释：

① 录自《鲁迅全集》第1、第20卷，1938年鲁迅先生纪念委员会版。

《鲁迅全集》出版后，唐弢先生又搜辑遗文于1946年出版《鲁迅全集补遗》一册，他在《编后记》里说："……由于广大的需要，以及青年们对先生著述的饥渴似的心情，搜寻集外的遗文，遂成为后死的文化工作者的职责了。全集出版不久，阿英先生就写信给景宋先生，说是据他所知，倘把漏收的文章结集起来，这可以订成厚厚的一册。阿英先生是藏书家，以他的博闻，这话是极其可信的。景宋先生的复信是要让她看一看，鉴定一下。不知怎的这事情竟又搁下了。1941年12月8日以后，上海的情形大变，越一周，景宋先生被捕，友朋云散，而我还蛰居一角，偶有所闻，无非是烧书、逮人的消息。长夜待旦，悲愤交集，有时也偶尔想起这份辑逸的工作，然而'饥来驱我去，不知竟何之'，终于又只得推开空想，落在现实的土地上，如轭下疲牛，为生活的磨子去打旋了。此后，似乎也没有人再提起。战争使图书散佚，这是颇足以影响搜集的工作的，我费尽心思，历尽惊险，才保住几箱破书，只是没有去翻动。直到去年8月，受又'胜利'的欺骗，重度笔墨生涯，而数月内战，破书的命运又岌岌可危，我还不甘于以心爱之物，馁饫炮火，不以益世，却让那些'勇敢的'将军们去做'勋章'的资本。因此，又想到《鲁迅全集》的补遗，翻检抄录，得遗文若干篇，按时编排，各缀出处；为了资人证信，也还想加上如下的说明……"（1946年上海出版公司版）

按：1952年，唐弢先生又将续得遗文，由上海出版公司出版《鲁迅全集补遗续编》，《编校后记》说："《鲁迅全集补遗》出版以后，我又陆续搜集些遗文逸稿，日积月累，居然有了相当的数量。这些篇什，有的虽然较为零星，但聚在一起，连贯地读下去，却觉得其中有是非，有爱憎，有斗争，血肉丰腴，生命俱在，不失为研究鲁迅思想发展的极可珍贵的材料。而把这些材料公开，却又是十分迫切的工作，因此，商得出版总署鲁迅著作编刊社的同意，便开始编辑起来，经过将近一年时间的考订，才完成这部三十五万言的续篇。……”

选自张静庐辑注《中国现代出版史料》丙编，中华书局1956年

鲁迅先生与编辑出版工作

臧克家

一个真正的伟大的革命战士，他的战斗精神必然会贯彻到他的每一个具体行动、每一件实际工作里去的。鲁迅先生是一个伟大的思想家、革命家，是一个新文化、新文艺的旗手和导师，他在许多方面所创造的业绩，都是我们仰望的高峰，单就作为编辑出版工作者的鲁迅来看，他也是一个杰出的模范人物。他对待工作的那忘我的精神，对人民负责的严肃态度，对恶劣的出版商和编辑所作的坚决斗争，都值得我们向他致敬、学习。

鲁迅先生，一方面对含有封建、反动各种毒素的、粗制滥造的文艺书刊施行猛烈的攻击，使青年群众和广大读者的思想得到保卫；一方面把健康的、滋养的精神食粮供应出来。这是一种精神在两个方面的表现。鲁迅先生在编辑出版工作上的贡献，是他战斗的为人民的伟大业绩的一个具体、重要的组成部分。只有这样理解，我们才能够把他和一般从事编辑出版工作的人们区分开；才能够给他那在大事小节上表现出来的令人感动的精神找到渊源。

在反动时代乌烟瘴气的社会里，出版商挂着“为文化服务”的金字招牌而实际上在为金钱服务。书店老板，他们并不关心出版物的

有无价值，对读者的利害若何，他们关心的是金钱，只要能够替他们赚钱的，他们就放手去印行。鲁迅先生对这种情形最清楚也最痛心，他把“中国没有好书”归咎于“书坊专为牟利”就是这个道理。

> 盖上海书店，无论其说话如何漂亮，而其实则出版之际，一欲安全，二欲多售，三欲不花本钱，四欲大发其财……

在《书的还魂和赶造》①中，鲁迅先生对于用“大”、“多”、“廉”诱人其实是害人的“大部的丛书”的骗人伎俩予以揭穿：这类丛书“实际上却不过”是“一大堆废物”。而出版商所以要出版它的惟一目的就是：赚钱。

为了做生意，一家官商，在“四省不见，九岛出脱”，“黄河出轨”，“岌岌不可终日”的时候，却影印起《四库全书》的“珍本”来，这种“珍本”是“钦定”过的。

这类书商神通十分广大，他们不但有拉拢作家的本领，还有“封定文豪”的大力。鲁迅先生有一篇杂文，题名《“商定”文豪》，“文豪”都要由“商”来“定”，可见出版商人气焰的高涨。

除了专门图利的出版商人，还有图“利”更图“名”的“作家”和编辑。

> ……当文学家怎不马上要名利，于是乎有术存焉。
>
> 那术，是自己先决定自己是文学家，并且有点儿遗产或津贴。接着就自开书店，自办杂志，自登文章，自做广告，自报消息，自想花样……

常在鲁迅先生笔下出现的“邵诗人”（洵美）就是“作家”兼“编

① 主要是指商务印书馆出版王云五主编的《万有文库》。

辑”兼老板的一个。他是巨富“盛宫保”的孙婿,他办了《十日谈》杂志,开着一个书店,他的“府上有恶辣的谋士”和“鹰犬”,他在读者群中散布“唯美”,当鲁迅先生碰着他烂疮疤的时候,他便运用阴谋,满怀“杀机”地来对付。

为“名”如同为“利”,是可以不择手段的。“自收自己大名入辞典中,定为‘中国作家’①,或自编自己的作品入画集里,名曰‘现代杰作’②”,或者在自己主编的《中国文艺年鉴》里化名大捧自己,例如“苏汶即杜衡”之类。

从这样乌七八糟的出版商和编辑人手里生产出来的东西,一定是偷工减料,恶劣、粗糙不堪的:

一家书店出版了“国学珍本丛书”,这部丛书,“误用引号,错点句子”,谬误是很多的。经人在《国闻周报》上批评指出之后,主编先生在答复的文章里虽然承认了“养生主”并非“修儿孙福”,而末了却来了这样一个解辩:“充其量还不过是印出了一些草率的书来,到底并没有出卖了别人的灵魂与血肉来为自己的‘养生主’,如别的一些文人们也。”鲁迅先生很是气愤,说他“洋场恶少”的嘴脸完全露出来了③。

类似的例子还有《袁中郎全集》。鲁迅先生“点句的难”一文就是为它而写的。“有几句点不断,还有可原,但竟连极平常的句子也点了破句”,“调子有定的词曲,句子相对的骈文,或并不艰深的明人小品;标点者又是名人学士,还要闹出一些破句”:“色借,日月借,烛借,青黄借,眼色无常。声借,钟鼓借,枯竹窍借……”真是把一个袁中郎“借得一榻胡涂”,也把读者们“借”得一榻胡涂④。

---

① 指顾凤城编的《中国文艺作家辞典》,乐华图书公司版。

② 指刘海粟编的《现代杰作选》,中华书局版。

③ 指施蛰存主编的《中国文学珍本丛书》,上海杂志公司版;施答复邓恭三批评文字的信登载《国闻周报》第12卷第46期。

④ 指刘大杰标点的《袁中郎全集》,时代图书公司版。

了草粗率竟到了这种程度，是令人大吃一惊的。看了以上这种种情形，就会理解鲁迅先生的愤叹："看现在的出版物，'己'与'已'，'戮'与'戳'，'刺'与'剌'，在很多的眼睛里是没有区别的。"

"这些错误的书的出现，当然大抵是因为看准了社会上的需要，匆匆地来投机，但一面也实在为了胜任的人，不肯自贬声价，来做这用力多而获利少的工作的缘故。"从这些话里不但可以见出鲁迅先生自己所以要编辑刊物出版书籍的一个原因，同时也可以了解，在这方面，他何以那样热心地鼓励朋友或帮助朋友去做。

北新书局最初就是在鲁迅先生的鼓励、扶持之下在北京成立的①。主持人李小峰当时就是追随鲁迅先生的一个文艺青年。虽然因为他不发作者的稿费为鲁迅先生所不满，但给他主编刊物，把书交给他出版，始终支持他。先生时常说："某某书店乱七八糟，真气人，许多人固然受了他胡涂之累，可是他也时常胡里胡涂地吃人家的亏（如几次封门）。比起精明的来，不无可爱之处。"鲁迅先生

---

① 北新书局成立于1924年，地址在北京翠花胡同，当时主要为经售新潮社出版物，《新潮》停刊后，鲁迅的《中国小说史略》、《呐喊》即移交北新出版，同时还出版了几种《徐文长故事》等小册子，1926年因发行《语丝》，曾被"张大元帅"封闭一次；同年迁沪营业，初在宝山路，后在福州路开设门市，1931年因经售华兴书局书籍被国民党反动派封闭一次；又于1933年因《小猪八戒》一书涉及少数民族宗教问题被封闭一次，启封后一度改名青光书局，不久仍恢复旧名。鲁迅逝世后，曾因拖欠鲁迅版税不付事，与鲁迅家属打过一回官司。1933年《申报年鉴》出版篇："《南华文艺》第十四期娄子匡所撰文字，及北新书局民间故事集中《小猪八戒》一册，经回教徒认为侮辱回教，发生严重交涉。两出版机构于接到回教徒警告后，一面销毁书版，一面登报向回教徒道歉。回教徒未能满意，向中央党部及国民政府行政院请愿，要求严惩。中央党部及行政院令将《南华文艺》停刊，北新书局封闭。《南华文艺》当即遵令停刊。北新书局则嫌处罚太重，要求收回成命；回教徒则坚请执行查封，上海书业公会出面调停，未有效果，结局，北新书局亦自动停业。"

对于肯出点像样的书的书店是如何地爱护。

约莫和朝华社差不多同时，张友松主持了一个春潮书店，鲁迅先生经常给他的刊物义务写稿，为了给书店打开僵局，还借给了他500块钱。

鲁迅先生极力夸奖鼓励肯印书的人，他说："在唯利是图的社会里，多几个呆子是好的。"

鲁迅先生自己就是这样一个伟大的"呆子"。他在编辑出版事业上付出的精力和时间在他一生岁月中占的比重是很大的。他主编，和朋友合编再加上赞助朋友们编的刊物，合起约计十余种。他和朋友们创办了未名社、朝华社。他主编过《未名》、《乌合》、《奴隶》等丛书①，他印行过：《铁流》、《铁流之图》、《士敏土之图》、

---

① 关于《未名丛刊》和《乌合丛书》，鲁迅先生曾做过一段说明刊在《彷徨》初版本的后面："所谓《未名丛刊》者，并非无名丛书之意，乃是还未想定名目，然而这就作为名字，不再去苦想他了。这也并非学者们精选的宝书，凡国民都非看不可。只要有稿子，有印费，便即付印，想使萧索的读者，作者，译者大家都稍微感到一点热闹。内容自然是很庞杂的，因为希图在这庞杂中略见一致，所以又一括而为相近的形式，而名之曰《未名丛刊》。大志向是丝毫也没有。所愿的：无非(1)在自己，是希望那印成的从速卖完，可以收回钱来再印第二种；(2)对于读者，是希望看了之后，不至于以为太受欺骗了。以上是一千九百二十四年十二月间的话。"在1925年出版的《出了象牙之塔》初版本的后面，又添上些关于《未名丛刊》的话："现在将这分为两部分了：这里专收译本；还有集印创作的叫做《乌合丛书》。创作谁都知道可尊，但还有人只能翻译，或者偏爱翻译，而且深信有些翻译竟胜于有些创作，所以仍是悍然翻译，而印在这《未名丛刊》中。亲自试过的，会知道翻译有时比创作还麻烦，即此小工作，也不敢自说一定下得去；然而译者总尽自己的力和心，如果总于下不去了，那大概是无能之故，并非敢于骗版税。版税现在还不能养活一个著作者，而况是收在《未名丛刊》中。因为这书的纸墨装订是好的，印的本数是少的，而定价是不贵的。但为难的是缺本钱；所希望的只在爱护本刊者以现钱直接来购买。那么《未名丛刊》就续出不尽了，我们就感谢不尽了。"

《引玉集》、《北平笺谱》、《十竹斋笺谱》、《凯绥·珂勒惠支版画选集》、《死魂灵百图》等。有的刊物不拿编辑费,有的甚至自己贴上钱;有些书是和朋友合资出版的,有的则是完全自己掏腰包。他在给李秉中的信上就说过这样的话:"我现在仍在印《莽原》,以及印些自己和别人的翻译及创作。可惜没有钱,印不多。"这些情形,以及因出书刊受书店的磨难,受经济的压迫的情形,都可以从"书简"和"日记"里查得出来。在他生活的后期,受到反动派的高压,版税来源又不畅,从艰窘生活的费用中挤出钱来印这些书,不了解的人一定要发生疑问:一种什么力量促使他这么干?他这么干,目的又是什么?在上面我们说过他从事编辑出版工作的意义和目的,现在就用事实来证明它。

早在1926年6月间,鲁迅先生在给李秉中的信上说:"……我近来忽然还想活下去了。……是自己还要发点议论,印点关于文学的书。"他把"发议论"、"印文学书"作为自己生命的支持力量——也就是战斗力量,这志愿的意义是如何的重大!这印书目的是如何的庄严!这和他为了医治萎弱的民族精神而从事文艺活动的意义是一致的。

> ……凡是为中国大众工作的,倘我力所及,我总希望(并非为了个人)能够略有帮助,这是我常常自己印书的原因。

他在一篇"通讯"里说:"现在的各种小周刊,虽然量少力微,却是小集团或单身的短兵战,在黑暗中,时见匕首的闪光……"

办刊物、出书是为了战斗、为了大众的。这可以作为鲁迅先生从事编辑出版工作的一句简单宣言。

编辑出版的意义既然这么重大,那么出版物的思想内容就得放在第一位上去。

我们看鲁迅先生所编辑出版的书刊,按其内容的意义来区分,可以划成三大类，一是发扬中国旧文化中优秀传统的；二是绍介外国——特别是旧俄古典文学和苏联进步艺术的；三是鼓励当代文艺创作运动的——特别注意发现、培植、扶掖青年作家，而前二者又是为了后者的。

现在我们分开来研究一下。

鲁迅先生对待中国的旧文艺持着弃其糟粕、吸其精华的批判态度。经他校勘、编印的文集及作品有《嵇康集》、《小说旧闻钞》、《唐宋传奇集》……和他自己的著作《中国小说史略》、《中国文学史略》的一部分——《汉文学史纲要》等，从这些编著里可以看出他对中国旧文学的研究的精湛，下的整理工夫之大！

他对于中国的版画也很欣赏，他和郑振铎先生合资出版了《北平笺谱》、《十竹斋笺谱》等，他自己说："我旧习甚多，也爱中国笺纸，当作花纸看，这回辑印了一部笺谱，算是旧法木刻的结账。"这个"结账"工作很费了他一番心血。他对于这方面，本来研究有素，选择的时候极为严格。他印旧木刻并不是为了复古，或迷恋骸骨，而目的是想"从中国的古代艺术里寻找对于现代木刻有益的滋养料"。

关于介绍外国进步的艺术，鲁迅先生把它比作私运军火给起义的奴隶，他又曾说过："……从别国里窃得火来……煮自己的肉……"他总觉得"中国作家的新作，实在稀薄得很"，原因之一，是"没有好遗产"，"可见翻译之不可缓"了。

在艺术方面鲁迅先生之所以选定、印行《一个人的受难》、《苏联版画选集》、《引玉集》、《凯绥·珂勒惠支版画选集》等，固然是希望我们幼弱新进的木刻家从那里学到一些表现手法——也就是技巧之类，但主要用意所在是学习外国那些木刻家们的把木刻和现实紧扣在一起而为它服务的那种伟大的现实主义的战斗精神。因为"美术家固然须有精熟的技工，但尤须有进步的思想与高尚的人格"。

在文学方面，那情形也是一样。鲁迅先生所译、所编、所出版的外国文学——特别是苏联的文艺理论与创作，对于中国的文艺思潮和创作，对于整个的文化界和社会，发生了很大的推动力量，起了极为深刻的影响。

鲁迅先生所编刊译作的内容，也随着时代、随着他自己的前进而前进。在他的晚年，黑暗反动的势力向他压下来的时候，他编辑出版了《艺术论》、《文艺与批评》、《铁流》、《海上述林》……这意义是十分清楚的。对于自己初期初版的翻译，他后来也觉得多数“皆较旧，失了时效，或不足观”。1930 年他所翻译的雅各武莱夫的长篇小说《十月》（他所主编，中途由于出版者——神州国光社的变卦而流产了的《现代文艺丛书》[①]”之一），3 年之后，虽然他仍然肯定这本书“还可以作为现在和将来的教训”，但他也作了这样的批判：“《十月》的作者是同路人，他当然看不见全局。”

他负责编辑出版的书籍，都是在严密的计划之下进行的。譬如要出一套翻译丛书，不但注意原著的选择，翻译的人也是经过慎重考虑选定然后才分头去约。从《未名丛刊》和《现代文艺丛书》

---

① 关于《现代文艺丛书》，鲁迅先生在《铁流》（光华版）的《编校后记》里说：“去年上半年（一九三一年）是左翼文学尚未很遭压迫的时候，许多书店为了在表面上显示自己的前进起见，大概都愿意印几本这类的书。这一风气，竟也打动了一向专出碑帖书画的神州国光社，肯出一种收罗新俄文艺作品的丛书了，那时我们就选出了十种世界上早有定评的剧本和小说，约好译者，名之为《现代文艺丛书》。然而对于左翼作家的压迫，是一天一天的吃紧起来，终于紧到书店都骇怕了。神州国光社也来声明，愿意将旧约作废，已经交出去的当然收下，但尚未开手或译得不多的其余六种，却千万勿再进行了。……但已经交出去的三种，至今，早的一年多，迟的也快要一年了，都还没有出版。”

按：神州国光社于 1930 年出版的有柔石译卢那卡尔斯基著的《浮士德与城》，1931 年出版的有贺非译唆罗诃夫著的《静静的顿河》第 1 分册。

的目录和译者的名字上就可以看出编辑的计划性和严肃性。在这样情况之下出版的书籍,思想内容是健康的,译文方面是认真的、对读者负责的。所以受到群众的欢迎,有着持久的生命力。鲁迅先生对于他早年亲手经营的未名社出版的作品,后来就曾作了这样的估价:

> ……绍介了果戈里……绍介了爱伦堡的《烟袋》和拉夫列涅夫的《四十一》。还印行了《未名新集》,其中有丛芜的《君山》,静农的《地之子》和《建塔者》,我的《朝华夕拾》,在那时候,也都还算是相当可看的作品。事实不为轻薄阴险小儿留情,曾几何年,他们就都已烟消火灭,然而未名社的译作,在文苑里却至今没有枯死的。

以上我们对鲁迅先生编辑、出版的方针、内容以及编辑出版的计划性作了一个约略的介绍与分析,现在我们再来看看他在编辑体例方面的一些创造和特点。

第一,把讨论辩驳的对方的文章和书信作为"备考""来信"附入集子。在《准风月谈·感旧以后(上)》之后,就附有施蛰存的《庄子与文选》。在《伪自由书·透底》之后附了祝秀侠的来信(112页),这样体例是旧传统的优秀方面的一个承继与发扬。"魏的嵇康,所存的集子里还有别人的赠答和论难,晋的阮籍,集里也有伏义的来信……谢宣城集虽然只剩了前半部,但有他的同僚一同赋咏的诗。我以为这样的集子最好,因为一面看作者的文章,一面又可以见他和别人的关系,他的作品,比之同咏者,高下如何,他为什么要说那些话……"

第二,鲁迅先生在他自己的著作里,有许多是前有"序言",后有"后记"。这个"后记"往往很长,包罗万象,有关的别人的文章,甚至报纸新闻也全引进去。有个恶劣的"批评家"在《社会新闻》

上说他印书(指《准风月谈》)的本意,完全为了一条尾巴。“这其实是误解的……所写的常是一鼻,一嘴,一毛,但合起来,已几乎是或一形象的全体……但画上一条尾巴,却见得更加完全……”在《准风月谈》的“后记”上他又说:“用‘后记’来补叙些因此而生的纠纷,同时也照见了时事。”

我们之所以说作为编辑出版家的鲁迅先生是伟大的,就是因为他在大具体工作上——上至决定稿件,下至校对跑印刷厂,无不任劳任怨,拿出全副精力去做。

首先,作为一个刊物的编辑,我们看看他如何对待投来的稿件。

鲁迅先生在给黎烈文的信上说过这样一个近乎笑话的事实:“我在北京见一编辑,亦新文人,积稿盈几,未尝一看,骂信猬集,亦不为奇,久而久之,投稿者无法可想,遂皆大败,怨恨之极,但有时寄一信,内画生殖器,上题此公之名而已。”这样的编辑算得是一个“典型”,而鲁迅先生却恰恰和他相反,他复信的快是出名的。1929年,他在主编《奔流》,稿件往返十分频繁。他收到稿件之后常是立即回一个信,使作者安心,例如在1929年11月26日的“日记”上写着“得王余杞信并稿”,在第五天的“日记”上就有“复王余杞信”的记载。

如果不用的稿件,立即就退还:

“十八日……得郑泗水信”,第二天就记着:“下午复郑泗水信并还稿。”

有时也许过一个短的时间,将积下的稿件整个清理一下,1929年7月30日的“日记”上记着“寄还各种投《奔流》稿”就是这样的。对于决定采用的稿子有缺陷的时候,也还要提出意见商请作者修正。从《两地书》上就可以找到景宋向《奔原》投稿时的这种情况。鲁迅先生看稿子十分认真,一个字都不轻易放过,如有疑难,一定向作者询问。他曾看过许钦文一篇题名《传染病》的小说，写着在屁股上打针，鲁迅先生在给孙伏园先生的信上说："据我所知，当在大腿上，改为屁股，地位太有参差，岂现在针法已有改变乎？便中望一询为荷。"他对于作者这样尊重，但他对于读者更为负责。如果译作有了错误时，他"以为只好彻底的修改，本人高兴与否，可以不管，因为译书是为了读者，其次是作者，只要于读者有益，于作者还对得起，此外是都可以不管的"。

现在，我们引景宋的一段话，看看鲁迅先生对待投稿的整个情形吧：

"先生初到沪时编《奔流》、《语丝》，投来的稿子，真是缤纷万状：有写了一次即不愿复看一遍，叫先生细改的；有翻译而错误很多，不能登载，致招怨尤的；有一稿油印多份，分投各刊物的；有字甚小，模糊难辨的；自然还有不少稍加修改，即可采用的。这些，如果是那原文先生能自己对照的，多给改正。其为从英文译来，遇有疑难，亦必多方向人打听，修改妥善。……"看稿，忙累之外还招怨受气。但是"为于读者有所贡献计，只得忍受"。

鲁迅先生对于自己主编的刊物，不但对来稿认真，取舍严格，就是对于一篇"后记"，也毫不苟且，附录在《集外集》里的 11 篇《奔流》的"编校后记"就是一个典型例证。那种对作品及原作者评介的切实负责精神，真如杨霁云在该书后记里所说"任何杂志是找不到这种编者负责表示的后记了"。

对于自己负责出版的书籍，那严肃认真的精神也不两样。为了纪念被国民党残杀了的战友——瞿秋白，先生集资出版了他的遗著：《海上述林》。在编辑、校对、出版上表现出的负责精神是少有的。把他翻译的高尔基的早年创作找到原稿来校对，将一些注释补了上去。

黄源在一篇纪念文章中说："《死魂灵》第三章中，有一句'近乎刚刚出浴的眉提希的威奴斯的位置'，先生知道眉提希的威奴斯为克莱阿美纳斯所雕刻，但他没有见过这雕刻的图像，不知出浴者的姿势，于是东翻西查，却遍查不得，又买了日本新出的《美术百科全书》来查，依然没有，之后，花了更多力气，终于查出注明。"

对于一本书籍的名字，他也煞费苦心。他曾经向李霁野建议把《圣经》分为两部，以《新约》、《旧约》的名称出版，免得使读者看了名字生反感。在当时反动统治之下，连起个书名也没有自由，鲁迅先生也就在书名上表现出他善于斗争的精神。有一次他想把自己的一本杂文定名为《狗儿年杂文》，"但恐于邮寄有碍"终于抛弃了它。在给朋友的一封信上，他这样说："更不好的是内容并不怎样有力，却只有一个可怕的外表，先将普通的读者吓退。例如这回无名木刻社的画集，封面上是一张马克思像，有些人就不敢买了。"他自己的著作，例如《准风月谈》、《花边文学》……外表多么漂亮，骨子里多么深刻。

校对工作也花费了他不少的力量。我们看他的"日记"，从1912年起一直到他死前十几日止，几乎经常在校对之中，类如"校《苦闷之象征》印稿讫"、"通夜校《奔流》稿"……这样的记载是信手翻去就可以发现的。他白天校，黑夜校，"吃了药"来校，为了校长虹的稿子竟"吐了血"。他这种伟大的牺牲精神，令人既钦敬又感动。他的校稿，一个字不肯放松，名副其实地做到了"校雠"，如果是译稿，"一定找原著来对照修改。比方是英文译稿，除了英文原本之外，再有其他国家译本可以参考，他更愿意周到些。设或还有怀疑之处，不是自己独立能够了解，他必定请教比他更高明的，总之，决不肯含糊了事。"对于曹靖华译的《铁流》就是对照德、日译本校对过的，辛劳的结果是："当然不能称为'定本'，但完全实胜于德译，而序跋，注解，地图和插画的周到，也是日译本所不及的。"

鲁迅先生就这样不顾个人健康地日夜把精神消耗在校对工作中。

萧红在《回忆鲁迅先生》里记着：瞿秋白的《海上述林》校样，

1935 年冬,1936 年的春天,鲁迅先生不断地校着,几十万字的校样,要看三遍,而印刷所送校样来总是十页八页的,并不是统统一道地送来,所以鲁迅先生不断地被这校样催索着,鲁迅先生竟说:

看吧,一边陪着你们谈话,一边看校样的,眼睛可以看,耳朵可以听……

有时客人来了,一边说着笑话,一边鲁迅先生放下了笔。有的时候也说:"就剩几个字了……请坐一坐……"

在他死前的 19 天,高烧过后,针药之余,写下了这么最后有关校对的一句:

三十日(一九三六,九月),昙,上午校《海上述林》下卷毕。

先生除了对自己编辑出版的书籍负校对责任之外,还替青年看稿,给许多作家选校书籍。青年们的稿子,"字是那么小,复写的铅笔字是那么模糊,先生就夹心衬一张硬白纸,一看三叹,终于也给整本看完了"。

先生自己著译及编刊的书籍、杂志,再加上替别人"选定"、"校订"、"校刊"的作品将近一百二十种,有的还一校再校三校,约计起来,总不下两三千万字,这是如何庞大的一个数目!先生把多少心血灌注了进去。一个黑字就是他的一滴红血。他自己说:"即使校对别人的译著,也真是一个字一个字地看下去,决不肯随便放过,敷衍作者和读者的,并且毫不怀着有所利用的意思。"

他付出的心血的代价很大,收获的结果也很大,"凡是经过他亲自校正过的书,没有不博得坚强的信誉"的。

一本书的好坏,固然决定于它的内容,但光有好的内容并不一定够上是一本完美的书。如果要求一本书是一个完美的艺术品，那就必须使它从内容到形式成为一个统一的整体。鲁迅先生对他自己所出版的每一本书，都极力讲求，使它成为一个完美的艺术品。所以从插图、封面、版式，到纸张、装订，甚至一个标点的位置，边的切与不切，全在他严格的要求与注意之中。

我们知道，鲁迅先生从小就喜爱图画，“搜集绘图的书”，到后来收藏汉碑像图，搜罗版画木刻，“酷爱美术”，对“美”的感觉极为敏锐。

为了“增加读者的兴趣”，他提倡在书籍里插图，作为“装饰”，这，一方面是发展固有的优良传统，一方面也是接受了外国的影响。

> 欢迎插图是一向如此的，记得十九世纪末，绘图的《聊斋志异》出版，许多人都买来看，非常高兴的。……我以为插图不但有趣，且亦有益……
>
> 到近几年，才知道西洋还有一种由画家一手造成的版画，也就是原画，倘用木版，便叫作“创作木刻”……现在我们所要介绍的，便是这一种。

鲁迅先生的《朝花夕拾》里就印着先生自绘的“曹娥投江寻父尸”和“活无常”、“死有分”等插图。在他编刊的杂志和译作里也插有很多宝贵的插图。这种插图固然是为了“装饰”，然而同时也含有战斗的意义。《译文》终刊号①第一张木刻是李卜克内希遇害的纪念，就是如此的。

对于版式、版权页，他也很注意并有自己的创见：

---

① 按：《译文》创刊于1934年，初由生活书店出版，至12期因发生龃龉而停刊；1936年由上海杂志公司继续出版，从新一卷起出至17期，抗日战争发生后停刊。

《莽原》原是第一版上层之首印着刊名，同版下层末尾印着目录的。景宋提意见将目录和刊名放在一起。最后鲁迅先生决定了“另一格式”，“则目录既在边上，容易检查，又无隔断本文之弊”。这样一个小小问题，他都要在上面煞费苦心，为读者的方便设想，画了版式和景宋彼此一再研讨。

在印《十竹斋笺谱》的时候，关于版权页创造了新的式样：

> 我想这回不如另出新样，于书之最前面加一页，大写书名，更用小字写明借书人及刻工等事，如所谓‘牌子’之状，亦殊别致也。
>
> 我先前在北京参与印书的时候，自己暗暗地定下了三样无关紧要的小改革，来试一试。一、是首页的书名和著者的题字，打破对称式；二、是每篇的第一行之前，留下几行空白；三、就是毛边。

他在《华盖集·忽然想到》里也有同样的话，不过说得更透彻：

> 我于书的形式上有一种偏见，就是在书的开头和每个题目前后，总喜欢留些空白……较好的中国书和西洋书，每本前后总有一两张空白的副页，上下的天地头也很宽，而近来中国的排印的新书则大抵没有副页，天地头又都很短，想要写上一点意见或别的什么，也无地可容，翻开书来，满本是密密层层的黑字。加以油臭扑鼻，使人发生一种压迫和窘促之感，不特很少“读书之乐”，且觉得仿佛人生已没有“余裕”，“不留余地”了。

鲁迅先生反对书的每一行顶上，出现圈、点、虚线或引号的下半(”),因为那样不好看。他“先前做校对人的那时”想了个补救的办法:在上一行里分嵌四个“铅开”,就有一个字被挤到下一行里去了。

关于书的毛边,鲁迅先生是极力主张的。一方面为了美观,“说光边好像和尚头似的”。一方面也为了实际——弄脏了可以切了去。在《集外集》付装订时,他叮嘱“给我留十本不切边的”。他早年出版的《域外小说集》初印本就是“毛边不切”,难怪他自称是“十年前的毛边党”了。

封面,是一本书的外表,它的美恶影响着人们对这书的印象,所以鲁迅先生在这上面也大费心机。许多书刊的封面都是他亲自设计,“面上印字之样子”也要自定。关于《出了象牙之塔》的封面,他给李霁野信特别提出来,嫌上一次太印在中间了,下面应该不留空白,希望能得到改正。商务馆承印的《苦闷之象征》封面,“彩印五色”,鲁迅先生把自己对于印刷办法写信去要求他照办:“将无画处之网目刻去,则画是五色,而无画处仍是空白,可以四围没有边线。”他这么当行,又这么精心,所以他所设计的书的封面有的艺术装饰十分美丽,如《域外小说集》初印本;有的则白纸黑字朴素大方,如《且介亭杂文》等。

先生对于锌版、纸张都十分内行。从他的“日记”里,可以找到许多亲自跑制锌版的记载。景宋在一篇文章里说:“有些制版所因为他的生意相当忙,而且样子又质素,认为是跑街之流的人物,特别给他一个九折……有时为了顺便,就会多做几个锌版预存起来,总计大大小小的不下一千多个,都是他自掏腰包①,自去奔走

① 例如孙用译裴多菲著的《勇敢的约翰》,1931 年上海湖风书局初版本附有彩色及单色插图十三幅,鲁迅先生给译者信里曾提到说:“这回印诗,图十三张,系我印与,制版连印各一千张,共用钱二百三十元。”(见 1945 年永安重排本附录)

得来的。”

“盖同是锌版，亦大有优劣，其优劣由于照相师及浸蚀师之技术。浸蚀太久则过瘦，太暂则过肥，而书店往往不察优劣……”你看他对于锌版的辨识是如何的精深！

对于纸，他的知识也是很丰富的，什么罗纹纸、抄更纸、玉版宣或特别宣……他印书一定要好纸，用坏纸，他宁可不出：“《勇敢的约翰》……倘一任书坊用粗纸印刷，那是有出版之处的，但我不答应如此。”《莽原》用好纸而减少页数他认为“甚好”。他以高价用“中国宣纸玻璃版”“印梅斐尔德木刻《士敏土》之图”，为了力求纸张、印刷的精美，他把《引玉集》、《海上述林》拿到东京去印，使这些书成为白玉无瑕的精美完整的艺术品。

从上面反对出版商及“作家”兼编辑的引文里，我们看到鲁迅先生对“自做广告”大吹大擂的恶劣作风是深恶痛绝的。他是主张“不要贴大广告，却不妨卖好货色”的。他说“未名社是一个实地劳作，不尚叫嚣的小团体”。他就是这样一个实地劳作，不尚叫嚣的人。

他对于在刊物上附登些乱七八糟的广告，极为痛恨。为了“医生诊例”、“袜厂广告”、“立愈遗精药品广告”在《语丝》上出现，他大为不满，就在同一刊物上把一篇反对这情形的文章登了出来作为抗议。

他对于一个杂志先刊登“要目”和不征得作者同意自行“预告”的作风也很起反感。我们引两个例子在下面：

> 顷见《申报》，则《译文》三卷一期目录，已经登出，上云“要目”，则刊物出来后，比“要目”少了不少，倒是很不好的。
>
> 文学社的不先征同意而登广告的办法，我看是很不好的……这样逼出来的成绩，总不见得佳，而且作者要起反感。

他自己编辑出版的书刊也是登广告的,但是,那是多么诚实、别致的一种广告:

> 大志向是丝毫也没有。所愿的:无非(1)在自己,是希望那印成的从速卖完,可以收回钱来再印第二种;(2)对于读者,是希望看了之后,不至于以为太受欺骗了。①

以上是"《未名丛刊》与《乌合丛书》广告"的一部分。

下面是"《奔流》凡例五则"中的两条:

> 2. 本刊的翻译及绍介,或为现代的婴儿,或为婴儿所从出的母亲,但也许竟是更先的祖母,并不一定新颖。

> 4. 本刊亦选登来稿,凡有出自心裁,非奉命执笔,如明清八股者,极望惠寄,稿由北新书局收转。

这些广告,恰如许广平在《集外集拾遗·编后说明》中所说:"虽寥寥数语,颇费匠心","每于字里行间,卓著风格","多为读者

---

① 1933年鲁迅先生在他主编的《文艺连丛》作预告:"投机的风气使出版界消失了有几分真为文艺尽力的人。三闲书屋曾经想来抵抗这颓运而出了三本书,也就倒灶了。我们只是几个能力未足的青年,可是要再来试一试,看看中国的出版界是否永是这么没出息。我们首先要印一种关于文学和美术的小丛书,就是《文艺连丛》。为什么'小',这是能力的关系,现在没有法子想。但约定的编辑,是真的肯负责任的编辑,他决不只挂一个空名,连稿子也不看。因此所收的稿子,也就是切实的翻译者的稿子,稿费自然也是要的,但不是为了稿费的翻译。总之,对于读者,也是一种决不欺骗的小丛书。"(见用野草书屋名义印行的《萧伯纳在上海》)

所揣摩爱好”。他们不但代表了他所出版的那些书籍杂志,也代表了出版那些书籍杂志的他的这个人!

鲁迅先生对于作家的稿费版税处理得极为认真。出版商在这些方面都是苛刻的,先生则替作家力争。《译文》为了稿费办法得不到协议,出了三期而稿费未付,累得先生对来讨稿费的作者一一解释。《奔流》,因为北新书局在稿费上拆烂污,致使许多投稿者向他索取稿费,弄得他很窘,所以他要书局把稿费整个付出由他转发,否则停编。结果是胜利了,然而从此也增加了一个麻烦,他的“日记”上多出了一些寄稿费的记录,大都很零碎,这个十元,那个五块几角。

他自己的版税,常是收不到,生活困窘,但对于自己经手的别人的书,有时还把版税垫付出来,孙用译的《勇敢的约翰》就是一个例子。未名社出版的书,有一些后来转到开明书店出版,版税都是先到先生的手里,然后再转给作者。在1935年11月的“日记”里,还看到代收开明书店送到的韦丛芜的版税。这种负责的精神是难得的。

书籍销路的好坏,和推销能力的大小密切相关。这一点先生是看准了的。但是“可靠的书店,往往不善于推销,有推销手段者,大抵连书款(打了折扣的)也不还……”在这种情形之下,一方面只得找可靠的地方代售,例如朝华社代办处的合记,厦门大学里那个“可靠”的“人”;另外,他自己在广州的时候,也曾开过北新书屋,专卖未名社和北新书局出版的书刊,寄书、寄款、结账的零星工作全堆在他一个人身上。快要离开广州的时候,他在景宋相助下把该屋所有的“书籍点交于共和书局”,托他们代售。就在这样实际工作的磨炼里,先生精通了许多业务上的技术,“包扎”的坚牢与齐楚,就令景宋惊佩过。

鲁迅先生在书的定价方面,也时时在为读者设想。他主张定价低,有些书于精印本之外,另印一种廉价的普及本。因为他自己小的时候就吃过对欢喜的书没有钱买的苦头。在刊物上发表过的文章出单行本时，他提议给全年的订户以特价，倘预定者不满百人，则每人赠书一本。你看他为读者设想得多么周到！

鲁迅先生对待编辑出版工作之所以这样全心全力、鞠躬尽瘁，主要原因当然是由于他把这个工作作为为人民的战斗的伟大事业，另外，青年们给他的鼓励也是很大的。当年在北京办《语丝》的时候，他对于“乳毛未干的青年们”，自己跑印刷所、校对、叠报纸，还拿到大众聚集处去兜售的精神大为感动，使他觉得“这真是青年对于老人，学生对于先生的教训……用一点思索，写几句文章，未免过于安逸，还须竭力学好了”。

总之，鲁迅先生在这方面遗留下来的光辉业绩，是他革命的思想、为人民服务的精神和他学习、实践相结合的一个伟大结果。

现在，我们所处的时代环境和鲁迅先生当年迥然不同了。打倒了国民党反动派，人民掌握了政权，我们有了自己的政府，有了在毛泽东思想指导之下的文化、文艺政策，有了专门管理出版工作的机构，有了发展编辑出版事业的客观条件。在物力人力方面，我们胜过鲁迅先生千万倍，但在工作成绩的表现上，我们却落在他的后边。有些私营书店，还脱不掉“商”的气味。把金钱看得比文化事业更重，粗制滥造，责任心薄弱，把一些不健康的错误百出的东西随手给它们披上一件“马列主义”的外衣拿出去换钱，这种作风和当年鲁迅先生与之斗争的那些出版商还有他的一脉相承之处。

国营的出版机构，虽然已经逐渐建立了严密分工专业化的制度，但，出版的书刊，无论在内容、形式上，或对于稿件的处理上，都还经不起检查。遗留下许多错误和缺陷在事后做检讨。我们所以还不能把工作做好，是由于我们为人民服务的心还不够强，没有明确的意识到这份工作的革命意义如同鲁迅先生那样。一个出版家，必须先是一个革命家。

当然，徒有一颗为革命工作的决心还是不够的。编辑出版工作是一项专门的业务，如果不能精通它，也就不能作好它。鲁迅先生向北新书局寄来的书包学习包扎，这种学习精神是值得我们向他学习的。鲁迅先生在这方面创造的成绩，是与他深广的学识、丰富的经验、刻苦学习的精神分不开的。

作为编辑出版家的鲁迅先生是伟大的。我们抬起头来向他仰望之余，必须低下头来以他的精神来鞭策自己，努力提高思想水平和业务水平，严肃、认真、负责地把编辑出版工作做好！

原载《新华月报》1951 年 10 月号

鲁迅的编辑出版工作

倪墨炎

一　鲁迅办出版社

鲁迅一生办过七个出版社。他不但是革命家、思想家、文学家，实在也是出版家。一生而办七个出版社，就是在职业出版家中，也是颇为难得的。他搞出版，不是为了赚钱，倒是每次都赔了本，而且还有杀头、坐班房的危险。但他不顾经济困难，不顾政治风险，仍然乐此不疲，因为革命需要。鲁迅的这种精神，值得我们认真学习。

鲁迅办的七个出版社，其中之一就是未名社。未名社成立于 1924 年 12 月，成员共六人，除鲁迅外，其余五位（曹靖华、韦素园、李霁野、台静农、韦丛芜）都是二十余龄的青年。鲁迅为未名社主编了《未名丛刊》，专收译文，所译的主要是俄国、苏联和日本的作品及文艺批评。鲁迅在《未名丛刊与乌合丛书》中说："所谓《未名丛刊》者，并非无名丛书之意，乃是还未想定名目，然而这就作为名字，不再去苦想他了。”至于这套丛书的编辑方针，鲁迅说：“这也并非学者们精选的宝书，凡国民都非看不可。只要有稿子，有印费，便即付印，想使萧索的读者，作者，译者，大家稍微感到一点热闹。内容自然是很庞杂的，因为希图在这庞杂中略见一致，所以又括而为相近的形式，而名之曰《未名丛刊》。”这套书的经营宗旨则是：“大志向是丝毫也没有。所愿的：无非(1)在自己，是希望那印成的书从速卖完，可以收回钱来再印第二种；(2)对于读者，是希望看了之后不至于以为太受欺骗了。”这两条很重要：第一条说明出版这套丛书不是为了赚钱；第二条说明决不粗制滥造。这套丛书共收译文 23 种，译者除未名社成员外，也有一些社外的青年。为了鼓励青年译者，同时也为了引起读书界的注意，鲁迅把自己的五种译文也编入这套丛书。鲁迅为未名社还另编了一套丛书《未名新集》，是专收创作的，先后共出六种，作者都是未名社成员。鲁迅自己的《朝花夕拾》也收在里面。未名社还在鲁迅的支持和指导下，编辑出版了《未名》半月刊，主要发表同人的作品。自 1928 年 1 月创刊，至 1930 年 4 月出至 2 卷 12 期而停刊。未名社在北京景山东街设有出版部，有出售书刊的门市部，还办理外地来邮购的业务。未名社的经费，开办之初，五位青年各出 50 元，而鲁迅一人则出 466 元，也可算“合资经营”吧。鲁迅在未名社出版六种书，从不提取稿费。1933 年，未名社结束后，将一部分书转给开明书店出版，鲁迅才从该店得到了大部分补偿。鲁迅说：“未名社的同人，实在并没有什么雄心和大志，但是，愿意切切实实地，点点滴滴地做下去的意志，却是大家一致的。”(《忆韦素园君》)鲁迅主张埋头苦干，踏实工作。他自己也正是这样。

继未名社之后，鲁迅又办朝华社。朝华社成立于 1928 年底，成员五人，即鲁迅、柔石、王方仁、崔真吾、许广平。开办之初的经费是共同投资的。许广平在《鲁迅回忆录》中说：“王、崔、柔石三人连鲁迅四人共同投资，每人一股，鲁迅除借垫柔石，自任一股外，后来又自动再加一股，算是我的名义，无非增大出书能力，合起来鲁迅担任五分之三。”朝华社出版了《朝华周刊》，由鲁迅、柔石合编，编排格式、刊头图案、插画等，均由鲁迅设计、筹划。该刊创作、译文兼收。译文中有相当一部分是翻译东欧、北欧的“弱小民族”的文学作品。从 1929 年 1 月起，该刊附出《艺苑朝华》画刊。鲁迅为该画刊写的广告中说：“虽然材力很小，但要绍介些国外的艺术作品到中国来，也选印中国先前被人忘却的还能复生的图案之类。有时是重提旧时而今日可以利用的遗产，有时是发掘现在中国时行艺术家的在外国的祖坟，有时是引入世界上的灿烂的新作。每期十二辑，每辑十二图，陆续出版。”这段话虽然写在广告中，却很重要，可说是该刊的编辑方针。《朝华周刊》共出了 20 期，于 1929 年 5 月停刊。《艺苑朝华》只出了 5 辑，没有能实现预期的计划。6 月，朝华社出版《朝华旬刊》。周刊原是 16 开本，旬刊改为 32 开本。旬刊仍然兼收作品和译文，出至 12 期停刊。除刊物外，朝华社还出版了《朝华小集》丛书，但只出了由捷克翻译过来的《接吻》一种，是狭长的 40 开本，由鲁迅设计封面；还出版了《近代世界短篇小说集》丛书，但只出版了《奇剑及其他》和《在沙漠上》两种，共收比利时、捷克、匈牙利、犹太、南斯拉夫、西班牙、法国、俄罗斯、苏联的短篇小说 25 篇；还计划出版《北欧文艺丛书》，但一种也未能实现。关于办朝华社的动机，鲁迅曾说过：“……约定了几个同意的青年，设立朝华社。目的是在绍介东欧和北欧的文学，输入外国的版画，因为我们都以为应该来扶植一点刚健质朴的文艺。”（《为了忘却的纪念》）但朝华社终于只办了不到一年而夭折，刊物不能继续办，丛书不能继续出，主要的原因是赔完了老本。朝华社成员之一的王方仁的哥哥，是开文具用品商店的。朝华社出的书刊就托他代销，印书用的纸、油墨就托他代买。哪知代销的收不回款，代买的都是次货不能应用。朝华社不但赔了老本，鲁迅和柔石都还分担了债务。柔石只得加紧译作去偿付欠款。也正是在这样的时刻，鲁迅看到了柔石任劳任怨、忠心耿耿、忠厚待人的高贵品质。

接着，1931年，鲁迅办三闲书屋。三闲书屋既无编辑部，又无出版部，也无门市部，是鲁迅自费印书的一个名义罢了。该书屋先后出书六种：苏联长篇小说两种——《毁灭》和《铁流》；版画七种——《士敏土之图》、《引玉集》、《凯绥·珂勒惠支版画选集》、《死魂灵百图》；文艺连丛的《坏孩子和别的奇闻》一种。两种苏联小说，原是神州国光社约请鲁迅编的《现代文艺丛书》中的。由于反动派的压迫，该社毁约，鲁迅为了和反动派"赌气"，决定自费印刷。鲁迅对这两部小说，"就像亲生的儿子一般爱他"，因为它们所写的"铁的人物和血的战斗，实在够使描写多愁善病的才子和千娇百媚的佳人的所谓'美文'，在这面前淡到毫无踪影"。(《关于翻译的通信》)出版4种版画，可以说是朝华社的工作的继续，目的在于使中国的"艺术学徒"有借鉴的依据，以期木刻艺术在中国得到繁荣发展。鲁迅是抱着"抛砖引玉"的厚望的。这七种图书，都由鲁迅亲自编辑，亲自校对，亲自设计装帧，亲自跑印刷所，力求从内容到形式的精美。鲁迅曾在《三闲书屋校印书籍》中说："本书屋以一千现洋，三个有闲，虚心绍介诚实译作，重金礼聘校对老手，宁可折本关门，决不偷工减料，所以对于读者，虽无什么奖金，但也决不欺骗的。"这虽是书籍广告，但也是实事求是的对读者的诚恳的告白。

在三闲书屋的"一千现洋"逐渐亏蚀的过程中，鲁迅还以野草书屋名义，出钱印了瞿秋白编译、鲁迅作序的《萧伯纳在上海》和文艺连丛中的《不走正路的安得伦》(曹靖华译)，后文艺连丛移给联华书局出版；鲁迅还以铁木艺术社名义，自费印书，出版《木刻纪程》一种；鲁迅又办版画丛刊会，和郑振铎合资印造了《北平笺谱》和《十竹斋笺谱》；最后，鲁迅取名诸夏怀霜社，自费精印了瞿秋白的《海上述林》。这诸夏怀霜社寓意深远——夏，中国人之古称；

诸夏,全国人民之意;霜,瞿秋白早年的名字;合起来的意思就是:反动派杀害了瞿秋白,但全国人民都在怀念他。这本《海上述林》就是为怀念他而出版的。

从上述可见,鲁迅办出版社是很有特点的:

一、为革命需要而办。出版《毁灭》、《铁流》等小说,就是因为对当时的中国来说,"也还是战斗的作品更为紧要"(《答国际文学社问》)。出版"弱小民族"的作品,则是因为境遇相似,"易于心心相印"(《题未定草(三)》)。而提倡木刻版画,是因为"当革命时,版画之用最广,虽极匆忙,顷刻能办"也。(《〈新俄画选〉小引》)

二、出于发展文化事业的需要。出版外国文学作品和中外美术作品,都可供青年作家、青年美术家的借鉴。鲁迅说:"采用外国的良规,加以发挥,使我们的作品更加丰满是一条路;择取中国的遗产,融合新机,使将来的作品别开生面也是一条路。"(《〈木刻纪程〉小引》)鲁迅并自豪地宣称:"我已经确切的相信:将来的光明,必将证明我们不但是文艺上的遗产的保存者,而且也是开拓者和建设者。"(《〈引玉集〉后记》)

三、也是为了占领出版阵地。出版苏联、俄国等文学作品冒政治风险,私商不敢出;美术画册成本高,销路差,容易赔本,私商不愿出。鲁迅的出版苏、俄等作品和出版画册,就是为了冲破私商出版社的种种限制,占领出版阵地。鲁迅在《文艺连丛——的开头和现在》中说:"投机的风气使出版界消失了有几分真为文艺尽力的人。即使偶然有,不久也就变相,或者失败了。我们只是几个能力未足的青年,可是要再来试一试。"鲁迅、柔石等就是"真为文艺尽力的人",他们也曾"失败了",但鲁迅仍要"再来试一试",使出版界还存在若干亮色。

四、人员精干,功效卓著。在未名社和朝华社时,就是鲁迅和一二青年的一部分精力,却编辑出版了那么多图书刊物。自费印书时,除许广平给予一些帮助外,主要靠鲁迅自己一专多能、事必躬亲地做。他既是作者、译者，又是编辑，又是装帧设计者，又是“校对老手”，又是“通讯员”得和印刷厂等联系，又是“发行员”得和书店接洽代售事宜。而这么多工作，只能用去鲁迅一部分精力，因为他还要以主要精力从事写作、翻译，参加左翼文艺运动等等。鲁迅的工作效率，实在惊人。

这就是鲁迅办出版社的艰苦奋斗的革命传统。

二　鲁迅编刊物

鲁迅办出版社很有特点，他编刊物也很有特色。如果说，艺术风格的形成，是艺术家走向成熟的标志；那么，刊物的办成自己的特色，是它具有生命力的开始吧。刊物的特色，和它的思想倾向、主要文体、作者队伍等，都是分不开的。鲁迅先后编过九种刊物。这些刊物怎样形成自己的特色，是很值得探讨的。我们不妨逐一的加以考察。

一、《莽原》。鲁迅于1925年4月创办，周刊，每期4开一张，随《京报》附送，至同年11月月底出版的32期停刊。1926年1月，改为半月刊复刊，32开本，脱离京报，由未名社出版，单独发行。1926年8月，鲁迅离京南下，该刊由韦素园接编。后因主要撰稿者高长虹等人制造纠纷，根据鲁迅的建议，于1927年12月停刊。

《莽原》创刊号

鲁迅注意在《莽原》上发表政论、杂文和散文。他的著名政论《论"费厄泼赖"应该缓行》、杂文《春末闲谈》、《灯下漫笔》等、散文《朝花夕拾》的十篇，都曾在该刊发表。该刊也间或发表创作的和翻译的小说，但数量不多。鲁迅创办《莽原》的指导思想，主要是为了提供"社会批评"的阵地，同时也为了培养这方面的青年作者。他说："中国现今文坛……最缺少的是'文明批评'和'社会批评'，我之以《莽原》起哄，大半也就为了想由此引些新的这一种批评者来，虽在割去敝舌之后，也还有人说话，继续撕去旧社会的假面。"(《两地书》)鲁迅后来又说："我早就很希望中国的青年站出来，对于中国的社会，文明，都毫无忌惮地加以批评，因此曾编印《莽原周刊》，作为发言之地，可惜来说话的竟很少。"(《〈华盖集〉题记》)敢于触及社会现实存在的问题，提出批评，和作者大都是二十余龄的青年，形成了《莽原》的议论风生、富有朝气的特色。

二、《语丝》。1924 年 11 月创刊于北京，周刊。鲁迅是该刊的主要支持者和撰稿者。1927 年 12 月，鲁迅在上海接编，版式由 16 开改为 25 开，仍是周刊。一年后，1928 年 12 月，鲁迅推荐柔石接编。1929 年 9 月，柔石编至 5 卷 26 期，交李小峰编辑。1930 年 3 月，李小峰编至 5 卷 52 期，自行停刊。

《语丝》是以发表杂文为主的刊物，也发表一些其它形式的散文。鲁迅的许多杂文和《野草》的全部散文诗，就是在该刊上发表的。鲁迅还在该刊上发表了《高老夫子》、《离婚》等小说。该刊以发表社会杂感为主，"在不意中显了一种特色，是：任意而谈，无所顾忌，要催促新的产生，对于有害于新的旧物，则竭力加以排击——但应该产生怎样的'新'，却并无明白地表示，而一到觉得有些危急之际，也还是故意隐约其词"(《我和〈语丝〉的始终》)。鲁迅所说的早期《语丝》的特点是包括它的长处和短处的。鲁迅接编后，增加了"社会批评"的内容，如扩大了"闲话集成"的篇幅，以后又改设"闲话拾遗"专栏，发表随感录式的杂文。这也就遭到反动派的忌恨。鲁迅说："经我担任了编辑之后，《语丝》的时运就很不济了，受了一回政府的警告，遭了浙江当局的禁止，还招了创造社式‘革命文学’家的拼命的围攻。”可见《语丝》当时的处境之难。至于“革命文学”家的围攻，则是指责《语丝》的“不革命”；因为《语丝》虽然排击旧物、催促新生，但不大主张喊空口号的。

三、《奔流》。1928 年 6 月创刊于上海，是 25 开本、每期约一百五十面的大型月刊。鲁迅和郁达夫合编。共出版 15 期。

《奔流》发表文艺创作、翻译作品和文艺理论论文。从篇幅看，翻译的比重较大。该刊注意介绍马克思主义文艺理论。从第一期起，到最后一期，连载了鲁迅翻译的《苏俄的文艺政策》。当时正在展开关于“革命文学”的论战。鲁迅的意见是：当务之急在于翻译介绍革命文艺理论，而不必忙于“挂招牌”。鲁迅的翻译此文也正为此。鲁迅说：“从这记录中，可以看见在劳动阶级文学大本营的俄国的文学的理论和实际，于现在的中国，恐怕是不为无益的。”（《编校后记》之一）该刊还发表了不少冯雪峰等译的其它文艺论文。占该刊相当篇幅的，还有苏联、俄国和匈牙利、保加利亚、芬兰、丹麦等“弱小国家”的作品的翻译，还曾出版了易卜生诞生百年纪念专号和托尔斯泰诞生百年纪念专号。创作方面，经常在该刊发表的，有柔石、张天翼、白薇、杨骚、魏金枝等人的小说、剧本和白莽（殷夫）等人的诗歌，都能较坚实地反映社会现实的生活。

四、《朝华周刊》。后改为《朝华旬刊》。关于这个刊物的主要内容和特色，已在前面介绍朝华社时有所谈及，在此从略。

五、《萌芽月刊》。1930 年 1 月创刊，由鲁迅、冯雪峰编辑。左联成立后，从第 3 期起为左联机关刊物。第 5 期出版后，为国民党反动派禁止。第 6 期已经印好，改封面为《新地月刊》发行。

该刊的编辑方针，在第 1 期的《〈萌芽〉启事》中有所说明：除翻译稿件外，“自作的稿件，不论小说，诗歌，随笔，地方写实，以及关于文艺或社会的评论，均所欢迎；但对于文艺或社会取了轻浮的态度，或故意歪曲的稿件，以及只攻击个人而并无社会意义的文字,概不收登”。注意稿件的社会意义,这正是鲁迅的一贯作风。

该刊在翻译方面,注意介绍苏联的作品,如长篇连载鲁迅译、法捷耶夫作的《毁灭》,沈端先译、革勒特珂夫的《醉了的太阳》等;该刊还注意发表雪峰等译的文艺理论论文。创作方面,主要是柔石、魏金枝、张天翼、适夷等青年人的小说和白莽等人的诗歌。值得注意的是,该刊设有“社会杂观”专栏,发表战斗的杂文,直接对某些社会现象进行及时的批评。鲁迅自己写的《张资平的“小说学”》、《“丧家的”“资本家的乏走狗”》等杂文,就刊登在该栏。该刊还设有“地方通讯”、“文艺界消息”、“国外文化事业研究”等专栏,使刊物和国内外的形势息息相通。刊物的战斗性和密切联系社会现实,是鲁迅所编刊物的一贯具有的特色。

六、《文艺研究》。大型文艺理论季刊,1930 年 5 月创刊于上海①,鲁迅主编。该刊宗旨,鲁迅在《〈文艺研究〉例言》中说:“意在供已治文艺的读者的阅览,所以文字的内容力求其较为充实,寿命力求其较为久长,凡泛论空谈及启蒙之文,倘是陈言,俱不选入。”鲁迅主张理论文章要内容充实,反对赶时髦的随风飘的短命文章,反对空话套话、陈言滥调。该刊第 1 期登有鲁迅译的《车勒芮绥夫斯基的文学观》、雪峰译的《现代欧洲无产阶级文学底路》、陈望道译的《自然主义文学底理论的体系》等文。鲁迅曾一再表示“希望有切实的人,肯译几部世界上已有定评的关于唯物史观的书”。《文艺研究》的创办,可说是实现了一部分鲁迅的宿愿。可惜该刊只出版了一期,就被迫停办了。

七、《前哨》。1931 年 8 月间创刊于上海,是左翼作家联盟的

---

① 该刊第一期版权页上印有“1930 年 2 月 15 日初版”字样,但内有 3 篇文章的末尾所记日期是“1930 年 4 月”。查《鲁迅日记》,1930 年 4 月 25 日记有:“夜阅文艺研究第一期原稿讫”。因此可以肯定该刊最早当在 5 月出版。

机关杂志。鲁迅、冯雪峰编辑。第1期是“纪念战死者专号”,即为纪念左联五烈士和剧联烈士宗晖。国民党反动派在龙华秘密枪杀23(一说24)位共产党人(其中包括左联五烈士)后,严密封锁消息。《前哨》第1期的出版,就是向人民群众公开揭发反动派的血腥罪行。第1期刊有左联《为国民党屠杀大批革命作家宣言》、《为国民党屠杀同志致各国革命文学和文化团体及一切为人类进步而工作的著作家思想家书》等文件,还刊有鲁迅的《中国无产阶级革命文学和前驱的血》、文英(冯雪峰)的《我们同志的死和走狗们的卑劣》,以及《被难同志传略》等。出版《前哨》,是和反动派的一次短兵相接的战斗。从第2期起,该刊改名为《文学导报》,出至第8期停刊。该刊改名后,仍以发表左联有关文件为主,如德、美、奥、英、日的革命作家对于中国白色恐怖及帝国主义干涉的抗议书,《革命作家国际联盟为国民党屠杀中国革命作家宣言》,左联《告国际无产阶级及劳动民众的文化组织书》,等等。该刊也发表重要论文,如瞿秋白的《大众文艺和反对帝国主义的斗争》、鲁迅的《“民族主义文学”的任务和命运》、雪峰的《统治阶级的“反日大众文艺”之检查》等等,对当时的文艺运动都有重要的意义。该刊是地下出版的秘密刊物,主攻方向明确,战斗性强。

八、《十字街头》。左联机关刊物,创刊于1931年12月,半月刊,每期4开新闻纸一张,出至第3期为反动派查禁。鲁迅、冯雪峰编辑。这是以发表评论、杂文为主的刊物,也发表一些诗歌。鲁迅的《“友邦惊诧”论》、《关于小说题材的通讯》等文章,和民歌体的诗《好东西歌》、《公民科歌》、《南京民谣》、《“言词争执”歌》等,就发表在该刊上。密切联系社会现实和强烈的政治性,形成了该刊的战斗特色。

九、《译文》。1934年9月创刊于上海,是专门刊载译文的月刊。最初3期由鲁迅编辑,第4期起交青年译者黄源编辑,鲁迅仍负指导的责任。出至第13期,一度停刊,后又复刊,至1937年6

月出版第29期,因抗日战争爆发而停刊。该刊的宗旨,鲁迅在《〈译文〉前记》中说:“原料没有限制:从最古以至最近。门类也没有固定:小说,戏剧,诗,论文,随笔,都要来一点。直接从原文译,或者间接重译,本来觉得都行。只有一个条件:全是‘译文’。”该刊所载译文,各国的作品都有,但以苏联和俄国的作品所占篇幅较多,其他国家的主要也是现实主义作品;同时还发表进步的文艺理论和马克思主义文艺理论的论文。鲁迅是主张“拿来主义”的。他认为中国的文艺家要不断得到提高,必须借鉴古代的和外国的文艺。因而他很重视翻译工作,也很重视《译文》。鲁迅除为该刊提供译文,指导编辑,还积极扶植。当该刊由于书店方面的原因被迫停刊后,他和茅盾等人费尽心力,终于使它复刊。在鲁迅病危的时候,他已气喘得不能说话,但仍要许广平拿当天的报纸给他,戴上眼镜,看了报上刊载的《译文》的广告。可见鲁迅对该刊的关怀!

从上述简要的介绍,我们可以看到鲁迅办的刊物,就内容而论,有以发表杂文、散文为主的,有以发表创作为主的,有以介绍外国进步文艺理论为主的,有以发表外国作品的译文为主的。但它们有着共同的特点:密切联系社会现实,敢于针对社会存在的问题发表意见,因而创作多数是“为人生”的,而且刊物上常有“社会批评”这类文章;介绍外国文学方面,重视苏联、俄国和“弱小民族”的作品,并注意介绍马克思主义文艺理论;重视对青年人的培养,有一支青年作者的队伍,刊物上常有第一次投稿者的作品,鲁迅还几度把自己编的刊物交青年接编。这样,针对现实,坚实有力,朝气蓬勃,富有战斗性,就成了鲁迅编的刊物的特色。

三　鲁迅的编辑工作

鲁迅在编书编刊中,为我们建树了编辑工作的典范。

鲁迅在编辑工作中，十分重视对青年作者的培养，十分注意第一次投稿者的作品。据许广平同志在《鲁迅和青年们》一文中回忆："鲁迅先生每编一种刊物，即留心发见投稿中间可造之才，不惜奖掖备至，倘可录用，无不从宽。"待青年作者稍有成长，鲁迅才不断提出要求，促其提高发展。

鲁迅对青年投稿者的重视，殷夫就是一例。1929 年 6 月间，鲁迅在阅读《奔流》的来稿中，发现有一篇从德文翻译的裴多斐传。内容和译笔都还可以。鲁迅就去信要原文，以便校核后发表。因为那原文是载在一本诗集前面的，邮寄不大方便，译者就亲自送来了。这是一位面目端正、肤色黑黑的二十多岁的青年。他就是殷夫(又名白莽)。经过这次见面，鲁迅就和他书信往来，指出他误译和曲译之处；在《奔流》上发表他的译作；为了鼓励他继续翻译裴多斐的诗，鲁迅还把自己青年时期收藏的两本德文裴多斐的诗集托柔石去送给他；为便于他学习德文，鲁迅后来又送了一本一位美国记者写的中国游记的德译本给他。当知道殷夫是革命者以后，鲁迅更从经济上予以关怀。殷夫等被杀害后，鲁迅在《为了忘却的纪念》中说："我又沉重地感到我失掉了很好的朋友，中国失掉了很好的青年！"鲁迅为中国培养的，不但是诗人、译者，而且是"很好的青年"。鲁迅的悲痛是深沉的。

对孙用又是一例。当时还名不见经传、在杭州邮局当一名小职员的孙用，译了几首诗寄给《奔流》编辑部。鲁迅觉得译笔尚可，就在刊物上发表。后来孙用译了裴多斐的长诗《勇敢的约翰》寄给鲁迅。当时《奔流》因种种原因已不大能按时出版，因而这样一部长诗要在该刊上发表有一定困难。如果鲁迅就此把它退稿，也是完全说得过去的。但鲁迅觉得"作者是匈牙利大诗人，译文又好"，倒"可以设法印一单行本"。鲁迅真是自找麻烦，为此忙了起来。他先是和春潮书局说妥了，将它编入该局的《近代文艺丛书》。不料后来春潮书局变卦了。鲁迅又把它介绍给《小说月报》,希望能连载发表,不料他们"竟大打官话"。在碰了几个钉子以后,鲁迅说:"倘一任书坊用粗纸印刷,那是有出版之处的,但我不答应如此。"鲁迅"为赌气起见",决定自筹款项,自费印它1000部。后来湖风书店终于接受了这部译诗,但12幅彩色插图和作者图像的制版费要由鲁迅垫付。这样,鲁迅为这部译稿的出版,从1929年11月至1931年11月共费时达两年之久,中间鲁迅为此和孙用通信21封,与书店或有关人的接洽通信12封,和有关人接洽面谈5次,亲自跑印刷所一次,为这部稿校对5次,临出版时又垫付制版费230元。书出版后,鲁迅将书店退还的制版费先给孙用寄去,权作稿费;待书店的稿费来了,再抵偿垫款。鲁迅为扶植青年作者、译者,真正到了鞠躬尽瘁的地步!

鲁迅在编辑工作中,还以极大的精力看稿、改稿、校稿,切实地指导青年投稿者。鲁迅在1932年写的《鲁迅译著书目》中说:"我在过去的近十年中,费去的力气实在也并不少,即使校对别人的译著,也真是一个字一个字地看下去,决不肯随便放过,敷衍作者和读者的,并且毫不怀着有所利用的意思。"因此而"常常整天没有休息"。

鲁迅对张天翼的帮助就很感人。从鲁迅编《奔流》起,凡鲁迅编的发表创作的刊物上,都有张天翼的作品。他的作品有一时期较为油滑,鲁迅曾指出了这点;后来油滑少了,但又冗长,鲁迅又予指点。鲁迅在1933年给张天翼的信中说:"你的作品有时失之油滑,是发表《小彼得》那时说的,现在并没有说;据我看,是切实起来了。但又有一个缺点,是有时伤于冗长。将来汇印时,再细细地看一看,将无之亦毫无损害于全局的节,句,字删去一些,一定可以更有精彩。"张天翼后来的作品果然越写越好。当日本朋友编《中国幽默大全》时,鲁迅推荐了张天翼的作品。当美国朋友斯诺拟编中国现代短篇小说集时,鲁迅认为:"现在新出台的作家中,也很有可以注意的作品,倘使有工夫,我以为选译一本,每人一篇,绍介出去，倒也很有意义的。”（《致姚克信》）鲁迅后来就推荐了张天翼的作品编入《草鞋脚》。鲁迅就是这样关怀青年作家的成长的。

鲁迅还为许多青年作者改稿。鲁迅改过的这些稿件，现在已不大能见到了，但在鲁迅书信中还保留了一些这方面的材料。鲁迅为青年作者改稿，是热情的负责的，但他又十分尊重作者的劳动，决不大笔一挥，把作者的原意改掉，或把自己的看法强加于作者头上。鲁迅在1925年5月给李霁野的一封信是这样写的：

> 前几天收到一篇《生活！》我觉得做得很好；但我略改了几个字，都是无关紧要的。
>
> 可是，结末一句说：这喊声里似乎有着双关的意义。我以为这“双关”二字，将全篇的意义说得太清楚了，所有蕴蓄，有被其打破之虑。我想将它改作“含着别样”或“含着几样”，后一个比较的好，但也总不觉得恰好。这一点关系较大些，所以要问问你的意思，以为怎样？

从这封信可见，鲁迅对一位二十几岁的青年作者的作品，是多么热情，多么负责，又多么尊重！

鲁迅收到翻译的稿件，作为编辑，他十分注意校核原文，发现有差错时，就订正修改。鲁迅说：如果译稿有了差错，那“只好彻底的修改，本人高兴与否，可以不管，因为译书是为了读者，其次是作者，只要于读者有益，于作者还对得起，此外是都可以不管的”。鲁迅就是这样的负责态度。据许广平回忆说：“翻译的稿件还要尽可能地按原文逐字逐句对照一遍。因为他的英、法文比较差，英文方面稿件就找周建人，或者找懂英文的青年学生帮忙看。他在这方面是花过很大精力的。许多今天有名的翻译家的文章，当时都是经他亲笔改过的，在这方面，他也培养了不少青年作家。”（《鲁迅先生怎样对待写作和编辑工作》）

在鲁迅编辑的刊物上,也注意发表美术作品。为鼓励美术创作,凡青年的作品,总是尽量从宽录用。但鲁迅也不断向美术青年提出意见,帮助他们提高。这在现存的鲁迅书信中,可以找到很多例子。例如,鲁迅在1934年4月5日给李雾城的信中说:收到一幅木刻,“这一幅构图很稳妥,浪费的刀也几乎没有。但我觉得烟囱太多了一点。平常的工厂恐怕没有这许多。又,《汽笛响了》,那是开工的时候,为什么烟囱上没有烟呢?又,刻劳动者而头小臂粗,务须十分留心,勿使看者有‘畸形’之感,一有,便成为讽刺他只有暴力而无智识了,但这一幅里还不至此”。鲁迅给美术投稿者的这类书信,是不少的。

鲁迅处理来稿也非常及时。许广平说:“在编辑工作中,他随时收到稿件随时看,从不积压。”确实是这样。这我们可以从鲁迅日记中得到印证。他在收到稿件后,常常是当天“即复”,最多是几天后必复,从没有石沉大海没有下文的事。有的来稿是复写纸写的,字迹模糊,但鲁迅还是艰苦地把它读完。有的稿纸很薄,是那种双层软纸,字又写得不清楚,看时很费力,鲁迅就垫一张纸在双层稿纸中间,衬着看。有的稿件写得很马虎,作者还附言说:“我这个稿件写得很乱,写了懒得再看一遍,现在寄给你看看吧!”鲁迅为难地笑笑,但还是认真地看下去,并负责地作出处理。有的稿子要重抄,鲁迅常常自己动手,有时还请许广平代劳。自己多做些事而可以不增加作者的“麻烦”,鲁迅总是十分愿意的。

鲁迅也很注意文字校对的工作。校对本来不是编辑的职责,但出版社、印刷厂的校对,鲁迅不放心,常常又能校出不少错处。他在1928年5月给章廷谦的信中说:“现在正校看月刊《奔流》,北新的校对者靠不住——你看《语丝》上的错字、缺字有多少——连这些都要自己做。”这正是他当时在忙着校对的心情。鲁迅校对的质量高,常常许广平校对过的,他还能校出错字。有一次萧军萧红自己校对过的校样上,鲁迅又校出了几个错字,他们大为惊讶。鲁迅去信说:“校出了几个错字,为什么这么吃惊?我曾经做过杂志的校对,经验也比较的多,能校是当然的,但因为看得太快,也许还有错字。”(1935 年 11 月 16 日信)

鲁迅就是这样一位对读者负责、对作者亲切的好编辑。

四 鲁迅注意装帧和版式

在我国出版史上,线装书的装帧也是不断发展的,封面就有绢质的、麻质的、布质的、纸质的,装订也不断地完善。近代“洋装书”的出现,使我国出版史进入了新阶段。但最初的“洋装书”封面也和线装书一样的简单,就是印上书名、著者姓名和出版者的名称罢了。把美术作品引入书籍装帧领域,使书籍装帧进入美术的领域,在我国,是和鲁迅分不开的。

鲁迅就曾设计了几十种书刊的封面。这有几种情况:一、他为自己的著作设计封面。如《呐喊》,用的是大红底色,书名和著者姓名则在正中上端的黑框中用阴文衬出,显得热烈而厚重。又如《华盖集续编》,是白的底色,“华盖集”三字是仿宋字体,作者“鲁迅”用拉丁拼音文字,写在书名之上,“续编”二字画成隶书阳文印章样子,套红斜盖在书名之下。这封面显得简朴而又醒目。二、鲁迅为自己编的文集画册作的封面,像画册《木刻纪程》、《引玉集》、《凯绥·珂勒惠支版画选集》等。其中《引玉集》颇具匠心。它的底色是大红的,正中一个黑线方框,框左是直写的“引玉集”三字,右边是几行横写的画家的英文姓名,末行还有“木刻 59 幅”字样,构成了很别致的图案。三、鲁迅为自己编的刊物设计封面,如《奔流》、《萌芽月刊》等。鲁迅都以大型美术字写刊名,丰满地占着封面的大部分篇幅,显得雄浑有力。四、鲁迅也为别人的书籍作封面。如高长虹的散文及诗集《心的探险》,封面用青灰色发丝纸,印赭色图案,画群鬼腾云作跳舞状。这书的目录后有一条说明:

“鲁迅掠取六朝人墓门画像作书面”。

如果说,封面设计大致可分两类,一类以图案为主的,另一类则以图画作品为主;那么,鲁迅设计的封面,是属于前一类的。

但鲁迅十分喜欢后一类封面。像《彷徨》的封面,是陶元庆设计的,它画着一个正在下山的太阳,三个人彷徨地坐在椅上,正由怅然而准备行动。鲁迅对这张封面画很满意。他在 1926 年 10 月给陶元庆的信中说:“《彷徨》的书面实在非常有力,看了使人感动。”鲁迅为许钦文编选的短篇小说集的封面,用了一幅《大红袍》的图——一个复仇的女性,穿着大红袍,拿着利剑,岸然挺立。鲁迅也很喜欢这张画。据许钦文《鲁迅和陶元庆》一文中说:鲁迅看到了《大红袍》,认为“有力量;对照强烈,仍然调和,鲜明。握剑的姿态很醒目!”鲁迅建议“就把《大红袍》用做《故乡》的封面”。后来,一位研究美学的德国人看了《彷徨》和《故乡》的封面,有所评论,鲁迅立即在 1926 年 11 月的信中告诉陶元庆:“他看《故乡》和《彷徨》的封面,他说好的。《故乡》是剑的地方很好。《彷徨》只是椅背和坐上的圆线,和全部的直线有些不调和。太阳画得极好。”可见鲁迅对于封面设计者的热情和关怀。

鲁迅对于封面设计者是十分尊重的。他在 1926 年 11 月给韦素园的信中说:“关于《莽原》封面,我想最好是请司徒君再画一个,或就近另设法,因为我刚寄陶元庆一信,托他画许多书面,实在难于再开口了。”鲁迅深知封面设计决不是粗制滥造所能出来的。在鲁迅书信中,有托人在印刷封面时校对颜色的;有关照必须在书内注明封面设计的作者姓名的;有说明封面颜色必须遵照画家的规定办,否则是对不起画家的。这些都说明了鲁迅对封面设计者的劳动决不等闲视之。

鲁迅也很重视装帧工作。鲁迅对于书刊的开本就有过认真的设想。他编的刊物有通行的 32 开本,如《莽原》半月刊、《朝华旬刊》;有通行的 16 开本的,如《朝华周刊》、《前哨》等;但也有 25 开本，如《奔流》、《萌芽月刊》、《文艺研究》；而《译文》则是 23 开本。据黄源在《鲁迅先生与〈译文〉》中回忆，筹办《译文》之初，讨论到开本，鲁迅说："现在的杂志都是十六开本，我们来个二十三开本吧。"25、23 开本，比 16 开本方正，比 32 开本大方，确有独到之处。鲁迅以三闲书屋名义自费印的《毁灭》、《铁流》，初版是 23 开本，重磅道林纸印，毛边，横排，配上厚布纹纸作封面，就显得大方、庄重、厚实。而《朝华小集》(只出版了一种《接吻》)是狭长的 40 开本，道林纸毛边，适宜于篇幅不大的作品，且便于携带。《海上述林》是为纪念瞿秋白而编印的，鲁迅特地自费由日本印制，分皮脊麻布面精装和绒面精装两种，都烫金字，显得厚实而隆重。这样讲究的书籍装帧，在中国现代出版史上还是第一次。

鲁迅十分重视书刊的插图。他说："书籍的插画，原意是在装饰书籍，增加读者的兴趣的，但那力量，能补助文字之所不及，所以也是一种宣传画。"(《"连环图画"辩护》)鲁迅总是尽量使他所编的书刊文图并茂。像三闲书屋出版的《毁灭》、《铁流》都印有作者彩色像和插图多幅。鲁迅主编的"文艺连丛"中的《不走正路的安得仑》(曹靖华译)、《解放了的董·吉诃德》(瞿秋白译)等，都有多幅精致的插图。而马克吐温的《夏娃日记》，是由于美国原版书中有 55 幅精美的白描插图，才使他起意找人翻译出版的。鲁迅编的刊物也多配有图页，像《奔流》每期所刊图画，少则四五幅，多则十余幅。《朝华周刊》虽已附出《艺苑朝华》画刊，但每期仍有美术作品的插页。鲁迅编的前三期《译文》，每期都有十幅左右的插画，后来的接编者也继续保持鲁迅的这个传统。

鲁迅也十分注意书刊的版式。他在《忽然想到》中说："我于书的形式上有一种偏见，就是在书的开头和每个题目前后，总喜欢留些空白"，"每本前后总有一两张空白的副页，上下的天地头也很宽"。他不赞成"满本是密密层层的黑字"，"使人发生一种压迫和窘促之感"。鲁迅还反对在书刊的每一行顶上，出现圈、点、虚线或括号的下半等,因为这样看上去不整齐。他想出补救的办法:上一行中如有两个标点,则用对开标点,这样可多出一个铅字的位置,把下行顶上的标点移过去;或在上一行中嵌入4个4开的空铅,这样就有一个字挤到了下行的顶上。据许广平回忆:“鲁迅常常亲自做校对工作。校对中,遇有一行的顶头有标点,他都认真地画到每行的末尾;一张校样,正面看看,还要倒过来看看,这样,字排得正不正,排行是不是歪斜,就很容易发现了。他要求天地头要排得整整齐齐,那个地方空得多,那个地方比较挤,那个地方错落不齐,也都在样子上做出记号,有时用尺画一条直线,以引起排字工友的注意。”(《鲁迅先生怎样对待写作和编辑工作》)可见鲁迅对于版式的认真。

鲁迅对于刊物的目录位置和书籍的版权页,也都有过认真的设想。如编《莽原》时,他主张把目录印在第1版的下角边上,这样便于读者和后面几页查对。《未名丛书》、《未名新集》的版权页项目都印得很简单,留出空余地位,排行同套书的书目。而《十竹斋笺谱》的版权页鲁迅又有新的设想。他在1934年10月给郑振铎的信中说:“我想这回不如另出新样,于书之最前面加一页,大写书名,更用小字写明借书人及刻工等事,如所谓‘牌子’之状,亦殊别致也。”其实鲁迅的“新样”,不仅是为了“别致”,还为了尊重原版藏书人和刻工。当时的图书在版权页上一般都印有“版权所有,翻印必究”字样。鲁迅当时自费印的几种画册都是赔钱的。因而在《凯绥·珂勒惠支版画选集》的版权页上印了“欢迎翻印,功德无量”八个大字。这不但是别出心裁的“新样”,实在是很发人深思的了。

五 鲁迅重视评介工作

作为书刊的编辑,鲁迅十分重视评论、推荐的工作。

经鲁迅编辑、校阅的图书，鲁迅常常写上前言、小引、序或后记、跋。这些前言、后记，是对图书的评论，也是向读者的负责的介绍。据不完全统计，除自己的著作外，鲁迅为所编、所选、所校的书籍画册写前言、后记的，多达六十余种。他编的刊物，也常常亲自动手写发刊词、编辑例言、编后记等，使读者了解这本刊物的指导思想、编辑意图、主要内容。像《奔流》共 15 期，他就写了 12 篇编后记；《艺苑朝华》共出版 5 辑，他每辑都写有小引；编《文艺研究》，他写有《例言》；为《译文》，他写了《〈译文〉前记》、《〈译文〉终刊号前记》、《〈译文〉复刊词》。有些外国作品在翻译出版时，鲁迅也总是尽可能的附上原有的前言后记、作者传略、有关评论等，以供读者参考。如三闲书屋出版《铁流》时，特地请瞿秋白译了一篇文章作序，还附录了作者关于写这部小说的体会。鲁迅在《编校后记》中说："缺乏一篇好好的序文，却实在觉得有些缺憾。幸而，史铁儿竟特地为了这译本而将涅拉陀夫的那篇翻译出来了，将近二万言，确是一篇极重要的文字。读者倘将这和附在卷末的《我怎么写铁流的》都仔细的研读几回，则不但对于本书的理解，就是对于创作，批评理论的理解，也都有很大的帮助的。"该书还有注解、地图、插画等，编辑较为完整。鲁迅自豪地说："我们这一本，因为我们的能力太小的缘故，当然不能称为'定本'，但完全实胜于德译，而序跋，注解，地图和插画的周到，也是日译本所不及的。"这一切，当然都是为了使读者更好地理解这部小说。

鲁迅也写出版说明。出版说明主要是交代版本来源、编辑经过、出版情况等，和前言、序、跋、后记应该有所区别。这里且抄鲁迅写的《〈凯绥·珂勒惠支版画选集〉出版说明》全文于下：

一九三五年九月，三闲书屋根据原拓本及艺术护卫社印本画帖，选中国宣纸，在北平用珂罗版印造版画各一百零三幅，一九三六年五月，在上海补印文字，装订成册。内四十本为赠送本，不发卖；三十本在外国，三十三本在中国出售，每本实价通用纸币三元二角整。上海北四川路底施高塔路十一号内山书店代售。

这篇文字可说是出版说明的范文。它以最简洁的语言，向读者介绍了本书的版本来源、印刷特点、发行范围，以及定价和发行处。

鲁迅也常常为他所编的书刊写广告。他所写的广告具有文学色彩，是十分出色的。且看鲁迅拟的《绍介〈海上述林〉上卷》的广告：

> 本卷所收，都是文艺论文，作者既系大家，译者又是名手，信而且达，并世无两。其中《写实主义文艺论》与《高尔基论文选集》两种，尤为煌煌巨制。此外论说，亦无一不佳，足以传世。全书六百七十余页，玻璃版插画九幅。仅印五百部，佳纸精装，内一百部皮脊麻布面，金顶，每本实价三元五角；四百部全绒面，蓝顶，每本实价二元五角，函购加邮费二角三分。好书易尽，欲购从速。下卷亦已付印，准于本年内出书。上海北四川路底内山书店代售。

广告是沟通读者和书刊的桥梁。它必须介绍书刊的内容和特点，以便读者考虑是否购买。鲁迅的这则广告就起到了这样的作用。广告又有商业竞争的作用，因而必须多谈自己的优点、长处。鲁迅的这则广告也注意到了这点。但它又和一般私商的吹嘘不同，而是文风朴实，实事求是。高尔基等人当然称得上是“大家”，译者瞿秋白也的确是“名手”。而瞿秋白的翻译，鲁迅早就称赞过“中国还无第二人”，因而称他“信而且达，并世无两”，也还是老实话。鲁迅所拟的广告有一个共同的特点，那就是实事求是。越是实事求是，读者就越是信得过，实际上就越是能起到广告的作用。这则广告还有一个战斗的意义。它所赞扬的译者，就是不久前被反动派杀害的瞿秋白。鲁迅自费精印出版这本书,就是为了怀念瞿秋白,抗议反动派。这则广告也就起了怀念和抗议的作用。有心的读者,是不难领会到这点的。

鲁迅有时还写"内容提要"式的广告,这就使书刊的介绍更为深入。且看鲁迅为《俄罗斯的童话》写的广告:

> 高尔基所做的大抵是小说和戏剧,谁也决不说他是童话作家,然而他偏偏要做童话。他所做的童话里,再三再四的教人不要忘记这是童话,然而又偏偏不大像童话。说是做给成人看的童话罢,那自然倒也可以的,然而又可恨做的太出色,太恶辣了。
>
> 作者在地窖子里看了一批人,又伸出头来在地面上看了一批人,又伸进头去在沙龙里看了一批人,看得熟透了,都收在历来的创作里。这种童话里所写的却全不像真的人,所以也不象事实,然而这是呼吸,是痱子,是疮疽,都是人所必有的,或者是会有的。
>
> 短短的十六篇,用漫画的笔法,写出了老俄国人的生态和病情,但又不只写出了老俄国人,所以这作品是世界的;就是我们中国人看起来,也往往会觉得他好像讲着周围的人物,或者简直自己的顶门上给扎了一大针。
>
> 但是,要痊愈的病人不辞热痛的针灸,要上进的读者也决不怕恶辣的书!

这篇"内容提要"写得多么精炼,多么概括,又是多么深刻!它简直是一篇文情并茂的文艺评论,但它仍然不失为一则引人入胜的广告。高尔基是以写小说和戏剧为主的大文豪,现在却是他写的童话,而且是"给成人看的童话",是"太出色,太恶辣"的童话。这就吸引了读者对这部童话的注意。接着指出,这部童话写的是三种人:地窖子里的人,地面上的人,沙龙里的人。他们“是呼吸,是痱子,是疮疽”,是真实地反映了社会上“所必有的”人。因而,这16篇童话,虽然写的是“老俄国人的生态和病情”,但在中国也是存在的,甚或读者自己就在里面!所以最后的结论是:它是“要痊愈的病人”的“针灸”,“要上进的读者”是不会怕它的“恶辣”的!也就是说,他必将给读者以深刻的启示和巨大的鞭策。这篇短短四百字的广告,就把这部作品的特点和意义给生动地指出来了。对照那种干瘪枯燥的千篇一腔的“内容提要”,更使人感到鲁迅确是大手笔!而以鲁迅这样的大文豪,不鄙于自己动手写广告,更令人可敬!

原载《中国出版年鉴》1980年

鲁迅与编辑出版工作

陈早春　王锡荣

鲁迅是伟大的文学家、思想家、革命家。与此相联系,他还是一个伟大的编辑出版家。鲁迅一生的文学活动,他一生的呐喊和搏击,都与编辑出版工作紧密相联。几十年间,他常为此“弄得终日忙碌”,“费去生命不少”,直到他逝世前一天,还在关注着几种书刊的编辑出版。据粗略统计,鲁迅在从事文艺活动的三十多年中,编辑和参与编辑的各种书籍(除他自己的著译及辑录整理的大量古籍不计之外)就有76种,丛书11种,自费印行13种,所用出版单位名称8个,为“相识与不相识者”的书作序跋43种,校阅并介绍出版的40余种,合共约2000多万字。在当时的条件下,一个文学家自己创作了近400万字,又翻译了近300万字的作品,还能编辑出版如此巨量的书籍,实在是很惊人的。另外,他一生主持或参与编辑的各种文艺刊物共20种,而有些刊物是交叉着同时进行的,其刊期最长的将近六年。鲁迅为编刊所耗费的心血、建树的功绩,很难用数字统计,也很难以言语形容。

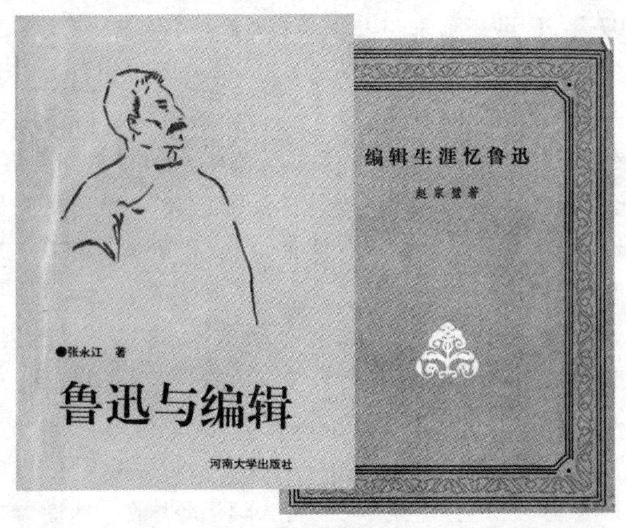

鲁迅编辑出版工作研究专著

鲁迅在编辑出版工作方面付出的巨大的卓有成效的劳动,在当时中国出版界和文化界,产生了巨大的影响,居于十分重要的地位,为中国现代出版史开辟了新的境界,写下了划时代的重要篇章。现在我们总结鲁迅编辑出版的经验和成绩,学习鲁迅的编辑出版思想和作风,对于做好出版工作有着十分重要的现实意义。

一　为了"革命的需要"

鲁迅一生,用了大量时间和精力从事编梓工作,"耗去了生命的很大一部分","颇费苦心"地"为别人打杂","为他人作嫁",而"又毫不怀着有所利用的意思"。为此,他常感时间不够支付,但仍毫无怨言,心甘情愿地作"傻子",作"泥土",作"一木一石"。这到底是一种什么力量在策驱着他呢？诚如他自己所说，是为了“革命的需要”。鲁迅一生的编梓工作，是鲁迅一生革命活动和文学活动的重要组成部分。

1907 年，鲁迅在东京与友人筹办《新生》杂志，就是为了实现他提倡文艺运动以达到他“立人”而建立“人国”的目的。当时，他身在异邦，受了事实的刺激，深深感到在弱肉强食的帝国主义时代，愚弱的中国人民“只能做毫无意义的示众的材料和看客”。因此，他重新选择了自己的职业——“弃医从文”，认为要使祖国富强，“第一要著”，要改变人们的精神，而善于改变精神的“当然要推文艺，于是想提倡文艺运动了”。为了提倡文艺运动，他找到几个同志，“商量之后，第一步当然是办杂志”。这就是鲁迅创办《新生》的出发点。他把“我以我血荐轩辕”的一腔爱国热忱，全部倾注于这一催促新的生命产生的尝试上了。

在当时大都鄙视文艺的留日学生中，在以儒家经传排斥文艺的中国社会里，《新生》遭到了“无可告语”的失败。然而鲁迅创办《新生》的革命精神不但丝毫没有受到挫伤，反而更加强烈，它贯穿着鲁迅一生的编梓活动。

1911 年鲁迅在绍兴参与筹办并任名誉总编辑的《越铎日报》，它的编辑方针，在鲁迅撰写的《〈越铎〉出世辞》中阐述得十分明白，他之所以支持故乡青年创办这一报纸，是深感辛亥革命并未在思想上完成反封建的任务。他认为“专制永长，昭苏非易”，“桎梏顿解，卷挛尚多”，因而需要依靠社会舆论，“促共和之进行，尺政治之得失，发社会之蒙覆，振勇毅之精神”。这就是鲁迅当时为编辑工作写下的政治宣言。

1918 年 4 月以后，鲁迅参加了《新青年》的编辑和社内重大决策的讨论。鲁迅在《新青年》这一新文化运动的主要阵地上，是以文学革命主将的姿态驰突作战的。他挥戈上阵，就遵奉《新青年》提倡民主与科学，反对旧文化、旧思想、旧道德的政治方针，无条件地遵从革命前驱者的“将令”。当1920年胡适提出《新青年》“不谈政治”的主张时，鲁迅旗帜鲜明地予以反对，坚持了《新青年》反帝反封建的正确的政治方向。

五四新文化运动统一战线到底分裂了，鲁迅在北洋军阀政府的巢穴北京，独立支撑着五四新文化运动所开创的思想战线，而且与李大钊支撑的政治战线互相呼应和配合。他创办《莽原》是“希望中国的青年站出来，对中国的社会、文明，都毫无忌惮地加以批评”。这种以“文明批评”和“社会批评”并重的编刊方针，指导着他这一时期的所有编梓活动。

鲁迅所说的“文明批评”，即是对中国封建思想意识、传统习惯的批判，这是他在此以前就已着力批判的对象；而他所说的“社会批评”，主要是指对当时的社会制度的批判，属于政治斗争。自此以后，鲁迅编梓活动的政治斗争色彩更为浓厚了，及到1928年革命文学论争开创了中国无产阶级文艺运动新纪元的时期，鲁迅更有意识地将自己的编梓活动纳入无产阶级革命的轨道，作为无产阶级革命事业的组成部分。

1928年以后，国民党肆行文化统治政策，企图将无产阶级革命文苑夷为白地，斗争是极为艰苦的。但环境愈艰苦，鲁迅的斗志愈旺盛，他以“壕堑战”、“散兵战”等战术，广泛深入地从事编梓活动，突破了敌人的文网，为无产阶级革命文艺做出了卓越的贡献。

从这一时期起，直至逝世，鲁迅编梓的杂志、书籍很多，其宗旨主要是以下两点：

（一）反对当时的反动统治。鲁迅曾不稍懈地对反动的现行制度及维护它的反动文艺“采取攻击态度”，他抱着“试看新的文艺和压制者保护之下的狗屁文艺，谁先成为烟埃”的决战意志来从事编辑出版活动。他冒着生命危险，为了向全世界揭露国民党杀害左翼作家的滔天罪行，与冯雪峰一起，秘密编印了《前哨·纪念战死者专号》。他编辑《奴隶丛书》是想以“生的紧张，死的挣扎”

来“搅乱”“奴隶的心”，唤起民众。他编印瞿秋白的遗文，也为的是高擎“爱的丰碑与憎的大纛”。

（二）建设无产阶级新兴文艺。为此，他特别看重马克思主义文艺理论的评介。他与冯雪峰合作编刊《科学的艺术论丛书》，独自编刊《文艺研究》，为的是介绍和宣传马克思主义文艺理论，“究明文艺与社会之关系”。就是编刊创作与翻译并重的《奔流》时，也没有忘记“每期总要放一两篇论文”。这样“从别国窃得火来”，既可“煮自己的肉”，建立自己的无产阶级文艺观，也可以解决那些历来“纠缠不清”的问题，将无产阶级文艺运动引上正轨。这是一方面。另一方面，他深感“革命文学”论争之后，在无产阶级革命文学中普遍存在的公式化、概念化缺点，和拒绝文化遗产的倾向，因此，他创办各种文艺社团，编印多种刊物和丛书，在鼓励创作的同时，并“介绍些别国的著作”，以作借鉴，推进和鼓励创作，扶植刚健质朴的文艺。为此他重点介绍了苏联的作品，如以“三闲书屋”名义印行了《毁灭》和《铁流》，是当时“文学战线上”的“一个胜利”（瞿秋白语），对以后的中国革命，也“产生了很大的影响”（毛泽东语）。他在着重介绍苏联无产阶级革命文学典范作品的同时，还介绍了世界各国的优秀文化遗产，诚如他在《〈奔流〉凡例》中所说：他的“翻译和介绍，或为现代的婴儿，或为婴儿所从出的母亲，但也许竟是更先的祖母”，只要它对中国大众有益，就都尽力介绍给大众。鲁迅的业绩是多方面的，他不惜工本精心编印中外古今的版画艺术，为中国现代无产阶级革命木刻运动的兴起开创道路，奠定基础，这是众所周知的事。

鲁迅曾说：“凡是为中国大众工作的，倘我力所及，我总希望（并非为了个人）能够略有帮助，这是我常常自己印书的原因。”又说“倘我存在一日，终当为文艺尽力”。他就是这样把“琐碎”的编辑工作，看做是自己义不容辞的职责，把自己一生的大量宝贵时间用在这项工作上，表现了一个革命家对历史的伟大使命感和高贵的品德。

二 为了“造出大群的新的战士”

在黑暗的旧中国,人才的糟蹋和埋没,是一个普遍而长期存在的现象。社会上那些“高门望族”的“长者”占据着要津,文化领域里只能听到那些白首穷经的老朽儒生的喘息,没有资历和声望的青年人,难得以“破土”出头的机会。几千年来,人们不断反复着同一喟叹:“世有伯乐,然后有千里马。千里马常有,而伯乐不常有。”鲁迅深谙旧社会的弊端,举一切伪俗陋习而荡涤之。他从中国革命的前途着眼,深抱“有英俊出于中国”的热诚,对青年人抱着殷切的希望。虽然他早就觉得青年人也不能“一概而论”,其中有好有坏,但总的来看,他们是社会中最富有朝气的新鲜活泼的力量,改造社会的重担不能不落在他们肩上。所以鲁迅总是以“甘为孺子牛”的精神,“自己背着因袭的重担,肩住了黑暗的闸门,放他们到宽阔光明的地方去”。

鲁迅注重、培育青年,表现在他生活和事业的各个方面,特别突出表现在他的文学活动和编辑出版工作中。《鲁迅日记》和鲁迅书信大量地记载了他这方面的业绩。《鲁迅日记》中记下与他交往的人共 1984 位,其中绝大部分是名不见经传的青年读者和文艺著译者;鲁迅书信共 1457 封,其中绝大部分是鲁迅指导青年阅读、写作、翻译,或为他们的书稿奔走联系出版的见证。他为青年人“写回信,每星期须费去两天”,一天写下八九封长信,往往是常事。

鲁迅编辑、出版书刊,一方面固然是为了战斗,另一方面也是为了培养文艺青年。1918 年当他第一篇白话小说《狂人日记》发表时,他的着眼点就是广大的文艺青年:“我自己知道实在不是作家,现在的乱嚷,是想闹出几个新的创作家来——我想中国总该有天才，被社会挤倒在底下——打破中国的寂寞。”

1924 年，他曾向 DF（按即郁达夫）先生提议过，“以为该有人搜罗了各处的各种定期刊物，仔细评量，选印几本小说集，来绍介于世界；至于已有专集者，则一概不收，‘再拜而送之大门之外’”。据郁达夫后来说，鲁迅想这样做，为的是“使许多未成名的青年作家，得着安慰，而努力去创作”。鲁迅与郁达夫拟议合作的这件事，虽然没有实现，但鲁迅的愿望，却由他一个人身体力行，并持之以恒，直到他生命的最后一息。如他创办未名社，就是为习作的文艺青年提供园地，而它所出的《乌合丛书》，是“单印不阔气作者的创作”的。鲁迅创办的未名社是如此，其他如莽原社、朝华社等等莫不是如此。他晚年办译文社的目的之一，也是“希望由此引出几个我们所不知道的新的译者来”。1930 年 2 月鲁迅在“左联”成立大会上说：“我们应该造出大群的新的战士，因为现在人手实在太少了……在我倒是一向就注意新的青年战士底养成的，曾经弄过好几个文学团体。”可见鲁迅把培养文艺青年，是当作革命文学运动的战略任务来看待的，也是他一生编刊活动中致力以求的目标。

鲁迅总是为青年文艺工作者开辟道路。生当鲁迅的时代，书刊世界可以任学者、名流驰骋，却难得容许无名青年涉足。鲁迅对此深怀不满地说：“刊物上，倘不是姓名曾经排印过了的作家，就很有不能登载的趋势。”他对那些以名流“玉照”、题签、铜版手迹，以及排列长串名流撰稿人名单以招徕读者的刊物，是极为厌恶的。他历来主张将“名人的话和名言分开来”，“名人的话并不都是名言”，名人之作也并不都是不刊之论，反对以人衡文和因人因情录用稿件。他在编《语丝》时，就刊登了批评曾是自己老朋友、又是名学者的文章，拒绝了曾是老熟人推荐的稿件，因此而得罪了他们，他也在所不惜。他在编《奔流》时说：“至于必须名人介绍之弊，却是没有的”，只要不是“奉命之作，如明清八股者”，不问作者的资历和声望，也不问作者与自己是相熟或不曾相熟者，均可录用。他编的刊物,“投稿者多互不相识”。他对青年作者还特别宽容,因为他极“希望就是在文艺界,也有许多新的青年起来”。他说:“新做文章的人,在我所编的报上,也比较易于登出。”他不仅自己这样做,也鼓励和要求别人这样做。当他介绍韦素园去编《民报》副刊时,就特别嘱咐“要注意发现新作者”;《新小说》杂志向鲁迅约稿,他的附加条件就是同时刊登他所推荐的青年的作品;美国进步作家斯诺要翻译他的作品集,他却极力说服译者改编兼收其他青年作家作品的多人集《活的中国》;日本改造社请他介绍中国的优秀作品,而他介绍的却是六个青年作者的作品,为此他对该社社长山本彦实说:“其中有二三个新进的作家可以达到在贵刊刊登作品的水平,但是这以下的某些作家即使是水平低,也请将就着点,从扶植出发还是用上吧”;他与茅盾为美国伊罗生选编《草鞋脚》英文译本时,曾郑重声明“我们以为应该多介绍些先进作家”,而他自己的作品,却只选入了《风波》、《伤逝》两篇。这样的事例举不胜举,但由此已足可见鲁迅关怀青年的一片拳拳之心,和为青年人开辟道路的苦心孤诣。

鲁迅是现代的伯乐,他在编辑刊物时,特别注意在青年中发现人才。在中国现代的著译队伍中,为他所发现并亲自栽培成材的不计其数,孙用是这方面最典型的也最为人所称道的例子。孙用原是一个只有中学文化程度的邮局小职员,当他与鲁迅建立文字之交时,刚二十出头,在社会上没没无闻,与鲁迅也毫无私人关系。他冒昧地给《奔流》寄去自己刚刚学步翻译的几首小诗,便马上得到了鲁迅热情的答复:“蒙寄译诗,甚感。但极希望先生许我从中择取四首,于《奔流》发表,余两首附回,希谅察为幸”。鲁迅决定采用来稿之后,又以一个普通编辑的身份,与译者联系并合作,按译者来信要求,对译稿的文字作了“照改”。接着,孙用就常以《奔流》为园地,发表自己的译作,使极负声望的《奔流》译者队伍中增添了一员新兵。然而最感人的是鲁迅为他张罗出版译诗《勇敢的约翰》一事。译稿转到鲁迅手中仅两天就看完了，当即肯定："译文很好"，并决定"张罗出版"。鲁迅在"张罗出版"此书的过程中，几经周折，四处碰壁，碰得"满身晦气"；原稿伴着鲁迅"枯坐"、"流离"，历时两年。为了这书的出版，鲁迅与译者和四个出版单位多次联系（据许广平同志统计，与孙用通信21封，按实为10封；向书店联系写信12封），几次为译稿改字，看校样，精心选择插图，设计版式，撰写校后记。总之，一切编辑、出版事项，全都由鲁迅个人义务地包揽了起来。不仅如此，还解囊为书店垫付制版费用及译者稿费，周济他们的困难。其中的曲折和艰辛，只有当事者知道。孙用的话是深寓感激之情的，他说："《勇敢的约翰》……是我的最早的译文，没有鲁迅先生，它是不能出版的……为这后进的译者，为这生硬的译文，鲁迅先生是给予了怎样的鼓励，竭尽了怎样的心力啊！"

鲁迅爱护青年作者，但对他们的一些缺点，习作中的问题，从不隐讳。他谆谆告诫未名社的青年不要"小心有余，泼辣不足"，不要"疏懒"；在肯定、推荐青年人的书稿时，总是恺切地指出其中的问题。如他曾指出张天翼的作品先是"失之油滑"，后来又"有时伤于冗长"；为叶紫《夜哨战》指出缺点的同时，还告诉改正的方法；劝说萧军删去《八月的乡村》中那些过多的"说明"，指出"作者的说明，以少为是"；他高度评价了萧红的《生死场》，为了"顾及销路"，他在所作的序言中没有明确地指出"描写人物并不怎么好"的缺点，只是委婉地说"叙事写景，胜于描写人物"，他怕作者领悟不到，还立即去信说明……举凡这些，无不体现着鲁迅对青年作家的真诚爱护。

鲁迅爱护青年作者，还表现在政治上。在国民党厉行文化统制政策的情况下，进步青年作家不仅难得发表自己的作品，而且经常有遭到坐监杀身之灾的可能。所以他力劝青年作家：不要装出犯禁的"可怕的外表"；"作品似以浅显为宜，也不要激烈"；"万勿贪一种虚名，而反致不能出版"；"若专一冲锋而反遭覆灭，乃无谋之勇，非真勇也”。他还生怕以自己遭受“通缉”的身份连累了青年作家的事业，有些刊物慕名向他约稿，请求题签，他总怕因以他的名字出现而使刊物遭禁。在这种情况下，他往往只能暗中支持。

鲁迅一生为“造出大群的新的战士”，是不怕烦琐，不辞劳瘁的。既为他们看稿、改稿、校字，也为他们的出版物设计版式，考究装帧、作序跋、联系出版，甚至还要誊抄稿件，帮助发行，周济他们生活上的困难。诚如他自己所说：“在生活的路上，将血一滴一滴地滴过去，以饲别人”；“我的生命，碎割在给人改稿子、看稿子、编书、校字，陪坐这些事情上，已经很不少”。鲁迅为此付出的心血是惊人的，而所培育出的茂林嘉卉却是喜人的。

三 “呆子”似的编辑出版作风

在名利支配人们活动的旧社会里，文化界有如商界。出版商挂着“为文化服务”的招牌，实际上“他们除想立刻发财之外，什么也不想”。一些原是作家出身的老板也是“比纯粹商人更刻薄，更凶”。他们利欲熏心，粗制滥造出版物，“专为牟利”，致使“中国没有好书”。而不少编辑者也只刊登和吹捧同伙的文章，把报刊作为角逐名利的阵地。因此，在当时就出现了不少“封定文豪”和“商定文豪”。鲁迅对此深有感慨地说：“在唯利是图的社会里，多几个呆子是好的”。又说：“我们不会用阴谋，只能傻干。”鲁迅就是这样心甘情愿地作“呆子”和“傻子”的。

鲁迅的编梓活动，首先“是为了读者”。在唯利是图的市民社会里，要做到这一点是并不容易的，甚至还要付出牺牲。他坚决抵制市民社会的庸俗低级趣味，反对“迎合大众，媚悦大众”。在他所编的书刊中，没有时兴的“悦目赏心”的“倡优”，没有供茶余饭后助兴的谈资，没有把资本主义社会破烂当作时髦的哄骗。他极为厌恶这一些，无情地讽刺了这一些。他甚至为了《语丝》滥登药品广告而辞去了编辑。他在选择书稿时,首先着眼的是“于读者有益”。当《译文》在国民党文化统制政策之下,好的译作难以通过、选题极感困难时,他也决不滥登一篇东西,总是苦心搜索那些“检查既不至于怎样出毛病,而读者也有益处”的译稿。

鲁迅为读者考虑是极为周到的。他所编的刊物,往往写有编后记,译文则有译后记,广泛搜集资料,介绍作者和作品,以便编者与读者进行思想感情交流,增广读者的见识,提高他们的阅读能力。为了使出版物能够“行远而及众”,他还时时考虑读者的负担,极为关心书籍的定价。当良友图书公司印行《苏联版画集》时,虽然定价还算低廉,但他仍担心“非艺术学徒购买力之所企及”。《毁灭》和《铁流》二书出版时曾特别印制“特价券”各四百张,专门“为没有钱的读者起见”。鲁迅为了使书刊能够“行远而及众”,在“版权所有,翻印必究”的社会里,他却在自己出钱精印的《凯绥·珂勒惠支版画选集》的版权页上,特地声明:“有人翻印,功德无量!”

鲁迅的编刊态度是非常严肃认真的,这是他的编梓工作的另一个重要特点。

鲁迅有强烈的编刊责任感,对书稿异常审慎。他在《三闲书屋校印书籍》中说:“宁可折本关门,决不偷工减料。”凡他编的书刊,一定亲自校对、批版式、找插图,请人画封面,亲自写广告、跑印刷厂、跑制版所,连字体的规定,也一定自己标明,毫不含糊。“即使校对别人的译著,也真是一个字一个字地看下去,决不肯随便放过,敷衍作者和读者的”,对译稿则“一定找原著来对照修改”,甚至用几种文本比勘,“设或还有怀疑之处,不是自己独立能够了解,他必定请教比他更高明的,总之决不肯含糊了事”(许广平语)。有些与己无何大干涉的事,他也要揽过来。徐诗荃翻译《尼采自传》由良友图书公司出版时,他唯恐译者不懂出版业务,便一声不响自告奋勇代译者作了校对。他说:“译者说是愿意自己校对,不过我觉得这不大妥,因为他不明白印刷情形,有些意见是未必能照办的。所以不如由我校对，比较的便当。”从这一段感人肺腑的文字中，可见鲁迅是一个多么可敬的伟大的“呆子”和“傻子”！

鲁迅编梓工作的第三个特点是讲求装帧的美观和实用。说到这一点，人们首先会想到“毛边书”。确实，鲁迅曾自称“毛边党”，他的文集和译作，凡他自己编的，初版时大抵总是毛边本。从1909年出版的《域外小说集》起，就是“三面任其自然，不施切削”。在他看来，其好处是“虽翻阅数次，绝无污染”。但是，鲁迅也出精装书，如《海上述林》。

鲁迅的讲究装帧及版式，并不仅仅是书边。他在《忽然想到（二）》一文中谈到自己对于书籍形式的意见：“我于书的形式上有一种偏见，就是在书的开头和每个题目前后，总喜欢留些空白”，“较好的中国书和西洋书，每本前后总有一两张空白的副页，上下的天地头也很宽”。他又在书信中说：“书的每行的头上，倘是圈，点，虚线，括弧的下半（ㄴ）的时候，是很不好看的。”所以他主张“在上一行里，分嵌四个‘四开’”，将“一个字挤到下一行去”。这样，他所经手编辑出版的书刊，就显得大方、疏朗，给人一种舒心悦目的“读书之乐”。

鲁迅还有一个编辑特点，就是多用插图。他从小爱好美术，并有很深的造诣。他认为“插图不但有趣，且亦有益”，“好的插图，比一张油画之力为大，那力量，能补文字所不及”。他编辑出版的书刊大都有一些精美的插图，《近代美术史潮论》一书几乎可说是为了那140幅插图才翻译的。后来他还专门印书籍插画，如《梅斐尔德木刻士敏土之图》、《死魂灵百图》等。

鲁迅的编辑工作，是他一生光辉文化事业的一部分，体现了他的丰功伟绩，也显示了他的高贵品格。仅就出版业务来说，他的劳绩也是中国现代出版史上的一座丰碑，已足以在历史上留下“不小的痕迹”。

鲁迅在编辑、出版方面所建树的光辉榜样，是值得我们永远学习的。我们应该学习他，提高自己的思想水平和业务水平；应该学习他，像他那样抵制渗入出版物中的一切庸俗、低级的小市民趣味和有害人民身心健康的腐朽思想；应该学习他，甘心情愿地作“呆子”和“傻子”，当好“无名英雄”。

附录：

鲁迅编辑出版简表*

1907 年，与许寿裳等筹办《新生》杂志，未成。

同年，校阅湖北留日学生所译《支那经济全书》。

1909 年，编辑出版与周作人合译的《域外小说集》。

1912 年初，任绍兴《越铎日报》名誉总编辑，并编《越社丛刊》第 1 集。

1914 年 1 月，为周作人所译《劲草》作序。

6 月，捐款重刻《百喻经》。

1917 年秋，审阅《欧美名家短篇小说丛刊》并撰短语予以推荐。

1918 年 4 月，参加《新青年》编辑和社内重大决断讨论。

1921 年 5 月，校阅毛咏棠、李宗武合译的《人间的生活》。

6 月，为汪静之校改诗集《蕙的风》。

1922 年 1 月，编成与他人合译的《爱罗先珂童话集》。

1923 年 8 月，校订孙福熙的散文集《山野掇拾》。

1924 年，为张静芬所译《纺轮的故事》设计封面和装帧。

11 月，《语丝》创刊，为其支持者和主要撰稿人之一（1927 年底该刊移至上海出版时任主编，一年后推荐柔石接编）。

12 月起，帮助《京报》副刊《民众文艺》周刊审校稿件，至次年 4 月第 16 期止。

同月起，编刊《未名丛刊》，专收译作，计 23 种。

1925 年 2 月，校阅李小峰所译《两条腿》。

---

* 鲁迅自己的著译和所辑录的古籍，一般都未列入；丛书亦不具列细目。

4 月，发起莽原社，主编《莽原》，共出 80 期。

8 月，发起成立未名社。

12 月，主编《国民新报副刊》乙刊，迄于次年 4 月。

1926 年 5 月，为王品青校点的《痴华鬘》作题记。又为刘半农整理标点的《何典》作题记，后又作《为半农题记〈何典〉后作》。

6 月，编刊《乌合丛书》，专收创作，共 8 种。其中《斧背》1 种，后由作者尚钺抽去。

7 月，指导、帮助章廷谦编《杂纂四种》。

10 月，支持、指导厦门大学学生团体鼓浪社、波艇社和泱泱社办《鼓浪周刊》、《波艇》，为之审改稿件。

同年，为厦大编纂《中国图书志 · 小说类》。

1927 年 1 月，为陈梦韶剧作《绛洞花主》作小引。

3 月，编刊《未名新集》，计 6 种。

4 月，为张月澄所译《国际劳动问题》作小引。

7 月，为章廷谦校点的《游仙窟》作序。

12 月，为黎锦明的小说《尘影》作题辞。

1928 年 1 月起，指导《未名》半月刊的编辑业务，后曾打算将其移上海由自己主编，未果。

6 月，与郁达夫合办《奔流》月刊，共出 15 期。

12 月，发起成立朝华社，主编《朝花》，共出 32 期。

同年底起，与冯雪峰合编《科学的艺术论丛书》，计划出 14 种，实出 8 种。

同年底，为崔真吾选定并校阅诗集《忘川之水》，后又请日本画家宇留川为之作封面画。

1929 年 1 月，编选《艺苑朝华》美术丛刊，计划出 12 种，实出 5 种。

4 月，校阅梅川译《红的笑》并作《关于〈关于红笑〉》。

同年，编《近代世界短篇小说集》，计划出 3 种，实出 2 种。

同年，编《朝华小集》丛书，专收译作，计划出 3 种，实出 1 种。又，计划编刊《北欧文艺丛书》4 种，未果。

7 月，审改叶永蓁的小说《小小十年》，并作小引。

8 月，为柔石的小说《二月》作序。

11 月起，为孙用所译《勇敢的约翰》作校订和后记，并张罗出版。又，与冯雪峰合编《萌芽月刊》,次年 1 月正式出版,3 月起成为"左联"机关刊。

1930 年 2 月,主编《文艺研究》,仅出 1 期。

4 月,主编"左联"机关刊《巴尔底山》旬刊及《世界文化》。

5 月,为周建人辑译的论文集《进化和退化》作小引。

6 月,为神州国光社编《现代文艺丛书》,计划出 10 种,实出 4 种。

8 月,编《戈理基文录》。

12 月,以三闲书屋名义自费翻印《梅斐尔德木刻士敏土之图》。

1931 年 4 月,与冯雪峰合编《前哨·纪念战死者专号》。

9 月,为李兰所译《夏娃日记》作小引。

10 月,为董秋斯、蔡咏裳合译的《士敏土》译序。

12 月,与冯雪峰合编"左联"机关刊《十字街头》。

1932 年,曾编印《铁流之图》,在印刷中毁于战火。

4 月,为林克多所著《苏联闻见录》作序。

7 月,为金淑姿遗简作序。

12 月,为瞿秋白所译《高尔基论文集》和《高尔基创作选集》设法出版。

1933 年 2 月,与瞿秋白合编《萧伯纳在上海》,并作序。

5 月,编辑《文艺连丛》,计划出 5 种,实出 3 种。又,为曹靖华所译《一月九日》作小引。又,为李大钊的文集作《〈守常全集〉题记》。

6 月,审阅王志之所著小说、诗歌集《落花集》,未出版。

8 月,编选比利时麦绥莱勒作木刻连环图画《一个人的受难》,并作序。

9 月,与郑振铎合编《北平笺谱》。

11 月,校阅白危编译的《木刻创作法》,并作序。

12 月,审阅葛琴的小说集《总退却》,并作序。

1934 年 3 月,为刘岘、黄新波的木刻合集《无名木刻集》作序。又以三闲书屋名义自费印行《引玉集》。又,参与编辑英译本《草鞋脚》,并作小引。

7 月,编选并以"铁木艺术社"名义自费印行《木刻纪程》。又,翻印苏联亚历克舍夫木刻《〈母亲〉木刻画》,并作序。

8 月,主编《译文》月刊,3 期后由黄源接编。

同年,与郑振铎合编《十竹斋笺谱》,以"版画丛刊会"名义印出第 1 册,余 3 册生前未印成。

1935 年 3 月,为内山完造所著《活中国的姿态》作序。又,编《奴隶丛书》,共 3 种,各种均经审改并作序。

4 月,所校阅的徐诗荃译《尼采自传》出版。

5 月,编选《中国新文学大系·小说二集》并作序。

6 月,为《全国木刻联合展览专辑》作序。

同年下半年起,编瞿秋白译文集《海上述林》,次年以"诸夏怀霜社"名义自费印行。

11 月,为孔另境所编《现代作家书简》作序。又,为茅盾校阅所译小说集《桃园》。

1936 年 1 月,指导编辑《海燕》月刊。又,校阅萧军的小说集《羊》。

3 月,校阅尚佩秋、曹靖华所译《远方》。又,为《城与年》插图本作小引。

4 月,编选《苏联版画集》。

5 月,所编《凯绥·珂勒惠支版画选集》以三闲书屋名义印行。又,以三闲书屋名义翻印《死魂灵百图》成。

10 月,编曹靖华所译《苏联作家七人集》并作序。

原载《出版工作》1981 年第 9 期

鲁迅的编辑道德

李荣生

一

关于如何处理编辑工作与整个社会的关系问题,鲁迅认为,首先必须对编辑工作的性质、任务及其社会作用,有一个明确的认识,这才能够摆正自己在社会上的位置,明了编辑工作的意义,从而通过各项编辑活动为社会服务。

鲁迅明确地认识到,编辑工作的实质就是通过自己繁杂、琐细的工作,帮助别人的作品刊布流行于世。它的作用一是"尺政治之得失，发社会之蒙覆”①，直接为政治斗争服务；二是“运输些切实的精神的粮食”，发展科学文化事业。鲁迅正是本着这样的原则认识从事编辑工作的。他筹办《新生》杂志，是因为看到了“凡愚弱的国民，即使体格如何健全，如何茁壮，也只能做毫无意义的示众材料和看客”，所以想以文艺来“改变他们的精神”；他创办《莽原》周刊，是因为看到“中国现今文坛……最缺少的是‘文明批评’和‘社会批评’”，所以“想由此引些新的这一种批评者来”；他主持《语丝》期间，“在不意中显了一种特色，是任意而谈，无所顾忌，要催促新的产生，对于有害于新的旧物，则竭力加以排击”；他主编《文艺研究》时则一再表示，“希望有切实的人，肯译几部世界上已有定评的关于唯物史观的书”，意在“从别国窃得火来，煮自己的肉”。可见，为了“革命的需要”做好编辑工作，使编辑工作自觉地为政治斗争服务的思想，在鲁迅的编辑工作中是明确的，一贯的。

同时，鲁迅也十分重视通过编辑书刊，促进无产阶级新兴文化事业的发展。他在《奔流》编校后记中说：“一切事物，虽说以独创为贵，但中国既然是在世界上的一国，则受点别国的影响，既自然难免，似乎倒也无须如此娇嫩，因而脸红。单就文艺而言，我们实在还知道得太少，吸收得太少。”《奔流》的宗旨，正是在于帮助中国的新文化运动更多地吸收些世界进步文化的营养。鲁迅“看见在劳动阶级文学大本营的俄国的文学理论和实际，于现在的中国恐怕是不为无益的”，因而《奔流》更注重翻译，尤其是介绍马克思主义文艺理论。鲁迅创建“朝华社”，编辑出版《艺苑朝华》画刊，也是为了使无产阶级新文化能够更多地继承中外文化遗产作为发展自己的养料。他为该刊起草的《广告》中，明确地阐述了这一宗旨：“虽然材料很小，但要介绍些国外的艺术作品到中国来，也选印

---

① 本文中凡鲁迅言论皆引自《鲁迅全集》、《鲁迅书信集》、《鲁迅日记》，以下均不一一注出。

中国先前被人忘却的还能复生的图案之类。有时是重提旧时而今日可以利用的遗产,有时是发掘现在中国时行艺术家在外国的祖坟,有时是引入世界上的灿烂的新作。”鲁迅通过自己的编辑工作“确切地相信:将来的光明,必将证明,我们不但是文艺上的遗产的保存者,而且也是开拓者和建设者”。

基于这种自觉而清醒的道德认识,在处理编辑工作与整个社会的关系的过程中,鲁迅的精神世界产生一种十分高尚的内心体验——乐“为他人做嫁”。这种道德情感,时时刻刻贯穿于他的编辑工作实践之中,体现为他的编辑道德行为。鲁迅在给许广平的信中曾说:“我的生命,碎割在给别人改稿子,看稿子,编书,校字,陪坐这些事情上者,已经很不少”,“我先前何尝不是出于自愿,将血一滴一滴地滴过去,以饲别人,虽自觉渐渐瘦弱,也以为快活”。他正是这样,出于“常想给人出点力”的愿望,“拼命地做,忘记吃饭,减少睡眠,吃了药来编辑、校对”的。例如,他在和郁达夫合编《奔流》月刊时,虽已是蜚声中外文坛的名家,却从来不把细小麻烦的工作推给别人。《奔流》每出一期,从编辑、校对、翻译,到挑选插图,制锌版,跑印刷所,与作者联系,退稿,以及代作者向出版社索取稿费等等,事无巨细,他都亲自过问,亲自去做。鲁迅在给朋友的信中,曾经生动地记述了当时的情景:“因为《奔流》,终日奔忙得很”;“白天流汗,夜间蚊咬,较可忍耐的时间都用到《奔流》上去了”;“为要使《奔流》少几个错字,每日的工夫几乎都消费了”。

鲁迅编辑书刊,不仅在内容上刻意求精,而且在形式上也力求完美,意在给读者一种赏心悦目的“读书之乐”。首先,他十分注意书刊的版式和装帧,他说:“我于书的形式上有一种偏见,就是在书的开头和每个题目前后,总喜欢留些空白”,他不喜欢“满本是密密麻麻的黑字”,“使人发生一种压迫和窘促之感”的书刊。因此,他常常亲自对所编书刊的版式、装帧、插图及至目录等进行设计,或向出版社提出建议。鲁迅在自己的编校实践中,还对书刊的排版方式进行了精心的改革。他认为，“书的每行头上，倘是圈，点，虚线，括弧的下半〔”’）〕的时候，是很不好看的。”因此他“想了一种方法，就是在上一行里，分嵌四个‘四开’，那么就有一个字挤到下一行去，好看得多了”。为了力求做到形式的美观，“鲁迅常常亲自做校对工作。校对中，遇到一行的顶头有标点，他都认真地画到每行的末尾；一张校样，正面看看，还要倒过来看看，这样，字排得正不正，排行是不是歪斜，就很容易发现了。他要求天地头要排得整整齐齐，那个地方空得多，那个地方比较挤，那个地方错落不齐，他都在样子上做出记号，有时用尺画一条直线，以引起排字工友的注意。”①鲁迅这些主张和实践既充分反映了他的开阔、高邈的美学理想，又不仅仅是个人美学情趣的显现，而是他对社会负责，自觉维护职业信誉的道德认识和道德信念在实际工作中体现出来的道德行为。

二

编辑工作归根结底是为作者和读者服务的，所以，如何处理编辑与作者、编辑与读者的关系，是体现编辑道德的一个重要方面。在鲁迅看来，编辑与作者的关系，主要应该处理好两个问题：第一，编辑尊重作家的劳动和权宜；第二，编辑对作者要一视同仁，特别要热心培养新作者。

鲁迅本身就是一位著作家，他对作家的劳动有着深切的体验和理解。鲁迅深知，作家的创作活动，是一种极其复杂艰苦的劳动；作为这种劳动的直接成果的每一份手稿，都凝聚着他们的无法计量的心血和汗水。因此，编辑应当尊重作家的劳动和权宜。同

---

① 许广平《鲁迅先生怎样对待写作和编辑工作》，鲁迅博物馆《鲁迅研究资料》第1辑，文物出版社1976年10月版，第112页。

时，鲁迅从自己的经历和体验中也深详，任何作家都不会一生下来就是名人，就是天才，任何一个天才生下来的第一声啼哭也绝不会就是一首好诗。作家是由社会和人民培育的，而社会和人民培育作家的责任更多地则要落实到编辑工作上，由编辑的劳动具体体现出来。因此，编辑应当担负起为社会培养作家的神圣职责。如果把作家比喻成“奇花和乔木”，那么编辑则应该成为培育这“奇花和乔木”的“泥土”。“泥土”培育“佳花”要注重幼苗，不能把眼睛老盯在几个名人身上。鲁迅认为，名人的话并不一定都是名言，有些“所谓名家，大抵徒有其名，实则空洞，其作品且不及无名小卒”，所以，“办刊物应当多量吸收新作家”。这就是鲁迅关于编辑和作者关系方面的道德认识。

基于这种认识，鲁迅在从事编辑工作的过程中，对作者一贯怀有强烈的责任感。这一方面表现为他对那种玩忽职守、不尊重作家劳动和权宜的编辑的憎恶：他认为，那种“积称盈儿，未尝一看”，甚至随意丢弃作者手稿的编辑，即使投稿者“骂信猬集，亦不为奇”。另一方面表现为他对作者的献身精神：为了使后起的作者能够更好地发展，更快地前进，他甘愿做“被踏”的“梯子”，“宁愿做无名的泥土”，甚至“只要能培一朵花，就不妨做做会朽的腐草”。凭着这种高尚的道德情感去对待编辑工作，必然会形成他的高尚的道德行为。这从处理来稿，培养青年，保护作者几个问题上表现出来。

鲁迅对待来稿，一是处理及时。他随来随看，从不积压稿件，并且总是及时回信，使作者放心。如有不用的稿件则立即退还，如感到适合于其他刊物，还负责给以推荐。这在鲁迅的日记和书信中都可以找到很好的印证。如 1925 年 3 月 10 日记“夜得赵其文信并文稿”，12 日则记“上午寄赵其文信”。1928 年 11 月 8 日记“得郑泗水信”，9 日则记“下午复郑泗水信并还稿”。鲁迅的书信中有许多为青年作者介绍、推荐稿件的真实记录。例如，仅为介绍、推荐孙用的译稿《勇敢的约翰》，帮助它得以出版，鲁迅与有关书店和有关人士的通信就有 12 封。二是审阅认真。据许广平回忆，鲁迅看稿十分认真，“有的稿纸很薄，是那种双层软纸，字又写得不清楚，看时很费力，他就垫一张纸在双层稿纸中间，衬着看。有的稿件写得很马虎，并且还附了一句类似这样的话：‘我这个稿件写得很乱，写了懒得再看一遍，现在寄给你看看吧！’鲁迅为难地笑了笑，但还是认真地看下去了”。有时遇有“翻译的稿件还要尽可能地按照原文逐字逐句对照一遍”①。鲁迅审稿如发现疑点，自己把握不准的，总要设法向作者或自己的亲友询问。例如许钦文在小说《传染病》中写“打针（注射）乃在屁股上”，鲁迅以为“当在大腿上”，就写信给孙伏园，请他“便中望一询为荷”。三是不轻易删改。如果稿件需要修改，他常常是提出具体意见，请作者自己去改。有的稿子，鲁迅即使仅改几个字，也要写信和作者商量，从不把自己的意见强加于作者。例如，他曾在修改了李霁野的《生活》一稿之后，给他写信说：“这一点关系较大些，所以要问问你的意思，以为怎样？”还有一次给曹靖华写信说：“这篇文章我改了几个字，不知道你的意见怎样？”

鲁迅扶持和培养青年作者，一是尽量录用来稿。据许广平回忆，“先生每编一种刊物，即留心发现投稿中间可造之才，不惜奖掖备至，倘可录用，无不从宽”②。鲁迅自己也说：“新作文章的人，在我编的报上也比较地易于登出。”例如张天翼的处女作《三天半的梦》，连续投给几家刊物都被退回。而在他已经失去信心，仅只抱着试一试的心情投给《奔流》时，却不意立即得到鲁迅先生的热情鼓励和指导，终于在《奔流》上发表出来，成为张天翼走上文学道

① 许广平《鲁迅先生怎样对待写作和编辑工作》，鲁迅博物馆《鲁迅研究资料》第一辑，文物出版社 1976 年版，第 113，108 页。

② 许广平《鲁迅和青年们》。

路的转机。李霁野的译稿《黑假面人》也是在四处碰壁,找不到出路的情况下,经鲁迅热情扶持,帮助校正译文,推荐出版,才得以问世,从而使他进入文学的大门。二是衷恳指点教诲。鲁迅虽然尽量录用新人新作,“但若做得稍久,该有更进步的成绩”的时候,便及时提出更高的要求,并针对作品的不足给以衷意的批评指教。仍以张天翼为例,鲁迅曾经专门给他写信说:“你的作品有时失之油滑,是发表《小彼得》那时说的,现在并没有说,据我看是切实起来了。但又有一个缺点,是有时伤于冗长。将来汇印时,再细细看一看,将无之亦毫无损害全局的节,句,字删去一些,一定可以更有精彩。”可以看出,鲁迅对他的帮助指教是经常的,一贯的。这使张天翼很快地成长并成熟起来。又如,鲁迅在肯定萧军《八月的乡村》的同时,劝他删去那些过多的“说明”,并告诫他,在文艺作品中,“作者的说明,以少为是”。鲁迅在为萧红《生死场》作的序文上有“叙事写景,胜于描写人物”的话,怕她看不明白,特意写信说,那句话“也并不是好话,也可以解作描写人物并不怎么好。因为作序文,也要顾及销路,所以只得说得弯曲一点”。这是多么衷恳坦率,又是多么用心良苦啊!三是编文集作序跋以介绍推荐。为了帮助青年作家肯定成绩,总结经验,激励他们更快地成长和进步,鲁迅非常热心为青年作家编选文集。例如,他为许钦文选编并推荐出版的短篇小说集成为畅销书之后,立刻使许钦文名声大振,成为一名有影响的青年作家。鲁迅还主张通过编选文集向国外介绍青年作家的作品。他认为:“现在新出台的作家中,也很有可以注意的作品,倘使有工夫,我以为选译一本,每人一篇,绍介出去,倒也很有意义的。”后来,在他与茅盾合作,为美国朋友合作编译的短篇小说选《草鞋脚》中,就多收青年之作。通过写序作跋,衷肯分析和热情推荐青年作家的作品,是鲁迅精心培养作家的重要手段。例如,他在《白莽作〈孩儿塔〉序》中指出:“这《孩儿塔》的出世并非要和现在一般的诗人争一日之长,是有别一种意义在。这是东方的微光，是林中的响箭，是冬末的萌芽，是进军的第一步，是对于前驱者的爱的大纛，是对于摧残者的憎的丰碑。一切所谓圆熟简练、静穆幽远之作，都无须来作比方，因为这诗属于别一世界。”不仅满腔热情地肯定了作品所取得的成绩，而且明确指出了这成绩的意义。除此之外，鲁迅还为许多青年作家的作品写序作跋，如《叶紫作〈丰收〉序》、《田军作〈八月的乡村〉序》、《徐懋庸作〈打杂集〉序》、《萧红作〈生死场〉序》、《叶永榛作〈小小十年〉小引》、孙用译《〈勇敢的约翰〉校后记》等，分别为这些青年作家的出世和成长起到开山引路的作用。

鲁迅十分注意从政治、经济利益上保护作者的权宜。他所印行的书刊，凡是有稿费的，总是及时如数支付，从不拖欠，有时出版社拖欠作者的稿费，鲁迅就写信代作者催讨。在国民党反动派实行“文化围剿”，迫害进步书刊作者的情况下，为了避免敌人在书刊检查时从原稿笔迹上追寻作者的线索，鲁迅就在发稿前亲自把原稿重抄一遍，由自己承担全部责任，在政治上保护作者。

三

编辑工作的根本任务既然是为读者输送精神食粮，那么，编辑与读者的关系，最基本的一条就应该是编辑对读者负责，为读者服务。

鲁迅认为，所谓对读者负责，就是要通过自己的编辑工作，让广大读者得到切实的益处。他在给亲友的信中反复强调，出书一定要“于读者有益”，“使读者有所得”。因此，他要求编辑出版书刊，倘为“新作必须是精粹的本子，这才可以救读者们知识的饥荒”。如果是重印旧作，那么“这旧作必须是一种带有文献性的本子，这才足够读者们的研究”。他最反对那种将“仅仅是克日速成的草稿，或者是栈房角落的存书，改换新装，招摇过市，但以‘大’

或'多'或'廉'诱人,使读者花去不少的钱,实际上却不过得到一大堆废物"的恶劣作风。他号召"凡留心于文化的前进的人",对于这种恶劣作风"应该加以检讨"。鲁迅认为,编辑对读者负责的另一重要表现就是不要欺骗读者。他在《〈文艺连丛〉——的开头和现在——》一文中说,编这套小丛书,"约定的编辑,是肯负责任的编辑,所收的稿子,也是可靠的稿子,总而言之:现在的意思是不坏的,就是想成为一种不欺骗的小丛书"。他在谈到编《未名丛刊》的愿望时说:"对于读者,是希望看了之后不至于以为太受骗了。"为了不欺骗读者,鲁迅非常注意书刊广告的实事求是。为此,他常常告诫未名社同仁,一定要使"看了广告来买书的读者,该不会骂我们使他上了当"。正是这种切实对读者负责、处处为读者着想的道德认识和道德情感,形成了鲁迅先生处理编辑与读者关系方面的诸多优良的道德行为。

体现鲁迅为读者负责的编辑道德行为,一是注重与读者思想感情的交流。鲁迅主张编辑应该向读者介绍书刊内容、编辑意图以及其他有关情况,以使读者对书刊有更全面、更深刻的理解,从而得到更大的帮助,获得更多的益处。所以,凡经他编印的书刊,都要通过"前言"、"后记"、"例言"、"小引"、"谨启"、"附白"、"按语"、"小信"等辅助性文字,把有关书刊的作者、背景材料、编辑出版情况,以及编者的想法等等告诉读者。这是鲁迅编辑工作的一个重要特色,也是他对读者负责的主要表现。二是努力提高编稿质量。许广平在谈到鲁迅怎样对待编辑工作时说:"他总以为一期刊物,一本书出的错误少一点,就对读者的帮助更大一点",所以"他在编辑工作中,只要有可能,编排校的工作总是自己亲自来做的,以认真负责的态度对待读者"①。鲁迅对当时某些出版社的校

---

① 许广平《鲁迅先生怎样对待写作和编辑工作》,鲁迅博物馆《鲁迅研究资料》第1辑,第112页。

对很不放心。他在1931年给蔡永言的信中说:“至于校对,则任何书店,几乎无一可靠,有些人甚至于识字不多,点画小有不同,便不能辨了。”他在编《奔流》时,正因为“北新校对,是极不可靠的”,所以“校则托密斯许(按即许广平),而我自看来校。”鲁迅校对质量很高,常常是许广平校对过的,他还能校出错字来。鲁迅即使“校对别人的译著,也真是一个字一个字地看下去,决不肯随便放过,敷衍作者和读者的”。三是注意社会效果。鲁迅编印书刊,既照顾读者的正当需要,又不迎合某些读者的低级趣味。鲁迅主张出书要“看读者的需要”,“首先决定这目的对象是那一种人,然后来动手,这才有效”。但同时,他也坚决反对“迎合大众,媚悦大众”的作风。他所编印的书刊中,没有时兴的“悦目赏心”的“倡优”,没有有闲者茶余饭后的“谈助”。他认为那种“像估衣铺一样,什么衣服时兴就挂什么”的“书坊店是靠不住的”。为了向读者宣传革命思想和理论,鲁迅还设法改变读者的阅读习惯,引导读者形成更高尚的阅读兴趣。所以,他编《奔流》月刊时,尽管大多数读者的阅读兴趣主要是“要看小说,看下去很畅快的小说,不费心思的”,但他还是每一期都要放一两篇介绍外国文学或无产阶级文艺理论的论文。另外,鲁迅还十分注意倾听读者的反映,乐于接受读者的监督,诚恳检讨编辑工作中偶然出现的疏漏和失误;注意书刊“购买者的经济力”,特为贫穷的青年读者出“普及本”、“廉价本”书刊;注意版式、装帧、以使读者“便于翻阅”等等,也都是出于对读者负责的剀切心情。总之,鲁迅编印书刊的目的就是为读者服务,使读者得益。正如叶圣陶先生所说:“鲁翁毕生致力于编辑极勤,主旨唯在益人……信可感念。”①

---

① 转引自赵家璧《我是怎样爱上文艺编辑工作的》,上海人民出版社《书林》,1983年第1期。

四

鲁迅从事编辑活动的时期,主要是20年代和30年代。当时的中国还处于半封建半殖民地社会,封建主义和资产阶级的意识形态,包括思想、文化和道德等等,还在社会上居于统治的地位。但同时,这个时期也正是中国无产阶级革命兴起和发展的时期。"在'五四'以后,中国产生了完全崭新的文化生力军,这就是中国共产党人所领导的共产主义的文化思想,即共产主义的宇宙观和社会革命论。……由于中国政治生力军即中国无产阶级和中国共产党登上了中国的政治舞台,这个文化生力军,就以新的装束和新的武器,联合一切可能的同盟军,摆开了自己的阵势,向着帝国主义文化和封建文化展开了英勇的进攻。……而鲁迅,就是这个文化新军的最伟大和最英勇的旗手。"①鲁迅正是经过这样一个惊心动魄的伟大斗争的洗礼和考验,完成了世界观的转变,成为一个伟大的共产主义者的。在这个时期里,鲁迅的道德思想,包括他的编辑道德思想,也就必然是在他的共产主义世界观的指导下,在与封建主义、资产阶级道德思想的斗争中形成和发展的。这就使得他的社会道德思想和编辑道德思想,包括他的道德认识、道德情感和道德行为,不可避免地要显示出崭新的共产主义道德因素。

鲁迅编辑道德的共产主义因素,最主要最集中地体现在以下两个方面:

第一,鲁迅的编辑工作,是全心全意地为人民大众服务的。全心全意为人民服务的道德意义,就是"毫不利己专门利人","对工

---

① 毛泽东《新民主主义论》,《毛泽东选集》(一卷本)人民出版社1966年版,第690~691页。

作的极端的负责任,对同志对人民的极端的热忱”①;就是要把人民的利益摆在高于一切的地位,为人民利益甘愿做出自我牺牲。鲁迅的整个编辑活动中是贯穿着这种精神的。鲁迅从事编辑工作一不是为了求名——他当时已是声名赫赫的大作家、大文豪;二不是为了得利——他常常自费赔钱编印书刊。他从事编辑工作的目的一是为政治斗争服务,二是为革命培养人才,三是为发展无产阶级文化事业,四是为读者大众服务。为此,他对编辑工作极端负责,精益求精;他“碎割”生命,以血“饲人”,可谓牺牲了个人的一切,以整个身心从事他所热爱的编辑事业。这正是“毫不利己,专门利人”的共产主义思想在他的编辑道德中的闪光。

第二,鲁迅是以共产主义的劳动态度来从事编辑工作的。列宁曾对共产主义劳动作过说明,认为:共产主义劳动态度,主要表现为在劳动中要竭尽自己的全力,充分发挥主动性和创造性;这种劳动是高度自觉的,不需要任何监督的,是不讲定额、不计报酬的②。鲁迅“自甘这样用去若干生命”,“常常整天没有休息”地从事编辑工作,可谓竭尽全力;鲁迅主动承担编辑以外的许多琐碎的事物性工作,并在书刊的版式、装帧方面有许多创见和改革,可谓充分发挥了主动性和创造性。鲁迅从事编辑工作,并不是谁交给他的任务,也没有指定什么人监督他、检查他,从形式上看,他完全是一个自由职业者。但是,他是奉了革命先驱的将令,应了人民大众的要求来从事编辑工作的。这种劳动可谓是高度自觉的。更为难能可贵、更加令人钦佩的是,他虽然 20 年如一日,兢兢业业,孜孜矻矻地从事编辑工作,却“并没有略存求得称誉、报答之心”,

---

① 毛泽东《纪念白求恩》,《毛泽东选集》(一卷本)人民出版社 1966 年版第 653 页。

② 列宁《破坏历来的旧制度和创造新制度》,《列宁选集》人民出版社 1972 年版,第 4 卷第 176 页。

"毫不希望一点报偿"。鲁迅在封建主义、资产阶级的腐朽道德还充斥中国大地和天空的情况下,在社会勾心斗角、书坊专为牟利的旧出版界,能够做到这一切,可以说已经自觉地达到了列宁关于共产主义劳动态度的要求的。

鲁迅的编辑道德是在共产主义世界观的指导下,充分体现了共产主义道德因素的无产阶级编辑道德,是我们今天的编辑工作者应该继承和发扬的编辑道德。

原载《社会科学辑刊》1984 年第 3 期

鲁迅出版经济思想初探

张志强

作为一个出色的编辑工作者和伟大的出版家,鲁迅先生在革命的编辑、出版工作中,给我们留下了许多宝贵的遗产。鲁迅先生一生中参与或主编的报纸、刊物和丛书,据统计有三十多种;自己著译及编辑的书籍,加上替别人选定、校订、校刊的作品将近一百种,长期的出版实践,积累了许多丰富的经验。本文拟就鲁迅先生的出版经济思想作一探讨,以学习鲁迅先生的经验,做好现在的出版工作。

重视成本核算　遵循节约原则

鲁迅先生把出版工作当作普及文化、为人民大众服务的有力工具。他曾说过:"出版家虽然大抵是传播文化的,而折本却是传播文化的致命伤。"(《〈译文〉复刊词》)鲁迅先生主编的刊物、办的出版社,大部分由鲁迅个人投资或由几个人共同集资而成。为使这一传播文化的工作进行下去，需要加强成本核算，遵循节约原则，尽可能以较少的钱办更多的事。鲁迅的日记、书信中，留下了众多这方面的记录，我们从中可看出鲁迅先生杰出的理财能力。

了解各种印刷费用、纸张价格，根据社会需求量的多寡选择合适的制版印刷方法、纸张等，是出版人员必须掌握的一项重要基本功。鲁迅先生身在书房，但对外界的行情了如指掌。1933 年，白危（即吴渤）在鲁迅先生的指导下，编译了中国新兴木刻运动史上的第一本指导木刻创作的书——《木刻创作法》。吴渤将书稿编译完后，请鲁迅先生校阅作序，并向鲁迅先生询问翻印木刻画的制版、用纸、发售等问题。11 月 16 日，鲁迅先生在复信中作了详细的解答，摘录如下：

> 翻印画册，当看看读者的需要，但倘准备折本，那就可以不管。譬如壁画二十五幅，如制铜版，必须销路多，否则，不如玻璃版。现在以平均一方尺的画而论，制版最廉每方寸七分（其实如此价钱，是一定制得不好的），一块即须七元，二十五块是一百七十五元，外加印费纸张，但可印数千至一万本。珂罗版一块制版连印工三元，二十五幅为七十五元，外加纸费，但每制一版，只能印三百本，再多每幅又须三元，所以倘觉得销路不多，不如用珂罗版。
>
> 倘用珂罗版，则不如用中国纸，四尺宣纸每张一角（多买可打折扣），开六张，每本作三十张算，纸价五角，印费两角五分，再加装订等等，不到一元，则定价二元，可不至于折本。再便宜一点的是“抄更纸”，这信纸就是，每一张不过一分，则一本三十张，三角就够了。但到中国纸铺买纸，须托“内行”一点的人去，否则容易吃亏。印刷所也须调查研究过，我曾遇过一家，自说能制珂罗版，而后来做得一塌糊涂，原底子又被他弄坏了。

这封信可谓是鲁迅先生理财能力的杰出体现。鲁迅先生从图书销量角度比较了铜版与玻璃版（即珂罗版）的价格、优劣，对采用何种纸张也作了详细说明，并提供了制版和购买纸张时应注意的事项。其考虑之周全、行情之熟悉，颇令人吃惊。

在鲁迅先生的一生中，这类情形可谓比比皆是。鲁迅在 1934 年 3 月 9 日致何白涛的信中说："我所拟翻之木刻画，已寄东京去印，因那边印工好而价廉，共六十幅，内有几幅须缩小，只印三百本，是珂罗版，布面装订的，费须三百余元，拟卖一元五角一本，在内山书店出售。"同年 4 月 12 日，鲁迅先生在致陈烟桥的信中，又对印行木刻中的制版、选纸、付印等作了详细的介绍。在同年 11 月 10 日致郑振铎的信中，鲁迅先生说："今日得东京洪洋社来信，于玻璃版之估价，是大如《九歌图》全页者，制版及印工每张五分，那么，百张五元，正与北平之价无异。虽然日本钱略廉，但加以寄纸及运送费，也许倒要较贵了。"可见，重视出版过程中的成本核算，不至于犯折本这种传播文化的致命伤，是鲁迅先生一贯的风格。

进行成本核算的目的是为了降低出版物的成本。而合理使用纸张、节约印制费用、减少额外支出等是降低成本的有效途径。鲁迅先生综合考虑各种因素，厉行节约原则。在编《引玉集》的过程中，鲁迅先生四处打听合适的印刷费用。1933 年 11 月 3 日在致郑振铎的信中说："我有苏联原版木刻，东洋颇少见，想用珂罗版绍介于中国，而此地印费贵，每板三元，记得先生言北平一元即可，若然，则四十板可省八十元，未能知拨冗给我代付印否，且即在北平装订成书。"次年初，鲁迅又去信日本探听印刷费用，最后决定由上海三明印刷局排版，到"印工好而价廉"的日本去付印。为合理使用纸张，鲁迅先生从排版格式、每行字数等方面考虑降低图书的成本。1931 年 8 月 8 日，鲁迅在致书店老板李小峰的信中谈到《朝花夕拾》重印时说:“又此书只十行,此次印刷,似可改为每页十二行,行卅字,与《呐喊》等一律。”一方面,它体现了鲁迅的出版美学思想;另一方面,每页增加两行,积少成多,必将减少该书的用纸量,降低了成本。1932 年《三闲集》、《二心集》编完后,鲁迅先生在致李小峰的信中又作了同样的吩咐:“版式可照《热风》,以一年为一份,连续排印,不必每篇另起一版。每行字数,为节省纸张起见,卅六字亦可……”在出版过程中,尽量减少不必要的支出,从小处着眼,能节约尽量节约,则是鲁迅出版经济思想的又一体现。鲁迅与郑振铎合印《北平笺谱》,为扩大影响而作了广告。鲁迅不知广告已付印,而又增加了意见,郑振铎为此重印了广告。鲁迅知道后说:“广告因以为未付印,故加入意见,重做了一遍,其实既已印好,大可不必作废而重印,但既已重印,也就无可多说了。”(1933 年 11 月 3 日致郑振铎信)对于这种浪费的惋惜之情溢于言表。《北平笺谱》毛样印好后,郑振铎拟将毛样寄给鲁迅。鲁迅在 12 月 2 日的回信中说:“毛样请不必寄来,因为内容已经看熟,成书后之状况,可以闭目揣摩而见之,不如加上序目,成为一部完书。否则,‘毛样’放在寓中,将永远是‘毛样’,又糟蹋了一部书也。”

考虑读者承受　力争以廉促销

为了使图书能为更多的读者所购买,鲁迅先生非常重视读者的承受能力。在图书的定价上,鲁迅先生强调定价的低廉,通过价廉,使广大贫寒学子、读者能够购买,从而达到传播文化的目的。

鲁迅与郑振铎合刊《十竹斋笺谱》过程中,在谈到该书定价时,鲁迅先生曾说:“《十竹斋笺谱》我想豫约只能定为八元,非豫约则为十二元。盖一中国人之购买力,恐不大;二则孤本为世所重,新翻即为人所轻,定价太贵,深恐购者裹足不至。其实豫约本即最初印,价值原可增大,但中国读者恐未必想到这一著也。”

(1934 年 7 月 6 日致郑振铎信)《十竹斋笺谱》刻好后,鲁迅又说:“购买者的经济力,也应顾及,如每月出一种,六种在明年六月以内出全,则大多数人力不能及,所以最好是平均两月出一种,使爱好者有回旋的余地。”(1934 年 6 月 21 日致郑振铎信)。鲁迅先生不但从定价上,而且从出版周期上为读者考虑,这种精神真是感人至深。

鲁迅先生对他苦心印成的图书不能被国人购买而感到十分寒心。“我前印《士敏土之图》,原是供给中国的,不料买者寥寥,大半倒在西洋人日本人手里。”(1933 年 11 月 11 日致郑振铎信)因此,除考虑到长久保存、欣赏者的需要外,鲁迅先生根据当时中国的实际情况,为广大贫穷学子、读者着想,大力推行廉价本。鲁迅先生与郑振铎合印完《北平笺谱》后,决定编印《十竹斋笺谱》,续印《北平笺谱》。1934 年 2 月 9 日,鲁迅在致郑振铎的信中说:“上海之青年美术学生中,亦有愿意参考中国旧式木刻者,而苦于不知,知之,则又苦于难得,所以此后如图版刻成,似可于精印本外,别制一种廉价本,前者以榨取有钱或藏书者之钱,后者则以减轻学生之负担并助其研究。”在同年 6 月 26 日致郑振铎的信中,鲁迅先生又对廉价本作了说明:“书之贵贱,只要以纸质分,特制者用宣纸,此外以廉价纸印若干,定价极便宜,使学生亦有力购买。颇为一举两得。”联想到 1933 年 11 月 11 日鲁迅致郑振铎信中所说的,“《灵宝刀图》的复印本,真如原版一样,我希望这书的早日印成,以快先睹……此外最好仍用宣纸,并另印极便宜纸张之本子若干,以供美术学生之用也”,可见,印行廉价本是鲁迅先生的一贯主张。

鲁迅先生翻印国内外木刻、版画的过程中,一直想做到“印工好而价廉”,但事情往往不能两全。正如《凯绥·珂勒惠支版画选集》印成后鲁迅在 1936 年 8 月 2 日致曹白信中所说的:“但中国大约不大有人买,要买的无钱,有钱的不要……印得还好,刀法也还看得出,但要印成这样,成本必贵,使爱好者无力购买……但假使购买者有数千,就可用别一种板印,便宜了。”为满足读者需要,鲁迅后来决定将《凯绥·珂勒惠支版画选集》交文化生活出版社用“铜版复制”，缩小开本重印，出版价廉的普及本（分精、平装）。该版流传极广。只可惜该书出版时，先生已辞世。

按照当时的版税规定，定价降低，版税自然要减少。为此，鲁迅不但不介意，有时反而主动要求降低版税，以使廉价本能真正印出来。鲁迅翻译的《出了象牙之塔》完成后，为了使该书广为流传，鲁迅在 1931 年 8 月 8 日致李小峰的信中说：“《象牙之塔》可先函嘱北平速印……专卖北平之廉价版，我并可将版税减低为百分之二十。”

从减轻读者负担角度出发，鲁迅先生还独具匠心地创造方法。《近代美术史潮论》是鲁迅翻译的一部美术史著作，“从法国革命后直讲到现在，是一种新的试验，简单明了，殊可观。我以为中国正须有这一类的书，应该介绍。但书中的图画，就有一百三四十幅，在现在读者寥寥的出版界，纵使译出，恐怕也没一个书店敢于出版的罢”（1927 年 12 月 6 日致李小峰信）。在这种情况下，为了给读者以参考，便只能采用连载方式。从 1928 年 1 月 1 日《北新》半月刊第 2 卷第 5 期起连载该书，至 1929 年 2 月 15 日《北新》第 3 卷第 5 期止，全书连载了一年多时间。该书连载部分在《北新》中的编码，采用单独编码制，即页码自行起讫，不与《北新》其它文章编码相连。因此，当《近代美术史潮论》连载完毕后，读者只要将《北新》每期所登有关页码拆出，再按插图目次所指定的页数，插入图画，装订起来，即自成一书。它大大方便了读者，也使订阅该刊的读者不需再去购买它的单行本。

重视图书宣传　讲究广告时效

图书宣传在出版工作中占有重要的地位。鲁迅先生在繁忙的著述之余，写下了大量的序跋、广告等图书宣传文字。除去书信、日记之外,《鲁迅全集》中的序、跋、小引、前言、后记、附记、广告、例言等书刊宣传评介文字达三百四十多篇。

1926 年 5 月 25 日,刘半农标点的通俗讽刺小说《何典》重印,鲁迅在《为半农题记〈何典〉后,作》中说:“既要印卖,自然想多销,既想多销,自然要做广告……”在 1934 年 7 月 17 日致吴渤的信中,鲁迅又谈到:“书的销场,和推销法实是大有关系的……”当时,唯一可行且经济的手段便是刊登图书广告。鲁迅先生身体力行,亲自拟写图书广告,实事求是介绍图书的特点,扩大图书的影响和销路。仅 1928 年,鲁迅就于 1 月 21 日撰《〈唐宋传奇集〉广告》;1 月 28 日拟《〈小约翰〉广告》;6 月拟《〈思想、山水、人物〉广告》发表。此外还拟有《〈艺苑朝花〉广告》(1929 年)、《〈毁灭〉和〈铁流〉的出版预告》(1931 年)、《〈引玉集〉广告》(1934 年)、《〈俄罗斯的童话〉广告》(1935 年)等。直到逝世的前十天,先生还亲拟了《绍介〈海上述林〉上卷广告》(1936 年)。这些书目广告,在当时的《语丝》、《作家》、《文学》、《文学新闻》等期刊、《铁流》、《近代世界短篇小说集》(1)、《奇剑及其它》、《草原故事》等图书的版权页后发表,较好地引导了读者的阅读,促进了图书的销售。

鲁迅先生曾说:“在一本书之前,有一篇序文,略述作者的生涯,思想,主张,或本书中所含的要义,一定于读者便宜得多。”(《〈文艺批评〉译者附记》)尤其是当“较为可看和很要不得的都杂陈在书摊上,开始寻求正确的知识的读者们已经在惶惑”的时候(《我们要批评家》),好的序跋显得更为重要。以鲁迅这样一位伟大的文学家和青年导师的身份,其所作的序跋对读者选购图书时的影响是巨大的。鲁迅为自己的书稿写序跋,也为翻译作品和古籍整理写序跋,更为别人的书稿写序跋。这些序跋总共有一百六十余篇,占他全部杂文的十分之一左右。鲁迅为其他人,尤其是无名的青年作家所作的序跋,对于扶植这些青年作家,扩大社会对这些青年作家的了解,增加这些图书的销量,其作用是不容置疑的。

鲁迅曾为田军的《八月的乡村》作序，为萧红的《生死场》作序，为叶永蓁《小小十年》作序，为柔石《二月》写小引等，这些序的作用不亚于书目广告，为扩大图书的影响、打开销路均起到了一定的作用。

在图书宣传的过程中，鲁迅先生还特别注重广告的时效性，不做无用之功。北京的未名社要在上海登广告，推销他们的图书，鲁迅指示他们，“须于书籍正到上海发卖时，登出来，则更好”（1929年8月20日致李霁野信）。《北平笺谱》登预约广告时，鲁迅说：“现在十月中旬，待登出广告，必在十二月初或中旬了，似不如改为正月十五日截止，一面即出书，希酌。”（1933年10月21日致郑振铎信）这些，不能不说是精通读者心理的鲁迅的又一精明之处。

鄙视“专为牟利”　重视正当权益

鲁迅先生对当时出版界编凑“大、多、廉”著作的现象深恶痛绝。他曾说“中国没有好书”，就在于“书坊专为牟利”。“盖上海书店，无论其说话如何漂亮，而其实则出版之际，一欲安全，二欲多售，三欲不花本钱，四欲大发其财。”当时的一些出版界唯钱是问，许多有价值的图书因而无法出版。鲁迅先生自己出资，刊印图书。为了“从中国的古代艺术里寻找对于现代木刻有益的滋养料”，鲁迅与郑振铎合资出版了《北平笺谱》、《十竹斋笺谱》等；为了使中国版画作家吸收国外优秀艺术的精髓，鲁迅先生又自己出资印行了《引玉集》、《士敏土之图》、《凯绥·珂勒惠支版画选集》等图书。鲁迅先生曾说：“凡是为中国大众工作的，倘我力所及，我总希望（并非为了个人）能够略有帮助，这是我常常自己印书的原因。”当时鲁迅的书刊受到书店的磨难和国民党政府的查禁，版税来源不畅，常感生活的拮据。一些书印成后，有时连成本也收不回。如《艺苑朝花》，“我们每印千五百本，而售出只五百本。售去之款，又收不回来……"(1930 年 8 月 2 日致方善境信)。但鲁迅先版仍乐此不疲,继续刊刻图书。如果没有高尚的出版动机,是不可能有这种行为的。

鲁迅先生不以出版作为牟利的手段,甚至不惜代价自费印书,传播文化。但同时,鲁迅先生对自己和他人的正当权益却颇为重视。中国文人历来耻于谈钱,往往自己的正当权益被侵犯也不予伸张和追究。鲁迅先生对当时的一些出版社颇为不满,认为"大多数的是不但要'利',还要无穷之利,拿了稿子去,一文不付;较好的是无论多少字(自然十万字以上),可以预支版税五十或百元,此后就自印自卖,对于作者,全不睬理了"(1933 年 10 月 21 日致曹靖华信)。在鲁迅的一生中,他一方面始终注意保护自己的正当权益不受侵犯;另一方面,对其他作者、合作者的正当权益也给予保障。

当时,鲁迅先生的著作颇为好销,为防止盗印和多印,鲁迅先生根据印数给予印花,贴在每本图书上,根据销售数额结算版税。对于出版社故意拖欠、不付版税,鲁迅先生先催促,在忍无可忍的情况下,则诉诸于法律,以使自己的正当权益不受侵犯。鲁迅先生与北新书局关系深厚,在"北新"封门受压迫时,先生从不肯在这时期去索一回版税,但随着北新在鲁迅编的刊物上乱登淋病广告,并赖付作者版税,以剥削作家为能事时,鲁迅只得请了律师追讨北新的版税。开明书店经售未名社的图书,未名社部分人从开明书店拿走了部分版税,"所取过于应得",而鲁迅先生自己的版税却"未见锱铢"。与开明书店交涉,一直没有结果。鲁迅先生不得不于 1932 年 3 月 16 日致开明书店公开信,要求书店自即日起将未名社寄售书款交与本人,以偿还未名社欠他的近四千元版税。

对于别人的版税、稿费,鲁迅总是在日记或书信中将帐记得清清楚楚,并及时给予,以保障他人的正当权益不受侵犯。1929 年,刚出狱不久的白莽穿着厚棉袍来看望鲁迅,鲁迅先生付给他 20 元稿费,使他可以买一件夹衫。柔石遇难后,鲁迅又代为催索版税,在1931年9月11日致李小峰的信中说:"《旧时代之死》之作者之家族,现颇窘,几个友人为之集款存储,作孩子读书之用。该书八月应结版税,希为结算示知,或由我代取,或当由其旧友走取均可。"在9月15日致李小峰的信末鲁迅又补充道:"《旧时代》款,能速交下,最好。"显示了对他人正当权益的关心。据张友松回忆,鲁迅编《奔流》十分辛苦,张友松便要求代他看每期的清样。鲁迅坚持要每期付给20元的酬金。当时,北新书局付给《奔流》的编辑费只有50元左右。鲁迅先生自己看稿、改稿、编辑、与投稿人通信要花费很多的心血。但他尊重别人的劳动,从少得可怜的编辑费中划出了一大部分给张友松。再如,鲁迅和郑振铎借王孝慈先生的《十竹斋笺谱》原本合资刊刻,为保证王先生的正当权益不受损失,"且以为在每书之首叶上,可记明原本之所从来,如《四部丛刊》例,庶己不至掠美"。对《十竹斋笺谱》原本主人的报酬,除赞成"刻成印一二批后,以板赠王君"(按:即王孝慈)外,并建议"每本增价壹二成,作为原本主人之报酬,买者所费不多,而一面反较有实益也。至于版,则当然仍然赠与耳"。因为光赠版,"此非繁销书,印售若干后,销路恐未必再能怎么盛大,王君又非商人不善经营,则得之亦何异于骏骨"(1934年5月16日致郑振铎信)。为使他人正当权益不受损害,鲁迅先生的考虑是何等周全。

一些青年作家往往不太熟悉出版界的版税制度,为使他们的权益不受损害,鲁迅先生常常悉心地指点。孙用翻译的《勇敢的约翰》由湖风书店出版后,鲁迅在1931年9月15日致孙用的信中说:"希先生给与印花壹千个,为将来算帐",并指导了做印花的方法。当时,《勇敢的约翰》定价7角,印1000本,按10%结算版税,鲁迅先生预支了70元的版税给孙用。但《勇敢的约翰》印成后,书店擅将定价从7角改为8角。"这就和版税相关,但此事只好将来再与交涉"(1931年11月13日致孙用信)。为保证一个不相识的无名青年的利益不受损失，鲁迅先生可谓费尽了心血。

出版，作为一项既具有文化事业性质，又具有商业经营性质的社会活动，如何既引导社会进步，又考虑各种经济因素，使传播文化这一过程能够永远进行，鲁迅先生为我们做出了好的表率。作为一名“经营型编辑”，鲁迅先生身在书房，却眼观六路，耳闻八方。其丰富的出版经济思想，是亟待开发的宝藏，很值得我们今天的出版工作者好好学习和研究。

原载《编辑之友》1992 年第 5 期

从鲁迅校勘《嵇康集》谈当代编辑的修养

石 杰

鲁迅在其伟大的一生中，无论在文学创作、文学研究，还是在外文翻译、美术作品翻印上，都做出了卓越的贡献，古籍整理也是一个重要方面。它不仅丰富了我国古代文化宝库，同时也以其校勘整理过程为同代和后代的编辑树立了良好的风范，《嵇康集》的校勘就是典型的一例。

鲁迅从 1909 年自日本归国后的相当一段时间里，一直致力于校录古书，研读佛书和搜集石刻拓本的工作，所辑录校勘的古代佚书自然不仅《嵇康集》一部。然而，说《嵇康集》是他最为倾注了心血的一部当不是无稽之谈。有研究者考证：1913 ~ 1931 年近二十年的时间里，鲁迅计校勘《嵇康集》十遍。①不仅悉心选择钞本作为底本，其校勘过程也是竭尽心力的。《嵇康集》序载：“今此校定，则排摈旧校，力存原文。其为浓墨所灭，不得已而从改本者，则曰：字从旧校，以著可疑。义得两遍，而旧校辄改从刻本者，则曰：各本作某，以存其异。既以黄省曾，汪士贤，程荣，张溥，张燮五家刻本比勘讫，复取《三国志》注，《晋书》，《世说新语》注，《野客丛书》，胡克家翻宋尤袤本《文选》李善注，及所著《考异》，宋本《文选》六臣注，相传唐钞《文选集注》残本，《乐府诗集》，《古诗纪》，及陈禹谟刻本《北堂书钞》，胡缵宗本《艺文类聚》，锡山安国刻本《初学记》，鲍崇城刻本《太平御览》等所引，著其异同。姚莹所编《乾坤正气集》中，亦有中散文九卷，无所正定，亦不复道。而严可均《全三国文》，孙星衍《续古文苑》所收，则间有勘正之字，因并录存，以备省览。”如此众多的钞校本或刻本作比勘，不仅可以见出鲁迅的学力之深厚，亦可见出其治学态度之严谨。许广平在谈及鲁迅校勘《嵇康集》时曾经这样说过：鲁迅的校勘工作是继承了清代的校勘工作的优良传统的，也就是所谓考证校勘。尤其是《嵇康集》的校勘工作，每当发现某个版本的说法不同的时候，他马上写一个小纸条夹在里边，或者在上面注上眉批。就这样，《嵇康集》反复校了好多遍。②这一切，自然都是为了使其校录本达到完善的地步，而事实上，《嵇康集》也确实成为“校勘最善之书”③。

鲁迅校勘《嵇康集》，似乎颇具古代的“校书”、“校理”之特色。古人云：“书三写，鱼成鲁，虚成虎。”④古代图书的手写传抄的传播方式使流传下来的书中多有讹误。因此，鉴定古书的真伪，校勘书籍的谬误，整理搜集，润色文字，就成了古代的一种专门学问。然而无论如何，这种校勘与今日所说的校订也并无本质上的区别。

一位编辑，即使他编纂的是怎样的一部名垂青史的文稿，那校订核勘过程，也未必具有多大的光彩。到得编辑手中的稿件，往往极难有尽善尽美者，于是，编辑便要于青灯黄卷之中，开始校订这一艰苦而细致的过程。文稿中的错误并不是整齐划一的，那类因音、形相同或相近而导致误写误排的常见的错误，虽亦有其隐匿性，然而只要细心认真，总不难看出和订正。如“为虎作伥”错为“为虎作猖”，“己未”年误作“已未”年，“戊戌”误作“戍戍”等。而那类文义不通，语义不明的错误，则往往易为作者所忽略，也最见编辑的校订功夫。南宋学者洪迈的《容斋随笔四笔》中记载了这样一个事例:“曾铉所书陶渊明《读山海经诗》:‘形夭无千岁,猛志固常在’。取《山海经》参校,则云:‘刑天,兽名也,口中好衔干戚而舞’,乃知‘刑天舞干戚’,故与下文相应,五字皆讹。”《编辑之友》所载张永钦在编辑《八闽掌故大全》时遇到的“如明太祖洪武四年,括注写成 1317 年,而明朝建于 1368 年……应括注为 1371 年。还有绍兴四年括注为 1097 年,绍兴是南宋年号,在 1127 年之后,1097 年则是绍圣四年,‘绍圣’误作‘绍兴’也”⑤,也是典型的例子。校订到了这样的程度,方可算是到了家。有时,这种校订又不能仅仅靠查找一种工具书,一份资料;有时,这种校订又不能在编辑阶段完成,还要延伸到校对阶段。难怪鲁迅校勘《嵇康集》,要用不同选本先后校达十次之多呢。

其实,尽管今天较鲁迅校勘《嵇康集》时间已逾半个世纪,一些古老的编排方式已随着科学的发展被日益淘汰,编辑的校勘加工过程及其严谨精细的作风还是需要保留的吧,岂止是需要保留,还要发扬光大呢。美国的《读者文摘》是全世界最畅销的刊物,它所刊载的文章,原来也并未引起许多人的注意,但一经《读者文摘》转发,便风靡全球,这不能说与编辑的加工没有关系。何况,一处讹误,又不知要流传多少世代,贻误多少人呢。可见,一位编辑,纵使他缺乏叱咤风云的气魄,也必须具备严谨精细的作风和追求完美的执著,如此,才能保证出版物的质量。这是编辑必备的修养。然而,受市场经济的影响,一个时期内,出版业过于注重经济效益,这导致了理论上的大编辑思想和对编辑策划的重视,行动上则追求轰动效应。即使提到了社会效益,也被经济效益的大潮无情地冲溃了,结果出现了前一段的“无错不成书”的局面。对比鲁迅校勘《嵇康集》的精神,不能不让编辑者为之汗颜。诚然,出版物作为特殊的精神产品,经济效益也很重要,策划在出版中也必不可少,然而,若没有高的质量作依托,根本的经济效益又如何获得?

编辑策划最终又落到何处？郭沫若先生于《十批判书·古代研究的自我批判》中说过这样一段话:“无论作任何研究,材料的鉴别是必要的基础阶段。材料不够,固然大成问题,而材料的真伪或时代性如未规定清楚,那比缺乏材料还更加危险。因为材料缺乏,顶多得不出结论而已,而材料不正确便会得出错误的结论。这样的结论比没有更要有害。”我们总不能以错误的材料去贻害后人吧。如此,就要鉴别手中的材料(稿件),还要在鉴别手中的材料的同时鉴别相关的材料。倘论编辑作风,我觉得第一要义在严谨精细。市场经济虽浮躁了人们的心态,身为编辑者却要学习鲁迅校勘《嵇康集》的精神,坐得住冷板凳。

鲁迅校勘《嵇康集》是有其特定的历史背景和时代因素的。从1909年到1931年,鲁迅先后经历了辛亥革命失败、袁世凯称帝、张勋复辟、军阀混战、蒋介石集团叛变等一系列重大历史变故,深感社会之黑暗。为支持学生的正义斗争,营救被捕青年,参加进步文艺活动,又屡遭通缉和迫害。写于1933年2月的《为了忘却的记念》中的“而在这三十年中,却使我目睹了许多青年的血,层层淤积起来,将我埋得不能呼吸,我只能用这样的笔墨,写几句文章,算是从泥土中挖一个小孔,自己延口残喘”一句,正可代表他当时的心境。

悲愤而校勘《嵇康集》,似有脱离时代的意味,然而事实上却并非如此。嵇康乃魏晋名士,具有“非汤武而薄周孔”的反抗精神,性情刚直不阿。鲁迅选择《嵇康集》,正可见出他内心的悲愤和与反动当局的势不两立。抛开他在此间的其他进步活动不谈,单从他在1910年10月致许寿裳信中所说的“仆荒落殆尽,手不触书,惟搜采植物,不殊曩日,又翻类书,荟集古逸书数种,此非求学,以代醇酒妇人者也”[⑥],便可见出他是如何的身在古籍之中而心系时代风云了。

编辑之与时代,或许可以用木和本的关系来比喻吧。一个出版物，即使它的内容如何的与时代在时间上相去甚远，也总有一个为现实服务的问题，它的现实意识，也可以从其办刊宗旨和编辑作风之中见出。一份出版物，若是与时代相脱节，就失去了发生效用的空间，也就失去了生命的源泉和活力。因此，从某种角度说，有无时代意识并不仅仅是编辑人员的素质问题，更体现为思想水准。一个有着强烈的为现实服务的观念的编辑，即使他做的是古文字出版工作，他也会通过对工作的精益求精，来为现实做出他的一份贡献的。如此说来，编辑的时代意识似乎也就具有了人们常说的忧患意识的含义。然而今天，人们的忧患意识是明显的减弱了，我就是我，似乎可以凌驾于社会之上，又似乎与他人和社会无任何关系。于是，体现在编辑工作上，金钱至上的现象出现了，从形式到内容都算不得高雅的出版物充斥了文化市场，编辑的导向发生了倾斜。

其实，稍具知觉的编辑都可以看出，目前的时代并不是一个可以高枕无忧的时代。与市场经济相伴而生的理论和实践上的混乱需要进一步澄清，人文精神需要充分高扬，物质文明和精神文明的建设任重而道远……因此，一个好的编辑，应该是一个热切关注世界局势的人，他的心应该与人民相通。大概，这就是鲁迅校勘《嵇康集》的根本原因吧。

自然，鲁迅校勘《嵇康集》还有抢救古代文学遗产和建设中国文化的用意在。这位卓越的文化大师，毕生都在以辛勤的劳动，致力于文化的批判、继承和开拓工作，校勘《嵇康集》也是这一工作的一部分。他在谈及校勘《嵇康集》的目的时这样说："亦第欲存留旧文，得稍流布焉而"⑦，他的"废寝忘食，锐意穷搜"⑧的精神和严谨精细、求真求实的态度都来自这种文化使命感。

文化使命感之于编辑自然格外重要。编辑是做什么的呢？他是精神文化的传播者。人类在悠久的历史中所创造的物质文明和精神文明都要经编辑劳动流传下来，他所编辑的每一本书刊、每一张报纸、每一件音像制品，都对人们起着教化作用。"为他人做嫁衣”的说法似乎抹杀了编辑劳动的神圣性，其实，编辑所从事的乃是一种至高无上的工作。它使人类借助传播媒体认识世界和自身，并进而改造世界和自身，它在潜移默化中塑造着人的灵魂，说编辑是人类灵魂的工程师其实和教师一样恰切。在商品经济的今天，人们普遍的对实利的向往和追求似乎使编辑的神圣感黯淡了，编辑的使命感也随之淡薄，然而编辑劳动的功能依旧。这之中潜藏着很大的危险性，一切出版物所产生的不良影响几乎都可以从这里找到原因。世纪之交，科学文化迅速发展，下一个世纪将是一个更加进步的时代，编辑肩负着怎样的重任呢？我们总不能有负人民的重托和编辑者的良心吧。一位名编辑曾经说过这样一句话：“若是一个人缺乏热诚，缺乏一种要助人的强烈的感情，若是在他里面没有一些宣教士的精神，他算不得是个编辑。”⑨身为编辑，须臾离不得这种使命感和献身精神。

除了时代因素和使命意识外，鲁迅校勘《嵇康集》还出于增强自身的学识和功力的需要。他在《嵇康集》序中这样说：“恨学识荒陋，疏失盖多”。这固然是对校勘《嵇康集》的一种谦虚的说法，但从中也可见出其对学识的追求。那样的广泛搜集资料，再详加比勘校订，去伪存真，“真正是如实的‘埋头苦干’”⑩，这本身已是很好的积累、学习了，而鲁迅又将其所接受的嵇康论说文的影响融入自己的杂文创作，从而形成了独具的艺术特色。嵇文思想新颖，鲁文不落俗套；嵇文析理缜密，鲁文严谨透辟；嵇文繁富壮丽，鲁文长于论辩。这不是简单的比照，凡是接触过嵇、鲁文章的人，当不难看出二者的相通之处。唐弢先生的“以鲁迅杂感而论，析理严密，行文舒卷，于清峻中寓朴茂，于简约中见恣放，这些就大抵受有魏晋文章的影响”⑪的论断，不失中肯。而魏晋文章的影响，又当首推嵇康。从古代文学遗产中吸取养分，从而丰富和提高自己，这是鲁迅一贯的思想和行动。他在《且介亭杂文〈木刻记程〉小引》中这样说过：“采用外国的良规，加以发挥，使我们的作品更加丰满是一条路;择取中国的遗产,融合新机,使将来的作品别开生面也是一条路。”鲁迅正是在不断的博采众家中完善自身的学识的。

学识素养对于编辑具有怎样的重要性,大概是不言自明的事情。黑格尔说过:无知者是不自由的。这句话用在编辑工作中其实最为合适。编辑面对的是一个文化的海洋。他首先应该是一个文字学家,这并非说他一定得熟知文字的沿革及古文字学,而是说他应将一般文字的应用及正误熟烂于心,他还应该养成勤查工具书的好习惯,以便减少文字上的错误。文稿中常常涉及广泛的知识范围,因此,编辑还应是杂家,即具备多学科的基础知识。上至天文,下至地理,都应在他的涉猎范围内,如此才能左右逢源,而不致因孤陋寡闻,闹出不应有的笑话。在现在的编辑体制中,初审编辑往往有明确的专业分工,即只负责审阅某一学科某一方面的文稿,因此,编辑又应是专家,是哲学家、史学家、文学家、经济学家。他不但要熟知本专业的历史和现状,而且还应对其未来的发展作出科学的预测。如此,具有高的专业水平的文稿,才不致被漏过。这样看来,学问对编辑就不是一个可有可无的条件,而是一个基本的要素。编辑要作一个有心人,不但要注意在日常积累文化知识,编辑过程也是一个很好的学习机会。这些学问又不能单纯局限在理论上,还要融入到自己的实践中去,转化为研究和创作的能力。如此,他才能在知识的海洋中,自由遨游。编辑必须有学问,有阅历,有见解,有独到之处,应该成为学者和作家。当我们说鲁迅从《嵇康集》的校勘中增强了自己的学识和功力的时候,是不是也可以说如果鲁迅没有丰富的学识,便不能使《嵇康集》成为“校勘最善之书”?

注释:

① 《鲁迅研究》7,中国社会科学出版社 1983 年版。

② 《人民日报》1961 年 3 月 29 日第 8 版。

③ 许寿裳:《亡友鲁迅印象记》。

④ 《抱朴子·遐览》。

⑤ 见《编辑之友》,1996 年 1 期。

⑥ 《鲁迅书信集上·3 致许寿裳》。

⑦ 《嵇康集》序。

⑧ 《小说旧闻钞·再版序言》。

⑨ 张觉明:《现代杂志编辑学》,中国书籍出版社 1987 年版,第 52 页。

⑩ [日]增田涉:《鲁迅的印象》。

⑪ 唐弢主编:《中国现代文学史》二,人民文学出版社 1979 年版,第 120 页。

原载《中国人民大学学报》1997 年第 1 期

鲁迅先生与北新书局[①]

李小峰[②]

鲁迅先生是最热情、最积极地支持北新书局的。当孙伏园和我于 1924 年 12 月中去访问鲁迅先生,建议成立书店以推动新文艺工作时,立刻得到先生的赞助,把正在手头修改的译稿《苦闷的象征》作为《未名丛刊》的第一种,交北新出版,并允主编一套文艺丛刊。

鲁迅先生鼓励我们刊印新文艺书籍。早在 1922 年,我在北京大学就读时,鲁迅先生提议出版一套文艺性质的丛书,兼收创作和翻译,这就是后来刊印的《新潮社文艺丛书》。这套丛书由孙伏园和我管理出版的事,而发行工作则归我独自担任。鲁迅先生翻译的《桃色的云》及创作集《呐喊》,都收入了这个丛书内。但出书甚慢,因为要卖出第一种书收回钱来,再印第二种书,而《呐喊》的出版,还是先生垫出了 200 块钱才付印的。

还有几个朋友当时为报刊写文章感到约束太大,希望有个自由抒发意见的园地，于是成立了“语丝社”，出版了《语丝》周刊，我担负了发行工作。当时我已大学毕业，担任了中学的课及《京报副刊》的特约供稿，实在忙不过来。

北新书局就在这种情况下创办了。书局成立以后，新潮社出版的书以及《语丝》周刊，都移交北新发行。书局初成立时，因陋就简，就在我的住所，靠近“北大”的翠花胡同，挂一块牌子，室内置备几只木箱装书，一个书架陈列出售的书籍。在书店工作的，除我之外，还有我大哥李志云及我妻子蔡漱六。以第一种书《苦闷的象征》出版之日为书局开张之时。书由鲁迅先生自拟广告，登在《语丝》上，张贴在北京大学各院门口。凡直接向书局购买者，可享特价 7 折优待，因此书局的地址虽偏僻，登门光顾者仍不少。此外，还代售一些本市出版的文艺书刊，如《晨报社丛书》、《晨报副镌》及《京报附刊》之类。鲁迅先生很关怀自己培植的、新诞生的书店，常到小店来坐坐谈谈，有所指示，如书要摊开，要允许读者翻阅，有时询问外地有哪些地方读者来信购书之类的事。

开书店资金哪里来？初开办时，资金是极少的，仅靠发行《语丝》及《新潮社丛书》的一些利润和代售书刊的些微回扣以及我在新潮社出版的五六种书的一点版税。好在一切都是自己人动手，开支很省。印书需要用钱，我们的办法是：分量较大的书总是先搞预约手续，一般的书则于出版后卖特价，尽量吸收现款作为印书费用。像《苦闷的象征》卖特价，初版一二个月就卖完，成本很快收回；后出的《寄小读者》、《彷徨》等书，先搞预约，预约收入之款足够付印刷费。

我们出书还是沿用出版《新潮社文艺丛书》时鲁迅先生所提出的三点办法：书要印得精美，售价要低廉，对作者要优待。出版的书一律采用版税制定期结算，不必先付稿费。（当时所定的版税率一般按定价抽百分之二十，鲁迅先生等的著译则为百分之二十五，其时商务、中华一般是百分之十二，最高百分之十五）

当时稿子是不用愁的，鲁迅先生主动把他的著译交书局出版，并为书局主编两套丛书；“语丝社”同人也把他们的作品及译稿交给书局；还有外来的投稿，就是尽最大的努力，还是应接不暇的。而其时最感苦恼的是，初版售完以后，再版时要重排重校，费力费时，因此鲁迅先生主张尽可能把力量用在初版上，多出新书。像《苦闷的象征》出版不久就售完，而再版则在一年之后。后来得知可以打纸型，印局也添置了制纸型的设备，再版就快得多，成本也降低了。

1926 年，段祺瑞政府在“三一八”屠杀爱国学生之后，又谋害进步人士。鲁迅先生也在被通缉之列，学校又欠薪不发，想“弄几钱以助家用，因为靠版税究竟还不够”（《鲁迅书简》第 8 页），因此应南方大学之聘，于秋天先到厦门，后到广州，在那里执教。他到哪里，便把新文化带到哪里，并在广州自设北新书屋，专售北新及未名社的书籍。书局也感到在北京处境之危险，又因南方读者来信购书不便，因此这一年的春季，李志云带了几箱书籍来到上海，自筹开办费——用住房典了五百块钱，在宝山路租了两间里弄房屋（宝山里），挂一块招牌就算是分店。开头是很简陋的，出售的书起初由北京总店印好运去；后来销路广了，总店将纸型寄沪付印，发展很快，于 1927 年春季在四马路（福州路）成立了门市部。而总店呢，亦于是年发生大变化。张作霖于 1927 年入关后，进驻北京，包围俄国大使馆，李大钊同志遇害。不久，北新亦以宣传共产主义的罪名被封，《语丝》被禁止出版。我幸而事前先行南下，未受迫害。北京北新被封后，上海分店即改为总店。待张作霖失败逃出北京，北新总店打算恢复营业时，室内存书、纸型用具之类，已荡然无存矣！

鲁迅先生在广州中山大学担任教职，不久遇到“四一二”事变，蒋介石叛变革命，屠杀共产党人，鲁迅记下了当时黑暗的政治形势：“这里现亦大讨其赤，中大学生被捕者有四十余人”，“所以我决于二三日辞去一切职务离开中山”（见《鲁迅书简》第 48、49

页），于秋末离广州到上海。许广平同志后来也记下鲁迅当时对北新书局的特殊感情："记得在厦门、广州时，曾有另一书店托人和先生磋商，许以优待条件，要先生把在北新书局发行的全部著作移出，交给那家书店出版，先生未为所动。"（见许广平：《鲁迅与青年们》）反而将他原来在商务印书馆发行的两种译稿——《一个青年的梦》及《工人绥惠略夫》要回来交北新出版。

先生到了上海，因朋友们的挽留、书局的请求，便在上海住下来。"语丝社"在沪同人主张将《语丝》复刊，公推先生主编，先生慨然同意了，复允为《北新》半月刊长期撰稿；不久，又与郁达夫合编《奔流》月刊，归北新出版。许广平在《鲁迅与青年们》中说："先生所编的刊物，一种是同人性质的（指《语丝》），没有稿费，一切是尽义务。另一种由先生编校（指《奔流》），每月不过由我们拿回少数校对费（每期稿费 200 元，编校费 50 元），其实大半还是尽义务的，其间征稿、还稿、写回信、校稿样等，先生全部精神几乎都用在这里了。"又说："对于北新，先生和它的历史关系最为深厚。先生为它尽力，为它打定了良好基础。"

先生来沪后，每月由北新交付版税 300 元，作为生活费用，北京北新复业后，另送百元作为先生的老母亲的家庭开支，而其时先生的书正畅销，版税实不止此数，已作为书店多出新书之需。1928 年 8 月，先生曾委托律师向书局结算过一次，除每月支付之款外，北新尚欠鲁迅先生版税 8200 余元，商定从 9 月份起分 4 期归还，头两个月每月付 2200 元，后两个月每月付 1900 余元。在《鲁迅日记》中曾载此事。

1930 年以后，"上海……以战争及经济关系，书业也颇凋零……"（见《鲁迅书简》第 14 页）"百物腾贵，弄笔者或杀或因书店被封闭，北新亦在内"，（见《鲁迅书简》第 20 页）"1931 年 4 月间北新书局被封，于生计颇感恐慌"。（《鲁迅书简》第 21 页）"先生生活虽感到恐慌，每当他（指北新）封门受压迫时，先生从不肯在这时期去索一回版税。”(许广平:《鲁迅和青年们》)但北新也从不因先生不来索取而不送版税,仍按月照常支付。他在给我的信中说:“顷舍弟(指周建人)交来大札并版税四百,于困难中尚为筹款见寄,甚感甚感。”(《鲁迅全集》第10集第36页)先生也不因书店被封而停止供稿,在1932年北新第二次封门,被迫改换牌号为青光书局,开业时,先生仍以《两地书》及《杂感选集》交青光出版,先生与书局的关系是非同寻常的。他有一次曾谈过这种关系:“现在不妨明白的说几句,我以为我与北新并非‘势利之交’……在当初,我非因北新门面大而送稿去,北新也不是因我的书销路好而来要稿的。所以至去年(1932年)止,除未名社是旧学生,情不可却外,我决不将创作给与别人……北新正在困难中,我倘可以帮助,自然仍不规避。”(《鲁迅书简》第10集第37、38页)

未名社是先生于扶植北新外,于同年冬季扶植几个青年办起来的。先生交给他们出版的书,创作有《坟》及《朝华夕拾》,翻译有《出了象牙之塔》及《小约翰》。1932年因难以支持,宣告停业时,未名社将纸型及存书统售给开明书店,先生知道了,向开明交涉,将纸型收回交北新出版。

许广平在《鲁迅与青年们》中说:“先生对北新不仅有些偏爱,或甚至溺爱了。”的确,先生对北新的爱护可谓无微不至的。

在先生临死前二三年,他继续站在进步力量的一边,与反动政府展开尖锐的斗争,而对残暴的压力毫不畏惧,而北新则因遭一再封门,一再迫害,经理李开臣被判徒刑(徒刑五年缓期执行)后,却有所顾虑,渐渐离开先生的领导,退而出版大、中学校参考书及儿童用书,以期避免与现实政治相接触,无怪“先生以为这是大大的失策。如果他坚持早先立场,倒是一个为文化服务,令人敬佩的书店”。(见许广平:《鲁迅和青年们》)

注释：

① 原载《出版史料》1987年第2期。

② 李小峰(1897～1971)，江苏江阴人。1918年入北京大学哲学系。曾参加"新潮社"，后参加《语丝》周刊工作。1925年在鲁迅帮助下，集资在北京创办了北新书局。其夫人蔡漱六写有一篇《北新书局简史》(载《出版史料》1991年第2期)，现摘录一些作为本文的补充：1924年11月开始出版《语丝》周刊，当时撰稿人有鲁迅、周作人、钱玄同、江绍源、章衣萍、林语堂、王品青、冯沅君、顾颉刚、孙伏园、章矛尘等16人。1925年3月15日北新正式开张。1926年6月在上海开设分局。1927年春张作霖入关，进驻北京，9月间被查封，此后上海改为总局，北京改为分局。1930年3月，"因卖进步书籍，被封门停止营业一个多月。""1932年冬因小猪八戒事件发生纠纷，又托人走门路说情，有关当局说做生意人吃亏点吧，给回族点面子，为此北新书局把招牌改为青光书店。一年余后，再恢复北新书局。启封后不敢再发售进步书籍，改变出版方向，出版英汉对照文学读物、各种复习指导、儿童文学、活页文选、工具书等。"1937年抗日战争发生后，上海总局停业，曾在安徽立煌开设分店。抗日战争胜利后，在上海恢复北新书局业务，逐步扩充后又组织五联(北新、广益、大中国、新亚、中联)印行教科书。1954年北新书局与广益、大中国、新亚、人世间合并为四联出版社。1955年夏公私合营并入上海文化出版社。

按：所谓"小猪八戒事件"，1933年《申报年鉴·出版篇》曾介绍此事如下："《南华文艺》第14期娄子匡所撰文字，及北新书局民间故事集中《小猪八戒》一册，经回教徒认为侮辱回教，发生严重交涉。两出版机构于接到回教徒警告后，一面销毁书版，一面登报向回教徒道歉。回教徒未能满意，向中央党部及国民政府行政院请愿，要求严惩。中央党部及行政院令将《南华文艺》停刊，北新书局封闭。《南华文艺》当即遵令停刊。北新书局则嫌处罚太重，要求收回成命；回教徒则坚请执行查封，上海书业公会出面调停，未有效果，结局，北新书局亦自动停业。"

又：北新书局是李大钊就义以后第一个出版他的遗著的出版社。1939年4月，北新书局以"社会科学研究"名义出版了《守常全集》，但被国民党当局没收，流传极少。1949年5月，上海解放以后，北新书局将保存了十年的旧纸型找出，考虑到此书并不包括李大钊的全部文章，改名《守常文集》，于同年7月出版。（见王观泉：《关于李大钊遗文的出版》，载《中华读书报》1999年12月22日）

选自宋原放主编、陈江辑注《中国出版史料》现代部分第1卷上册，山东教育出版社、湖北教育出版社2001年

鲁迅先生的书刊广告艺术

范　军

鲁迅（1881～1936）是我国现代伟大的文学家、思想家和革命家，同时又是著名的编辑出版家。鲁迅从事编辑出版工作的时间很长，从1907年在日本筹办文艺期刊《新生》算起，一直到1936年逝世前三天为曹靖华译作《苏联作家七人集》写序，整整30年。据不完全统计，鲁迅曾担任过18种期刊和报纸副刊的编辑工作，并办过7个社团，编辑出版《未名丛书》、《乌合丛书》、《奴隶丛书》、《朝花文集》等，替别人“校订”、“校刊”的作品一百多种。直到弥留之际，还在关心《海上述林》的出版。鲁迅有自己的编辑出版理念，同时他又是一个实干家。从组稿、审读到校对，从写发刊词、编后记到撰书评、广告，乃至设计封面、版式，他都亲自动手，认认真真，一丝不苟。作为编辑出版家的鲁迅，为后人留下了丰富的宝贵的遗产。本文就鲁迅编辑工作一个不太被人重视但却是十分重要的方面——书刊广告，作点初步探讨。

书刊广告是向读者提供书刊信息、宣传和推广书刊的重要形式。通过书刊广告可以帮助读者了解书刊的内容和特点，激发读者求知的兴趣和欲望，产生购买的要求和行为。书刊广告不仅具有促销的商业效应，而且也是传播科学文化知识、提高鉴赏水平的

重要手段，具有文化引导的作用。在我国现代编辑出版史上，一些著名的编辑出版家都十分重视书刊的自我宣传，以大手笔写小广告，效果很好。如叶圣陶、叶至善父子在开明书店工作期间就写过许多精彩的书刊广告[①]。翻检《鲁迅全集》，我们发现鲁迅先生也是非常重视书刊广告的；这些广告文字如散金碎玉串起来，有助于我们更深入全面地理解鲁迅的编辑思想，对今天的书刊编辑实践也不无启示。鲁迅的书刊广告有些什么特点呢？归纳起来看，以下几点是比较突出的。

首先是实事求是，真实可信

广告最忌讳虚假和浮夸，而这两点又恰恰是许多广告包括书刊广告的通病。真正优秀的书刊广告，应该对所宣传的书刊的优点、特点说得恰到好处，不言过其实，哗众取宠，最好能用简短的几句话精确地表达书刊的精粹之处。五四运动前夕创办的《新青年》，常刊载出版广告，用以宣传反帝反封建思想，同时也表现出对读者高度负责的诚实精神。鲁迅先生在这方面也为我们树立了榜样。书刊广告的不真实主要是内容上的，也有其他方面的。1931年10月26日上海《文艺新闻》第32号“广告”栏，刊发了一则《鲁迅启事》[②]，是鲁迅先生针对现代书局的一则不准确广告而写的。现代书局当时编印了一部题为《果树园》的苏联作家短篇小说集。除收入鲁迅所译斐定的《果树园》外，又收入别人所译短篇小说五篇。其封面和扉页署“鲁迅等译”，但各篇并未注明译者姓名，此后又在报上刊发更具掠美之嫌的广告。为消除不良影响，鲁迅便登了如下《启事》：

> 顷见十月十八日《申报》上，有现代书局印行鲁迅等译《果树园》广告，末云：“鲁迅先生从他许多近代世界名作中，

特地选出这样地六篇，印成第一辑，将来再印第二辑”云云。《果树园》系往年郁达夫先生编辑《大众文艺》时，译出揭载之作，又另有《农夫》一篇。此外我与现代书局毫无关系，更未曾为之选辑小说，而且也没有看到过这“许多世界名作”。这一部书是别人选的。特此声明，以免掠美。

广告内容不实不仅可能误导消费者，有时还可能引起名誉权、著作权上的纠纷。鲁迅的启事显然是对现代书局的批评，也是求真务实作风的具体反映。无论是单本书、套书的宣传，还是期刊的营销，抑或是对书屋（兼有现在出版社的性质）的介绍，鲁迅先生都本着求真求实的精神，认真撰写广告，以达到正确引导读者、有效推销产品的目的。写作时间不详的一张单页广告——《三闲书屋印行文艺书籍》③既是一则广告，又是一篇体现作者广告理念的宣言。这则广告开头是这样说的：

敝书屋因为对于现在出版界的堕落和滑头，有些不满足，所以仗了三个有闲，一千资本，来认真绍介诚实的译作，有益的画本，货真价实，童叟无欺。宁可折本关门，决不偷工减料。卖（买）主拿出钱来，拿了书去，没有意外的奖品，没有特别的花头，然而也不至于归根结蒂的上当。编辑并无名人挂名，校印却请老手动手。因为敝书屋是讲实在，不讲耍玩意儿的。

可以说，“讲实在”正是鲁迅先生从事书刊广告活动的一个重要理念，而且这一理念是一以贯之的。在《〈未名丛刊〉与〈乌合丛书〉广告》④中，鲁迅的“实在”与谦逊更是跃然纸上。他说：“这也并非学者们精选的宝书，凡国民都非看不可。只要有稿子，有印费，便即付印，想使萧索的读者、作者、译者，大家稍微感到一点热闹。内容自然是很庞杂的，因为希图在这庞杂中略见一致，所以又一括而为相近的形式，而名之曰《未名丛刊》。""大志向是丝毫也没有。所愿的：无非(1)在自己，是希望那印成的从速卖完，可以收回钱来再印第二种；(2)对于读者，是希望看了之后，不至于以为太受欺骗了。""《未名丛刊》专收译本；另外又分立了一种单印不阔气的作者的创作的，叫作《乌合丛书》。"

反对投机是鲁迅从事书刊编辑的一个重要主张，同时也体现在他的广告实践中。1933 年，鲁迅先生为他主编的《文艺连丛》作预告："投机的风气使出版界消失了有几分真为文艺尽力的人。三闲书屋曾经想来抵抗这颓运而出了三本书，也就倒灶了。我们只是几个能力未足的青年，可是要再来试一试，看看中国的出版界是否永是这么没出息。我们首先要印一种关于文学和美术的小丛书，就是《文艺连丛》。为什么'小'，这是能力的关系，现在没有法子想。但约定的编辑，是真的肯负责任的编辑，他决不只挂个空名，连稿子也不看。因此所收的稿子，也就是切实的翻译者的稿子，稿费自然也是要的，但不是为了稿费的翻译。总之，对于读者，也是一种决不欺骗的小丛书。"⑤这些文字既是广告，又超越了普通书刊广告的意义。它昭示的是鲁迅先生讲"实在"、反"投机"、负"责任"的编辑精神。

当然，既然是广告就不必谦虚过度。没有的不能吹成有的，差的不能说成好的，但对于书刊的优点、特点，对于它的与众不同之处，也还是应该进行实事求是的宣传的。鲁迅先生的《绍介〈海上述林〉上卷》⑥正是一则好处说好、毫不含糊的图书广告。广告的开头写道：

> 本卷所收，都是文艺论文，作者既系大家，译者又是名手，信而且达，并世无两。其中《写实主义文学论》与《高尔基论文选集》两种，尤为煌煌巨制。此外论说，亦无一不佳，足以益人，足以传世。

这段文字与鲁迅的其他书刊广告文字相比，话说得比较满。本篇最初刊载于1936年《中流》第1卷第6期。这则广告文字，作者是带着对牺牲的挚友的深厚感情来写作的，不久，鲁迅先生本人也与世长辞了。《海上述林》是革命烈士、文学家瞿秋白的译文集。在瞿秋白牺牲后由鲁迅收集、编辑，分上、下两卷于1936年5月和10月先后出版。上卷《辨林》收马克思、恩格斯、列宁、普列汉诺夫、拉法格等人的文学论文以及高尔基论文选集和拾补等。因国民党当局的压迫，该书出版时，仅署“诸夏怀霜社校印”。了解了这一背景，我们就不难理解作者为何对此书推崇备至了。尽管话说得比较满，但确实又是实际情况，并无浮夸之辞。

鲁迅书刊广告的第二个特点是
语言洗练，笔蘸感情

鲁迅是语言艺术大师。他的抒情散文凝练含蓄，摇曳生姿；杂文幽默而犀利，纵意而谈，不拘一格。表现在书刊广告中，鲁迅的创作有着简净洗练、不枝不蔓的风格。我们从作者的《〈艺苑朝华〉广告》⑦即可窥一斑而见全豹：

> 虽然材力很小，但要绍介些国外的艺术作品到中国来，也选用中国先前被人忘却的还能复生的图案之类。有时是重提旧时而今日可以利用的遗产，有时是发掘现在中国时行艺术家的在外国的祖坟，有时是引入世界上的灿烂的新作。每期十二辑，每辑十二图，陆续出版。每辑实洋四角，预定一期实洋四元四角。目录如下……

《艺苑朝华》是朝花社出版的美术丛刊，由鲁迅、柔石编辑，共

出外国美术作品5辑。鲁迅的广告在百余字的篇幅中把一套丛刊的来龙去脉、编辑旨趣、作品特点介绍得清清楚楚。

行文简洁明了，用语要言不烦，内容充实丰富，这一点在鲁迅先生的图书广告中也得到了充分的体现。且看鲁迅先生为苏俄小说《铁流》所作的广告[8]：

> 铁流　A.绥拉菲摩维支作。内叙一支像铁的奔流一般的民军，通过高山峻岭，和主力军相联合。路上所遇到的是强敌，是饥饿，是大风雨，是死。然而通过去了。意识分明，笔力尖锐，是一部纪念碑的作品，批评家多称之为“史诗”。现由曹靖华从原文译出，前后附有作者自传，论文，涅拉陀夫的长序和详注，作者特为中国译本而作的注解。卷首有三色版作者画像一幅，卷中有作者照相及笔迹各一幅，书中主角的照相两幅，地图一幅，三色版印法棱支画“铁流图”一幅。道林纸精印，页数三百四十页。实价大洋一元四角。

图书是特殊的精神文化产品，因此对它的宣传介绍不同于一般的商品。本则广告中对小说内容梗概的概括，对作品的评价，又带有文艺短评和图书评论的性质。其中有文化内蕴，有价值评判，对读者具有积极的引导作用。这类书刊广告对于研究鲁迅先生的文艺思想、美学思想也是很有用处的。

文艺作品是语言的艺术，也是情感的艺术。作为文学书刊编辑家的鲁迅所写的广告适应这种特殊商品的要求，不仅语言精练生动，而且常常带有强烈的感情色彩。前举《海上述林》的广告是这样，此处要展开的关于高尔基《俄罗斯的童话》的广告也是如此[9]。鲁迅写道：

> 高尔基所做的大抵是小说和戏剧，谁也决不说他是童话

作家，然而他偏偏要做童话。他所做的童话里，再三再四的教人不要忘记这是童话，然而又偏偏不大像童话。说是做给成人看的童话罢，那自然倒也可以的，然而又可恨做的太出色，太恶辣了。

作者在地窖子里看了一批人，又伸出头来在地面上看了一批人，又伸进头去在沙龙里看了一批人，看得熟透了，都收在历来的创作里。这种童话里所写的却全不像真的人，所以也不像事实，然而这是呼吸，是痱子，是疮疽，都是人所必有的，或者是会有的。

短短的十六篇，用漫画的笔法，写出了老俄国人的生态和病情，但又不只写出了老俄国人，所以这作品是世界的；就是我们中国人看起来，也往往会觉得他好像讲着周围的人物，或者简直自己的顶门上给扎了一大针。

但是，要痊愈的病人不辞热痛的针灸，要上进的读者也决不怕恶辣的书！

本篇最初印入1935年8月上海文化生活出版社出版的《俄罗斯的童话》一书的版权页后。1935年8月16日鲁迅致黄源信中说“《童话》广告附呈”，即指此篇。鲁迅为自己的译作写的这篇广告与一般的商品广告大异其趣，几乎没有一点商业的味道，有的是理性的思考和深沉的情感。鲁迅创作也好，翻译也好，目的都是为了用文学来唤醒民众，用文学来解剖“国民性”，医治我们民族灵魂的顽症。文学史家说鲁迅的杂文风格是“寓热情于冷峻之中”，其实，他的一些书刊广告文字也有这个特点。情理交融，文情并茂，这正是作为文学家同时也是思想家的鲁迅书刊广告的一大特色。

鲁迅书刊广告的第三个特点是言约意丰，信息量大

书刊广告也是广告。一般来说，广告是向公众介绍商品、服务内容的一种宣传方式（不含公益广告），目的是打开市场，促进销售。大多数广告都是要收费的，因此文字不能太长，否则得不偿失；即便是书刊利用自己的版面作自我宣传的广告，也因版面的限制，不可能太长，因此，就要求文字精练，言约意丰，用最简短的文字表达最丰富的信息。

应该说，鲁迅先生不愧是书刊广告艺术的高手。他撰写的广告确实做到了言约而意丰，信息密集，吸引读者。这里我们来看一则鲁迅为自己编选出版的苏联木刻画集《引玉集》所作的广告⑩：

> 敝书屋搜集现代版画，已历数年，西欧重价名作，所得有限，而新俄单幅及插画木刻，则有一百余幅之多，皆用中国白纸换来，所费无几。且全系作者从原版手拓，与印入书中及锌版翻印者，有霄壤之别。今为答作者之盛情，供中国青年艺术家之参考起见，特选出五十九幅，嘱制版名手，用玻璃版精印，神采奕奕，殆可乱真，并加序跋，装成一册，定价低廉，近乎赔本，盖近来中国出版界之创举也。但册数无多，且不再版，购宜从速，庶免空回。上海北四川路底施高塔路十一号内山书店代售，函购须加邮费一角四分。
>
> 三闲书屋谨白。

这则广告不同于一些大而空的书刊宣传。鲁迅先生对《引玉集》所收版画的来历、编选出版的缘起、所选版画的数量、印制的手段方法、销售的地点、邮购的费用，乃至有无序跋、是否再版等等，

都讲得一清二楚。在鲁迅先生的文集中，像这类广告文字还有一些，如《三闲书屋校印书籍》、《〈铁流〉图特价告白》、《〈木刻纪程〉告白》、《〈死魂灵百图〉广告》、《〈十竹斋笺谱〉翻印说明》等，都实实在在，信息密集，且具有针对性。从这些广告中可以看出，鲁迅既是一个文化大师，他的工作包括做广告，都与文化积累、文化交流、文化传播和文化创造息息相关。与此同时，鲁迅又是很有经济头脑和市场意识的，他将文化与经济有机地结合在一起了。

在书刊编辑出版中，有些文字虽不是严格意义上的广告，但确实又有广告的功效。比如内容提要、序跋、出版说明、凡例、作者小传等。鲁迅先生是十分重视这类书刊辅文的写作的，有的辅文简直是精彩的广告。我们来看看刊载于 1926 年 6 月 20 日《奔流》第 1 卷第 1 期上的《〈奔流〉凡例五则》⑪：

1. 本刊揭载关于文艺的著作，翻译，以及绍介，著译者各视自己的意趣及能力著译，以供同好者的阅览。

2. 本刊的翻译及绍介，或为现代的婴儿，或为婴儿所从出的母亲，但也许竟是更先的祖母，并不一定新颖。

3. 本刊月出一本，约一百五十页，间有图画，时亦增刊，倘无意外障碍，定于每月中旬出版。

4. 本刊亦选登来稿，凡有出自心裁，非奉命执笔，如明清八股者，极望惠寄，稿由北新书局收转。

5. 本刊每本实价二角八分，增刊随时另定。以十一月以前豫定者，半卷五本一元二角半，一卷十本二元四角，增刊不加价，邮费在内。国外每半卷加邮费四角。

这些广告或准广告文字，恰如许广平在《集外集拾遗 · 编后说明》中所说："虽寥寥数语，颇费匠心"，"每于字里行间，卓著风格"，"多为读者所揣摩爱好"。读者之所以喜爱，一是鲁迅的广告文如其人，真诚实在，卓然成一家风格；二是有效信息量大，作者和读者都能从中获取有用的东西。

鲁迅先生对“自做广告”大吹大擂的恶劣作风是深恶痛绝的。他主张“不要贴大广告，却不妨卖好货色”。他说“未名社是一个实地劳作，不尚叫嚣的小团体”。他对于在刊物上附登些乱七八糟的广告，极为痛恨。为了“医生诊例”、“袜厂广告”、“立愈遗精药品广告”在《语丝》杂志上出现，他大为不满，就在同一刊物上把一篇反对这种做法的文章登出来以示抗议⑫。

他对于一个杂志先刊登“要目”和不征得作者同意自行“预告”的作风也很反感，尤其对于刊物正式出版与预告的“要目”不符大为不满。

当然，鲁迅先生并不是一味地反对任何广告的，从前面的论述可以充分说明这一点。他自己编辑出版的书刊也是登广告的，尤其是书刊自我宣传的广告，健康、诚实而又十分别致。70 年后我们来看这些广告，仍毫无陈旧过时之感。它们经受了时间的检验。可以说，鲁迅的书刊广告不但代表他所编辑出版的那些书籍杂志，也代表了编辑出版那些书籍杂志的鲁迅这个人。他的书刊广告艺术至今值得我们学习与借鉴。

注释：

① 《叶氏父子图书广告集》，上海三联书店 1988 年版。

②③⑧ 《鲁迅全集》第 8 卷，人民文学出版社 1981 年版。

④⑥⑦⑨⑩⑪ 《鲁迅全集》第 7 卷，人民文学出版社 1981 年版。

⑤ 转引自臧克家《鲁迅先生与编辑出版工作》，见《编辑杂谈》，北京出版社 1981 年版。

⑫ 参阅臧克家《鲁迅先生与编辑出版工作》。

原载《出版科学》2002 年第 1 期

鲁迅的版权观念与实践

李明山

鲁迅作为一个划时代的新文学著作家,他亲身经历了中国版权保护制度从立法到曲折发展的社会历史阶段,他的版权观念与实践,不仅在当时的新文学著作家中具有典型意义,也不啻是中国现代版权发展演变历史上的一个亮点。而这些,又恰恰是以往学术研究界较少系统观照的地方,在版权法律史界尚无有述及,更无论析。本文拟对此作一探讨。

一 为"革命"而放弃稿酬和版权

中国古代并无稿酬一说。有的是"润笔"、"润毫"等,是指请人撰文、写字、作画,支付一些报酬,多为实物。进入近代社会,报纸和期刊分了家。随着出版业的发展和市场经济的杠杆调节作用,很快完成了由作者发文付费到作者发文获酬的转变。1878 年 3 月《申报》馆刊登启事,表示愿意出价购稿;到了 1901 年 3 月,上海东亚益智书局也登出广告,对汉译外国作品可以酌情给予润笔费,或者按出价二成给酬。各出版商纷纷效法,包括一些期刊(杂志),主要有《新小说》、《绣像小说》、《浙江潮》、《河南》等。鲁迅于 1907 年曾在《河南》上发表《摩罗诗力说》,并得过较高稿酬[1](p116~124)。1915 年创刊的《青年杂志》(次年改为《新青年》)最初也是发文付稿酬的,但到了 1918 年 3 月却登出启事,从本卷(4 卷 3 号)起取消原来的投稿简章,将《新青年》变成了同人刊物,不另购稿。而恰从这时开始,鲁迅也加入了《新青年》同人行列。

《新青年》不另购稿，就意味着不发表支付稿酬的外稿，只发表不支付稿费的同人稿件。之所以如此，主要是《新青年》竖起了“文学革命”的旗帜。“革命”，需要的是奉献和牺牲，而不讲报酬和金钱。《新青年》既以革命相号召，同人稿件就不能拿稿酬，因为拿了稿酬，难免会让人指责他们是为了作文赚钱，是“肥水不流外人田”，革命性就会减低几分。何况，此前的“革命”（资产阶级革命）书刊也不乏不要稿费和版税的先例，如 1905 年 9 月发行的《灭汉种策》一书，即在“序言”中声明，本书不是“版权所有，翻印必究”的书，而是“版权所无，任人翻版”的书。因此，《新青年》同人，既要文学“革命”，就不能要稿费，要革命，就不能要钱[1](p191)。

与时俱进的鲁迅，从 1918 年 4 月在《新青年》上发表新文学白话小说《狂人日记》。接着，又连续发表《孔乙己》、《药》、《故乡》、《阿 Q 正传》。这些作品，既铸就了反封建的革命内容与白话文新文学形式相结合的辉煌成就，也践履了为革命而不要稿酬的实践。五四文学革命运动，让《新青年》同人自觉放弃稿酬。追求革命和进步的鲁迅，也自觉地完成了从拿稿酬到自愿放弃稿酬的转变。以《新青年》为前导，一大批新文学运动刊物，如《新潮》、《每周评论》、《时事新报·学灯》都变成了不付稿酬的刊物。新文学是一种时尚，发稿不要稿酬也成为时尚。这成为文学革命者的观念，也是他们的自觉行动。

为革命而放弃稿酬和版权，在 20～30 年代，鲁迅是一直坚持了的。他于 1923 年完成的《呐喊》，是交给新潮社自费出版的，他给了新潮社编辑孙伏园 200 元印费，半年多以后结算，新潮社给了他 260 元。鲁迅似乎是赚了 60 元钱，其实不然，他送人的样书就自费买了一百多本，这样一算，鲁迅出版《呐喊》收支相抵，不赔不赚。鲁迅此间的《中国小说史略》也是交新潮社出版的，经济效益还不如《呐喊》。因为新潮社要鲁迅包销 200 本，他不得不将书拿到女子师范学校寄卖,拿到世界语学校门房代售。这样,书价成本的回收自然又要打折扣了。而鲁迅的这两部白话作品,是他在新文学史上的奠定地位之作,思想新、观点新、表述方式新,是很受青年学生欢迎的。如果他要是交给书商出版,即使按每千字 2 元或 10% 的版税率提成,鲁迅也会得到一笔可观的经济收入。鲁迅之所以没有这样做,是因为他要恪守《新青年》同人为文学革命而不要稿费的原则,在那里搞不赚钱的自费出书。而在这一时期,鲁迅的家庭经济也很拮据,几乎面临“破产”。此前他多次托齐寿山从钱庄里借高利贷;后来,鲁迅为了扭转家庭经济困难的窘迫状况,居然于 1924 年 3 月想到去买马彩(赛马彩票)碰碰运气。因为,这一时期,鲁迅为了文学革命,发表文章不要稿费,出书又自费,支撑生活来源的教育部薪俸,又因战乱而长期拖欠。[1](p200—204)

鲁迅在自己的文学创作实践中,追求革命,追求进步和光明,并认为,将来的光明,必将证明我们不但是文艺遗产的保存者,而且也是开拓者和建设者。因此,鲁迅在自己的文艺创作出版实践中,自费出版了许多书,而且以“重在创造,不废借鉴”为宗旨,认真从事,不惜工本。仅版画而言,即有《木刻纪程》、《士敏土之图》、《引玉集》、《死魂灵百图》、《凯绥·珂勒惠支版画选集》,并与郑振铎合印《北平笺谱》和《十竹斋笺谱》等。鲁迅是著名的著作家,又是著名的编辑出版家,他的创作、编辑与出版,自有他固有的思想作指导。而当时的中国出版界,出版商惟利是图,大多是只顾赚钱,不顾文化的发展。鲁迅想出的书,出版商却不想出,出版价值观上的差异和冲突,使鲁迅不顾自己的经济拮据,也要自己出钱出版。鲁迅在他生命的最后一年,曾致力于纪念瞿秋白而翻译的《海上述林》和纪念柔石而编印的《凯绥·珂勒惠支版画选集》的出版工作,而且是抱病劳作,亲自经营,把自己最后的金钱,乃至自己最后的精力都毫无保留地奉献给了革命,奉献给了对革命青年的沉痛纪念的情感之中了。珂勒惠支是德国的战斗女画家,也是鲁迅赞赏的画家之一,与柔石共编作品出版时,其中就有她的作品。可惜柔石赍志而殁,法西斯主义却逞了凶狂。鲁迅将这一画集用宣纸精印,大开本精装,成本极高,大都由鲁迅赔钱送人。鲁迅还在这部书的版权页上,印了"有人翻印,功德无量"八个字。[2](p67)这也从一个侧面反映了鲁迅先生的版权保护观。

中国从宋代沿袭下来一个版权保护传统,发展到20世纪30年代,集中体现在书籍版权页上的版权保护标志就是"版权所有,翻印必究"。而鲁迅此处却"反其道而行之","反其意而用之",用了"有人翻印,功德无量",这是有着深刻寓意的。30年代的中国出版业,出现了一个短期的繁荣(这种繁荣维持到1937年抗战爆发)。繁荣的背后也潜隐着出版业的混乱和黑暗。一方面是国民党肆意查禁书刊,严重地侵害著作者的权利;另一方面是翻版书盛行,同样也在侵害著作者、出版者的权利。翻版书有两种倾向,一是对能赚钱的书,出版者则趋之若鹜,粗制滥造,而不论其文化价值,国民政府对此则无所作为;另一方面政府又对革命进步书刊查禁极严,人民需要的、进步的书又难以公开出版面世,而不少情况下是靠翻版、伪装等形式出版。鲁迅正是在深刻明了上述情况的基础上,才决定对《凯绥·珂勒惠支版画选集》采用"有人翻印,功德无量"的态度的。

首先,鲁迅在这里别具一格地标上"有人翻印,功德无量",不是有意标新立异,而是明确地表示,出版者放弃了自己的版本权,使之进入公有领域,可以任人翻印、使用。他知道,惟利是图的出版商是不会翻印此书的,他们要盗印的是那些能赚钱的"版权所有,翻印必究"的书。其次,鲁迅最清楚版画集的内容和价值,从对革命和文化进步有利的方面来说,出了翻印本是好事。为了革命,为了艺术的借鉴和创新,鲁迅已不在乎这点权利了,因此表示了明确的放弃态度,并鼓励人们去翻印。实际上,这是鲁迅的思想境界的体现,也是他价值观的体现;在革命、文艺借鉴和开拓创新与金钱、版权和稿费的价值追求上,鲁迅坚决地选择了前者。此外,鲁迅在文化专制、禁锢和翻印、盗版盛行的社会背景下,在版画集上明确标示“有人翻印,功德无量”,也是对这个黑暗、混乱的社会的一个极大的讽刺,并和社会上一般出版物上“版权所有,翻印必究”形成了一个“绝妙的对照”。越是“翻印必究”的书,越是禁止不了;越是鼓励翻印的书,越是无人圆此功德[2](p67)。

二 为争取著作家的著作人身权而同反动政府开展英勇斗争

鲁迅作为中国现代史上伟大的文学家、思想家和革命家,他的主要斗争武器就是笔,他的主要斗争形式就是创作作品和发表作品。但鲁迅所处的创作、发表环境又是十分险恶的,这些环境对著作家的著译和发表权利产生了极为严重的侵害作用。鲁迅对此被迫开展了多方面的抗争。鲁迅在后半生,他的作品不仅要被禁止发行或者被删改,他遭受的人身迫害也是无以复加的:国民党浙江省党部要员许绍棣呈文国民党中央,请求通缉“堕落文人鲁迅”;还派人经常刺探鲁迅的行止,以便逮捕。但鲁迅对此,并不害怕,也不让它影响创作和发表。1935 年至 1936 年之交时,他曾说:

> 我从在《新青年》上写《杂感录》起,到写这集子(指《且介亭杂文二集》——引者)里的最末一篇止,共历十八年,单是杂感,约有八十万字。后九年中的所写,比前九年多两倍;而这后九年中,近三年所写的字数,等于前六年。[3](p360)

而这些作品,又都是在恶劣的环境中创作的。鲁迅对于这种环境,感受最深。外界人大多不太清楚压迫真相,压迫言论出版的统治者,更是对此讳莫如深,严禁对外公开真相。鲁迅明知此事不可为而偏为之，明知“这情形是极不容易明了的，因为倘一公开，作家要怕受难，书店（主要指出版社——引者）就要防封门”[3](p190)。他进一步将国民党查禁书刊达149种之多的事实真相，完全予以公开揭露。在鲁迅看来，这样做，虽然自己有可能因此受害，但可以使大多数著作家从此警惕，了解事实真相，有利于争取应有的著作人身权利。

鲁迅在揭露国民党中央党部查禁包括鲁迅（此外还有郭沫若、茅盾、蒋光赤、冯雪峰、蓬子、钱杏邨、丁玲等）在内的著作家的149种作品之后，又再次集中公布了国民党上海市特别执行委员会查禁书刊的批示文件。接着，鲁迅又将国民党中宣部图书杂志审查委员会严重侵害著作家的事实，一一揭露出来，公之于众：

> 不知何年何月，“中央图书杂志审查委员会”到底在上海出现了，于是每本出版物上，就有了一行“中宣会图书杂志审委会审查证……字第……号”字样，说明着该抽去的已经抽去，该删改的已经删改，并且保证着发行的安全——不过也并不完全有效，例如我那《二心集》被删剩的东西，书店改名《拾零集》，是经过检查的，但在杭州仍被没收。[3](p370)

鲁迅何尝不知国民党图书杂志审查委员会在上海成立的时间，他如此说不过是想引起人们注意罢了。鲁迅的书在故乡浙江的命运比在外地更差。他的书，虽经当局删改、审查、抽毁后得以出版发行，但在浙江不仅是禁书，甚至连“禁书”的作者鲁迅，也被省党部许绍棣呈文作为“堕落文人”要进行通缉。尽管如此，鲁迅仍然针对国民党“审查老爷”的严重侵犯著作权的丑行和嘴脸进行揭露：

> 至于审查员，我疑心很有些“文学家”，倘不，就不能做得这么令人佩服。自然，有时也删禁得令人莫名其妙，我以为这

> 大概是在示威，示威的脾气，是虽是文学家也很难脱体的，而且这也不算是恶德。还有一个原因，则恐怕是在饭碗。要吃饭也决不能算是恶德。但吃饭，审查的文学家和被审查的文学家却一样的艰难，他们也有竞争者，在看漏洞，一不小心便会被抢去了饭碗，所以必须常常有成绩，就是不断的禁，删，禁，删，第三个禁，删。[3](p370—371)

对于国民党“审查老爷”对著作家作品的禁、删、抽、毁，乃至没收、不准发行，鲁迅是坚决反对的。因为著作家没有了创作的权利，作品不能完整，更不能发行，精神权利和财产权利一齐被侵犯和剥夺。然而，国民党对著作家侵害严重的还不仅是这些，鲁迅在作品中着意加以揭露和抨击的是“新生事件”和30年代对“左联”进步著作家的捕杀。

1931年2月，著名的青年共产党员、优秀作家柔石等5人在上海龙华被国民党秘密杀害；1933年，著名作家潘梓年和丁玲被上海特务捕送南京狱中，并现场杀害作家应修人。对鲁迅的迫害也无以复加。对此，鲁迅在《中国无产阶级革命文学与前驱的血》中义无反顾地对加害的统治者进行了揭露：

> 一面禁止书报，封闭书店，颁布恶出版法，通缉著作家，一面用最末的手段，将左翼作家逮捕，拘禁，秘密处以死刑，至今并未宣布。这一面固然在证明他们是在灭亡中的黑暗的动物，一面也在证实中国无产阶级革命文学阵营的力量。

1935年《新生》周刊因载《闲话皇帝》一文被查禁，主编杜重远被判处徒刑，鲁迅著文又对其进行了揭露。鲁迅就是这样，将国民党反动派残害、侵犯著作家权利的卑劣行径揭露出来，加以抨击，以引起著作界和全国人民注意，并进而号召人们共同行动起来，共同维护著作家、出版者的应有权益。鲁迅对于国民党政府迫害和侵犯著作家人身权益行为的揭露批判，是无时不在地进行的。他在后来的书序中（如《草鞋脚·小引》）仍在继续这种揭露："大约十年之后，阶级意识觉醒了起来，前进的作家，就都成了革命文学者，而迫害也更加厉害，禁止出版，烧掉书籍，杀戮作家，有许多青年，竟至于在黑暗中，将生命殉于他的工作了。"[4](p391) 1935 年，鲁迅作《病后杂谈》，在 2 月间的《文学》月刊 4 卷 2 号上发表时，原来的五段文字，删得只剩下第一段，以至于有人误认为鲁迅是赞成"生病"的。在后来的《病后杂谈之余》，也被删了一些。在收入《且介亭杂文》集中出版时，鲁迅便将删节的情况作了说明，并将已删的部分重新恢复，还在文字下边加注黑点。[4](p137)

国民党政府的检查官，审查著作者的书稿时，随意删节作者文稿的内容，已经构成对著作者的极大侵害，是对作者精神权益的极不尊重。另外，这些检查官专业文化水平有限，专制思想作祟，一般都是胡删乱削，把作者文章删削得上气不接下气。这些责任他们是不负的，而且要求不准留空白，不准标注（中略），如果那样，删削者的形迹就会被广大读者看出来。这样做的结果，被删削后的文章，其中不通的地方，是作者的原因，或是编辑的原因，如不加说明，读者是看不出是删削者（检查官）的问题的。对于这一点，鲁迅是很愤恨检查官的做法的，并不止一次地进行揭露和抨击。

鲁迅在《准风月谈·前记》中说："日本的刊物，也有禁忌，但被删之处，是留着空白，或加虚线，使读者能够知道的。中国的检查官却不许留空白，必须接起来，于是读者就看不见检查删削的痕迹，一切含胡和恍忽之点，都归在作者身上了。这一种办法，是比日本大有进步的，我现在提出来，以存中国文网史上极有价值的故实。"[4](p665)

鲁迅的"骨气"是在中国文化思想界负有盛名的。最让鲁迅恼火的，就是国民党检查官企图通过删削，抹杀著作者的思想，抹杀他的“骨气”。“那时可真厉害,这么说不可以,那么说又不成功,而且删掉的地方,还不许留下空隙,要接起来,使作者自己来负吞吞吐吐、不知所云的责任。在这种明诛暗杀之下,能够苟延残喘,和读者相见的,那么,非奴隶文章是什么呢?”[4](p668)鲁迅借用朋友之口说:“现在的文章,是不会有骨气的了,譬如向一种日报上的副刊去投稿罢,副刊编辑先抽去几根骨头,总编辑又抽去几根骨头,检查官又抽去几根骨头,剩下来还有什么呢?我说:我是自己先抽去了几根骨头的,否则,连‘剩下来’的也不剩。”[4](p668)正是由于检查官的逼迫,由于创作环境的恶劣,鲁迅的骨气在作品中如果不想稍减,也得用“风月”、“花边”等装饰一下才行。

三　为争取应得版税要与北新书局对簿公堂

北新书局由五四新青年李小峰所办,既出版新文学著作,又用支付稿费和版税办法向著作者付酬买稿。而这一办法,是当时各个出版社的通行的新式付酬办法。李小峰是鲁迅的学生,北新书局初办,曾得到过鲁迅的鼓励和扶持。它1924年成立于北京翠花胡同,最初以售卖新潮社的出版物为主。《新潮》停刊后,鲁迅将《中国小说史略》、《呐喊》移交北新书局出版。1926年因发行《语丝》被张作霖封闭过一次。北新书局因为不发或克扣作者的稿费曾引起作者(包括鲁迅和柳亚子)的不满,但鲁迅一直认为它能出像样的书,还是同情、爱护和支持它的。除了自己的书交给它出版,还替它主编了刊物《奔流》。鲁迅时常说:“某某书店乱七八糟,真气人,许多人固然受了他胡涂之累,可是他也时常胡里胡涂地吃人家的亏(如几次封门)。比起精明的来,不无可爱之处。”[3](p276)

1925年9月,鲁迅除将《中国小说史略》和《呐喊》移交北新书局出版外,还给它自己的新作《陀螺》、《热风》。李小峰及时地出了书,并从11月起给鲁迅支付版税,每月100元。次年1月至8月,又给了940元。1926年8月至1927年10月,鲁迅南下到了厦门和广州,北新书局却没给鲁迅一分钱的版税。直到1928年1月,鲁迅到了上海已两个月,已迁移到上海的北新书局又开始向他支付版税,数量和在北京时差不多,平均每月140元左右。但这时,鲁迅在北新书局出的著作已不是4本,而是9本。并且,不论旧作新著,销路都很好。《呐喊》一书就几乎是年年再版。何况,鲁迅还为北新书局主编期刊。再者,鲁迅在厦门和广州一年多,北新书局欠了他不少版税。在这种情况下,李小峰仍用1925年在北京时的版税支付标准来应付鲁迅,很明显是极不公平的。对此,鲁迅很不满意,但是他并没有即时发作,而是等待李小峰自己去觉悟。1928年过去了,1929年又过了大半年,李小峰没有丝毫要改变支酬数量的意思。鲁迅终于忍耐不下去了,于是采取了被剥削工人通常使用的怠工和不完全罢工的办法,来给北新书局的老板一点警告,施加一点促进变化的压力。鲁迅于1928年8月12日一大早给李小峰寄去了一封信,告诉他,自己要停止主编《奔流》。李小峰好像是明白了一点什么意思,于收信的当晚便托人给鲁迅捎去了一封信、50元版税及50元编辑费。在以往,鲁迅编《奔流》的编辑费是每月100元,而此次只给一半。鲁迅这时明白了,北新书局李小峰克扣著作者的版税和稿酬的毛病,已积重难返,仅靠停编《奔流》这种消极怠工的办法示警是起不到根本解决问题的作用的。于是鲁迅考虑到法律和法庭,第二天,他下定决心,托人寻找律师,委托律师"向北新书局索取版税之权"[1](p243)。

于是律师杨铿对此事展开调查,并依照法律,向二人提议,用庭外调解的办法来解决。鲁迅和李小峰可能都考虑到旧有师生关系和长期合作关系,对簿公堂作出严肃判决,面子上也不好看,于是二人都同意调解。经律师依据法律结合事实,并和当事人双方共同商定,达成了两项协议:(一)李小峰分期分批补清历年拖欠的版税；(二)双方重新签订版税支付合同，依据南京国民政府的《著作权法施行细则》，实行“印书证制”。至此，鲁迅和李小峰之间为版税而引起的庭外调解官司，就此结束。李小峰后来也认真执行了协议，到1929年底，已补付版税8256.34元。此后，又按合同按时给鲁迅支付版税。从9月起，鲁迅在北新书局出版的书，也都加上了印书证发行。[1](p244)

加贴印书证的办法，始于何时，也未可知。但在此时，也是比较先进的印书防伪方法了。鲁迅加贴的印书证，颇类似后来的商标和现代的防伪标志。因为有了这一印书证的使用和加贴，非鲁迅的书就难以假冒了，非鲁迅所允印的版本也就露馅了。它既可以防假冒的作者，又可以防假冒多印的出版者，还可防盗印的书商。至于是否因为有了印书证就可以杜绝鲁迅书的被侵权盗版，那是另一回事，但有了印书证，对防盗版是有作用的。因为，有了印书证，要假冒、盗版，就有可能露馅。如伪造印书证，按民国法律，那是犯了伪造商标印花罪，要被判3年以下6个月以上徒刑的，比盗印有著作权之书罚款50~500元要重得多。何况，加贴了印书证，对作者、读者和出版者的权利都具有保护作用。这样，作者的书不仅不易被假冒，也起了防止出版者多印少报、克扣作者版税的作用；出版者的权利也可以得到保护，其他出版单位和书商，也不便于盗印；而作为读者，也可以买到货真价实的书，而减少盗版本之害了。另外，贴印书证的书，即便是出现了版权纠纷，执法机关也好审理解决。

四　在著译、编辑实践中，尊重作者和读者的权利

鲁迅既是一位伟大的新文学作家，也是一位编辑家。他曾经翻译过诸多外国作品，具有丰富的翻译经验和实践。由于他所处

的时代，是半封建半殖民地中国的文化落后时代，中国急需输入新文化，中国又未加入国际著作权同盟，翻译外国文学作品，尚不涉及版权问题。但鲁迅就译书问题，也有自己的见解。他主张，译书者也要替作者和读者着想。如，1934 年他谈到从日文翻译过来的《中国社会史》时，反对译书“一哄而来，一哄而散，要译，就译它完；也不要删节，要删节，就得声明，但最好还是译得小心，完全，替作者和读者想一想”[4](p17)。

翻译作品，除了有尊重原作者的著作权和考虑读者阅读问题外，再就是翻译者通过翻译过程的完成，产生了新的翻译作品，而翻译者对新生的翻译作品，也享有新的著作权。30 年代，由于无产阶级新文学作家们为了发展壮大中国文学，在中国新文学作品相对不足的情况下，有意识地翻译了不少苏联文学作品，以满足无产阶级青年读者读书的需要。于是，“普罗文学”等遭到国民党政府的查禁，一些人也攻击新文学作品翻译家，说他们是“硬译”、“乱译”、“翻开第一行就译，对于原作的理解，更无从谈起”，所以令人看得“不知所云”。对于上述现象，鲁迅认为，在中国翻译界确实存在，但病根在于“抢先”。因为一本外国原著，有第一个译本已出，出版社就不会再出第二本了。而“靠翻译为生的翻译家，如果精心作意，推敲起来，则到他脱稿时，社会上早已无人过问”[4](p292)。鲁迅认为，当时译作界，正处在民穷财尽、国土日蹙，图书销路日益减少的景况下，于是，“出版界就要更投机，欺骗，而拿笔的人也因此只好更投机，欺骗。即有不愿意欺骗的人，为生计所迫，也总不免比较的粗制滥造，增出些先前所没有的缺点来”[4](p302)。作者、作品、译品，也不会是“完人”、“足赤”的首饰，鲁迅建议，译品的批评家还是用“吃烂苹果”的方法，来救一救中国文坛作品匮乏之急。苹果如不是“穿心烂”，对于金钱有限的读者，还是可以买来吃的，像邹韬奋编的《高尔基》，就是很有益于青年的。[4](p303)鲁迅对于翻译作品的批评家的希望有三点：一、指出坏的;二、奖励好的;三、倘没有,则较好的也可以。这也是从读者考虑的。因为当时中国读者急需读新文学作品,口袋又没多少钱。译者在出版家投机、刻薄的情况下,还要谋生,译出较好的作品来救急,在鲁迅看来,也是可取的。

鲁迅还说,他每当不想作文,或不能作文,而又非作文不可之际,一面就用译文来塞责,并且是喜欢选取译者和读者两不费力的文章。鲁迅在译作时最上心的是读者,但也不能对不起原作者。译作中有"大背我意"之处,他也不作删节。其实,这是真正对原作者和读者都负责的态度。

一本译著呈现在读者面前,如果有一篇序文,略述原著者的生活、思想、主张,或在本书中所含的要义,一定对读者带来很大便益[4](p526)。这是鲁迅在《〈文艺与批评〉译者附记》中的见解,并说,做这种工作,他是力所不及的,因为他只读原作者著述的一小部分。但是,鲁迅还是做了这一"便益"读者的工作。不仅如此,他在他的译作中,他认为必要这样做的,他都这样做了,这也是他在译著活动中"上心"读者的一个方面。

鲁迅不仅是一个伟大的文学家,而且还是一个编辑家。他有过创作的艰辛,也有过在失去官位、教职薪水后靠稿酬生活的拮据。他在自己的创作出版实践中,五四《新青年》时代,他和同人一样,都是不要稿酬的。后来,随着时代的前进,他也曾为争取版权而进行过斗争,不仅争取精神权利,而且还争取财产权利。因此,鲁迅在自己编辑实践中,对作者的著作权也是极为尊重的。出版商往往对作者的稿费、版税都很苛刻,鲁迅则每每站在作家的立场上去据理力争。编辑《译文》因为稿费支付办法没有和书局达成协议,出了三期,稿费还未支付,鲁迅只好一一向作者进行解释。为北新书局编辑出版《奔流》,因为书局方面拆烂污,许多投稿者向鲁迅讨稿费,鲁迅要求书局把稿费一次性付出由他转发,否则停编刊物。结果胜利了,但他自己又增加了一份寄稿费的负担。"他自己的版税,常是收不到,生活困窘,但对于自己经手的别人的书,有时还把版税垫付出来,孙用译的《勇敢的约翰》就是一个例子。未名社出版的书,有一些后来转到开明书店出版,版税都是先到先生手里,然后再转给作者。在 1935 年 11 月的'日记'里,还看到代收开明书店送到的韦丛芜的版税。这种负责的精神是难得的。"[5]

书籍的定价与发行,与版权密切相关。定价高的,对作者和出版者自然有利,但于读者有亏。鲁迅主张,有些书可印精本,定价可以灵活,但应当印廉价的普及本,因为他小时候就饱尝无钱买自己喜欢的书之苦[5]。

鲁迅并不讳言,他的写作,其间自然也有为卖钱而作的,因为人生多辛苦。所以每当他的译著每次加印、再版,他是愿意的,高兴的,因为只有这样,才能赚到钱,才能得到较多的版税;但正因为如此,在鲁迅看来,伴随而来的是哀愁,是怕于读者有害,因此,他作文就时常更谨慎,更踌躇。他还说:"还记得三四年前,有一个学生来买我的书,从衣袋里掏出钱来放在我手里,那钱上还带着体温。这体温便烙印了我的心,至今要写文字时,还常使我怕毒害了这类的青年,迟疑不敢下笔。我毫无顾忌地说话的日子,恐怕要未必有了罢。但也偶尔想,其实倒还是毫无顾忌地说话,对得起这样的青年。"[4](p639)鲁迅作为作家,写作获酬是他的主要生活来源之一。他也曾为版权、版税而抗争过,但他创作不尽为稿酬。在他创作著作,更重要的还是为了读者,为了引导青年走向革命。这样,对于他自费印书,赔钱出书,出《海上述林》,出《凯绥·珂勒惠支版画选集》等,就十分容易理解了。

另外,鲁迅对《唐人说荟》一书认真地进行考伪,表明他继承了尊重古人著作精神权利的传统。

参考文献：

[1] 鲁湘元.稿酬怎样搅动文坛[M].北京：红旗出版社,1998.

[2] 唐弢.晦庵书话[M].北京：三联书店,1998.

[3] 鲁迅全集：第6卷[M].北京：人民文学出版社,1958.

[4] 鲁迅书话[M].海口：海南出版社,1998.

[5] 臧克家.鲁迅先生与编辑出版工作[J].新华月报,1951,(10).

原载《史学月刊》2002年第11期

鲁迅的翻译出版思想与实践

刘 霞

鲁迅是中国近现代最伟大的文学家和思想家之一,同时是一位伟大的编辑出版家。臧克家在《鲁迅先生与编辑出版工作》一文中,将鲁迅编辑出版的书刊,“按其内容的意义来区分,划成三大类：一是发扬中国旧文化中优秀传统的；二是绍介外国——特别是旧俄古典文学和苏联进步艺术的；三是鼓励当代文艺创作运动的——特别注意发现、培植、扶掖青年作家,而前二者又是为了后者的”①。这样的分类应该说是符合事实的。由此可以看出,在编辑出版工作中,鲁迅是将发扬优秀文化传统、翻译介绍外国文艺与创作新文艺三者并重的,表现了他作为编辑出版家具有的包容古今中外的开放的视野与胸怀。

正是由于他看到了翻译出版的重要性,所以,他编辑出版的书报刊中翻译作品占了相当的比例。其中,他主编或参与编辑出版的外国文艺类书刊有：主要介绍外国文艺的《奔流》；专登翻译作品的《译文》；介绍外国文化的《世界文化》；帮助成立主要出版翻译作品的未名社,编印专收译本的《未名丛刊》；成立三闲书屋自费印行《毁灭》、《铁流》等外国文学作品。在大量的翻译出版实践的基础上,形成了鲁迅特有的翻译出版思想和工作原则。

鲁迅的翻译出版思想

鲁迅对于中外古今的文学遗产,从不采取片面的极端的态度,他是辩证地看待它们的。他猛烈抨击当时所谓“全盘西化”的观点,并斥之为洋奴思想。但他对于西方文化、文学的优良部分,便热情地翻译和介绍。鲁迅对于外来文化是主张“拿来主义”的,同时他清醒地认识到,西方文化也是一种有局限性的文化。所以,对外国文化,他并不主张无原则的“拿来主义”,有选择的“拿来主义”可以看做是鲁迅介绍外国文艺的一个总原则。因为编辑出版工作从根本上说是一种选择与缔构的工作,而介绍外来文化首先就需要选择,然后才能将它组构到中国文化中,从而缔构出一种新文化。

1. 与其他作品的编辑出版相比,选择对翻译作品的编辑出版具有更重要的意义,鲁迅的一个重要的选择标准就是:对社会有借鉴作用,于读者有益,同时要保持作品的原貌。鲁迅在为自己和他人的译文所作的序跋中,总是强调希望译文能使读者“得一些好处”,“看了之后,不至于以为太受欺骗了”,“看见许多很有意义的处所”,如果做到了这一点,他就觉得是“极大的幸福了”。由此可以看出鲁迅选择译作的一个标准:于读者有益。而实际上,他是想借外国文艺来救治中国人的痼疾,改造国民性,最终达到改造社会的目的。鲁迅在早期译印《域外小说集》时,就“有一种茫漠的希望:以为文艺是可以转移性情,改造社会的”,因此,他“便自然而然的想到介绍外国新文学这一件事”。介绍外国进步文艺,为我所用,改造国民性,改造社会,这是鲁迅投身于翻译作品的编辑出版事业的初衷,也是贯穿他此后全部翻译出版工作的基本思想。他在日本的一个四幕反战剧本《一个青年的梦》的译者序中说:“我以为这剧本很可以医许多中国旧思想上的痼疾,因此也很有翻成中文的意义。”[②]而在厨川白村的文艺评论集《出了象牙之塔》的后记中也说:“著者既以为这是重病,诊断之后,开出一点药方来了,则在同病的中国,正可借以供少年少女们的参考或服用,也如金鸡纳霜既能医日本人的疟疾,即也能医中国人的一般。”[③]

虽然选择引入什么样的作品具有主观性,但是一旦选定了译本,就力求保持作品原貌,不因自己的主观倾向性而加以削删,既对读者负责,也对作者负责。这是选择中的主观与客观的辩证统一。鲁迅在《思想·山水·人物》的题记中说:“世上还没有尽如人意的文章,所以我只要自己觉得其中有些有用,或有些有益……便会开手来移译,但一经移译,则全篇中虽有大背我意之处,也不加删节了。因为我的意思,是以为改变本相,不但对不起作者,也对不起读者的。”[④]在具体翻译介绍时,他也是忠实于原作,主张“直译”“宁信而不顺”。关于这一点,他在当时写了许多文章和主张意译的人辩论过。他说:“凡是翻译,必须兼顾着两面,一当然力求其易解,一则保存着原作的丰姿,但这保存,却又常常和易懂相矛盾:看不惯了。不过它原是洋鬼子,当然谁也看不惯,为比较的顺眼起见,只能改换他的衣裳,却不该削低他的鼻子,剜掉他的眼睛。我是不主张削鼻剜眼的,所以有些地方,仍然宁可译得不顺口。”[⑤]鲁迅的这种选择的主观性与客观性的辩证统一,是值得今天那些对引起作品随便删改的编辑好好学习的。

2. 赞成多翻译,至少与创作并重,以满足社会需求。翻译和创作,是两种不同的劳作。在鲁迅这里,翻译的意义绝不亚于创作。他是赞成多翻译,至少与创作并重的。鲁迅看到“我们的文化落后,无可讳言,创作力当然也不及洋鬼子,作品的比较的薄弱,是势所必至的,而且又不能不时时取法于外国。所以翻译和创作,应该一同提倡,决不可压抑了一面,使创作成为一时的骄子,反因容纵而脆弱起来”[⑥]。从鲁迅著译的全部作品来看,翻译与创作大体上也是平衡的。鲁迅知道,普通人大多是看轻翻译的,而且当时社会上还出现了诋毁翻译甚至"围剿翻译"的现象。为此,他发表了一系列文章为翻译辩护。他认为"注重翻译,以作借镜,其实也就是催进和鼓励着创作",而他自己"是向来感谢着翻译的"[7]。他希望批评家用吃烂苹果的方法来救一救急,不要把有烂疤的苹果一下子抛掉,对翻译作品不要限制得太严,因为中国的出版界翻译作品很贫乏,而且读者的购买力也很低。他自己是以"填补空白"的救急态度来对待翻译的,对于别人对他的攻击,他就曾说过:"自然,世间总会有较好的翻译者,能够译成既不曲,也不'硬'或'死'的文章的,那时我的译本当然就被淘汰,我就只要来填这从'无有'到'较好'的空间罢了。"[8]同时,他也鼓励青年们都来填补这空白,"甘为泥土的作者和译者的奋斗,是已经到了万不可缓的时候了,这就是竭力运输些切实的精神的粮食,放在青年们的周围"[9]。孙用译的《勇敢的约翰》,"如果不碰到鲁迅,大约在中国未必有和读者见面的机会的"。孙用是一名邮局职员,只是业余从事翻译。他将自己译的裴多菲的《勇敢的约翰》寄给了当时正主编《奔流》的鲁迅,立刻得到鲁迅的热心帮助,不仅为其校订、介绍出版社出版,还为其垫付印费和稿费[10]。

3. 另外,他对当时颇受非议的重译和复译持赞成态度(重译是指从别国的译本间接翻译,复译是指对一种外国原作用同样的语言重复翻译——作者注)。对于重译,他首先认为,懂某一国文字,最好是译某一国文字,这主张是断无错误的。同时他也清醒地认识到当时中国的现实,"假使如此,中国也就难有上起希罗,下至现代的文学名作的译本了"。因为,一方面,"中国人所懂的外国文恐怕是英文最多,日文次之,倘不重译,我们将只能看见许多英美和日本的文学作品",而无法看见其他国家的作品;另一方面,"中国未必没有精通丹麦、诺威、西班牙文字的人们,然而他们至今没有译,我们现在的所有,都是从英文重译的"。所以,鲁迅认为"对于翻译，现在似乎暂不必有严峻的堡垒，最要紧的是要看译文的佳良与否，直接译或间接译，是不必置重的"，"待到将来各种名作有了直接译本，则重译本便是应该淘汰的时候"[11]。

针对当时一些人讥笑甚至批评复译，鲁迅却坚决地表示"非有复译不可"。他批评那些讥笑复译的人，认为虽然他们"表面上好像关心翻译界，其实是在毒害翻译界，比诬赖，开心的更有害，因为他更阴柔"。他提倡复译，因为要击退乱译，惟一的好方法是又来一回复译，"还不行，就再来一回。譬如赛跑，至少总得有两个人，如果不许有第二人入场，则先在的一个永远是第一名，无论他怎样蹩脚"。"而且复译还不止是击退乱译而已，即使已有好译本，复译也还是必要的……取旧译的长处，再加上自己的新心得，这才会成功一种近于完全的定本。但因言语跟着时代的变化，将来还可以有新的复译本的，七八次何足为奇，何况中国其实也并没有译过七八次的作品。如果已经有，中国的新文艺倒也许不至于现在似的沉滞了"[12]。鲁迅这种从实际需要出发，用发展的眼光看待翻译工作，与那些目光短浅的出版家是截然不同的。

鲁迅的翻译出版实践

编辑工作最重要的一环是组构，这也是最能发挥编辑主体创造精神的环节。鲁迅在翻译出版实践中形成了他突出的组构原则：全面、多样、完整、统一，而贯穿于他整个翻译出版实践的，是他的严肃认真的工作态度。

1. 以苏俄为重点，全面介绍世界各国进步文艺，做到点与面的结合。鲁迅总共翻译过 14 个国家近百位作家两百多种作品。五四运动之前，鲁迅较多的是翻译俄国、北欧、波兰等国反映民族解放运动和人民疾苦的作品。俄国 1905 年革命后，正是鲁迅第一个为中国窃来了俄罗斯文学的"普罗米修斯之火"。他早期所作的

《摩罗诗力说》一文，在分析19世纪几位最伟大的革命浪漫诗人的诗作时，就多次提到俄罗斯文学，其中重点介绍了普希金和莱蒙托夫。1909年在鲁迅和周作人合作译印的《域外小说集》中，又翻译了俄国作家安特来夫和迦尔洵的作品。1921年他翻译了俄国作家阿尔志跋绥夫的中篇小说《工人绥惠略夫》。此后，俄国文学开始在鲁迅的译介工作中占有优先地位。苏联成立后，他继续关注苏俄文学。不但如此，他还积极支持热心苏俄文学的新秀韦素园、李霁野等出版译作，帮助他们创办未名社。这样，果戈理、托尔斯泰、陀斯妥耶夫斯基、高尔基等一大批俄国重要作家的作品就源源不断地输入到中国。曹靖华在一篇论文中指出苏俄文学占了鲁迅全部翻译工作的2/3[13]。

鲁迅也注意介绍其他国家的文艺，只是花的精力略为少一些。对于西方大国的文艺，他既不是顶礼膜拜，也不是完全排斥，而是与其他国家一样对待。他早期比较关注拜伦、雪莱、卢梭、尼采等西方作家。后来，在英国作家中，他最关注的是萧伯纳。为了记录这位英国作家来中国访问的实况，鲁迅等人集体编成了《萧伯纳在上海》一书。另外，他还组织翻译了马克·吐温的作品《夏娃日记》，在简短的小引中，表达了自己对美国文学及其民主主义作家们的看法。对于弱小民族国家的文艺，他从来都不鄙视。针对当时一些人只提倡介绍西方大国的文艺，他驳斥道："世界文学史，是用了文学的眼睛看，而不用势利眼睛看的。"他在中国介绍、推广了一大批容易为人所忽视的小国的进步作家和作品。如日本作家夏目漱石、森欧外的小说，波兰诗人密茨凯维支、作家显克微支的作品，匈牙利诗人裴多菲的诗作，保加利亚作家跋佐夫的小说《战争中的威尔柯》，罗马尼亚作家索陀威奴的作品，以及荷兰作家望·蔼覃的《小约翰》，芬兰女作家明那·亢德的《疯姑娘》等。

2. 介绍作品的类型力求全面，既包括文艺作品，也包括文艺理论。鲁迅不仅通过文学来宣传进步文化，而且致力于介绍外国艺术。他是在中国复兴版画艺术的首倡者,并引导版画家们研习俄国艺术和其他国家的先进艺术家的技艺。他给中国的版画家们提供各种帮助,自己掏钱出版苏联版画的复制品,组织学习版画艺术的讲座。1929 年,鲁迅同与他一样爱好收藏木刻版画的革命青年柔石等人设立朝花社,“目的是在绍介东欧和北欧的文学,输入外国的版画,因为我们都以为应该来扶植一点刚健质朴的文艺”。为了进一步推广进步的木刻版画艺术,鲁迅编的书籍、期刊中大都用精美的版画作插图。他还专门编印了《城与年》、《士敏土》和其他作品的插图集。直到 1936 年,他还拖着病体为将由良友出版的《苏联版画集》选画、作序。

鲁迅在介绍外国文艺作品的同时,还注重外国文艺理论的研究。他认为创作和理论是相辅相成的,二者中缺少任何一种都是不完整的。他从早期翻译厨川白村的文艺论文集《苦闷的象征》、《出了象牙之塔》,出版他在 1924 年至 1928 年间译的文艺论文的结集《壁下译丛》等,到后来译的苏俄卢那察尔斯基的艺术论文集《艺术论》、文艺评论集《文艺与批评》以及据日译本重译的《苏俄的文艺政策》等,可以说创作和理论构成了他介绍外国文艺的两条基本线索。他在自译的日本文艺理论著作《现代新兴文学的诸问题》的小引中说:“新潮之进中国,往往只有几个名词,主张者以为可以咒死敌人,敌对者也以为将被咒死,喧嚷一年半载,终于火灭烟消……现在借这一篇,看看理论和事实,知道……空嚷力禁,两皆无用,必先使外国的新兴文学在中国脱离‘符咒’气味,而跟着的中国文学才有新兴的希望。”⑭从这些言论中,我们不难看出鲁迅翻译出版外国文艺理论著作的苦心。

3. 就翻译作品的内容来说,也主张全面、多样,反对片面、单一。鲁迅是以开放的心态对待外国文艺的。他在《关于翻译的通信》中说:“很希望多人合力的更来绍介,至少在后三年内,有关于内战时代和建设时代的纪念碑的文学书八种至十种,此外更译几种虽然往往被称为无产者文学，然而还不免含有小资产阶级的偏见（如巴比塞）和基督教社会主义的偏见（如辛克莱）的代表作，加上了分析和严正的批评，好在那里，坏在那里，以备对比参考之用，那么，不但读者的见解，可以一天一天的分明起来，就是新的创作家，也得了正确的师范了。"[15]由此可见，他是主张多介绍各种各样的作品，不仅限于进步的、正确的，还有落后、错误观点的文章也不妨介绍一些。但同时要有"分析和严正的批评"，以使人们的见解越来越"分明"。在另一篇文章中，他也表达了同样的观点，"我是主张青年也可以看看'帝国主义'的作品的，这就是古语的所谓'知己知彼'"。同时他也提出要注意时间性，"我们也不能决定苏联的大学院就'不会为帝国主义作家作选集'。倘在十年以前，是决定不会的，这不但为物力所限，也为了要保护革命的婴儿，不能将滋养的，无益的，有害的食品都漫无区别的乱放在他前面。现在却可以了，婴儿已经长大，而且强大，聪明起来，即使将鸦片或吗啡给他看，也没有什么大危险的，但不消说，一面也必须有先觉者来指示，说吸了就会上瘾，而上瘾之后，就成一个废物，或者还是社会上的害虫"[16]。鲁迅作为编辑，在输入各种精神食粮的同时，自觉地充当了这里的"先觉者"的角色。他编译的每一本书刊中，在刊登译文之外，都要利用序言、附记等形式对作品进行客观的分析和评价。

4. 在具体的编辑出版工作中，注重将序跋、前言后记、插图等作为每一本书、每一期期刊的必要补充，充分发挥编辑的主体创造性，使书刊内容更充实、形式更完美。鲁迅不仅为自己编译的书撰写前言后记，对于期刊上发表的译文，一般也会附上"译者附记"。他充分利用这些序文、后记、附记，尽可能提供原作者的传记资料，对作品的批评反应，以及许多相关信息。这种全方位的介绍，有助于读者更好地理解译文，获得许多背景知识，开阔视野，拓展思路。鲁迅在《文艺与批评》的"译者附记"中就说："在一本书之前，有一篇序文,略述作者的生涯,思想,主张,或本书中所含的要义,一定于读者便益得多。”正因为他了解序跋的重要性,他总是尽力在其中提供更多更有用的内容。鲁迅为《十二个》写的后记里,简短概述了诗人的生平,谈到他的创作历史和他对十月革命的感受,着重谈了二月革命与十月革命的感受。鲁迅在1928年到1929年为他编辑的《奔流》所作的“编校后记”中,不仅对每期刊登的作品、作家的来龙去脉都一一作了说明,同时提供详细的参考资料,还不时发表编者自己的见解。这种正文的必要补充,不仅有助于读者理解作品,而且加强了编辑和读者的交流,充分发挥了编辑的主体性。这在今天的编辑出版界已经是很难看到了。

在译文的序跋、附记之外,鲁迅还特别注重为书刊配图画。他亲自编辑出版的《死魂灵》、《毁灭》、《小约翰》等书籍和《奔流》、《译文》等期刊都注意“文字之外,多加图画”,其中“有和文字有关系的,意在助趣;也有和文字没有关系的,那就算是我们贡献给读者的一点小意思,复制的图画总比复制的文字多保留得一点原味”⑰。这是鲁迅为书刊配图画的原意:引起读者的兴趣,并且为读者贡献艺术精品。他在《铁流》编校后记中就提到他与译者一起搜寻插图的曲折过程。最后,经过努力,他们竟找到了地图一张,照片四张,木刻图若干幅,这使得三闲书屋出版的中译本《铁流》,“完全实胜于德译,而序跋,注解,地图和插画的周到,也是日译本所不及的”⑱。

5. 对待工作严肃认真,一丝不苟。鲁迅对待翻译出版工作是非常认真负责的,他常常事必躬亲,自讨苦吃。编辑译文与编辑原创作品不同,更需要编辑具有严谨负责的工作态度。为了要保证译文准确无误,编辑不仅要看译稿,而且要找原著对照修改,必要时还要参考其他国家的译本,请教他人。许广平在谈到鲁迅对待编辑工作的态度时就曾说过:“他对于每一个青年请他批改稿子,只要答应下来,没有不是逐行逐字,认真地看的。译稿则一定找原著来对照修改。比方是英文译稿，除了英文原作之外，再有其他国家译本可以参考，他更愿意周到些。设或还有怀疑之处，不是自己独立能够了解，他必定请教比他更高明的，总之，决不肯含糊了事。”[19]鲁迅要求翻译首先要具有准确性。当时中国翻译界对于翻译是十分随便的，译者常常曲解原文，乱译甚至漏掉整段文字不译。鲁迅对待翻译工作却是十分严肃认真的。不仅编校译稿时，逐字逐句多方审核，自己翻译时，更是一个词一个词地想，真是“一名之立，旬月踌躇”。他对于一些细枝末节也要竭力弄个明白。例如，在《译文》第2卷第1期的《表》里，鲁迅把Gannoue译作“怪物”，后来觉得不妥，在单行本里，便据日本译本改作“头儿”。隔了半年，才知道都不对。有一个朋友给他查出，说这是源出犹太的话，意思就是“偷儿”，或者译为上海话“贼骨头”。为了这一个词，他特地在《译文》终刊号上去信“改正”[20]。

鲁迅对那些追赶潮流、粗制滥造的译者一向是不屑一顾的，相反，对于那些默默钻研、笔耕不辍的译者则给予很高的评价，曹靖华就是其中之一。鲁迅说：“然而也有并不一哄而起的人，当时好像落后，但因为也不一哄而散，后来却成为中坚。靖华就是一声不响，不断的翻译着的一个……他依然不断的在改定他先前的译作，而他的译作，也依然活在读者们的心中。”[21]从这些赞扬中，我们可以看到，鲁迅是希望更多的人来踏踏实实地从事翻译出版工作，发扬默默无闻的献身精神的。

注释：

① 臧克家. 鲁迅先生与编辑出版工作. 见：中国现代出版史料乙编. 北京：中华书局，1955

② 鲁迅. 译文序跋集.《一个青年的梦》译者序二. 见：鲁迅全集(第10卷). 北京：人民文学出版社，1981

③ 鲁迅. 译文序跋集.《出了象牙之塔》后记. 见：鲁迅全集(第10卷). 北京：人民文学出版社，1981

④ 鲁迅.译文序跋集.《思想·山水·人物》题记.见:鲁迅全集(第10卷).北京:人民文学出版社,1981
⑤ 鲁迅.且介亭杂文二集."题未定"草(一至三).见:鲁迅全集(第6卷).北京:人民文学出版社,1981
⑥⑦ 鲁迅.南腔北调集.关于翻译.见:鲁迅全集(第4卷).北京:人民文学出版社,1981
⑧ 鲁迅.二心集."硬译"与"文学的阶级性".见:鲁迅全集(第4卷).北京:人民文学出版社,1981
⑨ 鲁迅.准风月谈.由聋而哑.见:鲁迅全集(第5卷).北京:人民文学出版社,1981
⑩ 孙用.鲁迅先生是怎样替《勇敢的约翰》"校字"的.见:编辑生涯忆鲁迅.石家庄:河北教育出版社,2000
⑪ 鲁迅.花边文学.论重译.见:鲁迅全集(第5卷).北京:人民文学出版社,1981
⑫ 鲁迅.且介亭杂文二集.非有复译不可.见:鲁迅全集(第6卷).北京:人民文学出版社,1981
⑬ [俄]波兹德涅耶娃.鲁迅评传.吴兴勇,颜友邻译.长沙:湖南教育出版社,2000
⑭ 鲁迅.译文序跋集.《现代新兴文学的诸问题》小引.见:鲁迅全集(第10卷).北京:人民文学出版社,1981
⑮ 鲁迅.二心集.关于翻译的通信.见:鲁迅全集(第4卷).北京:人民文学出版社,1981
⑯ 鲁迅.准风月谈.关于翻译(上).见:鲁迅全集(第5卷).北京:人民文学出版社,1981
⑰ 鲁迅.集外集拾遗补编.《译文》创刊号前记.见:鲁迅全集(第8卷).北京:人民文学出版社,1981
⑱ 鲁迅.集外集拾遗.《铁流》编校后记.见:鲁迅全集(第7卷).北京:人民文学出版社,1981
⑲ 许广平.十年携手共艰危.见:编辑生涯忆鲁迅.石家庄:河北教育出版社,2000
⑳ 黄源.鲁迅先生与《译文》.见:编辑生涯忆鲁迅.石家庄:河北教育出版

社,2000

㉑ 鲁迅.且介亭杂文末编.曹靖华译《苏联作家七人集》序.见:鲁迅全集(第6卷).北京:人民文学出版社,1981

原载《出版科学》2004年第4期

《鲁迅全集》三个里程碑式版本

张小鼎

深受千百万读者景仰,并被国人誉为“民族魂”的鲁迅先生,不仅是五四新文化的卓越代表,现代文学的主要奠基人,同时也是一位具有世界影响的伟大作家。他辛勤笔耕一生,撰写了数百万字的著译,为我们民族留下了一座绚丽璀璨的文学宝库。自他1936年10月辞世,迄今近七十年间,在各个不同历史时期,曾编辑出版过许多卷数不同,版本相异的《鲁迅全集》,但就编校内容质量与流传影响而言,在鲁迅著作出版史上具有里程碑意义的,当首推以下三种各具特色的全集版本:即1938年20卷本;1958年10卷本;1981年16卷本。

鲁迅逝世后不久,成立了以蔡元培、宋庆龄为正、副主席的纪念委员会,该会筹备之初就曾考虑应尽早出版《鲁迅全集》。许广平早在1936年11月就将编好的全集目录,报送国民党内政部审核登记。翌年4月30日和6月8日,内政部先后下发两个批件,不仅强令将《准风月谈》和《花边文学》改名为“短评七集”与“短评八集”,并开列篇目,点名要将鲁迅所写《十四年的读经》、《铲共大观》等许多杂文统统删去……显然,在国民党白色恐怖与专制统治下,要想完整地、公开地出版《鲁迅全集》是根本不可能的。同年11月12日上海沦陷成为“孤岛”。胡愈之、郑振铎、许广平等组织的复社，共同集资，成功地出版了《西行漫记》等一些进步书籍。留在上海的纪念委员会成员决定，拟由复社出版全集。这一设想得到上海地下党组织的赞同与支持，并经陕北中共中央同意。经过一番细致筹划和艰苦努力，仅以短短三四个月时间，就将600万字皇皇20巨册的中国第一部《鲁迅全集》的三种版式，于1938年在上海“孤岛”奇迹般地全部出齐。这套全集前10卷收创作、学术专著与部分古籍辑校，后10卷为翻译作品。卷前有蔡元培序，各卷卷首均有鲁迅各个时期的照片和墨迹，卷末附鲁迅自传，许寿裳编“鲁迅年谱”以及许广平撰“编校后记”等。这部内容博大装帧精美的全集的问世，不仅对于保存和流传鲁迅先生遗著起到积极作用，而且对于弘扬鲁迅思想，振奋民族精神，激励全民抗战以及其后反对国民党统治，均起到巨大的鼓舞作用！因此，其后十余年间无论在解放区或国统区，它均曾被多次再版并很快售罄，深受广大人民群众的喜爱与欢迎！但限于当时历史条件，其缺点与不足也显而易见。一是收录作品很不完备，如数十年的鲁迅日记和上千封书信以及许许多多佚文均未收集，所以其后又有唐弢、许广平等分别编辑的《鲁迅全集补遗》、《鲁迅全集补遗续编》、《鲁迅书简》等相继问世。二是校勘欠精，错讹不少。三是没有必要的注释，使其难以广泛流传普及到大众中去！

新中国成立后，党和政府高度重视鲁迅著作的出版。1950年11月上海成立了由冯雪峰任社长的“鲁迅著作编刊社”，很快调集了孙用、林辰、杨霁云、王士菁等几位全国闻名的鲁迅研究专家，专门从事有关鲁迅著作的整理出版。翌年，冯雪峰被任命为人民文学出版社社长兼总编辑，编刊社随之迁京，作为人文社下属的鲁迅著作编辑室开展工作。经过数年辛勤编纂，具有开创性意义的第一部附有注释的10卷本《鲁迅全集》终于在1958年10月诞生了！此版各卷卷首均有卷说明，并附鲁迅各个时期照片和相关墨迹，末卷附简略的《鲁迅著译年表》。全书经细心校勘，纠正了38年版许多印错的文字和标点。与 20 卷本全集最大不同则在于,它“专收鲁迅的创作、评论和文学史著作”及部分书信。而翻译作品和古籍辑校则另行整理编辑。故以后又有 10 卷本《鲁迅译文集》与 4 卷本《鲁迅辑录古籍丛编》由人文社于 1958 年 12 月和 1999 年 7 月分别出版。鲁迅生前致友人信中说过:“我的文章,未有阅历的人实在不见得看得懂,而中国的读书人,又是不注意世事的居多……”(1936 年 4 月 5 日致王冶秋)因此 10 卷本全集在没有先例可以依傍的条件下,筚路蓝缕地草创出一条注释鲁迅著作的路子,是相当难能可贵的。它对鲁迅著作,特别是大量杂文所加一些必要注释共约五千八百余条,这对广大读者读懂和加深理解鲁迅原著思想内涵,起到良好的辅助作用,是一次具有开创意义的尝试,的确功不可没。

然而,10 卷本的缺陷与不足,也很明显。首先是仍旧未收 1912 年至 1936 年的鲁迅日记;其次,1956 年第 1 卷《出版说明》原曾明确写道,将收入至那时为止“已经搜集到的全部书信”约一千一百多封。在全集出版过程中,因发生反右斗争,冯雪峰被错划右派,结果待到 1958 年第 9、10 两卷出版时,鲁迅书信中凡涉及两个口号论争以及批评 30 年代周扬等人宗派主义、关门主义错误的信函,均被当权者统统砍去;不仅如此,就连牵涉 30 年代文坛重要论争的某些关键注释,也被掌管意识形态和文艺界领导大权者,利用权势作了手脚:他们歪曲历史,嫁祸雪峰,贬低鲁迅,从而开脱自己。同样受当时国内外政治大气候影响,鲁迅的个别文章也遭被删改的厄运,如第 4 卷《〈竖琴〉前记》一文在介绍苏联“绥拉比翁的兄弟们”这一文学团体时,就将鲁迅原文中“托罗茨基也是支持者之一”这至关重要的一句给悄悄地不留痕迹地删除了。

在“文革”浩劫期间,10 卷本全集被作为有严重政治问题的书籍曾一度禁止出版。1972 年 2 月,美国总统尼克松访华时,周总理原拟赠其一套《鲁迅全集》,鉴于 10 卷本此时已被视为“禁书”,

于是改而寻觅一套珍贵的38年版《鲁迅全集》纪念本，因年代久远，几经周折，真是谈何容易！有鉴于此，人民文学出版社为解燃眉之急以适应国内外需要，曾打报告请示，并经周总理同意，在1973年12月重版了一次没有注释的20卷本《鲁迅全集》，全书一律改为简化字排版。这套全集除请孙用仔细校勘，改正原版错讹外，它与38年版还有两点重要不同之处：一是蔡元培原序的落款“民国二十七年六月一日”删去了；二是由于瞿秋白当时已被诬为“叛徒”，故在第4卷《伪自由书·王道诗话》的文末煞费苦心地增写一条新注，对鲁迅、瞿秋白合作的12篇杂文撰写经过作了“说明”。毋庸讳言，这是囿于当时的特殊历史条件与政治气候，在万般无奈的情况下，不得已而为之的！

历经种种曲折磨难，1981年3月新版注释16卷本《鲁迅全集》第1卷问世，至8月全套出齐。此版的编注出版过程相当漫长，曾受到“四人帮”的干扰破坏。至1977年8月5日，在出版局新领导向中央作了《关于鲁迅著作注释出版工作的请示报告》后，中央决定派胡乔木、林默涵前来领导与主持这项重点文化建设工程，同年底又聘请郭沫若、周建人等8位作顾问，至此一切步入正轨，速度加快。经过多方协作，群体奋战，终于赶在1981年鲁迅先生百年诞辰前夕全部出齐，作为一份厚礼献给鲁迅。全集分普精装本、特精装本、特精装纪念本、平装本四种装帧。81年版16卷的编注实际上是以58年版10卷本为基础进行充实完善的。由于众多专家和编注人员，经长年累月艰辛劳动，广泛吸收了文化学术界、特别是鲁研界二十多年来大量新发现新成果，所以从总体上说，当时确是一个收集较完备、校勘较精细、注释较科学的崭新版本，其编校质量和学术水平又是10卷本全集所远不及的，确是“青出于蓝而胜于蓝”。概括比较，81年版有两大特点。从内容上说，篇幅大大扩展，不仅新增收两卷日记，补收书信一千一百多封，恢复了《集外集》、《〈集外集〉拾遗》两书的初版原貌，而且还增添了

《集外集拾遗补编》和《译文序跋集》、《古籍序跋集》。此三集合计比10卷本又多出约二百篇文章,使全集文本扩编至15卷;最后另加"附集"一卷收《鲁迅著译年表》、《全集篇目索引》、《全集注释索引》等,以便于广大读者、研究者学习、查检、研究!从注释上说,10卷本全集虽已作了开创性的工作,就翔实、准确、精炼等方面来说尚远远不够;况且《中国小说史略》和《汉文学史纲要》两部学术性很强的专著,当年因赶时间还未及加注。新版16卷本,对原有注释条目作了细致的修订和增补,从原有的五千八百余条,扩充为两万三千余条,总字数约两百多万字。其中许多注释条目,关涉的人与事都非常敏感,波及面既广,影响也很大,如有关"革命文学论争"、"左联","两个口号论争"的文章注释。尤其是《答徐懋庸并关于抗日统一战线问题》的题注更为复杂棘手。前面谈及58年版在经历反右斗争风暴的特殊政治气候下,由于文艺界某些领导下达"指示"并直接作了手脚,所以该题注尽管长达约五百字,却有悖于历史真实,并将已被错打成右派的冯雪峰、徐懋庸进一步落井下石,变成了"历史的罪人"。新版的此注虽仅增加百余字,却恢复了历史原貌:将此文写作背景、定稿经过,左联自动解散缘由,"文艺家协会"的诞生,两个口号论争的原因、性质以及鲁迅的鲜明态度表达得客观、准确、清晰。此注的定稿过程相当"难产",它不仅是在胡乔木的直接关注指导下进行,还向相关当事人周扬、夏衍、茅盾等征求意见,又经鲁编室同仁上书"抗争",最后终由胡乔木拍板,一锤定音!倘非贯彻党的十一届三中全会精神:拨乱反正,实事求是,解放思想,发扬民主,这一成果是难以取得的。又如当年"革命文学论争"时,避居东京的郭沫若曾化名杜荃撰写《文艺战线上的封建余孽》一文,刊于1928年8月《创造月刊》第2卷第1期,文中攻击鲁迅为"封建余孽"、"棒喝主义者"等等。敢于坚持真理的鲁迅在《三闲集·序言》等文中曾予以反击。1958年版对此未注,留下空白;1981年版经该卷责编陈早春详加考证,本着尊重历史、实事求是，不为贤者讳的精神，曾先后五次注明杜荃即郭沫若，并上书据理力争，最后乔木同志表态，证据确凿，应予注明，并又批送周扬、夏衍、成仿吾、冯乃超等审阅，均表同意。这桩被历史烟雾尘封多年的文坛公案终于真相大白于天下。这同样是历史不断进步，思想日渐解放的成果。

由于新版16卷本上述这些突破和特点，使它成为最具权威性和影响力的鲁迅全集版本，不仅一而再，再而三地多次重版，很快售缺，深受中国内地读者欢迎，享有很高声誉，而且台湾的谷风出版社也据此出版了繁体字的《鲁迅全集》；日本东京的学习研究社还与我国有关方面洽谈签约，以16卷本为底本，吸收新版《鲁迅全集》诞生后鲁研界的各种新成果，进行翻译编辑，于1984～1986年（昭和五十九年至六十一年）出版了日文版20卷本《鲁迅全集》，强有力地推动了日本学术界对鲁迅进一步深入开展研究，也是中日文化交流史上传为佳话的又一盛举。1994年2月，16卷本全集被新闻出版署评为第一届国家图书奖荣誉奖。

星移斗转，时光飞逝。16卷本问世20年间，鲁迅研究又有了长足的进展。特别是随着新佚文、佚信的不断发现，《两地书》原信和《鲁迅增田涉师弟答问集》的出版，鲁迅著作中涉及许许多多中外人物与大量史实的进一步廓清，使81年版全集原本的欠缺不足，注释中“左”的印痕及不少史实错讹与校勘上的某些问题也日趋明显，对其进行全面修订工作的条件也日渐成熟。经中宣部、新闻出版总署批准，本着“增补不足，修订错讹”的8字方针，全集修订工程自2001年6月12日召开《鲁迅全集》修订工作座谈会开始，正式全面启动。新版全集将从收文、校勘、注释三方面进行严谨、科学、细致的修订工作。近几年来经众多专家学者倾注心血，与人民文学出版社几位责任编辑辛勤劳作，共同努力，一部体现21世纪最新学术水平，收集更为完备（其中增收新的佚文23篇，佚信20封，鲁迅致许广平的《两地书》原信68封以及近十万字的鲁迅增田涉师弟答问函件集编)的总字数约七百万的18卷本《鲁迅全集》将有望于今秋问世。

原载2005年2月23日《中华读书报》

存　目

著　作

鲁　迅　《鲁迅书信集》

人民文学出版社1976年

许寿裳　《亡友鲁迅印象记》

人民文学出版社1953年

王士菁　《鲁迅传》

中国青年出版社1959年

许寿裳　《我所认识的鲁迅》

人民文学出版社1976年

孙伏园　《鲁迅先生二三事》

湖南人民出版社1980年

刘再复　《鲁迅传》

中国社会科学出版社1981年

曾庆瑞　《鲁迅评传》

四川人民出版社1981年

黄　源　《怀念鲁迅先生》

人民文学出版社1981年

赵家璧等　《编辑生涯忆鲁迅》

人民文学出版社1981年

刘增杰 《鲁迅与河南》

河南人民出版社1981年

彭定安 《鲁迅评传》

湖南人民出版社1982年

张永江 《鲁迅与编辑》

河南大学出版社1993年

张秀红 《鲁迅的编辑思想》

江苏教育出版社1998年

李何林主编 《鲁迅年谱》增订本

人民文学出版社2000年

论　　文

许广平 《关于编写〈鲁迅年谱〉的复信》

《晋阳学刊》1981年第1期

许广平 《〈鲁迅全集〉编校后记》

《晋阳学刊》1981年第1期

郭预衡 《鲁迅先生怎样指导青年写作的》

《文艺学习》1955年第5期

李霁野 《谈〈未名社〉》

《文艺学习》1956年第10期

黄　源 《杂忆老〈译文〉》

《译文》1956年11月号

张能荻 《鲁迅与〈越铎日报〉》

1962年9月23日《浙江日报》

刘炳善 《鲁迅与翻译》

《开封师院学报》1976年第5期

中科院文学所近代文学组 《鲁迅生平史料》

《图书馆工作》1976年2～3期

李霁野　鲁迅先生与"未名社"(选刊)

《鲁迅研究年刊》1975 年、1976 年年刊

陈振国　《鲁迅与〈译文〉社》

《南京师院学报》1977 年第 3 期

王若海等　《鲁迅与〈浙江潮〉》

《破与立》1977 年第 4 期

赵家璧　《从一段鲁迅佚文所想到的——回忆鲁迅编选中国新文学大集〈小说二集〉》

《山东师院学报》1977 年第 5 期

仝子衍　《鲁迅与〈奔流〉月刊》

《陕西教育》1978 年第 5 期

张道一　《鲁迅与书籍装帧》

《西艺学报》1978 年第 2 期

姜德明　《鲁迅和〈小说月报〉——兼记鲁迅和茅盾的友谊》

《文艺报》1979 年第 5 期

陈渝漱　《鲁迅与党刊》

《新闻战线》1979 年第 2 期

端木蕻良　《鲁迅与报刊:〈编辑科学新闻〉的回忆》

《新闻研究资料》1979 年第 1 辑

刘增杰　《鲁迅最早从事文学活动的阵地——〈河南〉》

《奔流》1979 年第 10 期

许钦文　《鲁迅与副刊》

《战地》增刊 1979 年第 5 期

刘增杰　《漫话鲁迅与〈河南〉杂志》

《河南师大学报》1979 年第 5 期

振　甫　《鲁迅与章锡琛》

《读书》1979 年创刊号

孙玉石　《鲁迅与〈新青年〉》

《北京大学学报》1979 年第 2 期

黄　可　《鲁迅与书籍装帧》

《读书》1979 年第 3 期

倪墨炎　《鲁迅办出版社》

《读书》1980 年第 5 期

刘增杰　《鲁迅与〈豫报副刊〉》

《河南师大学报》1980 年第 6 期

倪墨炎　《鲁迅办出版社》

《读书》1980 年第 5 期

万一知　《鲁迅与〈太白〉半月刊》

《广西师院学报》1980 年第 1 期

倪墨炎　《鲁迅为初出茅庐的人写序跋》

《文艺报》1980 年第 2 期

赵家璧　《鲁迅·梵澄·尼采——回忆鲁迅介绍出版梵澄译〈尼采自传〉》

《鲁迅研究》1981 年第 4 期

林　辰　《写在新编〈鲁迅全集〉出版的时候》

1981 年 9 月 23 日《人民日报》

林默涵　《关于新版〈鲁迅全集〉的注释工作》

1981 年 9 月 23 日《人民日报》

陈友雄　《鲁迅与〈萌芽〉月刊》

《延边大学学报》1981 年第 3 期

刘增杰　《浇溉佳花的辛勤奋园丁——略谈鲁迅对河南作者的关怀》

《莽原》1981 年第 3 期

钱君匋　《鲁迅的书籍装帧》

1981 年第 29 期《文学报》

周　源　《鲁迅与〈河南〉杂志》

1981 年 10 月 9 日《河南日报》

倪墨炎　《鲁迅怎样编刊物》

《书林》1981 年第 3 期

闻　焕　《鲁迅与编辑工作》

《吉林大学学报》1981 年第 4 期

李霁野　《鲁迅与〈莽原〉》

《莽原》1981 年第 1 期

赵家璧　《回忆鲁迅最后编校作序的一本书——关于曹靖华的〈苏联作家七人集〉》

《新文学史料》1981 年第 3 期

田孔白　《鲁迅与〈河南〉月刊》

《河南图书馆季刊》1981 年第 3 期

陈渝湫　《近六十年鲁迅著作出版情况一瞥》

《文艺报》1981 年第 16 期

黄　源　《鲁迅先生与〈译文〉》

《收获》1981 年第 5 期

王子野　《祝贺新版〈鲁迅全集〉出版》

1981 年 9 月 23 日《人民日报》

周启付　《鲁迅与报刊工作》

《图书馆工作》1981 年第 3 期

周国伟　《鲁迅的战斗阵地——〈语丝〉》

《克山师专学报》1982 年第 1 期

倪墨炎　《重视编辑在文学事业中的作用——读〈编辑生涯忆鲁迅〉有感》

1982 年 2 月 22 日《光明日报》

倪墨炎　《鲁迅编〈现代文艺丛书〉的经过》

《出版史料》1982 年第 2 辑

刘彦钊　《学习鲁迅辛勤培育文艺新人的精神》

《学习与纪念》，河南人民出版社 1982 年

皮明庥　《鲁迅与地方史志》

《中国地方史志通讯》1983 年第 1 期

董效昌　《鲁迅与〈越风〉》

《绍兴师专学报》1983 年第 1 期

郑心伶　《鲁迅当编辑》

1983 年 7 月 16 日《羊城晚报》

黄侯兴　《鲁迅的报刊思想》

《学习与思考》1983 年第 5 期

一　言　《从出版角度看鲁迅研究》

《鲁迅研究》1983 年第 2 期

邓啸林　《重文不重名——鲁迅怎样对待“名家”和无名作者》

《长安》1983 年第 8 期

沈宝基等　《略论鲁迅的翻译理论和实践》

《翻译通讯》1983 年第 4 期

倪　墨　《鲁迅是编辑的楷模》

《上海出版工作》1983 年第 9 期

艾　斐　《鲁迅的编辑生涯》

《他人集》,山西人民出版社 1984 年

李荣生　《鲁迅编辑道德浅识》

《大庆师专学报》1984 年第 1 期

杨永青　《鲁迅是编辑人员的楷模》

《华中师院学报》1984 年第 6 期

李荣生　《鲁迅编辑实践与编辑思想探讨》

《齐齐哈尔师院学报》1985 年第 1 期

许毓峰　《鲁迅与〈语丝〉》

《信阳师院学报》1985 年第 1 期

王德林　《一个“笑嘻嘻,善于催稿”的编辑——鲁迅与著名报人孙伏园》

《绍兴师专学报》1985 年第 3 期

李荣生　《从〈莽原〉看鲁迅的编辑思想》

《北方论丛》1985 年第 4 期

李荣生 《“从别国窃得火来”——鲁迅与〈奔流〉的编辑工作》

《齐齐哈尔师院学报》1986 年第 1 期

滕明道 《像鲁迅先生那样改稿》

《编辑生活絮笔》，山西人民出版社 1986 年

任　建 《鲁迅与报刊的改革》

《新闻记者》1986 年第 10 期

沈永宝 《鲁迅文学期刊编辑活动述评》

《南通师专学报》1986 年第 4 期

余章瑞 《鲁迅怎样做编辑工作》

《编辑之友》1986 年第 2 期

胡愈之 《永恒的纪念——〈鲁迅全集〉出版始末》

《纵横》1986 年第 4 期

吴承婉 《我国第一部〈鲁迅全集〉是怎样出版的——记胡愈之同志一席谈》

《人物》1986 年第 2 期

姚庆雄 《革命文豪〈高尔基〉出版前后——鲁迅和邹韬奋的革命友谊一例》

《书林》1986 年第 2 期

陈　江 《鲁迅与商务印书馆——鲁迅在商务印书馆出版的著译》

《商务印书馆九十年》，商务印书馆 1987 年

陈家新等 《抗日根据地出版的鲁迅著作》

《延安文艺研究》1987 年第 4 期

徐　忠 《乐将此身化红烛，甘为他人做嫁衣——学习鲁迅先生的编辑道德》

《河南师大学报》1987 年第 4 期

曹靖华 《曹靖华致阎纯德：切实学习鲁迅出版工作精神》

1988 年 3 月 29 日《人民日报》

谢文学 《试论编辑家鲁迅》

《许昌师专学报》1988 年第 2 期
王仰晨 《鲁迅著作出版工作的十年》
《出版史料》1988 年第 2 期和 3、4 期合刊
张永江 《鲁迅与〈莽原〉》
《许昌师专学报》1988 年第 2 期
柳和城 《鲁迅与三十年代商务印书馆》
《鲁迅研究动态》1989 年第 10 期
朱昌法 《论鲁迅的编辑审美指向》
《绍兴师专学报》1989 年第 4 期
廖传江 《鲁迅编辑风格琐谈》
《成都师专学报》1990 年第 1 期
李向阳 《鲁迅先生编辑风格琐谈》
《成都大学学报》1990 年第 3 期
裘士雄 《鲁迅与〈越铎日报〉》
《鲁迅研究月刊》1990 年第 4 期
黄侯兴 《反空话、去谎言、存诚实——〈鲁迅与报刊〉之一》
《鲁迅研究月刊》1990 年第 6 期
高　信 《书评家的鲁迅》
《文艺理论与批评》1990 年第 2 期
张辉冠 《鲁迅编辑出版生涯中的人才思想及其实践》
《人才》1990 年第 9 期
丁景唐 《鲁迅帮助编辑瞿秋白著译纪略》
丁景唐主编《中国现代著名编辑家编辑生涯》,中国展望出版社 1990 年
金　谭 《鲁迅与商务印书馆》
《文汇读书周报》1990 年 2 月 10 日
曹正文、张国瀛 《为介绍外国文学作贡献的〈译文〉》
《旧上海报刊史话》,华东师大出版社 1991 年
孙五川 《切实出书不欺读者——学习鲁迅的编辑思想及出版实

践》

《出版发行研究》1991年第3期

马蹄疾　《第一部〈鲁迅全集〉出版纪略》

《出版史料》1991年第3期

胡德华　《胡愈之与“复社”中〈鲁迅全集〉出版》

《出版史料》1991年第3期

廖传江　《漫话鲁迅的书刊定价工作》

《绍兴鲁迅研究专刊》1991年第11期

孙五川　《试论鲁迅先生的办刊思想》

《出版发行研究》1992年第4期

张　立　《魔鬼的美:从鲁迅的出版活动看鲁迅的生命意识》

《鲁迅研究月刊》1992年第7期

张辉学　《鲁迅编辑出版活动及其思想》

《编辑学刊》1992年第2期

张清雅　《鲁迅编辑思想与实践初探》

《编辑之友》1992年第5期

张永江　《鲁迅——编辑战线上的楷模》

《河南大学学报》1993年第1期

倪墨炎　《鲁迅著译被禁概况》

《出版史料》1993年第1期

廖传江　《鲁迅先生与书刊校对工作》

《编辑之友》1993年第3期

胡　风　《鲁迅先生》

《新文学史料》1993年第1期

陈本德　《学习鲁迅严谨的编辑作风》

《出版研究》1993年第5期

宋应离　《编辑工作的楷模——读〈鲁迅与编辑〉》

《中国出版》1994年第5期

孙继国　《鲁迅与闻一多》

《编辑徜徉录》,辽宁大学出版社 1994 年

潘先军 《鲁迅的读者理论》

《鲁迅研究月刊》1994 年第 12 期

孙继国 《鲁迅对文学青年的培养》

《编辑徜徉录》,辽宁大学出版社 1994 年

郭庆晨 《鲁迅怎样当编辑》

《编辑学刊》1994 年第 6 期

袁荻涌 《略谈鲁迅的出版活动及其特点》

《天津教育学院学报》1995 年第 1 期

张秀江 《鲁迅的编辑思想》

《江苏教育学院学报》1995 年第 4 期

刘枚升 《从"圈子"说开去:略说鲁迅报刊的论述》

《鲁迅研究月刊》1995 年第 4 期

潘德利 《文坛巨擘,报界宗师:鲁迅与报刊》

《图书馆杂志》1995 年第 5 期

谢清风 《鲁迅的图书质量观》

《中国出版》1996 年第 12 期

李声、安海明 《横眉冷对千夫指,俯首甘为孺子牛:鲁迅先生编辑精神的当代阐释》

《新闻出版交流》1997 年第 1 期

倪墨炎 《编集出书也要学学鲁迅》

1997 年 12 月 21 日《文汇报》

谢清风 《鲁迅与编辑道德》

《编辑学刊》1997 年第 4 期

贾永生 《鲁迅的编辑生涯》

1997 年 10 月 9 日《文艺报》

杨永德 《鲁迅·现代书籍装帧艺术·贡献》

《鲁迅研究月刊》1997 年第 2 期

傅安辉 《学习鲁迅,当好编辑》

《贵州师大学报》1997 年第 4 期

傅安辉 《学报编辑应向鲁迅学点什么》

《黔东南民族师专学报》1997 年第 3 期

孔海珠 《鲁迅与〈中国的一日〉》

1997 年 10 月 29 日《中华读书报》

惠　萍 《〈铁流〉的出版与鲁迅的编辑思想》

《河南大学学报》1998 年第 5 期

谢清风 《鲁迅审稿思想浅探》

《中国出版》1998 年第 6 期

杨希之 《鲁迅与校对》

《中国出版》1998 年第 4 期

夏丏尊 《鲁迅翁杂记》

《夜雨飘流——文人笔下的亲情和友情》,群众出版社 1998 年

谢清风 《鲁迅的封面设计思想》

《编辑之友》1998 年第 3 期

谢清风 《俯首甘为孺子牛:鲁迅的编辑精神论》

《益阳师专学报》1998 年第 3 期

管益农 《沟通编者、作者、读者的桥梁:鲁迅是怎样办期刊的(之二)》

《报刊之友》1998 年第 2 期

罗淑芳 《鲁迅带领青年人办刊物》

《报刊之友》1998 年第 5 期

武在平 《胡乔木心目中的鲁迅》

《人物》1998 年第 9 期

袁荻涌 《鲁迅在中国出版史上的地位》

《新文化史料》1998 年第 9 期

王玉荣 《论鲁迅书刊广告的三大特色》

《河北大学学报》1999 年第 1 期

罗淑芳 《三十年代鲁迅的编辑和文学活动》

《咸阳师专学报》1999 年第 2 期
宁嘉炜 《心中的两个“上帝”——重看鲁迅先生的校对工作》
《未来编辑谈编辑》,中国编辑学会秘书处编 北京出版社 1999 年
王 玮 《鲁迅的编辑风格》
《沈阳师院学报》2000 年第 3 期
孙继国 《鲁迅的编辑精神》
《沈阳师院学报》2000 年第 6 期
赵 英 《鲁迅著作出版史的新突破》
《鲁迅研究月刊》2000 年第 4 期
李 耕 《鲁迅与报刊编辑》
《鲁迅世界》2001 年第 2 期
廖维勇 《当代编辑可从鲁迅身上学点什么》
《宁波高等专科学校学报》2001 年第 3 期
李 欣 《学习鲁迅编辑思想的启示》
《中国出版》2001 年第 6 期
刘小清 《鲁迅、茅盾联袂办〈译文〉》
《民国春秋》2001 年第 6 期
吴泽顺 《鲁迅的编辑思想及其当代意义》
《湖南师大学报》2002 年第 3 期
吕明涛、宋凤娣 《论鲁迅的翻译出版思想》
《江西财经大学学报》2002 年第 5 期
王建辉 《鲁迅谈编辑出版工作》
《老出版人肖像》,江苏教育出版社 2003 年
高道一 《鲁迅与〈民众文艺周刊〉的资料剪辑》
《鲁迅研究月刊》2003 年第 6 期
方汉奇 《鲁迅的报刊活动和他的办报思想》
《方汉奇文集》,汕头大学出版社 2003 年
方汉奇 《鲁迅的报刊编辑活动和他的严谨的写作态度》
《方汉奇文集》,汕头大学出版社 2003 年

方汉奇　《鲁迅对某些报刊的批判》
《方汉奇文集》,汕头大学出版社 2003 年
张洁宇　《〈鲁迅全集〉最新修订之全面揭密》
2004 年 8 月 4 日《中华读书报》
陈树萍　《〈奔流〉:鲁迅对“左翼文学”的塑造和期待》
《内蒙古大学学报》2004 年第 3 期

夏丏尊

夏丏尊(1886～1946),浙江省上虞白马湖人。名铸,字勉旃,号闷庵,秀才出身。早年就读于绍兴府学堂。1905年赴日留学,1907年回国后,从事教育工作,担任浙江两级师范和湖南第一师范中学教师,后曾任暨南大学中国文学系主任。五四前后,致力于新文化运动,在家乡与志同道合的朋友创办了著名的春晖中学,以学校为基地,宣传进步文化。此时,先后在上海《民国日报·觉悟》副刊和《小说月报》发表小说、诗歌、译文。他翻译的意大利的亚米契斯的《爱的教育》,在教育界和文学界产生了重大影响。1926年,编辑《一般》杂志。开明书店创办后,应经理章锡琛之邀任开明书店编辑所所长。1930年,倡导主持创办了《中学生》杂志,并撰写发刊词。指出:数十万青年"彷徨于纷叉的歧路,饥渴于寥廓的荒原"而无关心,是一种"怪事和憾事",宣称"我们是有感于此而奋起的"。1935年他提倡手夹字(即简化字),应教育部之邀,与叶圣陶向全国中学生作了多次进行国文学习的演讲。

1933 年,与叶圣陶合著《文心》,成为中学生的重要课外读物。1936 年创办《新少年》并任社长。开明书店创建十年之际,编辑小说集刊《十年》。1937 年,创办《月报》并任社长。1938 年,参加抗日后援会。编辑出版了《阅读与写作》、《文章讲话》等著作。为了指导青年的语文学习,他与叶圣陶等人编写了《开明国文讲义》、《国文百八课》、《文章作法》等,均受到广大中学生欢迎。

夏丏尊长期从事教育工作和编辑出版工作,是一位献身文化教育事业的编辑家。他办的《中学生》杂志曾影响了几代人。1946 年,夏丏尊逝世时,重庆《新华日报》于 4 月 27 日发表《悼夏丏尊先生》的社论:“丏尊先生数十年来,努力文化运动和民主运动,曾建树不可磨灭的功绩。抗战军兴,留居上海,坚持孤岛的文化工作。太平洋战争爆发后,先生于三十二年(1943)春,被敌伪逮捕,迫其屈服。但先生在威胁利诱之下,正气凛然屹然不动。敌伪虽狡黠残酷,亦无可如何。这真可以说是贫贱不能移,富贵不能淫,威武不能屈了。”

《中学生》发刊辞

夏丏尊

中等教育为高等教育的预备,同时又为初等教育的延长,本身原已够复杂了。自学制改革以后,中学含义更广,于是遂愈增加复杂性。

合数十万年龄悬殊趋向各异的男女青年于含混的“中学生”一名词之下,而除学校本身以外,未闻有人从旁关心于其近况与前途,一任其彷徨于纷叉的歧路,饥渴于寥廓的荒原,这不可谓非国内的一件怪事和憾事了。

我们是有感于此而奋起的。愿借本志对全国数十万的中学生诸君,有所贡献。本志的使命是:替中学生诸君补校课的不足;供给多方的趣味与知识;指导前途;解答疑问;且作便利的发表机关。

啼声新试,头角何如?今当诞生之辰,敢望大家乐于养护,给以祝福!

原载《中学生》创刊号(1930年1月)

中国书业的新途径

夏丏尊

全国事业经过八年的战祸,无一不受到巨大的创伤。胜利以后,亟待复兴。但所谓复兴者,不只是恢复原状而已,要较原状有所改进才对。笔者侧身书业,敢就本业发抒私见,供同业先进与全国关心文化事业之业外人士采择。

书业以传达文化,供给精神食粮为职志。书店之业务可分为二部,一是将有价值的著述印制成为书籍,这叫做出版;二是将所印制成的书籍流通开去,供人阅读,这叫做发行。就出版方面说,著述可收外稿,原不必一一由书店自己编辑。但一书店有一书店的目标,为便利计,皆设有编辑所。排印书籍原为印刷所之事,本无须由书店自己兼营。但书店为呼应便利计,大都附办印刷所。就发行方面说,书店所制成的书籍原可与别种商品一样,除门售外,批发给贩卖商销行到外埠去,不一定要在外埠自设分店。但书店为了要防止放帐上的危险及其他种种原因,皆于总店以外在重要城市另设分店。故向例一家书店机构很是庞大。总店本身要具有编辑所、印刷所、发行所三部;总店以外,还要具有许多分店才算骨骼完整,规模粗具。

书店的机构庞大如是，非有巨大资本不能应付。可是按之实际，书店的资本薄弱得很。在战前，全国最大的书店如商务印书馆资本只500万元，中华书局是400万元，其他的各书店只不过数十万元而已。以如是薄弱的资本，要想转动其全部机构来实现文化上的使命，当然力有未逮。于是只好缩短阵线，大家把眼光集中于销路比较可靠而成本不大的书籍上。第一是中小学的教本，次之是不要稿费或版税的旧书翻印，行有余力，然后轮到别的新书。各家所出版之书籍既互相重复，发行上竞争自然激烈，或用巨幅广告来号召，或违背同业定章，抑低折扣滥放客帐来倾销，结果发行费用非常浩大，利润随而减少。

这种情形于书店当然不利，而整个文化界也受到不良的影响。因为书店财力有限，所出版的十之八九只是些中小学教本与旧书，自无力来介绍日新月异的学术思想，也无暇顾及社会各方面的需要。譬如说，关于新兵器的书，关于台湾、澎湖的书，关于内蒙、西藏、新疆的书，现在很需要，可是书店里不大多见。中国是以农立国的，可是任何农学部门都找不到一部像样得用的书。此外如音乐、绘画、雕刻、建筑、医药、航空、造船等门类，也都为了太冷僻太专门的缘故，不被书店所顾及。即使有人撰写好了稿子去委托出版，也大概会遭到拒绝。笔者有一位研究音乐的朋友，现为国立音乐院教授，他费了多年的光阴与气力写好了两部书，一部叫对位法，一部叫音乐史，自以为很有价值，想出版，遍询书店都不要。中国虽有许多家书店，而书籍的种类不多。除教本外，一般书籍的销数也有限，每一本书，销数好的不过几千，坏的只几百或几十。因为书店营业的目光偏在教本，无暇顾及一般的所谓“杂书”；并且推销上全靠门市与自设的几处分店，无力把书籍伸入全国各地去的缘故。若与他国相较，中国所出版的书籍在品种上和销行数量上都有落后之观。

以上所指摘的是书店过去的情形。今后是否将再这样继续下去呢？原来机构已大受损伤，有的已失去了印刷所，有的已解散了编辑所，至于各地的分店大都也已毁去了十之七八，如果要一一恢复旧观，恐各家书店都无此财力。试看仅仅几种国定教本，以七家书店来联合承印，犹嫌资金不足，要向政府贷款，书店财力之薄弱可知。第二，书店向以教本为主要营业，今则教本已改为国定，为教育前途计，我们也希望其永为国定。国定教本理宜由国家规定办法，让大家承印。从前由七家书店与教部订立契约，联合承印，是战争时期不得已的办法。此后情形改变，当然未必能够继续下去，在教科书以外，应该决定营业的方针。

情势如此，书业若重循故辙，前途将遭遇许多障碍。为今之计，亟宜另觅一条新途径。新途径是什么？即将原来机构改组，把出版机关与发行机关分立。其办法大致如下：

一、以上海现有书店为发起人，在上海组织联合书店（假定之名）股份有限公司，资本十亿元（假定之数），任各方投资。

二、联合书店不出版书籍，但以发行为业务，在全国各省市各县设立分店，其普遍应如邮局。

三、现有各书店各自动改称为出版社。出版社专营出版事业，其资本可大可小。各出版社以所出版之书籍批发与联合书店发行，不自设总店门市部与各地分店。

四、联合书店营业以现款交易为原则，于收到各出版社所出之书籍时，即按批发折扣，以定价几分之几付给现款，余额按期结清。

这只是个大纲，详细办法与实际上的技术问题，无暇在本文中叙说。书业若如此改组，在出版与发行二方面有许多好处：

一、发行效力大可增加，假定一部新书每县销行十册，全国二千余县合计可销行二万册。印数既多，造货成本自廉，可使读者减轻负担。

二、推广费及管理费可以减少，无滥放回头及吃倒帐等流弊。

三、资金周转灵活。

四、任何著作者可纠合同志或独力以小资本经营出版社，依各自的兴趣刊行各门类的书籍，不必一定再委托书店出版。书籍的种类将因此大大增多。其委托书店出版者，亦可于成书时即取得版税。

五、营业统一，无垄断可言。书籍之销行与否，全视其内容与定价如何。各出版家将专在书籍的内容上成本上互相竞争，促成文化的向上。

仅就上面所举的几点来看，好处已经很多。为各家书店减轻原来笨重的负荷计，今后的发展计，为整个文化界的利益计，这条途径似乎平坦可行，是值得采取的。

也许有人要顾虑，以为书店发行部既化零为整，各家发行部的从业员将有失业之忧了。这层是不足虑的。联合书店将遍设各地，犹如邮局，所需要的人员比现在不知要多若干倍，原来的从业员决无过剩之理。也许还有人要顾虑，以为联合书店规模巨大，整个出版界或将为此一机关所操纵，对出版界前途不无影响。这亦不足为虑。联合书店本身不出版书籍，出版之事仍操在出版家手中。联合书店所得的只是百分之几的批发折扣，不致夺尽出版家的利益。联合书店资本既大，其股票势必在股票市场流通，艳羡联合书店的利润者尽可购买其股票，取得股东乃至董事监察人之资格。

在抗战八年中，他业多有大发其财者，书业不但不发财，且损失极大，可告无罪于国家社会。胜利以后，书业被一班敏感者认为大有希望的事业。他们以为西南西北各省教育远较战前发达，且台湾、东北重新收复，营业范围可大加开拓，别种商品将来都有舶来外货与之竞争，而书籍则不致遭逢外来劲敌。不错，书业的前程确是远大的，问题就在书业自身怎样去迎合这远大的前程。

笔者怀此意见已久，平日言谈所及，知同业中亦不乏共鸣之士，整个正在着手复兴。改弦易辙，奋发向上，今正其时。笔者此文就算是一个公开的提议。

原载 1945 年 12 月 17 日《大公报》

夏丏尊

赵景深

今天在大公报上看见夏丏尊先生逝世的消息:“文学家夏丏尊前晚(1946 年 4 月 23 日)九时四十五分不幸逝世,享年 61 岁。夏氏著作等身,临终前二日谆谆请托叶圣陶氏代为完成已费十余年心血之小字典(该字典系依词类分述每一单字之用途,可谓别出心裁之作)。开明书店及文协等已组织一治丧会,昨午二时即将夏氏遗体送至上海殡仪馆,定今晨十时至下午二时开吊,半月后即依遗嘱火葬。”又在同报看见讣告,其中有云:“遵奉遗言,谢绝一切赙赠花圈挽联香烛锭帛等项。”从讣告上的话,想起夏氏生前差不多不与人通婚丧喜庆往来的俗套,由这一点可以看出他是一个最真挚的人。

我与丏尊,说不上怎样深挚的友谊,但至少已经相识了 22 年,可说是老朋友了。只因我辞去开明书店总编辑职务过早,不曾与他常在一起;因此虽有二十余年的交谊,却终是维持着淡如水的君子之交。

记得最初与丏尊相识,是在民国十四年(1925 年)。那时我们同在立达学园教书。刘薰宇本来是教数学的,好像也教一班国文;《文章作法》大约是在这时编成的。立达学园是一所特殊的学校,名称就特别,称为学园,不称学校。这是一般热心教育的人办的,要造成一个理想的学校,所以许多教员都在别的学校兼课,不但不受立达的钱,反而“倒贴”钱给学校,例如匡互生卖掉他的田地,丰子恺卖掉他的房屋,这种精神极可钦佩。师生住同样的寄宿舍,同桌吃同样的饭菜,这也是他处所没有的。当时丏尊在国文课中还兼讲一点文艺思潮。同事中如朱光潜、白采、方光焘、丰子恺、马宗融等作家都常相聚首。在我以前还有朱自清、陈望道等人。记得丏尊所译田山花袋《绵被》的原稿,在当时曾经很得意地朗诵几节给我们听过。据说一部分同学是在上虞春晖中学闹风潮,跟着夏先生一同出来的,由此可见他感人之深。

民国十六年(1927 年)秋,我任开明书店总编辑,并受总经理章锡琛之托,约友人徐调孚、顾均正、钱君匋等也到开明来任编辑。这时夏先生编《一般》杂志,撰稿人大都是立达同事。他常到开明来玩。这年年底我辞去开明职务,专译柴霍甫短篇小说,夏先生便继我的任,差不多一直担任到现在。其间北新书局一度被封,夏先生曾来我家,约我再到开明去担任编辑,我虽婉辞谢绝,但对于他帮助朋友的盛意,至今犹为感激。

此后两年,即民国十七八年(1928、1929 年),我每月要到开明书店去交稿两次,即柴霍甫小说译稿,偶尔也与夏先生见面,但总是来去匆匆,不曾多谈。等我八厚册的《柴霍甫短篇杰作集》译完,改入北新书局任总编辑,与夏先生会面的机会就更少了。

不过,为了丏尊、均正和我都是儿童文学的译者,教育部小学课程标准委员会请我们三个人到南京去参加小学国语标准的修订,我们差不多好几个整天住在一个旅馆里,又同火车来去,这一次增进了不少的友谊。我在《文人印象》上说:“学术的价值该以大多数人的需要为判断吧?我近六年来专研究中国的小说和戏曲,予同和高谊都说是钻牛角尖,这话真是不错的。像丏尊、圣陶那样,除创作外,就专门致力于文法和作文法,给了中学生作文和阅读时许多便利,可说是一种切近实际的工作。夏氏所著如《文章作法》,如《国文百八课》的文法部分,如《文心》的一部分,都显出他的致力所在。今后我虽对于旧情仍恋恋不忘,却要跟随夏、叶之后,尽心尽力地追逐我的新欢了。

“使我难忘的是一个漆黑的夜晚;希同送我到车站,我发现一个罗汉尊者一般的老人早已站在那里了,旁边还站着一位江南的漂亮青年,原来这就是夏丏尊和顾均正;我们三个人是约定一同到南京教育部去参加小学国语课程的修订的,沿途便这样地讲论着文法和作文法,一直讲到车子到南京,两旁的草树田亩以及远山城堞逐渐由模糊黑暗而变成清楚明晰。归途也是这样,我和夏、顾相对而坐,窗外的火星从一头吹来,我们的谈话也迸出一粒粒的火星,虽然这火星是微弱的,似乎已经想接近那被憧憬着的光明。

“让这个印象,永远留在我的脑子里吧,让我在此宣誓:我不想常在云端里做超人的神,我要做一个平常人,与大众生活在一起。”

此后,在抗战期间,陈望道组织语文学会,邀夏先生加入,在青年会和金城别墅见过几次面。一同列席的,除我以外,还有陈鹤琴、胡朴安等人。

民国三十二年(1943 年)我在赫德路复旦大学教书,每每在亚尔培路霞飞路口等待 24 路无轨电车的时候,遇见夏先生。我们都坐三等,不是为了省钱,只是为了三等宽舒一点,面积大一点。他是到南屏女子中学去上课的。他知道我新近学习昆曲,有一次特地到我家里来,约我到南屏女中校长沈亦云女士家里去玩,还要我约朱尧文。那一天是十月六号,我便与尧文同去。尧文对于曲律音韵极有研究。那一天听曲的人除丏尊外,还有黄伯樵、《霜红词》的作者胡宛春以及曾孟朴的妹妹。沈女士和黄伯樵夫人亲自做蛋糕和饺子请我们吃,她们俩都是欧洲的留学生。当时是请朱传茗来拍曲的,沈女士习小生,黄夫人习老生(听说现在已改习旦角)。我唱了两节“访秦”,尧文唱了两节“闻铃”,我与尧文又合唱“折柳”,带说白。最后由主人沈女士唱“琴挑”,黄夫人唱“弹词”。

就在这一年,十二月十五日清晨,夏先生与章锡琛、方洁、姚季琅和我的妻子等一同被日本宪兵司令部捕去,直到十二月二十五日方才释放。夏先生因为年高,释放得最早。

民国三十四年(1945 年)十一月一日,我从安徽回到上海。丏尊曾为周煦良、傅雷所编的《新语》向我征稿,颤巍巍的走上三层楼,这时我已经感到他的身体不及以前健康了。想不到他这一次的来访竟是最后的一次。我一闭起眼,就仿佛一位慈祥的老人笑眯眯的眯缝着眼睛喊我"赵大哥",有什么文艺上的意见,他总是谦虚地先等待着别人的批评,静静地谛听,这种态度也极可佩服。

夏先生的著作有散文集《平屋杂文》、《文艺论 ABC》(世界版)、《文章作法》(与刘薰宇合编)、《文心》、《文章讲话》、《阅读与写作》(以上三书与叶绍钧合编),译文有田山花袋的《绵被》、亚米契斯的《爱的教育》、孟德格查的《续爱的教育》等。此外还有《国木田独步集》、《芥川龙之介集》和小说月报号外《俄国文学研究》(商务版)。除注明出版处的以外,都是由开明书店出版的。

他的老家是在浙江上虞白马湖。我留有一张照片,就是朋友们到上虞去玩的时候照的。立在右侧的就是夏丏尊先生。挨次数过去是周予同、章锡琛、胡愈之和叶绍钧。锡琛后面是贺昌群,还有一位我不认得。

山源兄来信,要我写一文,纪念夏丏尊先生,"如能将其所有著译,开一详单,尤佳"。那末,我还是抄写一点资料吧。

《中国新文学大系史料索引》面二一六云:"夏丏尊,译者,浙江绍兴人。曾主编杂志《一般》。主要译作为亚米契斯《爱的教育》,孟德格查《续爱的教育》及田山花袋《绵被》。短篇译作,多未辑集。"

《当代中国名人录》面一九八云:"夏丏尊,浙江绍兴人,日本留学生,曾任国立暨南大学中国文学科主任。现任上海开明书店总编辑。有文学译著多种。"

《现代中华民国人名鉴》面七〇云:"浙江省绍兴县人,日本留学。春晖中学、立达学园教师,国立暨南大学中国文学科主任,上海开明书店总编辑。中国文艺家协会理事。译有《蒲团》(田山花

袋)《爱的教育》等。”(《人名鉴》是日文,由日本外务省情报部编纂,东亚同文会发行)

据我所知,可补上列三书之遗者颇多。例如:夏先生一名勉旃,与丏尊音近,文学研究会会员,数年前曾任南屏女子中学国文教员。开明书店所出《国木田独步集》和《芥川龙之介集》虽不是他一人所译,但他所译的实在不少,也可以算是他的译文。《平屋杂文》恐怕是他唯一的散文集。他在世界书局还出过一本《文艺论 ABC》,后来与我的《文学概论》一同编入《文艺讲座》。

有人说,他对于文艺界的贡献倒是教育界来得多些,那或者是指他在国文教学上面的贡献吧。他与刘薰宇合编的《文章作法》可说是好销书,此外如《文心》《文章讲话》《阅读与写作》等书都是与叶绍钧合编的,给了中学生不少的益处。他编辑《中学生》杂志时间甚长,好多文章作法一类的文章都是先在这刊物上发表的。他还编有《开明初中国文教本》和《国文百八课》。《文心》写作的方法颇为别致,是用故事体来写的。最近报载他编有小字典,已工作了十余年,尚未完成,临终前两天托叶绍钧代为完成。还听说他曾翻译佛教的南藏经,也不知已译了多少。胜利后他曾为《新语》写过几篇文章,或者将未出单行本的零星文字搜集起来,能够出一本遗著吧。

五四运动以后不久,夏丏尊先生就在民国日报上常有著译发表。民国十年(1921 年)小说月报号外《俄国文学研究》上,夏先生就有三篇译文;白鸟省吾的《俄国的诗坛》、西川勉的《俄国的童话文学》和克鲁泡特金的《阿蒲罗摩夫主义》,这三篇似乎也不曾重行辑印起来。西川勉的一篇,我曾录入《童话评论》,孙俍工的《新文艺评论》或者也采录了一两篇吧?

一九四六,四,二十五。

选自《我与开明》,中国青年出版社 1985 年

难忘的鼓励和帮助

楼适夷

开明书店创业于1926年,正当中国第一次大革命怒潮奔腾之中。我和几个在黑暗统治下,自幼失学,激于政治热情,如饥如渴地追求着革命真理与斗争知识的朋友,听说在商务印书馆主编革新后的《妇女杂志》的章锡琛先生,因大力倡导妇女解放,在编辑方针和某些文稿问题上与当权者发生意见分歧,愤而辞职,联合了几位朋友创办了一个小小的开明书店,我们的同情和拥护当然完全在章先生一边,而热烈庆贺这书店的成立。

当时我们自己办的一个小图书馆,新迁到上海闸北宝山路一条弄堂里,这开明书店就在同一条马路相去不远的另一条弄,成了近邻,常常跑去看看,特别有亲切的感觉。

书店一开始就创刊了新的妇女刊物——《新女性》,仍由章先生主编并由章先生退出前许多《妇女杂志》的执笔者写稿。我刚开始学习写作,对正规大刊物不敢冒昧投稿,朋友徐耘阡把我一篇习作送到《新女性》,很快仍由他转来了回音:"夏先生看了你这个短篇很喜欢,说是最近难得见到的投稿。"夏先生就是夏丏尊先生,那时我还没机会认识他,但他是我所尊敬的前辈,听了这传言大吃一惊,还为此专诚去拜访,这是我第一次认识夏先生,听了他一些鼓励的话,叫我继续再写。于是第一篇在《新女性》发表,第二篇就刊登在夏先生主编的《一般》杂志。这是我和开明最早的交道。

经过大革命的失败,我成了失掉社会职业的流浪者。1931年从东京流亡中回到上海,去虹口区开明书店编译所拜访夏先生。开明的事业已经大大发展。在福州路有场面开阔的门市部,编译所的规模也颇为可观。编辑室的大广间里，一排排写字台，很多人在默默办公。其中好些都是相识的，见面招呼很亲切，真觉回到祖国来了。

夏先生说："现在回来了，很好，今后打算做什么呢？"我自己还没有好好想过，反正，再回到社会职业，有困难了。他说："还要流浪吗？卖小字生活，是不容易的呀！"他把卖稿称做"卖小字"，意思是从前读书人失了业没办法了，就卖大字为生，现在则改"卖小字"了。我也知道他说的"不容易"确是事实。他告诉我："现在开明编辑部里，也有从大革命浪潮中经历过来的人，年纪大起来了，也得顾家，应该安定下来。"他明白说出来："如果愿意，也可以到开明来呀！"他让我自己考虑一下。刚回来，连个定居地方都没有，就听到这温暖的声音，我心头流进一股热流，我答应让我想一想。很快地，我参加了"左联"的工作，当然并不解决生活问题，但兼上一个公开固定的职业，是对双方都有所不便的，我辜负了夏先生对我的关怀和爱护。

但为时约二年半的这个时期的生活，开明仍给我很大的帮助。我没有生活来源，只在奔走工作之余，写点文稿，大都为了工作，不取报酬，有的也多少可以得些稿费，很不固定，虽无负担，一个人打饥荒的事，还是常有的。我的救急法便是找一本小书来翻译，找一家书店现炒现卖。这种场合，最可靠的是开明书店。事先并无预约，凭自己爱好选一本原本，急忙赶译出来，就送给夏先生、章先生去，请他们看看，可不可出，而且声明马上要点钱用。那时，两位中一个，把稿子翻翻，就说："那末，先支一点钱吧！"开条子交财务处去了。真正是万应良方。记得两年多中，我先后卖给开明两部译稿：一部是《灰姑娘》，一部是《林房雄集》，同时照夏先生交代的任务，给《中学生》写过稿。

后来我在南京狱中，得到意外的同情者的帮助，可以秘密做一点文学翻译工作，在1935～1936年中，完成了高尔基自传三部曲中《人间》的翻译。秘密送出狱外，由我的从兄弟楼炜春送给鲁迅先生。当时开明的《中学生》上，正开始连载由黄源同志翻译的这部长篇，他在鲁迅先生处见了我已完成的译稿，便决定停止与开明订了约的翻译，要《中学生》改登我的稿子，这件事马上得到主编叶圣陶先生的同意，我的名字不便公开，还给我代起了一个笔名，叫做"封斗"。每月所得的稿费，不仅改善了我的狱中生活，还对我留在家乡的老母和妻女，给了生活的帮助和很大的安慰。这长篇后来很快在开明出版，连续印行，都定期按时由书店送版税给我家属，使我在战时流浪中，还能照顾一点家人。——我的一位做买卖的堂兄对我说："你倒好像买了几亩田，年年可以收租。"其实，很多大小书店欠版税、赖版税的现象很普遍，照我的经历，主动给我送来的似乎只有开明一家。

1939年，我从抗战后方到香港工作，一度来到"孤岛"的上海，照例去开明书店拜访。那时开明在虹口区规模很大的编译所和特约的印刷厂，都已毁于"八一三"的炮火，全店局处于福州路的发行所。夏先生、章先生，可能还有一位范洗人先生，一起同我到一家小酒店喝绍兴酒，问我抗战后方的情况。夏先生听着不住地叹气，章先生喝了几杯酒激昂起来，说到开明惨重的损失："好吧，毁了就毁了，还可以重头来过！"这句话我记得很清楚，后来1950年我到朝鲜战场，正经过第三次战役，长津湖一带化成一片废墟，我走过没打扫完的战场，看见朝鲜老百姓正在盖新房子，便想起了章先生这句话。开明书店就是凭着这样的精神成长和发展过来的。

再从香港回上海，我就暂停了流浪，一直住到太平洋战争爆发。圣陶先生在后方，我经常去探望夏先生。夏先生还在书店，由于敌伪统治下书店的困难，他已不要书店支薪，却仍每天挤着人流汹涌的公共汽车去书店办公，章先生仍在劲头十足地苦干。到日军进入租界后，两位先生还一度被请到日军的宪兵队去。

抗战胜利，开明的事业仍在极艰难的状态中继续前进。我在

"孤岛"时期所译的《意大利故事》和《高尔基文学书简》都是由开明出版的。"中华文艺界抗敌协会"胜利后改组为"中华文艺协会"迁到上海,靳以同志和我被分配担任"文协"机关刊物《中国作家》的编辑,由开明承担出版,时期很短。我离开上海去香港,是和开明发生工作关系的最后一次。但直到全国解放,我在老家的家属,仍然得到了开明版税的接济。

我对开明没尽过什么力量,但开明对我的帮助很大。我写自己身受的经历,不过一个小小的例证,很多和开明打过交道的作家,都会记得开明是怎样对待他们,对开明存在永远难忘的亲切的印象。几十年开明的事业从无到有,从小到大,它对发展我国文化教育事业,对广大读者做了不可估量的杰出的贡献,一直到经过社会主义改造,光荣地和青年出版社合并为中国青年出版社,完成其历史的任务。"开明书店"这个名字深藏于过去作者与读者的心头,而且在中国的出版史上将永远是光辉的存在。

时代进入 1985 年,正值开明书店创建 60 周年纪念之日,想起一些经过的往事,想起书店创业者许多亲切的面影,使人有不胜恋恋的感觉。夏先生、章先生、徐调孚先生、傅彬然先生都已经见不到了,可今天,得和 90 高龄的叶圣陶先生共同来纪念这个日子,我感到幸福。

一九八五,一,三。

选自《我与开明》,中国青年出版社 1985 年

忆开明　怀夏师

杨荫深

开明书店创建于 1926 年,那时我还在上海美专念书,赵景深

先生担任该店编辑,我曾将一本《平剧戏目汇考》稿子送去。他回答我信说,此稿颇似日本波多野轻的《支那剧大观》,但开明不能出版。从此我就结识了赵先生,相交了60年。后来赵先生到北新书局去了,新来的是夏丏尊先生。他是我中学时的国文老师,因此我与开明书店的关系就更密切。

开明书店专出中青年的读物,向受中青年读者的欢迎。后来出版大部头书,如影印《二十五史》及编印《二十五史补编》,对史学界贡献极大。特别是《二十五史》,当时以36元低廉的价格,能买到普通至少需要一百多元才能买到的史籍,更是难能可贵。它厚装九大册,翻阅既很方便,携带更不困难。它几乎成为我毕生常带的书籍,目下还在翻阅之中。本来还要翻印《太平御览》等书,可惜"八一三"战争爆发,从此停止。固然商务、中华也出了不少的大部头书,但他们从来不会替贫苦的读者着想。如商务的《百衲本二十四史》,好固然好,但定价高到二三百元,除供有钱人家作摆设外,哪个青年读者能买得起这部书呢?从这一点看来,开明出书,可以用现在的话来说,真正做到了为读者服务。

我本在浙江省立第四师范学校念书。1924年,学制改革,中学与师范合并,并分为初中三年、高中三年。名称合并为浙江省立第四中学,校长为经亨颐先生。他聘请的教师多是当时著名的人士,除夏丏尊先生为我们国文老师外,又请朱自清先生教科学概论,刘延陵先生教社会学,等。我在高中师范科二年级。夏先生第一天上课的时候,就自我介绍说:"我叫夏丏尊。但有的人当我是夏丐尊,那也没有关系,做做叫化子头脑,有什么不可呢?"大家听了,都觉得这位先生真是宽宏大量,毫不计较。

他对待同学总是循循诱导,从来没有疾言厉色。讲课时一向不坐在讲台上,总在台下走来走去,使大家都能听到。他不用教科书,自选文章印成讲义。作文课时专讲作法,后来就与刘薰宇先生合编成了《文章作法》,在开明出版。

那时他除四中以外，还到上虞白马湖春晖中学去教书，所以每星期都要来去一次。大约一年之后，学校撤换了校长，夏先生便不来了，我也在那时转到美专念书。不想第二年经亨颐先生来任美专校长，我就在那年毕业，真是巧极。夏先生那时在开明，我经常去拜访他。那时我还没有找到工作，生活很不安定。他总是勉励我，并说："陈望道在编《太白》，你可写些东西，我替你送去。"可是我不会写散文，而且它登的都是名家作品，所以有负夏师的期望。

但夏先生这一题目出得好。我有一次到开明去，对夏先生说："让我为开明写一本稿子吧！"夏先生倒一点不觉为难，爽然地说："好吧！你只管把稿写了寄来！"我想夏先生从来不说应酬话，这话是真的，我不妨去试一试。

写什么呢？开明出的大多是中青年的读物。我既不会写小说，又不会写散文，更不搞论著。而且这次只许成功，不能失败。万一使他有些为难的话，我就对不起他，使他无法交代，我也自讨没趣。

想来想去，我从老师翻译的《爱的教育》中着手，这是一本为广大青少年所爱读的读物。我从中改编它一些，也一定为读者所欢迎。于是我就把书中每周例话中所讲的爱国故事，编成几个剧本，定名为《少年英雄》寄了去。

一星期以后，夏先生回信来了，认为稿可采用，要我前去办个手续。我去了以后，夏先生就拿出一份版权契约，教我签字。但需要一个中间人，恰巧徐调孚先生在门前走过，夏先生就喊住他，请他签字，他一口就答应了。于是手续齐备，就付我稿费。这样一本小小的书稿，夏先生竟亲自出马，为我办理手续。此情此景，使我永远难忘。

可是不久，抗战开始，夏先生在上海历经敌伪的压迫，生活上的困苦，抗战胜利后又目睹国民党的腐败，终于在 1946 年 4 月病逝。我事前一点不知道消息，以致没有一次去拜访过。直到大殓时候，我奔到殡仪馆向他遗体告别，眼泪不觉涔涔地下来了。夏老师，永别了，我永远不会忘记你对我的谆谆教导！

一九八五年一月十日

选自《我与开明》，中国青年出版社 1985 年

丏尊师和开明书店的科学读物

贾祖璋

1934 年在陈望道先生主编的《太白》半月刊创刊号《科学小品》专栏发表文章的四位作者，很凑巧，都与开明书店有关。顾均正和贾祖璋是开明书店编辑，周建人(克士)和刘薰宇是开明书店的作者，而且在此以前和以后，也都一度在开明书店工作过。开明书店仿佛是科学小品的起源地，这与开明书店原本对通俗科学文章和书籍比较重视有关。

开明书店于 1926 年成立后，先后刊行《一般》和《中学生》两种杂志，与比较早刊行的《新女性》杂志，都经常刊载适于青年阅读的介绍科学知识的文章，作者便是刘薰宇、顾均正、周建人等。刘薰宇把逻辑性强，内容比较枯燥的数学写成既像故事又似讲话的生动活泼，趣味盎然，便于读者理解和领会的文章，很吸引人。顾均正在商务印书馆编辑《少年杂志》多年，所写关于物理和化学的文章都深入浅出，通俗易懂。周建人在商务印书馆主编《自然界》杂志时，就开辟《趣味科学》栏，专载内容比较生动的生物方面的文章。"趣味科学"可以说是"科学小品"或"科普创作"的原始名称。

开明书店的编辑业务是夏丏尊、叶圣陶、王伯祥、章锡琛诸位先生主持的。中小学教本和新文学作品(主要是茅盾的《子夜》，

巴金的《家》、《春》、《秋》等等）保证书店的经济来源。以中学生为对象，就语文、史地、科学等方面提供一些课外补充读物，便不计盈亏，只看是否需要。《中学生》杂志和《开明青年丛书》、《开明少年丛书》，就是依据这样的意图而出版的。这两套丛书中的科学读物，数理化、天地生各方面都有。据记忆所及，数学方面，除了前面讲到的刘薰宇的著作以外，后来还有许莼舫的关于中算史的多本著作。物理和化学有顾均正的《科学趣味》，郑贞文等的《化学与我们》等。生物方面有克士（周建人）的《花鸟虫鱼》，陶秉珍的《植物的生活》，祝仲芳等的《昆虫的生活》，高士其的《细菌与人》，贾祖璋的《生物素描》等。另外，还有索非的《疾病图书馆》等关于医药卫生方面的书籍。现在六七十岁的老科学家、老文学家对这类读物，可能都还留有印象。

还有翻译读物，董纯才译的伊林的《五年计划的故事》、《十万个为什么》等，顾均正、成绍宗分别翻译的法布尔的《化学奇谈》和《家畜的故事》，对读者有一定的影响。符其珣译的别莱利曼的《趣味物理学》、《趣味天文学》等，内容充实新颖，科学性强，堪称是真正的趣味读物。

开明书店能够出版众多通俗浅显的科学读物，应与主持编辑业务的诸位先生对科学有一定的兴趣有关。特别是夏丏尊先生曾在日本东京高等工业学校肄业，与科学是有缘的。

夏丏尊先生是我的老师，应称丏尊师。过去的印象，丏尊师是教育家、文学家，也是精于日文的文学翻译家。最近阅读新出版的《夏丏尊文集·平屋之辑》，丏尊师也有通俗浅近、介绍科学知识、体例近似科学小品的三篇文章。据叶至善兄说，还有几篇没有收入呢。

这三篇写作于 1932 年、1933 年和 1934 年 4 月。第一篇《人所能忍受的温度》，谈到有几种藻类和低等动物，能耐 80 度以上的高温，或零下 120 度以下的低温。（抗战期内，我也曾注意到这一类资料，后于丏尊师10年了。）叙述人对温度的感觉，在空气和水中并不相同。18度的空气，人感到恰好，25到28度则感觉温暖，28度以上便感觉热了。水，同样是18度，人却感觉很冷，至29度还觉得冷，35度半以上，才觉得温暖，37度半以上则觉得热。这样辩证地说明人对温度的感觉，现在看来，还有新颖之感。

第二篇是《蟋蟀之话》，从"以虫鸣秋"说起，详细叙述了蟋蟀的发音装置以及交配、产卵和发育过程，并且也已使用"若虫"字样，结合饲养，令人观察它的一切活动，科学性很强。

第三篇《春日化学谈》，分为日光、植物、动物和微生物四部分，说明植物的光合作用，动物冬眠和消化食物的机能，酵母菌的形态和生活及其酒精发酵的作用，文中提到"石炭（煤）总有干竭的一天"，"石油汽油也是有限的东西"，"能用人工制造的燃料，现在只有酒精"。在五十年后的今天看来，正是解决能源问题的途径之一。

丏尊师1907年因未能补得官费，就从日本回国。第二年任杭州浙江两级师范学堂通译助教。所谓两级即学校有优级和初级两部分：优级等于现在的大专班，聘有日本教师；初级等于现在的中专。1913年，优级取销，改称浙江省立第一师范学校，丏尊师自告奋勇，担任舍监，负责管理学生。

1915年，我考入浙师，丏尊师开始讲授国文，就教我们这一班。当时印发的选文教材，没有断句，更不分段。上课时丏尊师就随便指定一位同学读断句子。读错或读完了一段，指定另一位同学再读。全文读完，再指定同学分段讲解。同学们常恐点到名，读不断，讲不好，因而上课前总先认真预习。讲授的柳宗元的几篇游记，韩愈的《祭十二郎文》，苏轼的前后《赤壁赋》等都留下深刻的印象。

作文，丏尊师主张讲真话，少发空议论，不用套语，不用陈词滥调。要简洁明畅，要言不烦。文如其人，丏尊师对作文的要求，正是他诚挚直率的做人态度的表现。

1926年前后，我开始写作关于鸟类和其他方面的通俗文章。丏尊师以《鸟类面面观》为题，嘱为《一般》杂志撰稿。后来我把零篇文章编成两本书，丏尊师给拟名为《动物珍话》和《鸟与文学》，并且为《鸟与文学》写了序文，对我的写作给了很大的支持和鼓励。

1932年“一·二八”事变后，由同学傅彬然兄介绍，7月间，我也进了开明书店，直到1937年“八一三”事变后离沪转赴内地，一起工作六个年头。其时我先后编写了小学自然课本，初中动物学、植物学教本，都承丏尊师阅读修改，保证了质量。

同时，我在业余撰写的《中国植物图鉴》，没有完稿即分批发排，一本一千六百多页的书，随编随排，经过三年功夫，得以刚巧在“八一三”事变前两个月出版，如果不是丏尊师和编辑部诸位先生的支持，这本书是难以出版的。

1945年12月，我从内地返回上海，丏尊师已经卧病在床，还殷殷询问八年间在内地的生活情况。当时虽然抗战已经胜利，但时局依旧闷人。丏尊师经常悲天悯人，病遂加剧，翌年4月23日竟至不起。遗嘱火化，开风气之先。

今年，要纪念开明书店创建60周年；明年，1986年，是丏尊师诞辰一百周年，也是逝世40周年，谨以此文作为纪念。

选自《我与开明》，中国青年出版社1985年

一个平凡、笃实而又伟大的人

——纪念夏丏尊先生百岁诞辰、四十周年忌辰

王知伊

“夏先生名铸,字勉旃,别号丏尊。浙江上虞崧厦乡人也。曾小筑于白马湖边,未遑久居。清光绪十二年(1886 年)生,19 岁留学日京(日本东京),22 岁归。初任浙江两级师范学堂译教,旋任学舍监,司训育,合兼授国文、日文。余与先生订交于宣统三年秋,同事者十年。”这是夏先生故友姜丹书在 1946 年 5 月于夏逝世时写的《传略》中开头讲的几句话。我引这段话,有两层意思,一是极简略地说一说夏先生早年的情况,一是让大家有个印象:今年正是夏先生的百岁诞辰,同时也是夏先生逝世 40 周年的忌辰。

夏先生在两级师范(后改名浙江省立第一师范学校)任教时的同事,有校长经亨颐,教员许寿裳、周树人、李叔同、刘大白、陈望道、李次九等,由于夏先生与刘、陈、李力主革新语文教育,支持新文化运动,因此,有“四大金刚”之称。其后的“一师”同事,还有叶圣陶、俞平伯、朱自清等。这些人,后来几乎都成了文坛的巨匠。夏先生离开“一师”后,曾应湖南第一师范学校之聘,去长沙任教,同事中又有毛泽东、舒新城、田汉、匡互生等。当时匡是教务主任,致力于教育改革,夏先生也反对因循旧说,两人很快成为知交。以后,夏先生又在春晖中学、立达学园、暨南大学等学校任教,直到 1927 年进入开明书店任编辑所长之前,他都是从事教育工作的。因此,夏丏尊先生首先应该说是一个教育家。

说起他是一个教育家,还有以下两个事实也是令人敬仰的。即:夏先生在教育工作中培育了很多人材,很多杰出的、学有所长

的著名人士出于他的门下,如丰子恺、傅彬然、魏金枝、赵平复(柔石)、潘漠华、应修人、冯雪峰、汪静之、周伯棣、曹聚仁、贾祖璋等均是。另外,在夏先生从事的译著中,不少是有关教育工作的书,其中最为著名的有他从日文译出的意大利小说家德·亚米契斯的《爱的教育》、孟德格查的《续爱的教育》两书,前一本书在解放前印了数十个版次,近几年由上海书店影印出版,受到中小学教师、家长以及学生的极度欢迎。夏先生自己说,他是流着泪翻译这本书的,就我以及千千万万的读者来说,也曾是在泪眼模糊中读完这本书的。夏先生所倡导的爱的情感教育,也正是他从事主编《中学生》杂志,给中学生写文章、讲话的思想基础。

夏先生逝世时,在上海大公报刊登的消息中称他是文学家,说他著作等身。那又是因为夏先生有大量的译著传世的缘故。他不仅翻译教育小说,也翻译了俄国盲诗人爱罗先珂、日本小说家芥川龙之介等人的著作。他自己也创作小说、散文,并写了不少篇杂文。《平屋杂文》(该书将由上海书店专集影印出版,以为夏先生百岁诞辰纪念)中的各种题材的短论、短评、序文、随想录等,笔调不一样,但那朴质动人的语言,好像掏出了肝胆似的,叫人不得不信赖他的那种感染力,决不是任何一个文学工作者可以容易学习、模仿得到的。譬如,收在这本集子里的《我的中学时代》一文,写的是他30年以前的事。讲他小时候读《幼学琼林》,读《诗经》、《礼记》,学做八股文,16岁考取了"秀才",后来读《笔算数学》之类"新"书,进了"中西书院",又因学费太贵,转学"绍兴府学堂",后来在19岁时留学日本"宏文学院"等等。他娓娓道来,就像家庭中的一个老人在给他的亲戚、朋友或后辈随便说说那样的亲切有味。又如《悼一个自杀的中学生》、《鲁迅翁什记》等文章,都是好像把题材信手拈来,任意发挥的,其实字句之中都含有作者的深意,文字中体现了平易近人的风格。

夏先生在文字学、语文教学等方面有极深的造诣,与刘薰宇合编的《文章作法》,与叶圣陶合编的《文心》、《文章讲话》、《文艺论ABC》等都曾风行一时。阅读这些著作,不仅对你行文、造句、遣字时可以避免一些欠通、欠妥之处,还有助于你提高文艺欣赏能力,领会作品的作意和各种不同的体裁和风格。正由于他在以上各方面的贡献,所以 1936 年 6 月,中国文艺家协会成立时,他被推为主席,并与茅盾、王统照、傅东华、洪深、叶圣陶、郑振铎、徐懋庸、沈起予等九人当选为理事。在同辈中,他年高德劭,受到了当代作家的尊敬。

夏先生进入开明书店工作,一直到他去世为止。他对开明书店的贡献,这里不想逐一写述。仅就个人感受较深的谈一些。首先是,他为开明书店以青少年读物为出版重点,指明了方向,并打下了基础。他初进"开明",编辑《一般》杂志,以后主编《中学生》,又任《新少年》杂志社社长,同时,极力组织编写这类读物,拿介绍世界著名童话来说,不下数十种之多,至于有关青少年身心修养的图书,各种中、小学教科书以及课外补充教材、课外读物等,只要质量高,夏先生几乎是一有来稿,就出一本书。据他的学生杨荫深同志回忆,他把《爱的教育》中"每周例话"中所讲的爱国故事,编成几个剧本,定名为《少年英雄》,寄给夏先生,很快就被采用出版了。夏先生对于一个普通作者的关怀和爱护,使他至今还深深感动。

其次是,夏先生对"开明"的出版物,除了着重书稿的质量以外,还极力在形式上求其革新。比如,《开明活叶文选》这种以单页发行的形式,虽不是夏先生所创造,却是他十分乐意提倡的。又如,由他的学生丰子恺以及钱君匋在书籍装帧设计方面的改革,丰子恺为开明版图书作图画插页等,都是在他努力推行和鼓励下取得了成就的。再次是,作为一个老作家和一个老编辑,他把提携新作家作为自己的天职,从而也使开明书店在社会上、在读书界、在作家群中获得了更多的知音。1936 年,开明书店编印了一部短篇小说集，题为《十年》，以纪念开明书店10周年。这本书的作者中，有不少在当时尚是一般的文学青年，而后来成为名作家的人，如艾青、沙汀、蒋牧良、端木蕻良等。夏先生对开明书店的贡献，远不止这些，但就是这些，已足使开明书店能挺立于当时的出版界，其读物在书林中独树一帜了。因此，夏丏尊先生还应该说是一个现代的出版家。

夏先生逝世以后，在纪念其一周年、二周年时，开明书店同人中如叶圣陶、傅彬然、周振甫等均有悼念他的文字，盛赞他的崇高的道德品质。今天，我重读这些文字，恍如重见一位蔼然长者。为什么夏先生如此感人呢？傅彬然先生说："夏先生所以这样受人崇敬，从根本上说，自然由于夏先生的整个人格的感召。其实，夏先生那种出于衷心，毫无做作的对人关切，处处替人着想的态度，就已经使人深感温暖，永远不能忘怀了。"确是这样。夏先生一生，看来很平凡，为人极笃实，这也许正是他最感人之处。他在家乡白马湖盖的平房，取名为"平屋"，既是纪实，不又包含着平民、平凡、平淡的意思在内吗？

上文提到，夏先生曾和毛主席同事过。毛主席在北伐时曾对朋友说，丏尊先生不了解政治，但对于他的人格很崇敬。夏先生是不大懂政治的，不过，他为人正直，正义感强，处在国民党反动统治的年代，中华民族又遭受日本帝国主义的侵略，他还曾被日寇关押过，这就使得他逐渐在政治上明辨是非，有了强烈的爱憎。他的学生赵平复（柔石）、叶天底（解放前曾任中共上虞县委书记）以及"浙江一师"学生宣中华等烈士的惨遭杀害，英勇就义，都使他十分痛心，万分愤慨。他痛恨日本侵略者，主张抗日救亡。抗战开始，他更积极从事抗日工作，参加了抗日后援会。他含辛茹苦，在上海沦陷区等待黎明——抗战胜利的到来，可是胜利到来之后，当他看到国民党反动派的种种胡作非为，不禁在临终前对叶圣陶先生说："胜利！到底啥人胜利！"这种发自灵魂深处的慨叹，表白了他对国民党反动派的极端憎恨，又是对广大人民群众的无限同情。我们党是了解夏先生的，当时党的喉舌——重庆新华日报于他逝世后第4日(4月27日)，专门写了篇社论，题为《悼夏丏尊先生》。说他“数十年来，努力文化运动和民主运动，曾建树不可磨灭的功绩”。还说他在敌人面前，正气凛然，屹然不动，“这真可以说是贫贱不能移，富贵不能淫，威武不能屈了”。先生遗体火化时，中共上海办事处送了花圈。现在，事隔整整40个年头，党和人民仍然没有忘记夏先生，今年6月将在先生的故乡举行纪念活动，可见一个尽管似乎平凡、笃实、诚敬的人，总会长久不灭地活在人们的心中的。

1986年4月2日，上海

原载《出版研究》1986年第4期

忆夏丏尊先生

夏　衍

今年6月15日，是夏丏尊先生100岁冥诞，今年4月，又正是他逝世40周年。

提到夏丏尊先生，很自然地会想起开明书店，会想起《中学生》杂志，会想起他翻译的《爱的教育》，会想起他和叶圣陶先生合著的《文心》。他为青年一代的语文教育和进步出版事业，勤勤恳恳、任劳任怨地工作了几十年，但是由于他的恬淡朴质、不求闻达，所以在当代青年中，知道这位甘为孺子牛的长者的人，已经不太多了。从1909年他在浙江两级师范学堂任教起，相继在浙江第一师范学校、湖南第一师范学校、春晖中学、立达学园、暨南大学、南屏女子中学，从事教育工作，言教身传，真可以说是桃李满天下。受过他的教诲的人,和他共事过的人,想起他,就会有一股敬爱的暖流涌上心头。

丏尊先生比我大 14 岁,五四运动那一年,我在浙江甲种工业学校念书,他是经亨颐先生主持的浙江第一师范学校的语文教员兼"舍监"。受到北京学生运动的影响,浙一师和杭州几个学校的青年人凑合起来,办了一份叫《浙江新潮》的周刊,他和陈望道、刘大白先生都是这个小刊物的支持者。也就在这个时候,我经过俞秀松和汪馥泉的介绍,在贡院前的浙一师的宿舍和他第一次见面。他鼓励我们,要我们像北大学生一样地去闯破沉闷的空气。可是不久之后,因为施存统(复亮)在《浙江新潮》上发表了一篇《非孝》,就"闯"了一场大祸。在封建宗法统治的旧社会,非孝当然是大逆不道,而这篇文章,却又是经过丏尊先生审阅过的,一个小刊物引起了一场大风浪,这就是当时有名的"浙一师风潮"。当时,学校中的"舍监",相当于后来的政工干部,它的职务是监督和管理学生的思想行为。因此,丏尊先生以"舍监"的身份而同意学生发表《非孝》那样的文章,无疑就成了顽固派所说的"奇闻怪事",而在我们这些二十岁左右的青年人,他的这一行动就成了我们精神上的支柱。

"浙一师风潮"之后,丏尊先生被迫离校,应易培基、匡互生先生之邀,到湖南第一师范学校任教,一年后,回到上虞白马湖,在春晖中学、浙江省立四中工作了四年。当时,在青年学生中最受欢迎的一本书《爱的教育》,就是他在这个时期翻译出版的。这本书在抗战前再版了三十多次,和他写的《文章作法》、《文心》一样,都在青少年和教育工作者之间有很大的影响。

1925 年后,丏尊先生在上海定居,一面教书,一面写作,先是在暨南大学任中国文学系主任,后应章锡琛先生之邀,任开明书店编辑所长。经历了十年内战、八年抗战的艰困时期,他团结了大批爱国、进步、正直的文化工作者、教育家、科学家,拥有一支不亚于商务、中华的著译家队伍:叶圣陶、茅盾、胡愈之、巴金、朱光潜、朱自清、丰子恺、陈之佛、谢六逸、费鸿年……真可以说群贤毕集,胜友如云。在上海白色恐怖十分严重的30年代,在他主持下,开明书店出版了大量进步的中外名著,发行了《一般》、《中学生》、《新女性》、《新少年》、《月报》等刊物,哺育了一代青年。他在教育、出版史上的功绩,是永远值得纪念的。

丏尊先生在文化、教育、出版界辛勤工作了40年。这40年,也正是新中国诞生之前的最黑暗的时期。他爱国,他向往科学与民主,按他的气质来说,他是一个质朴恬淡的知识分子,尽管五四之前他就和鲁迅一起参加过"木瓜之役",支持过"浙一师风潮",但他没有参加过实际的政治运动,可是,在正直与邪恶、光明与黑暗、反抗与暴压之间,他的立场是坚定的,态度是鲜明的。1927年大革命失败,浙一师的学生,浙江最早的共产党员宣中华、叶天底惨遭杀害,他多方营救无效,就愤笔写了一副对联:"天高皇帝远,人少畜生多。"抗战前夕,上海文化界救亡协会创办《救亡日报》,郭沫若和我请他撰稿,他毫不迟疑地当了这份报纸的编辑委员,写了文章。1941年太平洋战争爆发,上海租界被占,日本人想利用他在文化界的声望,一再派人请他"出山",都遭到他的毅然拒绝。因此,1943年冬,他曾一度被日本宪兵逮捕。

1937年上海沦陷后,丏尊先生因年老多病而留在上海,靠笔耕和教书维持生活。抗战胜利后,我回到上海,不止一位朋友告诉我,抗战后期,先生一家的生活非常艰苦,有时,他只能"吃扁担饭"(即每天只吃两餐),但是,他还是关怀着留在孤岛的进步文化工作者,介绍他们到南屏女中去教书,或者邀请他们翻译一些当时可以出版的书,来获得一点稿费。丏尊先生去世之后,有一次,周予同老先生和我说:丏翁的一生,可以用"爱国、爱人民、爱青年"这三句话来概括。我说,读他的文章,看他的待人和处世,他的爱心之深,真可以说是"菩萨心肠"。本世纪初,他在日本留学时期,李叔同(弘一法师)是他的知心好友,又在两级师范学堂共事多年,情同手足。他很欣赏"维摩诘经",还曾对我说过:"无垢称"(身心无垢)是读书人应有的精神境界。丏尊先生在思想上受过释家的影响,但他既不逃禅,更不出世,他的心是与国家的命运和现实的人生紧紧地联系在一起的。

丏尊先生离开我们已经40年了,但是遗爱在人,他的道德文章,永远是值得后人学习的榜样。

一九八六年四月

原载1986年6月11日《浙江日报》

从编字典看夏丏尊先生的为人

周振甫

夏丏尊先生抱着满腔热情来从事工作和学习,在生活上也这样,这是情。这样对待工作、学习和生活,就产生了各种想法,有的提到理论高度,这是理。情和理结合,脚踏实地地工作、学习和生活,这是事。(对"理"和"事"的提法,见于下引《夏丏尊文集·平屋之辑·我的畏友弘一和尚》文中。)我接受夏先生的教导,主要在向夏先生学习编字典的时候,因此从夏先生编字典谈起。

1941年,日本侵略军进占上海租界,上海开明书店出版业务暂告停顿。夏先生决定在开明编译所主编《夏氏字典》,指定我作助手。我在夏先生的领导下学习编字典工作,开始对夏先生有了进一步的认识,感到夏先生对待工作和生活充满热情。就编字典说,夏先生不是按照字典一般的编法来编,首先就怎样帮助读者来考虑。读者既要读白话文,也要读文言文,因此这部字典要文白结合。夏先生既要帮助读者从字典里查到不认识的字的音义,还要帮助读者从字典里查到每个字的不同用法。这部字典既是文白结合,又是义用兼顾。这样考虑,恰能说明夏先生抱着满腔热情来对待这个工作。有了这种热情,才有这种想法。怎样来贯彻这种想法呢?在文言里的一个单字,在白话里往往成了双音词。要文白结合,对一个字作了注释以后,下面举的例证,有白话的,有文言的。后面再来一个复词,在字典里作[复],复词下面,把这个字的意义在白话里构成双音词列出。这个[复],是夏先生的新创。[复]下的双音词是白话,例句的字有单音词,是文言,这就是文白结合。像"大"字,有体积大的意思的,举例如"房子大""地方大",[复]作"宽大""广大";有年龄大的意思的,例如"年纪大",[复]作"长大";作重要解时,[复]作"重大";有超越寻常的意思的,[复]作"伟大";作夸张解时,[复]作"夸大"。这样,有了复词,更确定了"大"字的各种意义。这是就文白结合说的。再就义用兼顾说,夏先生的字典,分"名""动""形""副",如"风"字,像"风吹草动",是名词。"春风风人",第二个"风"是吹,即动词;"风力",指风的力量,"风"是形容词;"风餐露宿",在风中餐,"风"是副词。这就说明这个字的各种用法。(《夏氏字典》的原稿不知在何处,以上举例非原文。)夏先生本着编字典的热情,就产生这种想法,根据这种想法来编字典,这就是夏先生在编字典工作中的情、理、事。可惜这部字典没有编成夏先生便因病去世了。夏先生去世后,没有人来对这部字典作完稿工作,这部字典始终未能成书。

夏先生不光是编字典这样,译书也这样。他在《〈爱的教育〉译者序言》里说:"我在四年前始得此书的日译本,记得曾流了泪三日夜读毕,就是后来在翻译或随便阅读时,还深深地感到刺激,不觉眼睛润湿。这不是悲哀的眼泪,乃是惭愧和感激的眼泪。除了人的资格以外,我在家中早已是二子二女的父亲,在教育界是执过十余年的教鞭的教师。平日为人为父为师的态度,读了这书好像丑女见了美人,自己难堪起来,不觉惭愧了流泪。书中叙述亲子之爱，师生之情，朋友之谊，乡国之感，社会之同情，都已近于理想之世界，虽是幻影，使人读了觉到理想世界的情味，以为世间要如此才好。”（见《夏丏尊文集·平屋之辑》，以下引文同）夏先生对《爱的教育》的流泪，正说明他的动感情。他从动感情中产生了对这本书的想法，再非常认真地把它翻译出来，这就是夏先生在翻译工作中的情、理、事。再就对这书名的翻译说，意大利文原名《考莱》，是“心”的意思；英译本作《考莱》，下又标《一个意大利小学生的日记》；日译本作《爱的学校》。夏先生认为“书中所叙述的不但学校，连社会及家庭的情形都有，所以又以己意改名《爱的教育》”。一个书名还要这样反复考虑，说明夏先生对工作的认真。

夏先生在教学工作中也是这样。夏先生在《紧张气氛的回忆》里说，他在担任浙江两级师范学堂译教时，学堂的舍监受不过学生的气，辞职不干了。一时找不到相当的替人。夏先生自告奋勇，兼任了这个当时认为屈辱的职位。“我新充舍监，最初曾受到种种的试炼。因为我是抱了不顾一切的决心去的，什么都不计较，凡事皆用坦率强硬的态度去对付，决不迁就。”“我不记学生的过，有事不去告诉校长，只是自己用一张嘴和一副神情去直接应付。每日起得甚早，睡得甚迟。”“原是预备去挨打与拼命的。”说明夏先生是抱着满腔热情去兼任舍监的。他“不记学生的过，有事不去告诉校长”，是爱护学生。他在这时，“读教育论著，翻宋元明的性理书类，又搜集了许多关于青年的研究的东西来读”，办事又非常认真，也是注意情、理、事来做好工作的。

夏先生在学习上也是这样。夏先生在《我的畏友弘一和尚》里谈到孔子在《论语·颜渊》篇里讲“克己复礼为仁”的一段话，现在节录在这里：

“《四书蕅益解》前几个月已出版了。有人送我一部，我也曾快读过一次。”和尚说。

"蕅益的出家,据说就为了注《四书》,他注到《颜渊问仁》一章据说不能下笔,这才出家的。《四书蕅益解》里对《颜渊问仁》章不知注着什么话呢?倒要想看看。"我好奇地问。

……

"《颜渊问仁》一章,可分两截看。孔子对颜渊说:'克己复礼',只要'克己复礼'本来具有的,不必外求为仁。这是说是'仁'就够了,和你所见到的唯心净土说一样(这是说佛教讲的西方极乐世界只在心里,不用外求——振注)。但是颜渊还要'请问其目',孔子告诉他'非礼勿视,非礼勿听,非礼勿言,非礼勿动',这是实行的项目。'克己复礼'是理,'非礼勿视'等等是事。所以颜回下面有'请事斯语矣'的话。理是可以顿悟的,事非脚踏实地去做不行。理和事相应,才是真实工夫,事理本来是不二的。——蕅益注《颜渊问仁》章大概如此吧,我恍惚记得是如此。"和尚含笑滔滔地说。

到夏先生看到《四书蕅益解》的《颜渊问仁》一章,"不看犹可,看了不禁呀地自叫起来"。

原来蕅益在那章书里只在"回虽不敏,请事斯语矣"下面注着"僧再拜"三个字,其余只录白文,并没有说什么,出家前不能下笔的地方,出家后也似乎还是不能下笔。所谓"事理不二"等等的说法,全是和尚针对了我的病根临时为我编的讲义!

这段话说明弘一法师的学习也是情、理、事结合的。情是有感情的,这感情不仅对蕅益的注,也对夏先生的"唯心净土说",因而产生为夏先生"编的讲义",这就是理;他自己是"脚踏实地去做"的,这就是事。夏先生听了弘一法师的话说:"和尚对我的劝诱在我是终身不忘的,尤其不能忘怀的是这一段故事。”夏先生在这里是充满感情的,这是情;夏先生对弘一法师这段话,有了认识,这是理;但夏先生还是跟弘一法师不同,弘一法师有了认识,就出家去做和尚了,这说明弘一法师的理是唯心的,所以归向佛教;夏先生有“净土唯心说”,认为净土是唯心的,并非实有,说明夏先生的理是唯物的,这是夏先生跟弘一法师的不同处。

夏先生的理怎么是唯物的,这里试举一例。在五四运动时期,吴虞提出“打倒孔家店”。他在《新青年》2 卷 6 号《家族制度为专制主义的根据》里,指出封建专制建立在家族专制上面,说:“家族之专制既解,君主之压力亦散,如造穹窿然。”因此把孔子的提倡孝悌,说成是封建专制的最大祸根,从而认为“盗丘之遗祸在万世”(本“盗跖”之称,称孔丘为“盗丘”),认为孔子的提倡孝悌成为万世罪人。就在五四运动的 1919 年 10 月里,夏先生发表了《家族制度与都会》,对家族制度的危害提出了新的看法。夏先生说:“都会生活与家族制度根本上不能不生冲突,乡村有宗祠,都会没有宗祠,就是证据。本来住在都会里的人大概只有家庭,没有家族;在都会做客的人虽然在乡村仍有家族,但是因都会上职业样式的变迁,事实上也不能够维持他在乡村的家族制度。”这篇文章,有力地说明都会的兴起,都会中家庭的建立,造成家族制度的崩溃。这样唯物的观点,实际上推翻了家族制度“遗祸在万世”的说法。不用万世,家族制度已垮了。当时家族制度虽已在崩溃,但并不影响军阀割据的封建专制,也说明家族制度并不是封建专制的根据,家族制度虽已崩溃,封建专制并不因此解体。夏先生的唯物观点,可以纠正吴虞理论的错误,虽然夏先生只讲家族制度在都会建立后趋向崩溃,但读者却可以从中得出以上的结论来。夏先生这种唯物观点,终于使他跟弘一法师出家不同。这也就是夏先生在学习上的理和事,提出《家族制度与都会》是理,不照弘一法师的意见去出家是事。

夏先生在生活上也是这样。他在《〈子恺漫画〉序》里谈到在生活上的情、理、事,这里加以节录。夏先生写弘一法师“从温州来宁波”,“挂褡于七塔寺”。“铺有两层,是统舱式的。他住在下层”,说“在此地挂褡怎样舒服”。又谈到“前两日是住在某某旅馆(小旅馆)里的”。“很好!臭虫也不多,不过两三只。”夏先生坚请他“明日同往白马湖去小住几日”,“他也就欣然答应”。

行李很是简单,铺盖竟是用破席子包的。到了白马湖,在春社里替他打扫了房间,他就自己打开铺盖,先把那破席子珍重地铺在床上,摊开了被,把衣服卷了几件作枕。再拿出黑而且破得不堪的毛巾走到湖边洗面去。

“这手巾太破了,替你换一条好吗?”我忍不住了。

“那里!还好用的,和新的也差不多。”他把那破手巾珍重地张开来给我看,表示还不十分破旧。

他是过午不食的。第二日未到午,我送了饭和两碗素菜去(他坚说只要一碗的,我勉强再加了一碗),在旁坐了陪他。碗里所有的原只是些萝卜白菜之类,可是在他却几乎是要变色而作的盛馔,喜悦地把饭划入口里,郑重地用筷夹起一块萝卜来的那种了不得的神情,我见了几乎要流下欢喜惭愧之泪了!

第二日,有另一位朋友送了四样菜来斋他,我也同席。其中有一碗咸得非常,我说:

“这太咸了!”

“好的!咸的也有咸的滋味,也好的!”

……第三日,他说饭不必送去,可以自己来吃……

“那么逢天雨仍替你送去吧。”

“不要紧!天雨,我有木屐哩!”他说出木屐二字时,神情上竟俨然是一种了不得的法宝。我总还有些不安。他又说:

"每日走些路,也是一种很好的运动。"

我也就无法反对了。

在他,世间竟没有不好的东西,一切都好,小旅馆好,统舱好,挂褡好,破席子好,破旧手巾好,白菜好,萝卜好,咸苦的蔬菜好,跑路好,什么都有味,什么都了不得。

这是何等的风光啊!宗教上的话且不说,琐屑的日常生活到此境界,不是所谓生活的艺术化了吗?人家说他在受苦,我却要说他是享乐。我常见他吃萝卜白菜时那种喜悦的光景,我想,萝卜白菜的全滋味,真滋味,怕要算他才能如实尝到的了。对于一切事物,不为因袭的成见所缚,都还他一个本来面目,如实观照领略,这才是真解脱,真享乐。

在这里,夏先生对弘一法师对待生活的态度充满了赞美的热情,这是情。从中体会出生活的艺术化,这是理。弘一法师这样对待生活,是事。夏先生既有这种生活艺术化的想法,说明夏先生也有这种生活艺术化的实践,这是夏先生在生活上的情、理、事。

抗战中的1938年,夏先生到上海南屏女中去兼课,是教《论语》。可惜他的讲义没有保存下来。夏先生怀着满腔热情去教《论语》,一定有不少新的看法。在夏先生文集里,只找到《"中"与"无"》一文,里面接触到对《论语》的解释。如《论语·阳货》:"子曰:'予欲无言。'子贡曰:'子如不言,则小子何述焉。'子曰:'天何言哉?四时行焉,百物生焉,天何言哉?'"刑昺疏称:"人若无言,但有其行,不亦可乎?"即认为行比言重要。朱熹集注:"圣人一动一静,莫非妙道精义之发,亦天而已,岂待言而显哉?"认为圣人的道,通过行动来显示,不必用言语。《论语·尧曰》:"允执厥中。"朱熹集注:"允,信也。中者,无过不及之名。"夏先生在文章里说:"'中'是个绝对的观念。叫作'中',原是权用的名称。名称是相对的,于是只好用否定的字来限制解释。'中'在根本上不是'偏'

‘倚’‘过’‘不及’等的对待，世人误解作折衷调和固然错了，朱子解作‘不偏不倚，无过不及’，也未彻底。‘中’不是‘偏’，亦不是‘不偏’，不是‘倚’，亦不是‘不倚’，不是‘过’，亦不是‘不过’，不是‘不及’，亦不是‘非不及’。”夏先生认为朱熹的解释不够彻底。因为“中”是绝对的观念，朱熹用相对的“过”与“不及”等来解释，自然不贴切了。大概夏先生认为“中”是恰到好处的意思。夏先生又说：“在究竟的绝对上说，好像沉默胜过雄辩的样子。”这是对“予欲无言”的解释。对于绝对的观念，不好用相对的话来解释。这样讲，似乎比邢昺疏和朱熹注都高明些。记得夏先生有一次去南屏女中上课后，来开明，讲到《论语·述而》：“子温而厉，威而不猛，恭而安。”好像讲到这里的“而”字，联系的是两个相反的概念，“温”和“厉”相反，“威”和“不猛”相反，“恭”是恭逊，不免侷促，与安泰的从容也不一致。这样来观察孔子，有辩证观点。夏先生抱着满腔热情去教学，在认识上就有这样超越前人的看法。

最后，再谈两点夏先生的话，为《夏丏尊文集》里所未记载的。一是对于办杂志的，夏先生提出开始是“人办杂志”，后来是“杂志办人”。即开始时为了发表某种理论，有目的地办杂志；后来提不出什么新的理论来，为办杂志而办杂志，就成了杂志办人了。按照夏先生的教导，只有不断地跟着时代前进，不断地适应读者新的需要服务，才能不断地做好“人办杂志”的工作。夏先生又谈到铲除封建意识，认为只有发展大生产，在大生产中需要大量的工人和技术人才，才能打破靠亲戚和朋友关系来用人，才能做到用人唯才，才能逐渐打破封建意识。夏先生抱着满腔热情来对待工作、学习和生活，因而产生各种想法，其中确有不少值得吸取的理论。可惜我的认识不够，在这里只能极粗浅地谈谈。

原载《辞书研究》1986年第4期

从事编辑工作的教育家

——记夏丏尊先生

叶至善

夏丏尊先生是浙江上虞人,生于1886年,死于1946年。他是一位作家,可是生前只出版了一本文集——《平屋杂文》。他是一位翻译家,曾把许多位日本作家的小说、散文和学术论著介绍到我国来;他从日译本转译的意大利名著《爱的教育》,曾在我国教育界产生了巨大的影响。他是一位教育家,长期担任中学、师范和大学的教师,对青少年的教育有自己的见解和理想,因而主持和创办过几所学校。他是一位语文学家,对语文教育的改革作了毕生的探索;他和亲家叶圣陶先生合著的《文心》,曾是中学生的课外必读书。他又是一位名编辑,一位出版家,主持开明书店的编辑工作并参加经营管理将近二十年。开明书店在当时的出版界能够独树一帜,形成了一种开明、进步、认真、正派的作风,就是为读书界、文化界、出版界所称道的"开明风",夏先生有着他不可磨灭的功绩。

1926年,章锡琛先生和几位朋友创办开明书店,开始时出了好几本谈妇女问题的书籍。第二年,章先生把夏先生拉进开明,请他主持编辑部的工作。从开明书店后来的发展看,这是十分重要的一个决策。在文学界,夏先生被大家看做忠厚长者,他能起号召的作用;在教育界,夏先生有许多志同道合的朋友和学生。在夏先生的影响下,开明书店组织起一个跟自己的出版方针相适应的精干的编辑部,并团结了一大批志趣相同又乐意合作的作者。经过两年多的探索和准备,开明书店选定了以青年学生为主要服务对象的出版方针,于是创办了《中学生》杂志作为联系读者和作者的桥梁,表明自己的态度,宣传自己的主张,并借以组织和积攒书稿。把读者范围规定得如此明确,在当时的出版界,开明书店可以说是第一家。

1930年1月,《中学生》创刊号出版,立即受到了教育界的重视,中学青年——包括在校的和失学的,几乎一致热烈欢迎。在《中学生》的发刊辞中,夏先生说:数十万中学青年"彷徨于纷叉的歧路,饥渴于寥廓的荒原",而没有人关心他们的现状和前途,不能不说是"一件怪事和憾事"。这个严重的社会现象,夏先生早就看到了,他从事教育二十余年,谋求解决的就是如何帮助青年健康成长和为他们寻找出路的问题。他把这样一个宏愿带进了开明书店,继续负起一位老师应尽的责任,而把教育的对象扩大到了所有的在校的和失学的青年。在发刊辞中,他说《中学生》的使命是"替中学生诸君补校课的不足;供给多方的趣味与知识;指导前途;解答疑问;且作便利的发表机关"。这儿说的其实就是开明书店的出书范围。这篇《中学生》的发刊辞,等于是开明书店向社会宣布自己的出版方针的一篇公告。

《中学生》创刊号

夏先生把他对教育的理想贯穿在编辑工作中。在《中学生》创刊号上,他直截了当地提醒青年学生,不要以为自己上了学读了书就有什么与人不同的地方;进学校混资格,靠文凭混饭吃,那种想法是"因袭的封建的恶根性"的表现;要做到无一人挂读书人这块空招牌,又无一人不随时自觉地读书,“中国的前途才有希望”。紧接着在第二期,夏先生又提醒青年学生,进学校不是为了受教材,而是为了受教育,为了培养生活和工作所必需的各种基本能力。他说各种教材——各种课程的教科书只是培养能力的材料;囫囵吞枣地记住了这些材料而忘记了提高能力这个目的,就跟“买椟还珠”同样愚蠢。他希望青年学生要自觉从各种课程中摄取身心上的能力,而且普遍学习所有的科目而不要有所偏颇。

《中学生》后来换过几任主编,但是从未离开夏先生的教育思想。讲知识提倡启发式,照顾到青年学生的阅读兴趣和理解能力;而且一贯用平等的态度跟青年学生讨论他们遇到的切身问题。由《中学生》的出版而逐渐发展和丰富起来的《开明青年丛书》也是如此。这套丛书的内容大大超出了当时中学的课程设置,社会科学、自然科学、文学艺术、品德修养,各门各类无所不包;目的在乎指导青年学生加深对各门课程的理解,并帮助他们丰富知识,开阔眼界,活跃思想,使他们成为身心康健、兴趣广泛的全面发展的人才。夏先生非常重视这套丛书的编辑出版,他自己写得不多,却约朋友们写,给朋友们出题目,甚至帮助朋友们设计编写方法,修改整理稿件。有一本美国人写的青年读物,夏先生听说还不错,就请朋友翻译了,打算编进《开明青年丛书》。但到后来见着校样,夏先生才知道这是一本鼓吹个人奋斗的非常庸俗的读物,于是改变了主意,不再把它编进丛书,而作为零星的书籍出版。后来每次看到这本书,他总要皱眉头,觉得自己做了一件对不起青年读者的事儿。

在夏先生的教育思想的指导下,开明书店还陆续出版了中学各门课程的教科书。商务、中华等大书店都是靠出版教科书起家的,开明虽然步他们的后尘,却还抱着改革教材的目的。各种教科书都请有丰富实践经验的,而且对教育有见地的教师编写,尽量采用新材料和新方法,加强启发性,注意培养学生的学习兴趣和实际能力；在插图、编排及装帧方面都力求活泼醒目。跟商务、中华相比，开明书店的推广力量和发行力量都差得很远，但这套教科书打破了当时一般教材的呆板沉闷的格局，因而被许多愿意革新的老师采用，发行量竟可以跟大书店的课本相抗衡。

当时失学的青年非常多，教科书编得虽好，也跟他们无缘。开明书店决定帮助他们自学，办起了一所函授学校，由夏先生担任校长。函授学校先办初中，初中课程一门不缺，包括音乐、美术、体育在内，三年的功课在一年半内学完。在这一年半内，每月发给学生一本讲义，各门课程按学校的教学进度，合编在这本讲义里。每本讲义的开头有一篇讲话，就像在学校里老师跟学生讲话一个样；后头还有各种辅助课程，如书法、珠算之类。每月还发给学生一本作业本，学生做完后寄回学校批改，如果有问题，可以写在作业本上要求解答。学校负责批改作业和解答疑难，还负责定期考试。各门功课同样重视，即使自学也不能偏废，这是夏先生一贯的教育思想。讲义力求编得能让学生自己看懂，学生有疑难得设法解答，还要批改学生的作业，这样认真负责，是夏先生一贯的作风。办法设想得这样周到，校长和老师又都是青年景仰的人，因而入学的学生很多，批改作业成了难以应付的沉重负担。函授学校勉力维持了一年半，最后只好停办，只留下了一套供青年自学的初中各科讲义。

1932 年“一·二八”淞沪战役，开明书店受到了一些损失，但不久就恢复了元气，而且有所发展。1937 年，上海又爆发了“八一三”抗日战争，开明书店的管理部门、编辑部门和承印开明书店书刊的工厂全部被毁。大多数同人只好暂时遣散，剩下的一部分迁到内地，夏先生和另一部分留在上海。上海沦陷以后，人民生活越来越困苦，夏先生只好去中学兼课，收入还是吃不饱饭。1942 年冬，夏先生被日本宪兵司令部逮捕，经内山完造先生营救，只关了十天就释放了，可是健康受了摧残，肺病复发，又得不到起码的营养。1945 年抗战胜利,他对国家的复兴怀着极大的希望;可是希望马上破灭了,他发表了一篇《好话与符咒式的政治》,辛辣地讽刺了国民党的倒行逆施。但是对出版事业,他仍旧非常关心。他写了一篇《中国书业的新途径》,提出了编辑出版部门和发行部门分开的设想,跟解放后出版界的改革基本一致。可是夏先生没能看到这一改革的实施,1946 年 4 月 23 日,他就与世长辞了。

今年 6 月 15 日,是夏先生的百岁诞辰,在他的家乡上虞举行了纪念会。许多同志在纪念会上发了言,还有许多同志在报刊上发表了纪念夏先生的文章,有讲他的教育思想的,有讲他的语文理论的,有讲他的文艺风格的,有讲他的高风亮节的。有好几位老一辈的作家,还讲到夏先生怎样鼓励他们写作;怎样耐心地帮他们修改稿件;在反动派的检查制度下,怎样保护了他们的作品;在他们最困难的时候,怎样变通办法支付稿酬,使他们能够维持生活。夏先生在年轻的时候就选定了教育作为他的终身事业,他是以教育家的理想和态度来从事编辑出版工作的,不论对待读者还是对待作者,他都无限关心,就像一位慈祥的老师。

原载《出版史料》1987 年第 1 期

纪念夏师丏尊

黄　源

1986 年 6 月 15 日,是著名文学家、教育家、出版家夏丏尊先生诞辰 100 周年,而 1986 年的 4 月 23 日又是先生的逝世 40 周年。他的教育界和文坛上的老友,上海的巴金、周谷城、柯灵,北京的胡愈之、叶圣陶、夏衍、丁玲、朱光潜、王力、吕叔湘、俞平伯、赵朴初、吴组缃、钱钟书、楼适夷、唐弢、周振甫,和他的女婿叶至善,于

1985 年 11 月和 12 月,先后致函浙江省文联并转浙江省人民政府,指出夏先生生前长期从事教育及译著工作,在人民群众中较有声望和影响。1985 年浙江文艺出版社已出版《夏丏尊文集》。建议 1987 年在夏先生原籍浙江上虞县举行夏丏尊先生 100 周年诞辰纪念会,并邀请各地有关知名人士与会以志纪念。

夏先生是我 62 年前的老师,1924 年我曾在夏先生主持的白马湖春晖中学肄业,在 30 年代又和先生同在上海文化界服务,深知上列建议为夏先生举行 100 年诞辰纪念的我国学术界知名人士在新文化建设事业中,都和夏先生有着深厚的战斗友谊。夏先生是和鲁迅先生同一辈的文化战士。1936 年中国文艺家协会在上海成立,到会作家七八十人,先生年最长,被推为主席。周谷城先生和夏先生是 1920 年在湖南长沙第一师范的同事。浙江第一师范和湖南第一师范,在"五四"运动中于湖南起过支柱作用。胡愈之先生和夏先生是同乡,他是鲁迅先生在绍兴府中学堂的学生,是晚一辈,夏先生译的《爱的教育》最初发表在胡老编辑的《东方杂志》上。朱光潜先生于 1922 年在香港大学毕业后,先就教于吴淞中国公学中学部,江浙战争中吴淞中国公学被破坏后,他就由夏丏尊介绍,于 1924 年秋季到上虞县白马湖春晖中学教英文,所以朱光潜先生也是我的老师,以后他成了立达学会的主要人员,他在欧洲留学时所写的《给青年十二封信》等都先后发表在夏先生、叶圣老主编的《中学生》杂志上。他的第一本文学专著《文艺心理学》,也是在开明书店出版的。巴金的创作小说,包括其处女作《灭亡》都是在开明书店出版的。夏先生和叶圣老的关系众所周知,他是文学研究会的会员,沈雁冰、郑振铎、叶圣陶都是文学研究会主持人。夏先生的最初译作,如国木田独步的著名小说《女难》等都是发表在《小说月报》上的,后来两人在开明同事,共同主编《中学生》,合著《文心》,又结为亲家。朱自清在《文心》序中最后特别提到"丏尊、圣陶做了儿女亲家","我这篇序文也就算两个小朋友的订婚纪念吧”。夏先生逝世的前一天——抗战胜利的第二年，1946年4月22日——他最后和叶老说的一句话是“胜利，到底啥人胜利——无从说起！”说时虽然舌头有些木强，声音还听得清楚。那凄苦的眼神带着他平生的悲愤，使叶圣老永不能忘。当时叶圣老心里难过，没有回答他什么，走了。从此没再听见他的声音。第二天午后，叶圣老又去看他，他已经闭了眼睛，只剩抽气了。就在23日那天下午9时45分，他离开了我们的世界。

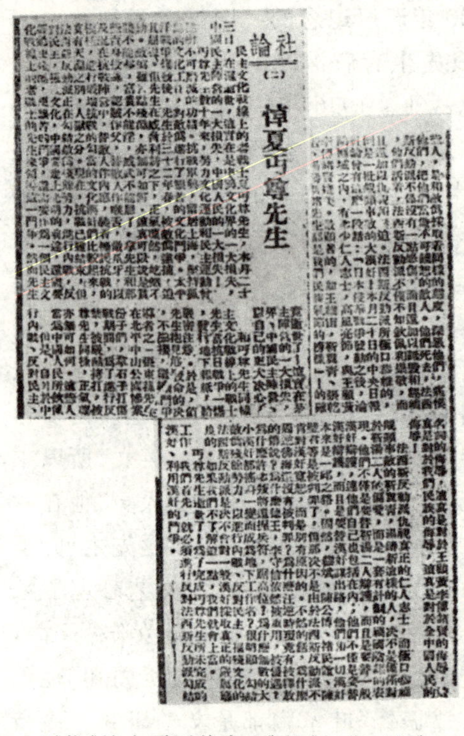
社論

（二）

悼夏丏尊先生

刊载《悼念夏丏尊先生》的《新华日报》

4月27日重庆《新华日报》发表《悼夏丏尊先生》的社论，说“民主文化战线上的老战士夏丏尊先生的逝世，实在是中国文化界的一大损失，中国民主阵营的一大损失，中国人民的一大损失！”

在新的历史时期，我理解这些老朋友特别热心提出要纪念这位老战友的心情，夏先生临终前曾说“胜利，到底啥人胜利——无从说起！”当时，叶圣老没有回答他什么。现在，这些老朋友可以同声响亮地回答他了：“胜利，到底人民胜利了——全国人民又在共产党正确领导下，为建设有中国特色的社会主义艰苦而胜利地奋勇前进！”

而在共同的纪念心愿下，各个朋友和夏先生交往的情况又是各不相同的。如夏衍同志1919年5月在浙江甲种工业学校念书的时候，就去杭州贡院前的浙一师的宿舍和夏先生第一次见面，受到夏先生的鼓励，夏先生要他像北京学生一样去冲破沉闷的空气。1928年后，夏衍同志在上海过地下党的生活，没有职业收入，夏先生从他自己书架上抽下一本日本本间正雄论文艺思潮的书，交给夏衍同志翻译，从此夏衍走上了文学家的道路。抗战胜利后夏衍回到上海，第一次会见夏丏尊先生，夏衍已以剧作家闻名，但各剧本尚未结集，夏先生就主动地向夏衍同志提出开明书店可以为他出一套剧本集。凡此种种，令人"想起他就会有一股敬爱的暖流涌上心头"。

这一股敬爱的暖流也涌上我的心头。1923年秋季到1924年夏季，我在南京的一个中学里，念了一学年的书。有幸在北极阁下东南大学的梅园里，见到了印度大诗人泰戈尔，听了他的讲演，同时也见到伴随他的译者徐志摩诗人。暑假时，我参加了东南大学主办的暑期讲学会，听了一些名流讲演，留在记忆里的有国学大师章太炎，他讲些什么，一句也记不得了，但他的形象很鲜明地留存在我的记忆里：他站在讲台上，讲一句，回头向坐在讲台后面的人问一句，接连的这样表演，引得满堂大笑。另一位是马君武，他讲的是赫克尔的一元哲学。我读过他翻译的托尔斯泰的《心狱》、《复活》的缩写本。讲演会结束后，我就从南京到上海，转宁波，到了白马湖，要求转学到春晖中学。因为我看到该校的校刊，看得出该校学术气氛很浓，教师中有文学家夏丏尊，又有艺术家丰子恺等。我是侧重自学文学的，春晖中学正适合我的要求，暑假里回家，竟独自投奔到白马湖来了。

年轻人做事莽撞，事前并没有联系，便直接到了学校，把行李放下后，便问明夏先生的住址，又沿着湖边的小路，走到山边一座三开间的平房前（取名为"平屋"的），径自进门了。夏先生不嫌我莽撞，亲切地接见了我，问明了情由，他说："转学不成问题，交一篇作文看看。现在离开学还早,你先在学校住下,看看书,讲堂大楼前有游泳池,有伴游游水。不要有过虑,可随意来坐坐谈谈。丰子恺先生就住在我间壁。”

从此,我就常去夏先生、丰先生家里。夏先生的书房里,除线装书外,多的是日本作家的小说和欧美各国小说的日译本,我当时对线装书兴趣不大,而外国作家的译作,对我颇有吸引力。国木田独步、山田花袋、芥川龙之介等名家的一册册的原著,对一个青年文学爱好者是多么有吸引力呵。丰先生的书室挂满了他的漫画,也挂着他的小提琴,但对我有吸引力的是他的一些英美名著的日译对译本。如哈提的短篇选集、吉辛的《四季随笔》等,日本这类介绍名著的对译本是很多的。我从丰先生那里曾借读了屠格涅夫的《初恋》的英日对译本,以及他自译的原稿,《初恋》的译本后来在开明书店出版了。沈雁冰主编《小说月报》时,推出了谢冰心、许地山、王统照、老舍、巴金等一大批大作家,同时他又介绍了大量的外国文学作品,特别是弱小民族和俄、法等国的文学作品,从这时起我开始接近外国文学,以后通过夏先生,又从英文直接接触到日本文的文学书,因此我在春晖中学虽仅半学期,但春晖对我的影响却是深远且带有决定性的。开学时教我国文的是朱自清先生,他是有名的诗人,但他教课并不浪漫,而是认真,踏实,他经常在黑板上写满了字体工整的注释。朱光潜先生住在朱自清先生的住房隔壁,除教书外,正准备留英考试,他很少说话,经常从图书馆借读外国的小丛书。在思想上给我感化力最强的是匡互生先生。他担任数学教师兼训育主任,我对数学课只是在课堂里听讲时尚能领会,但从不作课外自习,正好像我在晚年学打太极拳,跟师父动作,却从不温习,因此始终学不会。但匡先生是身体力行者,如他讲平等,有教师食堂,他不去,却和学生一齐吃饭,他当训育主任,但从不训人,学生在熄灯后点蜡烛看书,他只在寝室门上用手指轻轻点一点,打个招呼,意思说该睡了。后来我听说他信仰无政府主义,但我在春晖、立达两校，和匡先生独自接近机会很多却从没有听他讲过一句宣传无政府主义的话。夏先生后来在文章中说：信仰、劳动、恋爱，这三者融和一致的生活才是我们的理想生活，才是人生的理想。在这一点上他们的理想是相同的。1920 年，浙江顽固派因《非孝》文章，在第一师范掀起风潮，而这文章是经过夏先生审阅过的，浙江教育当局以此为借口，迫使夏先生离校，当时匡互生先生正在湖南第一师范任教督主任，就立即请夏先生到他那里任教。数年后又是夏先生请匡先生来春晖任教的。当时教师都是由校长聘请的，并非由行政上分配，所以高尚的志同道合的教师结合在一起的学校，往往办得很有生气，很有特色。后来匡互生、夏丏尊先生在上海江湾创办了立达学园，成立了立达学会，夏先生主编会刊《一般》，这是本学术性杂志，同人有匡互生先生的北师大的同学周为群、刘薰宇，他们都是五四运动的积极参加者。还有叶圣陶、朱光潜、丰子恺、马宗融、夏衍、赵景深，诗人白采，上海知名学者沈雁冰、郑振铎、胡愈之、许杰、周予同也参加了学会，有的并在立达兼课。立达学园还办有艺术专修科，聘陈之佛、陶元庆等著名画家为教授。当时立达在上海也是别具风格的，它继承“五四”传统，坚持反帝反封建，上海“五卅”运动时，该校是活动的中心地点。1927 年后，夏丏尊先生任上海暨南大学中国文学系主任，开明书店改组为公司，先生任编辑所长，后又主编《中学生》，与著名作家有了更多联系，特别是在国民党反动派迫害共产党时，禁止左倾作家出版作品，他以公认的中间分子的身份，大力支持左倾作家。这是有渊源的，1919 年五四运动时，浙江第一师范的校长经亨颐，是国民党的元老、左派，赞助新思想，夏先生是当时该校支持新文化运动的“四大金刚”之一，浙江早期共产党员宣中华、叶天底、赵平复（柔石）、潘漠华、应修人、冯雪峰都是一师的先后同学。1924 年我在春晖时，曾见到叶天底同志，他是上虞县的共产党县委书记。1927 年“四一二”事件中被捕，夏先生营救未成，叶天底英勇就义。沈雁冰的弟弟沈泽民和张闻天,是共产党员又是著名文学家,他们都曾以夏先生的友人的身份,来白马湖小住过。夏先生的畏友艺术家李叔同,后来出家,法名弘一法师,1924 年 9 月,受夏先生邀请,曾来白马湖小住,他是丰子恺先生的艺术启蒙老师,那时我正在春晖,惜未拜见。

我不仅在春晖时受过夏先生的教益,后来在工作时也受过夏先生的支持。1933 年起我在上海任生活书店出版的《文学》月刊编辑,这杂志由郑振铎、傅东华出面主编,实际上是茅盾主持,1934 年茅盾推荐我协助鲁迅编《译文》,《译文》出满一年,因原定出版鲁迅主编的"译文丛书"的书店,变卦毁约,拒绝出版"译文丛书",经我介绍,鲁迅将"译文丛书"交给吴朗西、巴金主持的文化生活出版社出版,原书店闻讯,迁怒于我,立即在北四川路新雅饭店以宴会名义,邀请鲁迅出席,当面要挟鲁迅,罢去我《译文》编辑职务,鲁迅愤而退席。后经调解未成,《译文》终于被迫停刊。从此鲁迅也不再为《文学》写稿。我也辞去《文学》编辑职务。我本欲再去日本游学。鲁迅要我坚持下来,谋求《译文》复刊。这时我放下了两个杂志的实际编辑工作空闲下来,为了生活,我打算翻译高尔基的长篇小说《在人间》,我去开明书店找夏先生和叶圣陶先生,讲了《译文》停刊的实况和我退出文学社的原因,他们两位与文学社也是老关系,听我讲后,动情不动色,我提出打算译高尔基的《在人间》,《中学生》是否能从 1936 年起开始连载,夏、叶两位,异口同声答应。给了我实际上的支持,此事我至今未忘。后来《译文》复刊后,楼适夷同志竟在狱中译成了高尔基的《在人间》,他将译稿转托送交鲁迅先生,在 1936 年 4 月 3 日的《鲁迅日记》上记有"得楼炜春信附函夹笺及译稿一包"。当时鲁迅先生的处境,不愿多与出版界接触,所以感到处理为难。

1936 年 4 月 11 日,我到鲁迅家里,鲁迅先生和我谈起这事,他在 13 日给楼炜春的信中说:"前天始与另一译者黄君会商,他以为适兄译书不易，慨然愿停止翻译，在《中学生》续登适兄译本，对于开明书店，则由他前往交涉，现在尚无回信，我看大约是可以的。”

事情不出鲁迅先生所料，我去开明书店找夏、叶两先生，说明了原委，他们都知道适夷同志是左联成员，共产党员，把适夷作为后辈知友，我一讲完，两位又是异口同声答应。抗战后，适夷潜伏在“孤岛”上海，受茅盾委托，主编《文艺阵地》，日寇侵入租界后，《文艺阵地》失去了阵地，不能出版了，夏先生找到适夷，将《南传大藏经》、《本生经》故事选，分一部分给适夷翻译，说这虽是佛经，故事性是很浓的，其实也是为了资助适夷经济上的困难。后来适夷从故乡余姚上四明山，和我一起打游击，我们通过地下党和在敌占区的白马湖春晖中学联系，遗憾的是我们当时没有想到派人去邀请夏先生前往他的故乡浙东游击区，使他免受在上海敌伪统治下的冤气。

在浙江上虞举行夏丏尊先生诞生100周年和逝世40周年纪念会前后，我深深地忆念夏先生，集中起来有三点体会。

一、夏丏尊先生在国民党反动派的黑暗统治时期，采取的中间立场，实际上是对革命事业的一大帮助。最近读了茅盾写的关于开明书店夏丏尊、叶圣陶等人的中间立场问题的文章，我觉得茅盾同志的切身体会，正好表达了我的心意，我把全文引下。他说：“作家生涯使得我(茅盾)与出版界打了一辈子的交道。解放以后的不说，解放前与我有过往来的书店或出版社总在二三十家以上。但与我渊源最深的书店只有三家，一家是商务印书馆，与我的关系主要在20年代；一家是生活书店，在抗战八年中，我主要与它联系；再一家就是开明书店，在30年代它是我个人事务的代办处。从私人关系讲，我与开明书店最密切，这不仅我的主要著作都在开明出版，还因为开明有我的好几位老朋友，像叶圣陶、夏丏尊、傅彬然、王伯祥等。这三家书店，以它们的政治态度来区分，正好是左中右。商务印书馆的王云五这时正官运亨通，飞黄腾达，继被蒋介石指定为社会贤达之后，又积极参加蒋记国民大会，当上了国民党政府的行政院副院长，后来甚至当上了行政院院长，为蒋介石发动全面内战以及后来的垂死挣扎尽了犬马之劳。开明书店不同，开明书店一直采取中间的立场，或者可以说民间书业界的立场。但我很明白，开明书店的骨子里是倾向革命，倾向共产党的，它从来不做有损于共产党的事就是证明。因此，我在开明书店召开的庆祝成立 20 周年的纪念会致的贺词中说：'斗争需要一些人赤膊上阵，也需要一些人有点保护色，不要赤膊上阵。不赤膊上阵也可以斗争'。"

这是第一代共产党员，伟大的作家茅盾说的知情话，真是说到开明书店，也是说到夏丏尊先生的"骨子里"的话。

二、智力投资的重要。夏先生一生的进步思想和事业的基础是从其智力投资中得来的。他 16 岁考得秀才，在中西书院读了一学期，18 岁进绍兴府学堂，在"当时青年界激昂慷慨、充满着蓬勃的朝气，似乎都对中国怀着相当的期待"的气氛中，过了半年中学生活，第二学期又辍学回家，代替父亲坐馆。但他不甘心长此下去。适有一个亲戚从日本留学回来，说日本如何如何地好，求学如何如何地便利，他动了心，但经费无着，乃遍访亲友借贷，很费力地集了 500 元，冒险赴日留学。三年后，因未得官费，辍学回国。从此他投身教育工作，我记得他译的第一本书是《马克思主义与达尔文主义》之类的书，是在商务印书馆作为"新时代丛书"之一出版的。他的热心致力于新文化运动，倾向革命，倾向共产党，是在日本接受新思想，新文化的结果。当时在绍兴有一大批外国留学生，例如以翰林出身的蔡元培为首的留德学生，又如鲁迅在日本留学七年，他们在国外吸收了世界文化的精华，对中国的新文化运动做出杰出的贡献。夏丏尊先生仅依靠 500 元的智力投资，也得以列入这文化先进的队伍，做出贡献。现在我国在社会主义精神文明建设中，在智力投资上，还放不开手脚。夏丏尊先生 500 元投资的效果，可作为一个实例，引起我们的反思。

三、鲁迅、夏丏尊都知道，改造旧中国，不仅要用革命战争打倒一切反动势力，而且必须进行长期、艰苦、踏实的工作。夏先生在教育界、出版界毕生工作数十年，业余时间，从事文学译著，数十年如一日，他不是赤膊上阵的勇士，却是一个埋头苦干的战士。回顾我们数十年的新文化运动的历程，夏先生确是做出了贡献。今天建设社会主义的物质文明和精神文明，同样需要这种长期踏实苦干的精神，我们纪念他，为的是学习他的精神，为“四化”更好地服务。

上虞纪念夏丏尊先生的会议是热烈而庄重的，在他的故乡引起了很大的影响，同时我们又参观了上虞的乡镇企业，新旧对比，感受强烈，证明三中全会以来党的路线、政策完全正确。而全国生产力要达到发达国家的水准，尚需要数十年的努力。学习夏丏尊先生在教育界、出版界一生埋头苦干精神，是有利于“四化”建设的。

原载《出版史料》1987 年第 1 期

教育家编辑家夏丏尊

王建辉

这是一个很恬淡、很朴素的人，《平屋杂文》这个书名颇能体现他的中和风格。这个书名也自然地让我们想起作者的名字：夏丏尊。然而这个很平和而且信佛的人，也是一个很有是非正义感的人，更是一个有骨气的出版家。在上海沦陷时期，他被日本宪兵队逮捕，曾在日本留过学的他拒绝用日语回答问题。在中国近代出版史上，他是很独特的“这一个”。独特在于他是一个教育家兼出版家。教育和出版是他先后安身立命之所和安心立命之处。

夏丏尊首先是一位教育家，清末秀才出身，1905 ~ 1907 年间曾留学日本,虽然有过留学的经历,夏却是一个自学成才的人,因为他一生不曾有过一张文凭。留学归来后至从事编辑出版工作以前,夏做过师范学校和大学等各级各类学校的教师,丰子恺、曹聚仁等便是他的学生。尤其是在浙江上虞创办过春晖中学,在上海创办了立达学园,这两所学校都享誉一时。曾和夏为同事的朱自清说他是一个富有理想的教育家。夏的一生,做教师与做编辑时间一样长。从事出版以后,他为教育思想的实现找到了一个新的舞台,一生教育理想的很大一部分通过出版得以实践和实现。他以自己的教育主张来指导开明书店的出版工作,为开明书店确定以青少年读物为出版重点的方针,指明了路向,打下了基础。从此,开明书店成为这个不追求名利的人的名山事业。

为了实现这种教育与出版的结合,他一方面主持创办杂志,最著名的是《中学生》(1930 年创办)。为什么要创办这样一份杂志?夏在创刊词写道:“合数十万年龄悬殊趋向各异的男女青年于含混的‘中学生’一名词之下,而除学术本身以外,未闻有人从旁关心于其近况与前途,一任其彷徨于纷叉的歧路,饥渴于寥廓的荒原,这不可谓非国内的一件怪事和憾事了。我们是有感于此而奋起的。愿借本志对全国数十万的中学生诸君,有所贡献。本志的使命是:替中学生诸君补校课的不足;供给多方的趣味与知识;指导前途;解答疑问;且作便利的发表机关。”叶圣陶晚年回忆说,这份杂志的创办是不满意于当前的教育,学校的教育只是让学生得到一些僵化的知识,而这份杂志是要进行生活的教育。人们至今还记得《中学生》上有一个很有名的专栏叫“文章病院”,批评时人的文章,指导正确的写作。另一方面他主持开明书店的教科书开发和质量的提高,尤致力于国文教材和课外读物的编撰。赵景深说他“专门致力于文法与作文法,给了中学生作文和阅读时许多便利,可说是一种切近实际的工作。夏氏所著,如《文章作法》,如《国文百八课》的文法部分,都显出他的致力所在”。赵提到的《国文百八课》,以每一课为一单元,包括文话、文选、文法、习问四项,极便学习和掌握,颇具特色,已出的4册,共选文144篇,其中3/5为白话文,且都出自新文学作家之手。新文学作品还在生长期就这样迅速进入中小学教科书,对于新文学的普及是很有意义的。此外,他在20年代中期还翻译了意大利小说家德·亚米契斯的名著《爱的教育》,后来又与叶圣陶合著《文心》,用故事的形式和青少年讲读与写的问题。这些书是中学生最适宜的课外读物,在开明出版后,销行量都很巨大,有的达数十个版次,流传很广,而且至今仍有众多读者,可以说,夏以自己的劳作为开明出版物做了示范。

刊和书、课本与课外这样两个方面结合起来,便是开明的路向。在某种意义上说,开明书店出版的杂志和图书大都体现了这位编辑主持人的教育思想。这就形成了开明出版物的格局和定位,即以青少年读者和中学程度的读者为主,青少年读者占到3/4以上。这成为它的特点和特长。开明教科书的开发,使它跻身于近代中国六大出版社的行列。课外书的大量出版,同时也扩大了开明书店的社会影响,当教师只能面对一个班或一个学校的学生,而编辑出版杂志图书等于将更广大的数十万青少年读者作为自己的学生。曹聚仁说,开明书店登场,中国才有认真为学生着想的读物。

细想起来,夏从事出版的最大贡献,是在中国出版史上提供了一个店风社风的典型,这就是人们所称道的开明风。他和叶圣陶一起成为开明风的代表者。夏是浙江上虞人,叶是江苏苏州人,夏生于1886年,比叶年长8岁,1927年开明书店创办之初,夏经章锡琛之邀进入开明书店,并主持编辑工作,任编译所长(相当于总编辑),这一年40岁出头。叶于1930年进入开明书店,在夏任总编辑时,人称叶是“准总编”。夏叶两人是亲家,某种意义上说是他们两人共同主持开明的编辑工作。他们主持开明编辑工作20年,团结了一批文化人,形成了一个有理想有凝聚力的知识分子群体,对开明风的形成起到了最重要的作用。开明风是什么？是开明书店固有的品格、特有的风貌。曾有许多人说到这个问题，柯灵曾在《开明风格》一文中写道："开明书店品格鲜明，独具一格，简洁地说，是谦逊恳切，朴实无华，有所为而有所不为。"叶圣陶在开明同人组织明社时所写的社歌里说："开明风，开明风，好处在稳重"，"处常足有余，应变有时穷"。在开明书店成立20年时，叶圣陶曾赋诗有句曰："开明夙有风，思不出其位，朴实而无华，求进弗欲锐。惟愿文教敷，遑顾心力瘁。"这是对开明风和开明精神的一种解释，所谓开明风，简言之就是务实的精神。开明书店在中国出版格局中取中间偏左的态势，是开明风的产物。而这种开明风的形成，开明书店的稳健发展和夏有密切的关系。

他写过一篇《我之于书》的文章，直到今天还为各种名家谈书的选本选录，其中一段说："二十年来，我生活费中至少十分之一二是消耗在书上的，我的房子里比较贵重的东西就是书。"又说自入书店以后，对于书的贪念仍不免故态复萌。近代以来的编辑出版大家大都与书有一种天缘。这位一生钟爱书籍的夫子型先生对于经营管理也有自己的贡献，比如，1928年开明书店改组为股份有限公司，他是最早的发起人，并带头把自己在开明的版税（稿费）转为股本金。对于编辑校对工作的管理，他采取"编校合一"的工作模式，即编辑和校对的职责既分又合。当然夏先生也有他的不足，对于这位襟怀坦荡的人我们这里说说也算不得是不恭。夏与毛泽东曾在湖南一师同事过，毛说夏不了解政治。这可能是开明书店决策者们一个共同的弱点。夏不了解政治，章锡琛不关注政治，夏不曾想到蒋介石政府会与日本开战，开明书店在即将到来的战争面前预备措施不足，结果损失惨重，达全部资产的80%。作为一个出版业的决策者来说，不懂政治不关注政治总是不适宜的，这或许是一个例子。

这是一位夫子型的先生。他把自己的德行融入了教育与出版以及两者的结合上。作家柯灵在1946年写的悼念夏的短文中说道:"一个切实而谦逊的人永远不愿意自诩英雄好汉。"这大概是对夏作为编辑家人格的最好写照和作为人的最好的悼语。夏是在抗战胜利之初的1946年去世的,年61岁。当时《新华日报》曾发表社论《悼夏丏尊先生》,说他"数十年来,努力文化运动和民主运动,曾建树不可磨灭的功绩"。因此人们常说这位很平和的夫子是一位民主文化战线的老战士。

参考文献:

曹聚仁:《文坛三忆》,生活·读者·新知三联书店1999年

王知伊:《开明书店纪事》,书海出版社1991年

叶至善:《父亲的希望》,中国青年出版社2000年

原载《出版广角》2001年第2期

存　目

著　作

夏丏尊　《夏丏尊文集》(《平屋之辑》)

浙江人民出版社1983年

中国出版工作者协会编　《我与开明》

中国青年出版社1985年

王知伊　《开明书店纪事》

书海出版社1991年

曹聚仁　《文坛三忆》

三联书店1999年

叶至善 《父亲的希望》

中国青年出版社 2000 年

论 文

新华日报(重庆)社论 《悼夏丏尊先生》

1946 年 4 月 27 日《新华日报》(重庆)

楼适夷 《怀念夏丏尊先生》

《人物》1981 年第 4 期

姜德明 《夏丏尊的性格》

《名人传记》1985 年第 1 期

柯 灵 《长者丏翁》

《野草》1986 年第 2 期

汪国泰 《白马湖寻踪〈夏丏尊〉》

《野草》1986 年第 2 期

张寿康 《要读一读夏丏尊先生的著作——纪念夏丏尊先生诞辰 100 周年》

《中学语文教学》1986 年第 6 期

志 坤 《夏丏尊先生精神永存》

《野草》1986 年第 2 期

欧阳文彬 《白马湖畔的寻觅——〈夏丏尊文集〉编辑手记》

《书林》1986 年第 8 期

肖 凌 《捧着一颗心而来 不带半根草归去——夏丏尊先生的故事》

《现代家庭》1986 年第 8 期

欧阳文彬 《夏丏尊年表》

《出版史料》1987 年第 1 期

欧阳文彬 《遗爱在人间——怀念夏丏尊先生》

丁景唐编《中国现代著名编辑家编辑生涯》,中国展望出版社 1990 年

陆费逵

陆费逵(1886~1941),祖籍浙江桐乡,生于陕西汉中。字伯鸿,号少沧。1904年在武昌开办新学界书店,销售《革命军》、《警世钟》、《猛回头》等革命书籍。1905年任武昌革命团体日知会评议员、《楚报》主笔。因触犯当局,1906年逃亡上海。曾发起组织上海书业商会,担任评议员兼书记、《图书月报》主编。1908年入商务印书馆,曾先后任国文部编辑、出版部部长、《教育杂志》主编。辛亥革命爆发后,与沈知方等人于1912年在上海创办中华书局,历任局长、经理、总经理、董事长等,主持中华书局局务30年之久。

陆费逵是一位有远见、有眼光的出版家。辛亥革命之后,国内形势骤变,学校教科书面临巨大变革,作为出版界的"老大帝国"商务印书馆,对教科书的出版一时尚难适应形势。陆费逵瞄准时机,组织人力,迅速及时地编辑出版了第一套中小学教科书——《中华教科书》总共四十多种,后又编辑出版了师范教科书二十多种。由于教科书内容反映政治形势，配合共和政体之需，加上抢先上手，很受社会欢迎，成为“架上恒无隔宿之书”，获得良好的社会效益与经济效益。中华书局由一家不知名的后起出版企业，异军突起，短期之内，享誉海内。

陆费逵在中华书局期间，不仅重视教科书的出版，还重视工具书和学术著作的出版。大型工具书《中华大字典》、《辞海》及重要典籍《四部备要》、《古今图书集成》等都是经过中华书局历时几十年推出的巨著。

中华书局创办之时，陆费逵曾到日本考察，深感出版社办杂志的重要。在他的倡导下，1912 年至 1915 年间，先后创办有《中华教育界》、《大中华》、《中华小说界》、《中华实业界》、《中华妇女界》、《中华童子军》、《中华儿童画报》、《中华学生界》等八大杂志，以后又创办多种杂志。

陆费逵是一位近代著名的教育家、思想家和出版家。对我国教育和出版事业做出了重要贡献。出版界同仁评价他，中华书局“首创之者先生，扩大之者先生，中经蹉跌而复兴之者亦先生”。王云五说他“三十年来，主持中华书局，一心一志，不多务他成”。他本人著作有：《教育文存》(5 卷)、《世界教育状况》、《青年修养杂谈》、《妇女问题杂谈》等。

中华书局宣言书[1]

陆费逵执笔

立国根本在乎教育，教育根本实在教科书。教育不革命，国基终无由巩固，教科书不革命教育目的终不能达也。往者异族当国，政体专制，束缚抑压，不遗余力。教科书、图书钤制弥甚，自由真理、共和大义莫由灌输。即国家界说亦不得明；最近史事，亦忌直书。衷我未来之国民究有何辜而受此精神上之惨虐也。

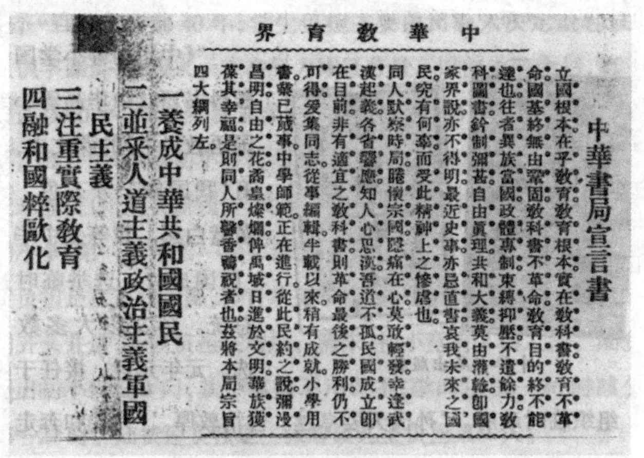

中華教育界

中華書局宣言書

立國根本在乎教育教育根本實在教科書教育不革命國基終無由鞏固教科書不革命教育目的終不能達也往者異族當國政體專制束縛抑壓不遺餘力教科圖書鈐制彌甚自由眞理共和大義莫由灌輸卽國家界說亦不得明最近史事亦忌直書哀我未來之國民究有何辜而受此精神上之慘虐也

同人默察時局睠懷宗國隱痛在心莫敢輕發幸逢武漢起義各省響應知人心思漢吾道不孤民國成立卽在目前非有適宜之教科書則革命最後之勝利仍不可得爰集同志從事編輯半載以來稍有成就小學用書業已蕆事中學師範正在進行從此民約之說彌漫昌明自由之花矞皇燦爛俾禹域日進於文明華族獲葆其幸福是則同人所馨香禱祝者也茲將本局宗旨四大綱列左

一養成中華共和國國民

二並采人道主義政治主義軍國民主義

三注重實際教育

四融和國粹歐化

陆费逵执笔的《中华书局宣言书》

同人默察时局,眷怀宗国,隐痛在心,莫敢轻发。幸逢武汉起义,各省响应,知人心思汉,吾道不孤。民国成立即在目前,非有适应之教科书,则革命最后之胜利仍不可得。爰集同志,从事编辑。半载以来,稍有成就。小学用书业已蒇事,中学师范正在进行。从此民约之说,弥漫昌明;自由之花矞煌灿烂,俾禹域进于文明,华族获葆其幸福。是则同人所馨香祷祝者也。兹将本局宗旨四大纲列左:一,养成中华共和国国民;二,并采人道主义、政治主义、军国民主义;三,注重实际教育;四,融和国粹欧化。

原载 1912 年 1 月《中华教育界》创刊号第 21 页(子冶标点)

注释:

① 《中华教育界》创刊于 1912 年 1 月,具体日期不详。其所载《中华书局宣言书》开始刊登于 1912 年 1 月 20 日上海各报,可以推断刊物出版的具体日期。在这份宣言书值得注意的是它发表的时候和内容,比较真切地说明了中华书局开始活动的时间和当时矛头所指。陆费逵(1886 ~ 1941),

字伯鸿,号少沧,原籍浙江桐乡,后移居嘉兴。毕生以普及教育的思想从事出版工作。1909 年清廷颁布《酌拟变通初等小学堂章程》后,他公开反对小学生读经;主张缩短学生在校年限,以扩大在校学生名额;主张初小授课门数减为 4 门;主张减少学生上课学时。他的普及国民教育主张,在民国成立,即被教育总长蔡元培全盘接受,于 1912 年 1 月 19 日以教育部第一号令发布。他的该项意见,与现在初小课程、课时仍无大的出入。武昌起义,与文明书局高级职员陈寅等组织中华书局,打破了商务印书馆的课本垄断局面。

选自宋原放主编、汪家熔辑注《中国出版史料》近代部分第3卷,湖北教育出版社、山东教育出版社2004年

中华书局二十年之回顾

陆费逵

与中华民国同时产生之中华书局,今已与中华民国同为成人矣。此二十年中,中华书局之命运,几为中华民国之雏形;尤奇者民六七月一日,张勋复辟,民国中断,中华书局亦于是月移交于承租者,岂冥冥之中竟有命运存焉乎?何其巧合也。

古人云:“其作始也简,其将毕也巨。”中华书局草创之时,以少数资本,少数人力,冒昧经营,初未计及其将来如何。开业之后,各省函电纷驰,门前顾客坐索,供不应求,左支右绌,应付之难,机会之失,殆非语言所能形容,营业之基础立于是;然大势所迫,不容以小规模自画矣。于是改公司,添资本,广设分局,自办印刷;二年范君静生来长编辑,努力改良,充实内容,新制、新式教科书之优良,八大杂志之风行,《中华大字典》之为空前良著,洵可谓盛极一时矣!

就设备方面言之,三年七月购置静安寺路厂基,四年开工,五

年夏落成，复于福州路河南路转角，建筑总店，五年秋落成。就营业方面言之，岁有进步，民国六年上半年，营业逾百万，以其时物价与现在换算相差几倍，迄今半年之营业额，从未超过两百万元，是彼时为膨胀最盛之时代矣。经济学家有言："膨胀即恐慌。"不幸在最盛之时代，演出绝大之恐慌，非身历其境者，殆决不能置信也。

恐慌之原因：第一由于预算不精密，而此不精密之预算，复因内战而减少收入，因欧战而增加支出。二由于同业竞争猛烈，售价几不敷成本。三则副局长某君个人破产，公私均受其累。迨后出租收回，讼事纷扰，情形尤为复杂。当此之时，危机间不容发。最困难之时代，凡三年余，此三年中之含垢忍辱，殆非人之意想所能料。民十以后，元气稍苏，基础渐固；然民十五受同业压迫，民十六受工潮影响，其危机又间不容发。十余年来，股东债权热心维持，同人工友效死勿去；社会各方扶助维护；此不绝如缕之文化机关，数从死里逃生，今能与中华民国同庆成人，不得不向护法诸君致谢者也！

热心维护此文化机关，而已作古人者，有四人焉：一为戴懋哉先生，守正不阿，刻苦自励，前后任董事、事务所长、编辑所长，凡十四年，其行为与设施，至今犹奉为典型也。一为范静生先生，目光远大，不计利害，在局虽仅四年，然服务勤劳，时间恪守，编辑基础于以立，社会声誉于以隆；而东山再起之后，对于公司尤多擘画维持。一为陈仲瑀先生，豪爽恳挚，热心古道，厂店建筑之时，公之助力尤多，有时告以窘状，慨然曰："事业愈大，盘根错节，君勿馁，吾为君图之。"临死犹以勿馁见勉也。一为宋曜如先生，子文部长之尊人也。公正刚直，情理兼顾，民六恐慌之时，公为股东，又为大存户，首与公司订分年摊还之约，且责起诉者曰："吾人当明是非，当与公司当局者共谋维持之方，若冒昧破坏，损失恐更大。"且不时惠顾，勗以努力恢复，屡言外国公司失败再兴者，方为真成功也。此四人者，不及见书局成年，遽归道山，殊令人悲感不置！至维护书局现尚生存者，内而董事职员，外而社会官厅，均有其人，迨以我国文化落伍，实业未兴，故有心人辄加意矜全欤！

嗟乎！廿载光阴一瞬过，此区区事业，在此廿载中，演出无数之盛衰悲欢，至今仍未达成功之域。作始也简，将毕也巨，不知达到成功时，又将如何艰巨也。

编者按：

本文原刊于1931年8月10日出版的《中华书局图书月刊》第1期。

选自中华书局编辑部编《回忆中华书局》上编，中华书局1987年

我国近代教育和出版业的开拓者

——回忆我父亲陆费伯鸿

陆费铭琇

父亲离开我们整整50年了，终年56岁，宏愿未竟，过早辞世，真是遗恨万千！他的历历往事，常常浮显在我的眼前，我忘不了他老人家的谆谆教诲。所幸他的热爱祖国，忠于教育文化出版事业，知难而进的精神，他的光辉业绩，已载入史册，长留人间。

父亲是靠着超人的顽强毅力自学成才的。他17岁步入社会，先在南昌，自己集资办《正蒙学堂》8个月。18岁到武昌，结识廖仲恺等革命党人，接受进步思潮，与革命党人组织"日知会"，起草会章，任评议员。又自办书店，出售《警世钟》、《猛回头》、《革命军》等革命书籍。后在汉口《楚报》当主笔，因抨击时弊，触怒当局，《楚报》被查封，他被紧急通缉。父亲说过，当他得知消息时，鞋都

来不及穿，一双拖鞋踏上轮船去了上海。到上海以后，除在昌明公司任经理兼编辑外，兼为《申报》、《南方报》作论说，主编《图书月报》。后入文明书局，兼文明小学校校长，并任书业商会主办的职业补习学校教务长。他参加了同盟会，尽力帮助革命党人，并在经济上接济被捕入狱的同志。清廷覆亡前夕，父亲在商务印书馆任国文部编辑，出版部部长、交通部部长、兼《教育杂志》主编及师范讲义部主任。

父亲主张教育救国。他在主编《教育杂志》时，几乎每期均发表富有卓见的论文，提出许多革新的见解，如：改革学制、呼吁修正小学堂章程、简化汉字、统一国语、统一国音、提倡白话文等。他认为："教育得逞，则民智开，民德进，民体强，而国势盛矣。"1911 年成立"中国教育会"，建议人才教育、职业教育、国民教育并重，便是父亲的意见，会章是父亲起草的。

父亲和蔡元培是好友，来往甚密。蔡元培任教育总长时，父亲常与蔡商讨教育工作，多次著文献策，得到蔡和教育部的采纳而得以施行。蔡元培原拟刊行白话日报。父亲直率表示，白话日报不是教育部的紧急工作，前清的教科书，内容不适用了，编法太旧，文字太深，不如定一暂行办法，先电各省教育司，为开学作准备。1912 年 1 月父亲在《教育杂志》发表《敬告民国教育总长》一文，建议迅速宣布教育方针、颁布普通学校暂行简章、组织高等教育会议、规定行政权限等。父亲的建议得到蔡元培的采纳，让父亲代拟电文通令全国。随后，由教育部公布《普通教育暂行办法十四条》，规定缩短学期（中小学改为共 12 年）、减少课时、小学男女同校、废读经科等。暂行办法是父亲研究三年的成果，也是中国教育史上的一大改革。接着，父亲发表《民国教育方针当采实利主义》一文，这篇文章系针对蔡元培的新教育意见，蔡认为："近时教育界或提倡军国民主义，或提倡实利主义，此两者实不可偏废。"这场笔墨官司，已成为中国教育史的重要资料。父亲在当时对文化教育上的贡献,实非一般人所能及。

在清朝帝制濒于崩溃,中华民国诞生之时,君主时代的教科书已不适用,如何改革教育成为文化教育界讨论的主题。父亲深信革命定能成功,应该准备一套全新的教科书开发民智,培养民国所需人才,乃秘密邀请几位知己,包括我三叔陆费叔辰,在家里编辑新的教科书。白天上班,晚间编教材,常至深夜。

1912 年 1 月 1 日,父亲与戴克敦等人创立中华书局。定名“中华”,既是对革命的纪念,也包涵着培育新国民的责任感。父亲在《中华书局宣言书》中阐明了宗旨:“国立根本,在于教育,教育根本,实在教科书,教育不革命,国基终无由巩固,教科书不革命,教育目的终不能达到也。”中华书局最初只经营出版业务,出版了秘密编辑的几种教科书,内容适合当时的政体,故风行一时。父亲任总经理 30 年如一日,将全部心血投入书局的发展中去,经历了无数的波折痛苦,带领同仁多次挣脱困境,转危为安,终于使书局发展成为国内最大的两家民营出版企业之一,集出版、印刷、发行于一体,分局多达四十余处,印刷所拥有大小机器数百台,仅上海、香港两厂职工达三千余人,彩印业务全国第一,印刷设备之新,当时号称远东第一。为了编辑工作的需要,原中华书局图书馆的藏书册数和设备,当时在全国仅仅次于北京图书馆。

在父亲主持中华书局期间,中华书局出版了几部重要书籍,出版新旧书籍近二万种,还发行了十几种杂志。由于当时的字典多陈旧不适用,父亲乃组织人力编辑《中华大字典》,花了四年时间,编有四万多字,较《康熙字典》的字数还要多,当时被全国《图书馆协会月报》评为唯一的好字典。父亲的太高祖宗伯公,曾任四库全书总校官,家藏有四库副本,于是父亲主持中华书局陆续辑印出11305卷,分订2500册,定名《四部备要》。还有,父亲年轻时编书撰文,常用《古今图书集成》。此书每一事都将关系的书分条列入、查阅方便,1934 年父亲找到此书后,将原书 5000 册缩印为 800 册,廉价出售。

父亲在《中华大字典》叙中提到，早在1903年，父亲拟用十年编纂一新字典，编了几个月后，因困难过多而中辍。1915年《中华大字典》编成后，父亲计划接着出版一部十万条的大辞典，经过反复商议，定名《辞海》。父亲主持编辑《辞海》20年，由父亲聘请担任过主编的先后有徐元浩、舒新城、张献之和沈颐。父亲虽然做了大量的工作，但谦虚地仅在黎锦熙的序文之后，写了一篇《编印缘起》，详细介绍了《辞海》的编写经过。父亲在《编印缘起》中还提出另一个宏伟计划，即准备再花一二十年，组织编撰一部百万条的大辞书。十分遗憾的是，抗日战争的爆发和他的过早去世，这个宿愿未能实现。

在短短的30年里，中华书局的业务得到如此蓬勃的发展，是由于中华书局赢得了文化教育各界人士的支持。中华书局当时有一百来人的编辑部。张闻天、田汉、潘汉年、左舜生、王宠惠、朱文叔、钱亦石、钱歌川、葛绥成等，都在编辑部工作过。陶行知、张宗麟、戴伯韬等担任过《中华教育界》杂志的编辑。胡乔木、薛暮桥、于光远、宦乡、巴金、王亚南、郭沫若、郑振铎、周谷城、陶菊隐、郁达夫、章伯钧、梅龚琳、沈志远、何思敬、李达、陈望道、千家驹、丰子恺、徐悲鸿、刘海粟等，都在中华书局出版过书或投过稿。徐悲鸿与父亲交谊甚深，《悲鸿素描集》中有父亲的画像。

父亲多次强调，作者和出版家都应对国家、对社会有高度的责任感。父亲深切了解书局和读者的关系，要求书局对读者有信用，规定了一系列对读者负责的措施。与此同时，父亲发表了《著作家之宗旨》(1906年)，《实业家之修养》(1914年)、《工商做人之条件》(1922年)、《书业商之修养》(1923年)等文，呼吁作家和出版家应该有高尚的道德品质。他说："社会之盛衰，国家之存亡，国民人格之高下，端于我著作者是赖，我著作家之责任顾不重欤。""出一部有价值之书，贡献社会，使人民读之有益，定非浅鲜；反之，如以诲淫诲盗的书籍,贡献于世,则是比提刀杀人,还要厉害,恶书之害,甚于洪水猛兽,不知要害多少人。”

中华书局的业务发展成多种经营,是有其不得已的原因,目的是维持中华书局的生存。当时教育不普及,一般图书,印数三五千册已经算不错。印一二千册,如不重版就要赔本。加上同业的竞争,小书店有时为了营利,不惜用次的纸张,版面植字紧密,用人少,开支省。中华书局老职工吴铁声、陆嘉亮在《书海费经营》一文中就提到,中华书局发展多种经营的原因,是:“当时教育不普及,一般图书发行量少,又不屑为图刊去发行低级趣味的读物。”所以,为了维持中华书局的生存,为了发展文化教育事业,中华书局在当时采取多种经营,势所必然。

父亲呼吁著作家写好的书和文章贡献社会,他本人也是身体力行的。记得去年我见到一位年近六旬的老朋友,闲聊中,他说,他读初中一年级时,国文教科书中第一篇文章,是父亲的《敬告中等学生》,他印象很深,说着,便当场背诵起来:“……我国家社会,正在复兴的路上,不知有多少事业,等着要建设,不知有多少东西,等着要生产。在最近的将来,一定需要大批有知能、有才德、又强健耐苦的青年,投身于各种建设事业及生产组织,人人都像钢骨一般,做那二千人的中坚,人人都像火车头一般,做那二千人的前驱。要是诸君之中,有一人不努力于学业,将来我国家社会,就少了一根支持的钢骨,就少了一架推进的火车头。诸君要知道,诸君学业的成败,关系于诸君个人者小,关系于国家社会者大,愿诸君努力,祝诸君进步。”背诵完后,那位老朋友解释说,文中所述的“二千人”,在前一段中指出:以总人口计算,则二千人中方有中学生一人。事后,他从校友处为我借来了这本保存达40年的课本。原来是山西进山中学自己选编的,其中还有郭沫若、鲁迅、蔡元培、郑振铎等进步作家的作品。这篇文章是父亲在1915年写的,30年后仍被选为教材,又四十多年后,还被学习者珍存、忆诵。父亲教育思想影响的深远,由此可见一斑。

父亲对教育出版事业的忠诚,基于强烈的爱国主义精神及他对民族的责任感。国家的安危,时局的变化,他时时放在心上。1932年中华书局准备发行一种半月刊。父亲出于爱国之心,主张这刊物的名称为《中国与中国人》,以便唤醒人们,人人应该有国家的观念,人人应该明白自己是中国人。后来,有人不同意,乃定名为《新中华》。"九一八"和"一·二八"事变后,父亲预断日本会继续侵华,于是多次从地理、历史各方面著文,大声疾呼,一定要积极备战,长期抗日。1932年底,父亲在《新中华》创刊号发表《备战》一文,文章论述了备战的必要性,提出的备战事项,都简要切实。文章呼吁"一致对外"、"长期抵抗"、"将整个的财力、人才准备作战。"他认为"大规模的战事一定在东三省,要免冰天雪地的冻毙,不得不制御寒衣物"。1933年父亲在《新中华》第2期上著文,再次论证东三省热河早为中国领土,严词指斥日本军国主义侵华的谬论。在民族危机空前深重,蒋介石推行"攘外必先安内"之际发表这些文章,不仅仅是对战争的发生有远见,还表现出一位正直的知识分子的情操与胆识。"八一三"事变后,父亲让母亲买了不少布匹和棉花,由母亲组织一些妇女,赶制棉衣、棉裤,来给士兵御寒。日军攻侵上海、火烧闸北,火光染红半边天,我们子女年幼无知,嚷着要上楼顶观火光。父亲听到嚷嚷声,勃然大怒,把我们吆喝回来斥训说:"你们想看什么?难道你们忍心观看中国人的房屋和人被日本人烧光杀死吗?"

父亲博览群书,有渊博的知识,高深的文化素养,在家中常谈古喻今,出口成文、善于诗词。他幼年受新思潮影响,弃旧学,自学历史、地理、算术、日语、英语等,称得上是自学成才的典范。他认为:"个人非有学问、有修养,不能成事。社会非有教育、有风纪,不能有为。"(《我的青年时代》)。他常说,一个人的创造性和远见卓识,要靠广博的知识为基础。父亲工作繁忙,社会活动频繁,疾病缠身,但一切公文书信都亲自执笔,不请秘书。每天总要看书一两个小时。常常查阅书刊,或与朋友探讨学术上的问题。

父亲勤俭朴素,平易近人,助人为乐。他说:“勤劳节俭可以富国兴家。”父亲很早就工作,以其收入供两位弟弟读书,并补助亲友子弟上学。我二叔仲忻去世后,父亲负担他遗孤的教养费。1935年田汉在沪被捕,父亲设法营救,并支援30元作为家属的生活补助。父亲教育子女要努力学习,过艰苦朴素的生活,不许讲究吃穿,要从事力所能及的家务劳动。他经常对子女进行爱国教育。我随家在香港念书时,学校的课程用英语多,汉语少。父亲便多次提醒我,如果会英语而不会汉语,那就成了亡国奴。耐人寻味的是,在香港时,父亲用意深沉地不准子女姓陆费,而改姓陆。父亲对陆费家族中的亲戚,都很关心。父亲50岁时,送给侄辈每人一个墨盒,盒盖刻有勉励他们上进的各不相同的字。远房堂哥幼[illegible]至今藏有父亲给他老师的书信,信中希望老师继续教育他成器。如今这封信已装裱成轴,成为他们家的传家宝。

父亲关心政治又不愿参与政治,一心要办好中华书局。他有不少机会可以从事其他行业,有人聘他到报馆担任总主笔、或到教育部、外交部门工作,就个人功名利禄来说,显然会好一些,但他坚决献身书业。他认为,书业同国家文化前途的关系重大。他说:“我们希望国家社会进步,不能不希望教育进步。我们希望教育进步,不能不希望书业进步。我们书业虽然是较小的行业,但是与国家社会的关系,却比任何行业为大。”(《书业商会20周纪念册序》)。正是这种精神,支配着他不畏挫折,知难而进。他常说的一句话是:“无论怎么样,我都忍耐得住。”这一句话给我们做子女的留下极为深刻的印象。1940年父亲在《我的政治思想》中自述:“我是一个有政治思想而不喜欢政治的人,所以到现在虽然没有什么政治上的成就,却仍喜谈政治,然因政治思想浓厚的缘故,对于现实不满,不免增加痛苦。”有人在回忆文章中提到,父亲常拿苏联人民的刻苦精神来勉励别人。我们记得,父亲在香港时,在派人运送文具用品到大后方重庆的同时,曾设法运送文具用品到解放区。中华书局老职工吴铁声在回忆文章中说,父亲“一生从事出版事业,不想在政治上向上爬。抗战开始,1938 年,被聘为国民参政会参政员,也只是挂名而已”。父亲被聘为参政员后,谢绝不了,只好把送来的参政员“津贴”,每次都原封退回。后来父亲二次去重庆开参政会,是有人要他去的。

1941 年 7 月 7 日中午,父亲自己下楼接见客人。3 点左右,他全身疼痛出大汗,枕头和身下的床单也汗湿了。父亲叫我给他捶背捶腿时对我说,刚来的客人给他抽过一支小雪茄烟。7 月 8 日,父亲自我感觉不好,半夜整理中华书局的帐册,给母亲留下了遗言。9 日晨,父亲从浴室出来,猝然摔倒,从此长眠不醒。死亡诊断为“心脏病”,可是,父亲始终没有去医院检查过病情,也没有请有名望的医生看过病。回想起来,实在是万分遗憾。

原载《编辑学刊》1993 年第 1 期

陆费逵先生

熊尚厚

陆费逵字伯鸿,号少沧。祖籍浙江桐乡。1886 年 9 月 17 日(清光绪十二年八月二十日)生于陕西汉中。其父陆费芷沧曾在直隶、山东、河南、汉中等地做幕僚。陆费逵 6 岁时,父亲改入江西南昌府幕,遂移家南昌。其母是李鸿章的侄女,颇识诗书。陆费逵从小由母亲授读。1898 年戊戌变法时,他阅读《时务报》等刊物,受到了新思想的影响,即弃旧学,改为自学史地、算术等新书。并入南昌英语学塾学英文,更常阅读新书新报。1902 年,陆费逵在南昌与人合办正蒙学堂,8个月后因经费不继停办。次年春,他随老师吕星如去武汉,临行时向母亲表示:"蓬矢四方,男儿之志。"[①]决心去为自己的理想奋斗。到武汉后,他任塾师,同时继续从吕星如学日文。1904年,陆费逵在武昌与黄镇盘等开办新学界书店,他担任经理。在店中出售《革命军》、《警世钟》、《猛回头》等革命书籍和其它新书。他自著《岳武穆传》,借以抒发反清革命思想,并积极参加当时的革命活动。1905年春,革命党人刘静庵借圣公会附设之阅报室——日知会,为革命活动机关。并用日知会名义发展革命党人。陆费逵参加日知会革命活动,曾为日知会起草章程。日知会正式成立时,他任评议员。1905年秋,陆费逵辞去新学界书店经理,与张汉杰、冯特民共同接办汉口吴趼人创办的《楚报》,任主笔。同年底,该报因著文反对粤汉路借款密约,被湖广总督张之洞查封,陆费逵逃往上海。在那里任昌明公司支店(书店)经理兼编辑,同时参加上海书业商会筹备工作,负责起草章程。该会正式成立,他任评议员兼书记。此后,遂转到教育文化救国的道路。

1906年6月,陆费逵在上海书业商会主编《图书月报》,该刊出至3期停刊。同年冬,他到上海文明书局任职员兼文明小学校校长和书业商会学徒补习所教务长。在文明书局期间,他着手编辑一套新教科书,但资金不足未能完成。1908年秋,陆费逵入商务印书馆任国文部编辑,次年春升任出版部部长兼《教育杂志》主编及师范讲义部主任。他在《教育杂志》上连续撰文,宣传教育救国论。认为"教育得道,则其国强盛",主张缩短在学年限,减少课时和注重实利教育。并对小学学堂章程提出改革意见,倡议改革旧教育制度。[②] 其议论思想新颖,富有革新精神,在上海倾动一

---

① 陆费逵:《教育文存》第5卷,第11页。

② 陆费逵:《教育文存》第1卷,第22~30页、72页、105页。

时。同时，他还建议整理汉字，主张简化，并提倡白话文。1910年，中国教育会在北京成立，陆费逵曾为该会起草章程，同时，主张国民教育、人才教育、职业教育三者并重。次年秋，武昌起义胜利。他看到革命定能成功，教科书应有大改革，是另创书局的有利时机。当时，商务印书馆对教科书还未作改革。陆费逵已与戴克敦、陈协恭等筹集资金，暗中加紧编写新教科书，并进行新书局的筹设。1912年1月1日，在上海创立中华书局。

教育雜誌
第一年 第六期
本期之目錄
通信購書章程
分館

陆费逵主编的《教育杂志》

中华书局初系合资经营，资本25,000元，办事及编辑人员十余人，陆费逵任局长，沈知方任副局长，最初只经营出版业务。该局开办后，陆费逵提出“用教科书革命”和“完全华商自办”两个口号，以与同业竞争，并首先发行中华小学及中学教科书。1913年又出版了《新学制教科书》和《新编国民教育教科书》，刊出新国旗作封面。中华教科书体例新颖，风行一时，赢得了大部分教科书的市场。1913年，陆费逵将中华书局资本增至百万元（先收30万元），迁编辑所于东百老汇路，在北京、天津、广州、汉口、南京等地，与当地绅商协议，合资设立或自办中华书局分局，总分局人员增至二百余人。又添办印刷业务，扩充编辑部，聘请范源濂任编辑长，编辑中华初小、高小教科书。他还亲自前往日本考察出版印刷业务。回国后大力加强出版，改进营业。中华书局业务更加骎骎日上，年营业额达二十余万元。

1914年，中华书局在福州、成都、昆明等地增设分局，并出版《中华新学制中学、师范教科书》。次年改组书局为股份有限公司，邀请唐绍仪、王正廷、范源濂和梁启超等任董事，陆费逵任局长。由梁启超主编《大中华》杂志，并出版《中华小说界》、《中华实业界》和《中华妇女界》等刊物。其中梁启超主编的《大中华》，在社会上颇具影响。同时还自办印刷所，添购机器，新设总厂、总局，增设发行所，盘入文明书局与民立图书公司。① 1916年6月，又将资本总额增至160万元，分局增至四十余处，印刷所拥有大小机器数百台，职工千余人。中华书局成了国内第二家华商大书局。

中华书局因扩充太快，与同业的竞争又十分激烈，加以副局长沈知方挪用公款投机失败，以致资金周转不灵。1917年6月几至停业。在陆费逵主持下，董事会决议与商务印书馆联合经营，嗣因条件不合未成。当时，范源濂请他去教育部工作，汪汉溪请他去任《新闻报》总主笔，他都未应允，决心再把中华书局办好。嗣后，经各方设法，有吴镜渊、高欣木等人投资，得以周转。12月，董事会改选，推吴镜渊为驻局董事，于右任、孔祥熙、康心如等11人为董事。陆费逵被董事会撤去局长职务，以司理名义仍责成处理业务。1919年到1921年，中华书局经过扩充设备，营业重获发展，陆费逵担任总经理。中华书局在他主持下，创办《中华英文周报》；出版《新教材教科书》；编印《新文化丛书》等。1922年到1926年，又创办《学衡》、《国语》、《少年中国》和《小朋友》等杂志；刊印《少年中

---

① 民立图书公司原为上海大资本家席子佩等创设的中国图书公司印刷厂。见《现代出版史料》丁编，第400页。

国学会丛书》及《儿童文学丛书》。自 1925 年起陆费逵自兼编辑所长。并在常德、衡阳、梧州、九江、芜湖、徐州、青岛、张家口及兰州等地增设分局,资本增至200 万元。1927 年又在香港增设分局。

在中华书局重获发展的同时,沈知方在上海另创了世界书局,于 1925 年出版教科书及政治宣传读物,用种种办法与商务、中华展开竞争。

1929 年,他在上海创办中华教育用具制造厂,制造教学文具仪器。次年孔祥熙担任南京政府实业部长,董事会推举孔祥熙为中华书局董事长。1932 年,中华书局在上海扩充印刷所,大规模承印国民党政府有价证券及小额钞票。时商务印书馆在上海"一·二八"事变中遭受重大损失,中华书局营业更加进展,年营业额增至400 万元。1933 年在九龙新建印刷分厂,设备之新,号称远东第一,主要承印南京政府钞票和债券。

1935 年,中华书局在上海澳门路建成印刷厂,总办事处和编辑所随之迁入,规模更加扩大。同时,中华书局投资保安实业公司,设厂制造国防用的橡皮登陆艇,防毒面具和桅灯等,该厂后移至香港,继续生产,专为抗日国防作准备。

1937 年春,中华书局资本扩充至 400 万元,年营业额约千万元,全国各地分局四十余处,沪、港两厂职工共达三千余人。该局彩印业务为全国第一。这是中华书局的全盛时期。三十余年来,在陆费逵的主持下,中华书局先后编辑出版《聚珍仿宋版二十四史》、《中华大字典》、《辞海》,刊印《四部备要》和《古今图书集成》等大部图书,总计出版各种书籍达 2 万册。随着中华书局的日益发展,陆费逵声誉益著,成为全国出版界的巨擘。他历任上海书业同业工会主席、温溪造纸厂筹备委员、中华工业总联合会委员、中法大药房董事等职。同年夏,参加蒋介石在庐山召集的谈话会。抗日战争时期,还连任国民参政会第一、二届参政员。

陆费逵在经营中华书局的同时,本着他一贯的教育救国主张,发表过不少论述教育问题的文章。1912年1月,他在《教育杂志》上发表《敬告民国教育总长》一文,提出当务之急有四:迅速宣布教育方针;颁布普通学校章程;组织高等教育会议和规定行政权限,这一主张得到教育总长蔡元培的采纳。又与蒋维乔共拟"中华民国教育部普通教育暂行办法"14条,于同年1月19日经教育部审定公布,主要内容为初小男女同校,小学废止读经,注重手工教育,中学师范改为四年,及废止旧时奖励出身等。此外,他还发表《民国普通学制议》、《新学制之要求》和《国民教育当采实利主义》等文,阐述他的教育主张。他自称是"好言教育,尤好谈学制"的人,①主张效法欧美及日本等资本主义国家的教育,提倡减少课时,缩短在学年限及注重实利教育。

陆费逵还大力推行国语运动。早在1906年,即曾发表《论设字母学堂》一文,主张统一国语,统一读音,改革文字。辛亥革命后,他受教育部委托,主持召开读音统一会,会后在上海提倡国语运动。② 1921年前后,他参加国语推行会,创办国语专修学校,印行国音课本,制造国语留声片等,热心提倡白话文。

陆费逵主张用宗教的学说和精神,从事教育工作,"教育人的灵魂"。③ 1918年秋,他与人组织灵学会,设盛德坛,提倡振兴佛教,主张"采宗教之学说为精神之训练",以佛教为"精神教育"。④

"九一八"和"一·二八"事变后,民族危机日益深重。1933年1月,陆费逵在《新中华》杂志创刊号上,发表题为《备战》的文章,主张"一致对外","长期抵抗","将整个的财力、人才,准备作

---

① 陆费逵:《教育文存》第1卷,第72页。

② 陆曼炎:《时贤别纪》第2集,第77~82页。1943年11月,重庆文信书局出版。

③ 陆费逵:《教育文存》第1卷,第20页。

④ 陆费逵:《教育文存》第1卷,19~24页,第2卷,24页。

战”。①

1937 年 7 月,抗日战争爆发,中华书局上海总厂和编辑所停工。陆费逵将大部职工遣散,他赴香港成立驻港办事处,主持港厂和南方分局业务。上海中华书局由常务董事舒新城、吴镜渊主持日常事务,将印刷厂改为“美商永宁公司”借资掩护,以维持营业。

1941 年 7 月 9 日,陆费逵病逝于九龙寓所。生前著有《教育文存》5 卷,《青年修养杂谈》和《妇女问题杂谈》等书。

选自中华书局编辑部编《回忆中华书局》上编,中华书局1987年

悼念陆费伯鸿

——一九四一年八月十日于香港

王云五

伯鸿先生幼时只受五年母教,一年父教,一年师教,十七岁就独力自修。十七岁在南昌创家学学堂,十九岁创办新学界书店于武昌。二十岁任汉口《楚报》主笔,因言论触犯当局,致该报被迫停刊,转致上海任昌明书店经理。二十一岁入文明书局任编辑;又二年,为商务印书馆出版部长及《教育杂志》编辑。

伯鸿先生的成功,除了少年时期的奋斗以外,他的深远的眼光也是一种要素。辛亥革命爆发,他料到满清必被推翻,民国即将成立,便集合同志筹备新教科书,以适合新的需要,于民国元年元旦创立中华书局,发行中华教科书,风行一时。近五六年来,他料到

① 《新中华》杂志第 1 卷第 1 期,1933 年 1 月。

我国法币政策必然推行,于是注重钞票的印刷,书局营业更能蒸蒸日上。先生在《新中华》创刊号中,复撰有《备战》一文,认为我国对外战事发生,必须长期作战,因而主张就军事、民食、交通三方面积极准备,其意见颇能与政府现在设施能暗合。

先生的优良性行在这里也得提出:一、强毅——他在中华书局草创时期,遭到不少困难,竟能坚持下去。二、前进——他遇事不甘后人,他独树一帜后,在营业上和商务竞争剧烈。商务本以教科书起家,其后出版范围渐广,伯鸿先生都不肯放过:商务印行《四部丛刊》,中华便辑印《四部备要》;商务编印《辞源》,中华就出版《辞海》……三、专一——先生三十年来,主持中华书局,一心一志,不他务他求。他外间应酬极少。从前外交部请他做官,也被婉谢。我国商场:"同行如敌国。"商务和中华,在某时期也不免此种现象;但经过剧烈的正当竞争后,彼此认识因之较深,渐转而为精诚的合作。在后几年间,我对于先生之诚恳态度的认识,也正如在以前对他所持的怀疑态度,简直是一样的程度。

原载《出版史料》1992 年第 3 期

陆费伯鸿与中华书局

俞筱尧

陆费伯鸿(1886.9~1941.7)复姓陆费,名逵,字伯鸿,号少沧,是我国近代著名的教育思想家和出版家。1912 年他创办的中华书局是继 1897 年夏瑞方创办商务印书馆之后又一家我国经营历史最久,规模最大,出版书刊最多,影响最大的私营出版企业。中华人民共和国成立后,中华书局在出版领域继续做了大量工作,出版了许多很有影响的出版物,在海内外享有盛誉。在这一大型出版企业即将迎来85周年诞辰之际,谨对陆费伯鸿及其创办和经营中华书局的情况予以介绍,借以缅怀前辈创业的艰辛。

青少年时期的学习生活和革命活动

陆费伯鸿祖籍浙江桐乡,1886年9月17日生于陕西汉中。其父陆费芷沧曾在直隶、山东、河南、汉中等地做幕僚。1891年冬,改入江西南昌府幕,举家迁居南昌。陆费伯鸿从小由母亲教读识字,十二三岁已读过《唐诗三百首》、《纲鉴》、《四书》、《诗经》、《左传》等书籍。1898年戊戌变法时他13岁,开始接触梁启超等主编的《时务报》,接受资产阶级改良主义变法图强的思想影响。当时南昌设有阅书报社,从1900年以后二三年间,他经常单日在家自习历史、地理和数学等功课,双日到阅书报社阅览新书报。1902年他17岁时和几位朋友募集了几十元钱开办了一所正蒙学堂,自任堂长,因经费不继,只维持了8个月便停办了。这年秋天,他到严复弟子创办的熊氏英文学塾附设的日文专修科学习日文。由于他思想新颖,成绩优异,很受教师吕烈煌(星如)的器重。次年,吕赴武昌担任中学教员,邀他到武昌教其弟国文和数学,晚间则由吕继续教他日文,并供给膳宿。他在向母亲告别时,母亲对他说:"蓬矢四方,男儿之志,身体名誉,幸自保持。"①支持他离家远行,去实现自己的抱负。

1904年,陆费伯鸿在武昌与友朋数人集资1500元开办新学界书店,任经理。销售《革命军》、《警世钟》、《猛回头》等革命书刊,并著《岳武穆传》(稿本)等,抒发革命思想。其时,革命党人刘静庵假基督教圣公会阅书报室——日知会从事革命活动,宣传革命道理和发展革命组织,这个组织也就称日知会。陆费伯鸿参加日知会后,曾起草日知会章程,与冯特民、李亚东、濮以正等被选任日知会评议员。1905年秋,他辞去新学界书店经理,与日知会会员张汉杰、冯特民等接办《楚报》。该报由张汉杰主办，他和冯特民同任主笔与记者，发表了不少时评，有的文章且为其他报刊所转载。他在《日俄和议告成感书》一文中，说："日俄自开战以迄今日，将亘二载矣，据美洲电告，言和议已于昨日告成，电文虽简，然所可知者已有四端。则俄之野心未泯，日之军事将盛，美之势力益扩，而我之祸患方殷也……"深入剖析了日俄达成和议的实质。该报纵论湖北政治，持论颇激昂，未及三月，因揭露和反对粤汉铁路借款密约，得到国内各界和留美留日学生积极响应，坚持要求废约。陆费伯鸿又撰文评论清政府派载泽等五大臣出洋考察"宪政"被炸事，批评"预备立宪"之举，实无济于事。湖广总督张之洞派员到报馆捕人。适冯特民外出购物，陆费伯鸿则言以"陆老爷不在"。于是将张汉杰捕去，软禁于武昌府署。张汉杰上书当道，慷慨陈词，据理力争，为时传诵。羁狱数月，经营救出狱。陆费伯鸿则逃亡上海，初拟赴日本学习，后应昌明公司之请，担任该公司上海支店经理兼编辑员。是年，成立上海书业商会，陆费伯鸿参与筹备，并起草章程。该会成立，任评议员兼书记。1906 年，主编上海书业商会所办的《图书月报》第 1 期，该刊出版 3 期停办。同年冬，陆费伯鸿任职文明书局，襄助经理办事并兼编辑员。同时兼任文明小学校长和上海书业商会主办的学徒补习所教务长。在文明书局期间，与俞复等着手编著文明教科书（包括地理、国文、修身、算术），很受教育界欢迎，终以资金缺绌，未能继续编印。

主张改革教育和简化汉字

1908 年秋，陆费伯鸿应聘商务印书馆，任国文部编辑员。次年春任出版部长、交通部长和师范讲义社主任。曾编著《简明修身讲义》、《最新商业修身讲义》和《伦理学讲义》等教材，并一直以改革教育和促进文化为己任。同年2月,商务印书馆创刊《教育杂志》(月刊),便请他主持笔政。该刊以“研究教育,改良学务”为宗旨,广泛介绍国外资本主义教育思潮和各国教育制度,讨论国内教育问题,对扩大教育视野、建立适合中国国情的教育制度和教育方法发挥了一定作用。除教育学、心理学外,该刊对图书馆等辅助学科和对中小学技能课、职业教育、成人教育亦皆注意介绍。对各个时期的教育法令、章程、会议、知名教育家以及学生运动,也有所评述。在陆费伯鸿的主持下,《教育杂志》办得有声有色。创刊初期,严复、张謇、蒋维乔、黄炎培、胡彬复、庄俞、戴克敦(懋哉)、沈颐(朵山)、孙毓修等在该刊发表文章,深受各界注目,使该刊成为我国早期著名的教育专业刊物。

日本明治维新对中国的知识分子震动很大,甲午战败,更增强了他们学习西方变革图强的愿望。他们进一步认识到日本学习西方变法维新,不到30年而由弱变强,而中国国势依然衰弱不振的根本原因,并不在于日本船坚炮利,而在于日本社会制度远比中国先进,教育制度得当,人才辈出。因之,能否真正讲述西学和新学,兴办学堂,普及教育,开发民智,培养人才,是关系国家命运和前途的头等大事。但那时新旧两种思想和势力仍在进行尖锐的斗争,这场斗争直到清朝灭亡,始终没有终结。

陆费伯鸿在所主编的武汉《楚报》、上海《教育杂志》和《申报》、《南方报》上,连续发表过四五十篇论文,积极鼓吹西学和新学,主张教育制度和教育宗旨的改革,如制定教育方针、缩短学制年限、减少授课时数、注重实利教育、厘定课程标准、反对初小读经、主张普及教育和初小男女同校等,多能切中时弊。他还竭力主张整理简化汉字,力求国语统一和言文一致。“其言论每每转移社会风气”,② 在知识界和教育界很有影响。

陆费伯鸿讲求西学和新学,其目的是要使中国富强而不是全盘西化。1905年,他在所撰《论日本废弃汉文》一文中,对日本明治维新后,对汉文典籍常旁注拼音,同时推行拼音文字的做法十分赞赏。认为“文化之进退,率视文字之繁简为比例差”。他见日本“日进无疆”,很为感叹,希望我国“有所继起”。他在回顾西方列强强迫其殖民地使用宗主国语言等不平等状况后,曾明确提出:“吾愿我国讲改革讲西学者,勿自亡其粹以亡其国也,又勿徒保其粹而不图进化也。”可见他十分推崇日本学习西方而又能维护日本的文化传统、致国家于富强之途的做法,认为中国应当效法。

对教育问题,陆费伯鸿在 1909 年至 1911 年所发表的《小学章程改正私议》、《世界教育状况序》、《论今日学堂之通弊》等论文中,着重指出:“教育得道,则其国强盛。”要救中国,首先要求教育有方,但清末教育科目太繁,重视读经,轻视国文,年限太长,程度不合。总之,不合教育原理,是“愚民”教育。1910 年他在我国近代教育史上首次提出了职业教育问题,并对其含义作了说明。他还主张人才教育、职业教育、国民教育(义务教育)并举。

戊戌以后,关于学制问题,主要在于在学年限和授课时间多少上纷争不已。陆费伯鸿始终着眼于普及教育和有效地培养人才。1909 年他发表的《缩短在学年限》、《减少授课时间》等论文中,反对当时规定初小 5 年、高小 4 年,中学 5 年,高等学校 3 年(相当后来的预料),大学 3 年或 4 年的学制。认为,如儿童 7 岁上学,即使成绩优良,经济条件许可,到大学毕业也将近 30 岁了。况且年限过长,人事多磨,难免中途辍学,不能坚持。更何况“学以致用也,而致用之期必在壮年,过幼则稚,过老则衰”。因此,他主张改为初小 3 年,高小 3 年,中学 5 年,大学预科 1 年,本科 3 年或 4 年。废去高等学校,而置分科之预科。若照这个安排,则 7 岁入学,20 岁出头即可卒业于大学,出以任事。他认为这是养成人才之教育。至于授课时间问题,陆费伯鸿反对加重课时的办法。他在上海作了实地调查,认为这样做并不能使学生学习成绩优异,而学生身心健康却受到严重损害。他警告国人,几百年来我国深受缠足、鸦片之毒害,国民体质羸弱,现在又以过量的功课压在儿童身上,其结果只能是给国家带来无穷隐患。有人顾虑儿童在学时间少,家庭无法管理,他则认为,温习和娱乐时间可以放在学校里,关键在于主持者的安排。

国民教育也即义务教育,有主张5年的,即初小5年为国民教育。他主张初小3年为国民教育。反对者认为3年为期过短,他认为如财力不足,讲5年也是空话。实际上能读5年书的,100个初小学生中能有几人?与其讲空话,不如干脆改为3年。以后视财力渐充,民生富裕,年限可以渐次延长。他的主张是比较切合实际的,但就是这个主张,其时也远远没有能够做到。

陆费伯鸿竭力反对尊孔读经。在清末,儿童入学后都必须诵习儒家经典,所有小学都设有读经讲经课,以尊孔读经为第一位。这种状况在戊戌以后仍旧存在。他坚决反对这种教育方法。在1909年发表的《小学堂章程改正私议》和1911年旁听中央教育会时所发表的《论中央教育会》等论文中,指出:"夫经之为物,其用为四:精义格言,人人所当服膺,则采入修身课本可也;治平要道,为国者所当力行,则法政大学及专门法政学校编入讲义可也;文章古雅,可资讽诵,则选入国文读本可也;事实制度,古史所征,则讲习历史,用为参考可也。"在后一篇文章中进一步指出:"经书非儿童所能解,施之小学,尤觉有百害而无一利。""若谓上谕为永不可变,则祖宗之法可不变,科举可不停,学堂可不兴,学子日讨生活于《五经》《四书》足矣。何必言教育,更何必开中央教育会也。"在《论中央教育会》和1910年发表的《男女共学问题》等文中,他对初小不能男女同校共学的论调提出尖锐抨击。

为普及教育,陆费伯鸿还主持改革文字和简化汉字。1905年和1909年,他陆续发表《论设字母学堂》、《普通教育当采用俗体字》和《整理汉字的意见》等论文。提出了统一国语、统一读音和汉字改革的意见,主张小学多用字母酌夹汉字,而汉字之旁仍注字母，以便记忆。中学以上，可在小学没有学过的生字旁注字母，以便诵习。他还提出了“择一地方适中，语音轻利而引用最多者为标准”，作为全国通用的语言。他的这个设想由来已久，在以后仍有不少论述。他还认为，文字不过是语言的符号，符号愈简，记忆愈易。而“我国文字，义主象形，字各一形，形各一音，繁难实甚，肄习颇苦，欲求读书识字之人多，不可不求一捷径”。他以为最便捷而最易行的办法，莫若采用俗体字。俗体字笔画简单，且事实上民间通行已久，实行起来方便。如“體”作“体”，“鐙”（或“燈”）作“灯”，“歸”作“归”，“萬”作“万”，“蠶”作“蚕”之类。易习易记，除公牍考试外，几已无处不通用，“贩夫走卒且藉此读小说唱本”，若采用作普通教材之用，有利无害。有人或许认为采用俗体字为不雅观，他则认为这是“闇于事理之言”。文字既是语言的符号，而且是人们自己所创造的，所谓雅观与否，完全是习惯问题。又如“萬”古作“万”，“算”古作“祘”。“万”、“祘”二字实古之正体字，今则视之与俗体字无异。“后之视今，亦犹今之视昔，若采余此说，恐他日必有以‘体’、‘灯’、‘归’、‘蚕’为正体字，而视‘體’、‘鐙’、‘歸’、‘蠶’四字，将与今之‘万’、‘祘’二字等矣。”

为了落后的旧中国能够进入世界强国之林，陆费伯鸿主张在各个方面赶上西方先进国家，和它们并驾齐驱。当时我国通用阴历，他认为应当改用世界上许多先进国家通用的阳历。但有人以阳历不便于农事，持反对态度。1910 年他发表《改用阳历》一文。在论述了采用阳历合理，且与农事无碍以后，说欧美诸国用阳历已久，日本也早改用阳历，都没有什么不方便，世界上许多国家多采用阳历，要改革是轻而易举的，我国怎能独独固执因循，不知改革呢？

1912 年民国建立以后，陆费伯鸿即发表《敬告民国教育总长》一文，认为当务之急是：一，迅速宣布教育方针；二，颁布普通学校章程；三，组织高等教育会议；四，规定行政权限。这些主张和建议得到南京临时政府教育总长蔡元培的采纳。蔡元培特地赶到上海,和陆费伯鸿等坦率交换意见。鉴于春季开学在即,而各省都督府和省议会对教育政策方针的执行“省自为令,不免互有异同”;陆费伯鸿因受蔡元培的委托,和教育家蒋维乔共同草拟《普通教育暂行办法》,由教育部公布施行。《暂行办法》共 14 条,规定:“各州县小学校应于(民国)元年 3 月 5 日(即阴历壬子年正月十六日)一律开学”,“从前各项学堂均改称学校”,“监督、堂长应一律通称校长”、“初等小学校可以男女同校”,“小学读经科一律废止”,“凡各种教科书,务合乎共和国宗旨,清学部颁行之教科书一律禁用”,“凡民间通行之教科书,其中如有尊崇满清朝廷及旧时官制、军制等课,并避讳抬头字样,应由各该书局自行修改,呈送样本于本部及本省民政司教育总会存查”,“废止旧时奖励出身”。《暂行办法》的公布施行,对于统一部署全国教育事业,发挥了积极作用。不久,陆费伯鸿与蔡元培之间,又展开了一场关于教育方针的讨论。蔡元培认为,军国民主义、实利主义、公民道德、世界观及美感五者,均为当时教育当采之方针,而尤侧重于后二者。针对蔡的主张,陆费伯鸿发表了《民国教育方针当采实利主义》一文,指出兼采多种方针,等于无方针。蔡的教育方针,实际上是世界观及美感教育,认为这种思想“讲学则可,定为全国教育方针,似非所宜”,进一步提出教育方针“当与国是一致,尤当合世界之潮流”。国家贫弱,而实利主义教育既可药贫,“实足以增进国力,高尚人格”,应为民国教育当采之方针。

从编写《中华教科书》到创办中华书局

陆费伯鸿曾经说过:“我们希望国家社会进步,不能不希望教育进步;我们希望教育进步,不能不希望书业进步。我们书业虽然是较小的行业,但是与国家社会的关系却比任何行业为大。”③陆费伯鸿十分重视教育，也十分重视出版，这正是他青年时代投身文化教育事业和后来创办中华书局的根本原因。

1911年武昌起义成功，陆费伯鸿看到清政府灭亡已成定局，共和政体即将诞生，预见教育制度将随之改革，教科书也需要重新编写，但商务印书馆还没有改编教科书的举措。于是，他将孕育已久的"教科书革命"的理想付诸实践，决定从教科书入手，另起炉灶，自办书局。他约请他的朋友商务印书馆编辑戴克敦（懋哉）、文明书局主要职员陈寅（协恭）等利用业余时间秘密编写中小学共和教科书，工作常至深夜。稍后，三弟陆费执（叔辰）肄业的清华学堂因受武昌起义影响而停课，也南下参与其事。民国成立后，第一套中小学教科书——《中华教科书》就是这样诞生的。经过他们几个月的紧张筹备，中华书局亦于1912年元旦宣布成立，2月正式开业。《申报》等报刊发表了陆费伯鸿草拟的《中华书局宣言书》，称："国之根本，在乎教育；教育根本，实在教科书；教育不革命，国基终无由巩固；教科书不革命，教育目的终不能达也。……即在目前，非有适宜教科书，则革命最后之胜利，仍不可得。爰集同志，从事编辑，半载以来，稍有成就，小学用书，业已蒇事，中学师范，正在进行。"《宣言书》还明确宣布中华书局的创办和出版旨趣为："一，养成中华共和国民；二，并采人道主义、政治主义、军国民主义；三，注重实际教育；四，融和国粹欧化。"由此也可以见到，陆费伯鸿对革命胜利、建立民国是抱着希望的，但他也没有忘记他所一贯倡导的以教育为根本的主张，以及注重实际教育和融和国粹欧化的思想。

中华书局原由陆费伯鸿、戴克敦、陈寅三人经营，开业时加入沈颐和沈继方（季芳）两人，集资2.5万元。这五人也就成了中华书局的创办人。陆费伯鸿担任局长，为法人代表，主持全局业务。戴克敦担任编辑长，陈寅担任事务长。中华书局局址设在福州路东首。当时的规模很小，连编辑和办事人员共十余人。《中华教科书》小学部分各个年级包括修身、国文、算术、伦理、英文等课程，总共应有44种；中学、师范学校应有27种，次年出齐。当时为春季始业，春季开学急需的小学各个年级教科书共十余种已编成出版。原清政府学部颁行的中小学教科书已经禁用，一时不及修改，而《中华教科书》能及时反映政治形势，配合共和政体的需要，很受社会欢迎。“架上恒无隔宿之书”，当年营业额达二十余万元，7月间扩充资本为7.5万元。添设印刷所于福州路惠福里，有印刷机6台，专供印刷教科书之用。是年冬，中华书局迁至河南路，编辑发行等人员增至五十余人。次年，各省市召开图书审查会，在被采用的中小学教科书中，《中华教科书》销售量占第一位的地区，有京师、直隶、奉天、山东、湖南、河南、陕西等省市；占第二位的地区，有贵州、山西、四川等省。中华书局由一家不知名的后起出版企业，异军突起，居然在一二年间享誉海内。陆费伯鸿后来也说：“中华草创之时，以少数资本，少数人力，冒昧经营，初未计及将来如何。开业之后，各省函电纷驰，门前顾客坐索，供不应求，左支右绌，应付之难，机会之失，殆非语言所能形容，营业基础立于是；然大势所趋，不容以小规模自划矣。”④从1913年至1937年，教科书不断修订重编，先后出版了陆费伯鸿、戴克敦、谢蒙、顾树森等编《新制教科书》，范源廉、沈颐、吴研因等编《新式教科书》等11套中小学、师范学校、农业学校和商业学校教科书。1916年，范源廉、沈颐、吴研因等编《新式教科书》，在国文课本中加强了有关讲解共和政体和培养爱国思想的课文，如宪法、国会、文天祥、史可法、鸦片战争、中日甲午战争等等。在各册之末还附有4课白话文。编写方法生动活泼，通俗易懂，使儿童容易接受，具有较强的时代气息。1925年，陆费执等人所编《新学制中等农业学校教科书》出版后，即不断再版。1932年开始，中华书局陆续编辑出版了4套专供东南亚国家华侨学校用的教科书。这几套华侨学校教科书的出版，为华侨子弟学习祖国语言文化和所在国家的社会、自然知识提供了方便。为适应华侨子弟学校使用,有的课本是请华侨教育家编著的,如《热带自然课本》(全4册),为张国基所编著,就是一个例子。

伴随着中小学教科书的编辑出版,中华书局为教师出了一套各科教学法和教学参考书。1935年,又出版了一套"小学各科副课本",就各科教科书有关知识作进一步分析介绍,并对教学工作进行辅导。这套副课本分初级、中级和高级三种,各包括:国语、社会、自然、算术、劳作、卫生、体育、美术、音乐九方面的内容,各100册,共300册。由吕伯攸、施仁夫、赵欲仁分任主编。为了使副课本的内容更能切合教师在教学上的实际需要,初级由中华书局编写;中级委托江苏省和苏州市的中小学校长、教师编写;高级委托浙江省和杭州市的中小学校长、教师编写。这套副课本在1936年全部出齐,对提高教学质量很有帮助,所以受到教育界的称道。

作为第一外国语的英语,从1915年以来,中华书局除了编辑出版教科书外,曾编辑各种类型的丛书,作为课外读物和教学参考用书。如《英文名人丛书》(1915)、《英美名人文选》(1916)、《英文文学丛书》(1926)、《基本英语丛书》(1933)、《初级英文丛书》(1933)、《商业英文丛书》(1935)、《基本英语文库》(1935)、《中华英文小丛书》(1935)、《英文学生丛书》(1937)、《英文研究丛书》(1943),以及《英语教学丛书》(1948)等。包括语音、单字、习字帖、造句、成语、文法、作文、会话、尺牍以及文学作品的汉文注释、英汉对照和名著欣赏等多种形式,还编印了一批词典等工具书以及赵元任编的《基本英语留声片课本》等。有些流行的通俗读物,如《伊索寓言》、《莎氏乐府》、《格林童话集》、《格列佛游记》、《天方夜谭》、《十五小豪杰》和《鲁滨逊漂流记》等,还都出过英汉对照、汉文注释等多种版本。除英语外,还出版法、德、日、俄等国语言的读物、工具书和世界语书籍。

中华书局的组织和经营

(一)组织和经营

1913 年,中华书局改组为股份有限公司,总公司迁至东百老汇路,增资至 100 万元(当年收 50 万元,1914 年和 1915 年各收 25 万元),并成立董事局。陆费伯鸿、范源廉、戴克敦、陈寅、姚汉章、沈颐、沈知方、蒋汝藻等 11 人当选董事。董事局互选陆费伯鸿、蒋汝藻为正副主席;沈继方、叶琢堂为监察。总公司由局长陆费伯鸿主持全面工作,下设编辑、事务、营业、印刷四所。聘任范源廉为编辑长,戴克敦改任事务长,陈寅改任营业长。中华书局的组织机构大致确立。编辑所下设小学部、中等师范部、英文部、字典部和《中华教育界》、《大中华》等几个杂志的编辑部门。除教科书外,其他书籍的出版随着客观需要逐渐增加。发行所扩大业务范围,增设西书部和仪器文具部;印刷业务也有初步发展,印刷所也随总公司由福州路迁至东百老汇路,印刷机增至十五六台。每天能排字 200 页,铅印达 100 万张,彩印达 10 万小张;能雕刻较精的黄杨木版和铜版、钢版以及电镀铜镍版;并开始出售中英文铅字(所用英文铜模购自美国,字体较精美)。编辑员增至七八十人,办事人员增至二百余人,全年营业额达四十余万元。1914 年,董事会决定,选陆费伯鸿、唐绍仪、蒋汝藻三人为常务董事,设常务董事室,长川驻局。总公司仍由局长陆费伯鸿执行局务,局长室下设编辑、事务、营业、印刷、发行 5 所。1916 年,唐绍仪、范源廉、王正廷、沈知方等十一人当选董事,增资 160 万元。总公司也由东百老汇路迁至静安寺路(今南京西路)。同年,董事局制定中华书局第 3 期发展计划——《五年概况》,认为:中华书局“最初两年为草创时期,资本薄弱,规模狭小”。“其后两年为培植根本时期,资本稍大,规模略具,然资本大部用于建筑房屋,添置器械,而屋未竣工,器械未全到,尚不能得其用。今后可进于第三期——发展时期矣。”编辑方面,“一,改良普通教科及学校用品以助教育普及;二,注意高等科学及字典辞典等以养成专门人才;三,多编通俗讲演书及有益小说以辅助社会之教育;四,其他如精印古书、广译西书、自制仪器标本,皆吾局对于教育之天职,其于二三年后达于完备之点,庶吾国文化亦得蒸蒸日上”。印刷方面,“一,添购新式器械,增广印刷之实力;二,延聘高等技师输灌欧美之技术;三,派人出洋留学养成完备之人才”。⑤

中华书局董事局董事任期一年,连选连任,唐绍仪、宋曜如、于右任、孔祥熙、史量才、沈恩孚、俞复、高欣木(野侯、时显)、汪伯奇、王志莘、舒新城、李墨非、杜月笙、李叔明、吴叔同等都曾当选过董事。吴叔同还当过董事长,李叔明继陆费伯鸿之后当过总经理。1919 年,中华书局董事局改为董事会,局长负责制改为总经理负责制。总经理由董事会聘任,主持局务。总公司各所所长和分局经理,则由总经理提名,经董事会同意后聘任。在抗日战争前,董事会每月开会一次,比较经常。其时,总经理下设一处三所。一处为总办事处,设总务、造货、帐务、会计、承印等 5 部。三所为编辑所、印刷所、发行所。编辑所下设总编辑部、教科图书部、普通图书部、辞典部、杂志部;印刷所下设事务部、营业部、工务部;发行所设秘书处、上海发行所、事务所、分局发行部、供应部。

为推销中小学教科书,并和同业竞争,中华书局成立当年,即在天津、南昌、汉口、广州、杭州、南京、福州 7 个城市设立了分局或经理处。1916 年,发行所 5 层新厦在福州路河南路转角处落成,购置地皮和建筑费用共二十余万元。同年,又增设分局或经理处 33 处。限于人力财力,在最初的三五年中,分局以与地方上原有书店或士绅合办为主,以后视具体情况或收回自办,或继续维持特约关系。但中华书局自成立以来,由于国内政局不稳、战乱频仍、经济紊乱等种种原因,分局机构常有变动,如哈尔滨、长春、吉林 3

处，自“九一八”事变后，中小学教科书、社会科学和文艺书籍，都被禁止销售，相继停业。沈阳分局于1936年6月改名沈阳文明书局，勉强维持，办理善后，至次年2月也告停业。但直到1937年上半年中华书局自办分支局仍达四十余处，发行网络除东北外，遍及华北、华东、华中、华南、西南、西北和香港以及东南亚等国广大地区。“七七”全面抗战爆发。华北、华中等大片国土相继失陷，河北、山西、河南、山东、江苏等地分局随之停业。陆费伯鸿根据对战争的估计，要求全体员工尽速将应造的货限期完成，并赶印大量教科书和各种教学参考用书连同文具仪器分途运往内地，以供应战时内地各省的需要。11月初，上海设驻沪办事处，由舒新城主持。他本人则转移香港，筹设香港办事处；主持总办事处的迁移和香港厂以及后方各分局业务。他在香港时还积极组织力量印刷教科书，运往广州、武汉。广州沦陷后，则经广州湾、越南海防和缅甸仰光等港口和滇缅公路运往广西、云南、陕西、甘肃等西南和西北各省市，并相继在武汉、昆明、成都等地设办事处，专门办理图书和文具仪器的运输业务。在1941年，陆费伯鸿还应董必武之请，在香港和上海等地调拨一批图书，赠送延安筹设的中山图书馆，积极支持解放区的文教事业。

中华书局创立以来，内忧外患频仍，时局很不平静。中华书局的业务和其他民族工业一样，时常受到严重影响。但是在“七七”事变以前，在陆费伯鸿和全体同人的努力下，中华书局的发展还是相当迅速的。如前所述，中华书局的资本从创办时的2.5万元，当年即增至7.5万元，次年增至100万元。1916年成立不到5年，资金总额已猛增至160万元。1925年增至200万元，1937年增至400万元。营业额也大幅度增长，详细情况列表如下。

中华书局 1912～1936 年营业额和利润一览

年　份	营业额(单位:万元)				利润(单位:万元)
	总公司	分支局	印刷厂	合计	
1912	—	—	—	22	4.4
1913.1—6	—	—	—	35	9
1913.7—1914.6	—	—	—	70	13
1914.7—1915.12	—	—	—	165	25.8
1916	—	—	—	110	2.4
1917	—	—	—	63	—
1918.7—1919.6	—	—	—	82	2
1919.7—1920.6	—	—	—	110	22
1920.7—1921.6	—	—	—	148	16
1921.7—1922.6	40	97	36	173	17.6
1922.7—1923.6	43	100	40	183	19
1923.7—1924.6	57	97	53	207	20
1924.7—1925.6	52	84	62	198	17
1925.7—1926.6	57	91	82	230	17.6
1926.7—1927.6	71	98	93	262	10
1927.7—1928.6	71	77	75	223	8.3
1928.7—1929.6	92	101	89	282	18
1929.7—1930.6	109	138	87	334	19.6
1930.7—1931.6	113	169	115	397	22.3
1931.7—1932.6	96	164	107	367	18.3
1932.7—1933.6	110	168	117	395	17.6
1933.7—1934.6	118	167	126	411	18
1934.7—1935.6	147	189	135	471	20.3
1935.7—1936.6	604		215	819	24.7
1936.7—12	—	—	—	532	15

据上表所列，从1912年至1916年的最初5年间，中华书局总营业额（包括总公司、各地分局和印刷厂，下同）为402万元，盈利54.6万元；年平均营业额80.4万元，盈利10.92万元。1917年至1918年6月营业额和盈亏不计在内。1918年7月至1928年6月

10年间总营业额增至1816万元,盈利149.5万元。年平均营业额181.6万元,盈利14.95万元。到1928年7月至1936年12月的8年半间,总营业额增至4008万元,盈利173.8万元。年平均营业额471.53万元,盈利20.45万元。在1937年"七七"事变以前,中华书局集编辑出版、发行、印刷于一体,业务发展和经营规模达到了它的全盛时期。

(二)中华书局印刷厂的建设

陆费伯鸿十分讲求出版物的印刷质量,认为"印刷为文明利器,一国之文化系焉,果使我局印刷放一异彩,不徒为我局实力之发展,亦足以观国民文化之进步"[⑥]。创业之初,为扩充印刷力量,先后并入民立图书公司、右文印刷所、彩文印刷局、中新印书局,并添设文明书局新印刷所,大小印刷机械增加到数百台之多,除印刷本版书刊等印件外,还承接比较大宗的外来印件,但距离陆费伯鸿的要求还很远。早在1914年,他已着手在静安寺路购置建厂基地43亩(约合2.9万平方米),价银9.6万两,折合银元约14.4万元。1916年建成厂房二层楼房五幢、平房四幢,共约五百间,并添建了货栈,建筑费用17万元。后在1924年又投资二十余万元扩建厂房,添建二层楼房二十五幢和三层楼房三幢,分别作为装订、图版栈房、新添轮转机机房和印刷所办公室。1931年"九一八"和1932年"一·二八"之后,他深感日本的侵略野心昭然若揭,中国为救亡图存,战争不可避免。为了减少或避免战事造成的损失,决定改印刷厂的集中经营为分散经营。鉴于商务印书馆印刷厂和东方图书馆在闸北一带损失惨重,1932年末和1933年初三次亲自赴香港勘察,在香港购地建厂。香港厂于1934年建成,占地17亩(约合1.1万余平方米),地价13.3万元(折港币17.5万元),厂房建筑费用16万余元。次年,以杨树浦平凉路原购建厂地皮在公共租界东部,靠近吴淞口,不够安全,故改变计划,又在澳门路以22万余元购置建厂基地12亩(约合0.8万平方米),修建钢筋混凝土结构厂房四层楼楼房五幢，平房一幢，其中三幢为印刷车间，一幢为纸型图版仓库，另一幢为办公楼。平房为锅炉房和浇版车间，建筑造价共为三十五万余元。澳门路厂建成，习惯上称新厂，静安寺路厂称老厂。中华书局出版的聚珍仿宋版《四部备要》等大部头古籍和刘海粟等编《世界名画集》等画册以及丁文江、翁文灏、曾世英为上海《申报》60 周年纪念编绘的 16 开缩编本《中国分省新图》（习惯上称“申报馆地图”）等都是在这个时期印制的。到 1937 年，中华书局印刷厂拥有精密的现代化印刷机，如德国制造的轮转大电机、四色大电机、双色胶印机、制版机等等，并聘请德籍、日籍技师和中国技术人员、工人一起工作，印刷技术精湛，产品质量上乘，在远东处于先进水平。

随着业务的发展，中华书局的营业额大幅度增长。其中印刷厂营业额的增加十分迅速，1930 年以后，和总公司、各地分局在营业额上大致相当。以后更由于大量印制钞券，营业额和盈利日趋增长。1936 年至 1937 年间，中华书局总公司和各地分局约有职工 1000 人，而上海新老两厂达 2000 人，香港厂 2000 人，共达 5000 人。

中华书局印刷业务的发展，除了自身的印刷能力外，还有几方面原因促成的。首先，第一次世界大战时期及其以后几年间，欧洲列强无暇东顾，我国民族工业有较大发展。在卷烟行业中，南洋兄弟烟草公司是实力较雄厚的，该公司为了推广营业，除刊登广告外，还印了各种宣传品赠送客户，如各种“月份牌”和附在每个烟盒里的“香烟牌子”等等，所有这类宣传品和烟盒，因中华老厂印刷条件较好，在较长的时间里多由中华老厂承印。另一个原因是，1934 年中华老厂又承印了四川省地方银行的辅币券，在印刷界提高了声誉，营业额更是大幅度增长。1935 年，国民政府大量印制法币。由于中华书局印刷厂设备完善，印刷技术成熟，质量有保证，所以承接了不少印钞业务。香港厂承印钞券是 1936 年 5 月开始的。抗战开始后，上海老厂的钞券印制业务，陆续转移香港，香港厂自 1936 年 5 月至 1941 年 12 月太平洋战争爆发的 6 年间，共计承印钞券 21 批，营业额累计达二千八百余万元，平均每年营业额达四百七十余万元，约占中华书局总营业额 45%。抗日战争胜利后，国民政府为流通和需要兑换沦陷区汪伪政府发行的储备券，需要大量钞票。随后发动内战，经济萎缩，通货膨胀达到惊人的程度，尤其是 1948 年改革币制发行金圆券后，中华书局印刷厂更以印制钞票为主要业务。但这些情况已经是陆费伯鸿身后的事了。

（三）合资开办中华教育用具制造厂

第一次世界大战后，德国马克贬值，货价较廉。1922 年陆费伯鸿派薛季安赴德、法、比、奥等国考察，在 1929 年与人合资创办中华教育用具制造厂。该厂延聘专家设计研究，制造和经销中小学及专门学校应用的各种科学实验仪器、人体生理病理模型和博物标本、幻灯工具、教学体育用具。制造的主要产品达十余类，产品近一万种。所制月日星期时辰挂钟，可以报钟点、时辰、日历、星期、月份，获得发明制造专利。陆费伯鸿还与商务印书馆、《申报》馆等单位合资在浙江温溪筹办造纸厂，还曾计划办油墨厂，以减少纸张和油墨的进口，后以抗日战争爆发，温溪造纸厂修建工程中途停顿，油墨厂计划也没能进行。

（四）藏书丰富的中华书局图书馆

在我国出版界，商务印书馆创立的东方图书馆是藏书最丰富的图书馆，涵芬楼以收藏丰富的宋元珍本古籍和稀见稿本蜚声海内外。1932 年日本帝国主义挑起“一·二八”侵略战争，这座东方文化宝库竟被蓄意焚毁，这是日本帝国主义在人类文明史上犯下的不可饶恕的滔天罪行。自此以后，中华书局图书馆便成了我国出版企业所创立的较有特色的藏书丰富的图书馆。

1916 年，中华书局在静安寺路建造了办公楼。办公楼西南隅设藏书楼，规模很小，面积不过 100 平方米。藏书楼归编辑所领导,这个体制后来也没有改变。1925 年,藏书逐渐增加,正式改名中华书局图书馆,并请图书馆学家杜定友设计,将所藏图书按“杜氏图书分类法”分类编目(以后图书增加,一般书籍改用刘国钧的“图书分类法”,古籍采用《江苏省立图书馆图书总目》分类法,重新分类编目)。1935 年,澳门路新建办公楼,编辑所设在三楼,图书馆设在四楼。这时订制了大批钢质书架,借阅书籍在三楼和四楼间用小型升降电梯传送,在当时是较先进的设备。中华书局图书馆是专供本局编辑人员工作上参考使用的,并不对外开放。图书馆馆长虽由编辑所所长兼任,长期来实际主持工作的主要是楼云林。

中华书局图书馆大量购置图书是在 1930 年以后,凡是报刊上刊登广告的图书,一般都选购;还专门派人到南京、苏州、杭州等城市访求,其他城市,则责成各地分局选购。日本学者研究“汉学”的著作购置很多,英、美、法、德等国出版的重要著作,也尽可能购置。1937 年“八一三”事变,民间大批书籍流散到街头地摊,少数由书铺收购。为了抢救这批书籍,陆费伯鸿决定派专人悉心搜求。太平洋战争爆发后,由中华书局图书馆购置吴兴蒋氏密筠楼旧藏。其中除宋元珍本早由东方图书馆搜购外,仍有明清时期名家著作四千余种,共 5.4 万余册入藏。中华书局同仁舒新城、张相、沈颐、陆费铭中等关心图书馆的建设,也有所捐赠,或折低价转让。图书馆藏书数量不断增多,内容也更为丰富,切合实用。如张相捐赠的多有关诗词曲方面的专业书籍,沈颐捐赠的多有关音韵小说方面的专业书籍,陆费铭中捐赠的则多系星相风水方面的书刊。清末民初出版的各级学校的教科书和近代教育史料,收藏相当完整,原是舒新城多年来所珍藏的。

上海沦陷期间,郑振铎劫中抢救珍贵古籍,也将所获一部分九百余种,五千五百余册让与中华书局图书馆。抗日战争胜利后,中华书局总公司从重庆复员上海,重庆编审部携来书籍、报刊五千余册,战时在大后方出版的书刊也得以充实。到1949年上海解放,中华书局图书馆所藏中外文书籍报刊达五十余万册,其中尤以方志、期刊报纸、中小学教科书、丛书、类书、金石书画和中外文工具书收藏最为丰富。⑦

50年代,上海市长陈毅在舒新城陪同下,曾到中华书局图书馆参观,认为中华书局图书馆藏书丰富,且有特色,应保持其完整,并继续充实,发挥它应有的作用。⑧1958年,中华书局辞海编辑所成立,中华书局图书馆改归该所建制,现为上海辞书出版社图书馆。在此前后,中华书局总公司和编辑机构迁移北京,因工作需要,在保持原上海中华书局图书馆藏书完整性的前提下,曾在1951年、1958年和1962年先后3次有选择地将馆藏期刊和新版古籍两万余册输送到北京中华书局图书馆,供编辑工作参考之需。

(五)创办中华函授学校

中华函授学校创办于1926年9月,在陆费伯鸿的积极筹划下,公开向社会各界职业青年招生。最初只设英文一科,分低级、中级、高级3班。1935年至1936年又根据需要,先后增设了国文、日文、算学、商业等科,各科都分初级、中级、高级3班。1937年,又设国文、英文等选修科。

中华函授学校初由吴健(任之)任校长、沈彬任主任,其后马润卿、李唯建、吴廉铭曾先后主持,1930年后由舒新城兼任校长。随着业务发展,组织也日臻完善。各科主任多由中华书局编辑所正副主任一级富有学识和经验的编辑兼任,如张相兼国文科主任,钱歌川兼英文科主任,武堉干兼商业科主任,张梦麟兼日文科主任。教师也多由编辑兼任,学生作业由教师批改答复。学生升级的可以减收学费,成绩优良的发给奖学金。函授学校的各科讲义,都由参与教学的编辑编写,多具有较高水平。以国文科为例,初级班讲义包括时论文范、诗词、成语使用法、新式标点使用法和学习辅导课本等;中级班讲义包括古代文选、现代文选、成语类选、文法和作文以及学习辅导课本等；高级班讲义包括文学源流、诸子文选、经传文选、曲选等。国文选修科则有诗词选、曲选等。中华函授学校教学方式活泼，教学质量高，切合实用，很受学生欢迎。每年有学生一二千人，在社会上颇有影响。从1926年开办到1937年抗战爆发，毕业学生达数万人。上海沦为“孤岛”后，校务逐渐紧缩，至1940年停办。

（六）“民六危机”

早在1914年，陆费伯鸿在静安寺路购地建厂，1916年竣工，购地和建筑两项共投资三十余万元。接着，投资二十余万元的发行所大楼（位于福州路河南路转角）亦相继落成。发行所大楼（南邻商务印书馆）共5层，高21.34米，有办公室百余间，营业部门沿马路店面十余间，处于上海书业聚集地的棋盘街中心地段，十分引人注目。但修建厂、所，添置器材设备所费颇巨，达八十万元以上。由于基本建设投资过大，又以护国军兴，兼以地方不靖，西南各省分局有停业半年之久者；厂、所迁移，停工、停业，收入减少，又有董事兼副局长沈知方挪用书局公款3万元，长沙分局经理王某挪用公款两万余元。且同业间竞争激烈等等因素交织在一起，以至书局财政状况极为不佳。时中华书局原有资本仅一百余万元，吸收存款达120万元，平时运行资金全凭吸收的存款和行庄押款维持。1917年春，为缓解同业激烈竞争的消耗，陆费伯鸿曾和商务印书馆协商，采取联合经营（一说将中华书局与商务印书馆合并），以商务印书馆内部意见分歧，双方虽经多次谈判，终于作罢。此时外间谣传纷起，以为中华书局即将破产，存户纷纷前来提存，几天之间提取现金达八九万元，资金周转失灵，几至倒闭。

陆费伯鸿面临困境，束手无策。在此之前，董事会也曾作出存户提存的准备，由唐绍仪、蒋汝藻等5人共筹集7万元备用。并连续召开董事会和在沪大股东谈话会，在股东中筹集押款以应付提存及造货开支的必需用款，同时商讨维持办法。同年6月间，在上海市总商会召开股东常会，经反复讨论，在股东康心如、姚作霖等提议和影响下，达成较为一致的意见：一、中华书局的名称、机构、资产务必保全，债权信用务必维护；二、中华书局一天也不能停业；三、为维持中华书局，采用出租办法，议定出租期限、租金数额。所得租金按年分期摊还债务，俟期满仍收回自办；四、出租不能渗入外商资金，也不能吸收同业资金，应以本公司股东组织为宜。时两淮盐商、上海溥益纱厂股东徐静仁有意出面负责承租事宜，于是由股东大会推派代表俞复、康心如等与徐谈判，吴蕴斋、史量才等出面组成新华公司承租经营，并草签合约。至于公司一切事务仍由原局长和会计部长负责，其他各部门也由原有人员主持，但一切款项开支则有严格限制。新华公司承租以后，仍有债权人、存户向会审公廨提出诉讼，致印厂机器设备大部被封存，新华公司以原机构债务问题未能解决，无法经营为由，解除承租合约。

12 月，召开临时股东会，改选俞复、于右任、范源廉、康心如、孔祥熙、戴克敦、宋曜如等 11 人组成新的董事会，吴镜渊为监察。后又推俞复为驻局董事，吴镜渊为驻局监察，代表董事会暂行总揽局务；免去陆费伯鸿局长职务，改任司理，处理日常业务。但每月预决算应交董事会通过，预算外支出，须经驻局董事许可；逐日逐月帐目应由驻局监察审核。新的董事会在股东（包括董事、监事次多数者）中推选唐绍仪、陆费伯鸿、简照南、徐静仁、李登辉、林康侯、简玉阶、刘翰怡、蒋孟蘋、余日章、张东荪、黄膺白、史量才、梁启超等 59 人为董事会参事。同时决定对总公司、印刷厂和各地分支局进行整顿。整顿内容包括：理清总公司一处三所和上海发行所以及各地分支局的职掌，甄别人员，催收旧帐，节减开支，清点帐目和货栈，推广营业等等。先是，股东常会曾推举吴镜渊、黄毅之为查帐代表，并成立清理处，负责清理旧帐和分支局帐目。后据吴镜渊等《调查公司现状报告书》谓：过去所云造成危机的原因，“不外欧战方殷，原料昂贵；国内多故，金融恐慌，局长去年卧病三月，副局长去年亏空累万等。凡此诚足致病之由,然皆外感而非致命之原因。致命之因三:进行无计划为其第一原因,吸收存款太多为其第二原因,开支太大为其第三原因。有此三因,即无时局影响、人事变迁,失败亦均不免”。“进行无计划,其最著者有四:编辑进行太骤,现存各稿非二三年不能出完,稿费不下十万;次为印刷机械太多,地基过大。现在机械之力,可出码洋六七百万元之书,夜工开足可达千万,现用不及半,地基空者不下二十亩,废置不用及赔利息捐租;次为分局开设太滥,竟有未设分局之前年可批发万元,一设分局反不过汇沪数千元者,其故由于僻地营业不易扩充,分局开支又不节省;次为计划过于久大,不顾自己实力,前三项固属此病,而建筑过于宏壮坚固,搁本实甚。此外,培植人才,派遣留学,虽为应办之事,而耗费抑已多矣!两年以来布置进行,颇费苦心,然甫经就绪,而大命以倾。……开支之大,每月薪水已一万元,债息一万元,伙食杂用告白推广又一万元。开支均现款,财产增加均非现款,故结果财产日增,现款日少……若不减缩支出而欲其不失败,难矣”。

1918 年 3 月,中华书局法律顾问刊登启事,向债权人征询债务分期偿还办法,双方为避免造成更大损失,这起债务纠纷遂渐告平息。随之,董事会多次议及组织银团垫款造货问题,以为在流动资金困难情况下,此举实为当务之急。4 月,吴镜渊、俞复、陆费伯鸿、陈寅、黄毅之、戴克敦、汪幼安等组成维华银团,筹款十余万元,作为印制教科书的周转资金。12 月,召开股东常会,陆费伯鸿以最多票数重行当选董事,董事会仍推举俞复为驻局董事,吴镜渊为驻局监察。监察下设稽核处,继续对总公司一处三所、印制厂和各地分支局业务活动严加稽核。调整人事,戴克敦、俞复分别兼任编辑所和印刷所所长。至 1919 年 12 月,陆费伯鸿、俞复、范源廉、吴镜渊、戴克敦等 9 人当选为董事,黄毅之、徐可亭当选为监察。董事会并举俞复、吴镜渊为驻局董事;陆费伯鸿由司理改任总经理,取消局长制；原稽核处改为稽核部，作为中华书局常设机构，稽查复核各种帐目，仍由吴镜渊任主任。吴处事严明细致，精打细算，一丝不苟，在中华书局职工中留下深刻印象。中华书局在他的支持整顿下，陆续建立了一套比较切实可行而又严密的管理制度，并严格按期摊还本息，虽然资金周转短期内仍不充裕，但在1918年7月至1919年6月第一年，营业额为八十二万余元，毛利二十八万余元，减去偿还旧债本息及地租欠息等十七万余元，再加上日常开支，仍能盈利两万余元，初步扭转了困难局面。中华书局历史上所谓“民六危机”，开始出现转机。经过这次波折，陆费伯鸿深深感到要办好一个近代化的大企业，使其业务不断向前发展，健全而科学的管理制度是非常重要的。在提存风潮初起的1917年6月由唐绍仪主持的一次股东常会上，陆费伯鸿也承认危机的发生是他本人平时“办理不善，措置不当”所致。在这场危机过去以后，他曾说：“民国六年（1917）的风潮闹得几乎不了，原因很复杂，就我本身想起来，有三种缺点：第一，经济缺乏，没有应变的财力；第二，经验不足，没有预防的眼光和处变的方法；第三，能力不足，没有指挥全局的手腕。”⑨到了1931年，他在《中华书局二十年之回顾》一文中还说：“当此之时，危机间不容发。最困难之时代，凡三年余，此三年中之含垢忍辱，殆非人之意想所能料。”教训之深，尚溢于言表。但在“民六危机”期间，他虽陷入困境之中，不少友好请他脱离中华书局去干别的工作，如教育部长范源廉希望他到教育部任事，《新闻报》社经理汪汉溪请他到《新闻报》担任总主笔，另外，也有人请他到外交界服务，但他始终不为所动，一辈子坚守出版工作岗位，为出版事业作出了不可磨灭的贡献，这是很不容易的，也是非常可贵的。

提倡办刊物——《中华教育界》、《大中华》、《新中华》和《小朋友》等期刊的创刊和发行

陆费伯鸿在筹办中华书局，积极编辑出版《中华教科书》的同时，也在筹备《中华教育界》(月刊)的出版。《中华教育界》创刊于1912年3月25日。1913年，他在日本考察时深感办杂志的重要。回国后，在1914年初至1915年初的一年间，约请专家先后编刊《大中华》、《中华小说界》、《中华实业界》、《中华妇女界》、《中华童子界》、《中华儿童画报》和《中华学生界》等月刊，号称“八大杂志”。此外，还出版中国留美学生会会刊《留美学生季报》，极出版界一时之盛。但这些期刊除《中华教育界》外，存在时间都不长，在1916年6月至12月间，由于资金周转不灵而相继停办。“民六危机”过后，在1919年和1926年，《中华英文周报》、《小朋友》周刊、《小朋友画报》又相继创刊。1933年，又创刊综合性杂志《新中华》(半月刊)。在这段时间里，中华书局还出版发行了少年中国学会的机关刊《少年中国》(月刊)，吴宓、梅光迪等编的《学衡》(月刊)，张东荪、俞颂华主编的《解放与改造》(月刊，1920年第3卷起改名《改造》，由梁启超主编)和我国第一个新诗刊物——刘延陵、朱自清等编的《诗》(月刊)等等。这里对《中华教育界》、《大中华》、《新中华》和《小朋友》略作介绍。

《中华教育界》(月刊)由顾树森、沈颐等主持，后余家菊、陈启天、左舜生等先后接编。“一·二八”事变后由倪文宙主其事。创刊之初，本着“研究教育，促进文化”的宗旨，围绕教育制度改革，广泛探讨和介绍西方教育思想、教育内容、教育政策、教育设施和教育方法。前期设有教育评论、教育论著、中小学研究、国外教育译述、国内外教育新闻等栏目。主要撰稿人有范源廉、黄炎培、黎锦熙、周建人等，陆费伯鸿也不时在刊物上发表文章。在最初几期

中，发表有：陆费伯鸿的《新学制之要求》、《论人才教育、职业教育与国民教育并重》、《新学制之批评》，范源廉的《今日世界大战中之我国教育》、《论教育当注重训练》，顾树森的《论共和国民教育之精神》，沈颐的《平民教育与平民政治》、《小学校语法教授的研究》，黎锦熙的《国语与声韵学》，周建人的《遗传学》，黄炎培的《实用主义之商榷》等；译述有顾树森译《蒙台梭利教育之儿童》等。在陆费伯鸿等的悉心策划之下，《中华教育界》和《教育杂志》都成为我国教育界著名的两大专业刊物。

在 1918 至 1921 年间，陆费伯鸿还发表了《我对于国音国语的意见》、《学界风潮感言》等文章。前文概括他对国音国语的言论，其目的在于统一国语和言文一致。他先曾主张采用注音或以罗马字母拼音，但前提是必须统一语音，这一点一时不易做到。而要减少汉字学习和书写的困难，只有赶快整理汉字。他提出的方案一是限定俗字的范围，二是减少汉字的笔画，加以简化。前者以普通应用为主，不妨经过评审，定在二千字左右。评定后，要好好编一本字典，明白解释意义。减笔字的字数，以后还可以增加，但如研究专门学问或古代文史，用字不但不必受此限制，还应根据需要创造新字。他还说，减笔字民间早在使用，已经有了基础，通行上应该没有什么困难，为什么不能明文规定呢？至于统一国语和言文一致，他提出统一国语的方法是：定标准音——要求正确、鲜明、简单。做到言文一致的方法是：定标准语——要求近于文言（书面语言）而且便于口说。总的要求是“使眼能识文字，耳能听语言，口能说能读，手能写，脑能思想”。他所说的国语和文言（书面语言）实际上就是现在我们所讲的普通话和白话文。只是中国地域广大，普通话虽必须规定一个标准音，有的地区虽说得不太规范，只要能让人听得懂，也总比没有的好。但白话文“不可太粗太俗太陋”，要做到“语言渐高尚，文字渐平易”。他的这些意见是很有见地的。

1919 年，北京爆发“五四”运动，随之，上海和各地学生、工人以及工商各界罢课罢市，纷起响应。《学界风潮感言》是陆费伯鸿为《中华教育界》第 8 卷第 1 期写的评论。在这篇署名文章中，他把“五四”运动期间青年学生的爱国行动，比喻作汉代郭泰、北宋陈东和明代东林党代表的爱国正义力量，赞赏青年一代和工商各界“均能知世界大势”，而又有“合群之力”和“有秩序之行动”，“不复如前之一盘散沙”。并认为“国民爱国之精神，团结之巩固”，“为立国不可少之条件”，对“我国民程度如是之高，殊出人意料之外”，表示惊喜和同情支持的态度。

1937 年“八一三”事变，《中华教育界》出至第 25 卷第 8 期停刊。直到抗日战争胜利后，在 1947 年 1 月由姚绍华主持复刊。卷期另起，出至 1950 年 12 月新 4 卷第 12 期停办。

《大中华》(月刊)创办于 1915 年 1 月，梁启超主持撰述。他在《发刊辞》中揭示该刊编辑宗旨为：使读者能求得立身之道与治生之方，并能了解中国与世界之关系，以免陷于绝望苦闷之域；其次则论述世界之大势，战争之因果和中国将来之地位，以及国民之天职，作为国民之指导。陆费伯鸿的《宣言书》谓创办该刊之目的有三：“一曰养成世界知识；二曰增进国民人格；三曰研究事理真相，以为朝野上下之南针。”该刊设政论、专论、文苑、法令、时事日记等栏目，但以政论为主。撰稿人除梁启超外，主要有蓝公武、范源廉、陈霆锐、王宠惠、张君劢、张东荪、王闿运、马君武、张謇、林纾、张相、谢无量等。1915 年 1 月，日本帝国主义和袁世凯政府秘密签订“二十一条”，企图变中国为其殖民地，由于全国人民的坚决反对，日本的罪恶企图才未能得逞。该刊第 1 卷第 2 期和第 10 期发表梁启超等撰《中日最近交涉评议》、《美国日报之中日交涉评议》等政论，对日本的侵略行径进行了揭露和谴责。1915 年 8 月该刊第 1 卷第 8 期和翌年 1 月第 2 卷第 1 期发表梁启超《异哉所谓国体问题者》、欧阳仲涛的新年献词《过去一年之感想》等政论，反对和痛斥袁世凯盗窃民意，帝制自为的倒行逆施，立场鲜明，在舆论界产生巨大影响。蓝公武《辟近日复古之谬》一文则云："比者国内复古大盛，皇玺策令，无非维系孔教……所谓忠孝节义者，无一不与近世国家之文化相反……尧舜禹汤文武周公孔子之道，亦仅属于过去之文化，而非今所可奉为教化之法则"，今日改革之道"不在复古，而在革新；不在礼教，而在科学"。该刊发表的许多政论，大多抨击袁世凯政府统治下社会的种种黑暗和腐败，矛头直指袁世凯的专制独裁及其亲信的营私弄权。袁世凯酝酿复辟之际，有政论指出："自正式总统举定之后，共和政体已烟雾散而无遗……其将军建麾一方者，皆自马上得来，与民意无与也。""前南京政府数十人所订之约法已一笔勾之，于是军政财政之大柄悉集于总统一身。中国政体已返于专制独裁之境不可讳也。""今之履要津者，与前清无异。梁士诒始为秘书，继长交通，袁所亲信者也，舞弊弄法，乃为众矢之的。三年以来，梁之羽翼且充斥全国。"袁世凯死后，则抨击"武人干政"，指出："政府以巨大之金钱，养无谓之军队，作国家干城则不足，为人民祸害则有余"，因此有"革新政治"之呼吁。该刊还对第一次世界大战的起因、趋势、结局和影响进行讨论。对中外哲学、宗教、历史、经济史、文学史、社会学、教育学等学术问题也作了种种探讨，如反对尊孔读经，主张陶冶人才，奖励学术，输入西方文明等等。1916 年 12 月，该刊出至 2 卷 24 期停办。

《新中华》(半月刊)创办于 1933 年 1 月，最初由周宪文、钱歌川、倪文宙主持。设有论著、文艺、谈薮、新刊介绍、讽刺漫画、时论摘粹、半月要闻、通讯等栏目。撰稿人主要有：陈望道、李石岑、钱亦石、章伯钧、梅龚彬、王亚南、何思敬、胡乔木、钱俊瑞、薛暮桥、沈志远、千家驹等。该刊是中华书局编辑出版时间较长又有一定影响的综合性刊物。

1931 年"九一八"事变之后，我国社会各阶层对日本帝国主义发动的侵略战争反应很强烈。据周宪文回忆,陆费伯鸿在刊物创办之时,已经认识到中日两国之间的全面战争迫在眉睫,但有人“得过且过,假忍辱负重美名,过醉生梦死的生活”。他办这个刊物的用意很明确:“第一,要人人有国家的观念;第二,要人人明白自己是中国人。”这个道理似乎很浅显,但在他看来,“目前许许多多问题的发生,都因为有些人忘记了中国,忘记了自己是中国人”。他和周宪文商量办这个刊物的时候,曾提出用“中国和中国人”作为刊物的名称。周宪文理解他“用心良苦”,但认为中华书局过去出过《大中华》,现在这个刊物不妨叫“新中华”,也同样可以包含这层意思。于是《新中华》就正式作为刊名。[10]在创刊号上,陆费伯鸿发表《备战》一文,分析了国际形势,认为太平洋风云变幻,一天紧似一天,第二次世界大战势所难免,中日两国全面战争一触即发。一旦全面战起,中国以弱国对强敌,要准备长期作战,才能取胜。他大声疾呼必须停办一切不急之务,集中全国财力人力,“快快备战”。对建立空军、武器弹药和汽油等军需品的准备、粮食的储存、交通设施的修筑和运用,以及后方工作等等,都提出了自己的意见和建议。他还提出“多难兴邦”,对战争的胜利充满信心,并赞同中共提出的“一致对外”的主张。1932 年 3 月,在日本帝国主义卵翼下,伪满洲国在我国东北成立。他又在第 1 卷第 2 期发表了《东三省热河为我国领土考》一文,根据大量历史文献证明东北三省和热河省为中国固有领土,并告诫子弟“人人能了然于此严重问题”。1937 年 8 月,该刊因战事出至 5 卷 15 期停刊。1943 年在重庆复刊,改为月刊。由金兆梓、章丹枫、姚绍华先后主编。1946 年出至 6 卷 11 期后复员上海,仍恢复为半月刊。卷期另起,由卢文迪主编。1951 年出至 4 卷 12 期停办。

《小朋友》(周刊)是我国现代历史上出版时间最长、很有影响的著名儿童刊物。1922 年 4 月在陆费伯鸿支持下,由黎锦晖(均荃)创刊并担任主编(1926 年 5 月由吴翰云接任)。参与策划的有王人路、陆衣言、黎明等中华书局的编辑。该刊以“陶冶儿童性情，增进儿童智慧”为宗旨。他们五人约定，《小朋友》创刊后每人都要供给稿件，但又各有专责，大致的分工是：陆费伯鸿总揽全局，指挥印刷和发行；黎锦晖主持编辑；陆衣言管理排校；王人路负责绘图；黎明承担国外优秀儿童文学作品的翻译。该刊每逢星期四出版，小 32 开，一个季度（13 期）为一卷。创刊初期设有故事、童话、笑话、小说（有短篇的，也有连载的）、诗歌、儿歌、剧本（儿童可以用作表演脚本的）、科学游戏、幻术、谜语等栏目，各个栏目都配有图画。内容丰富多彩，形式活泼多样。经常撰稿人除上述五位外，还有陈醉云、吕伯攸等儿童文学家。此外，该刊还常发表儿童自己写的作品；每期刊头，都由儿童读者书写，每期一人，在目录中刊出这位儿童读者的姓名以及所在学校和年级。陆费伯鸿虽然事务繁忙，也不时在该刊发表散文和诗歌作品，鼓励儿童求学上进。

《小朋友》印刷精美，彩色封面，每年春夏秋冬四季加出特刊。春季特刊名叫“鲜花”，夏季特刊名叫“凉风”，秋季特刊名叫“明月”，冬季特刊名叫“白雪”。为培养儿童的爱国思想感情，还出版诸如“提倡国货”专号和“抗日救国”特刊。1932 年“一·二八”淞沪抗战，又编辑《淞沪抗日战争记略》，作为附刊发行。该刊自创刊以后，很受小学中、高年级儿童和家长们的欢迎。创刊号的发行量达 20 万份。1937 年 10 月在出版了第 777、778 两期合刊后，因战事停刊。七年之后，于 1945 年 1 月，在陈伯吹主持下于重庆改以半月刊复刊，刊期衔接，共出了 18 期。1946 年 1 月复员上海，恢复为周刊，仍由陈伯吹主编，继续出版。1950 年 12 月出版 1000 期纪念刊，著名教育家和作家戴白韬、方与严、严文井、仇重等都为纪念专刊写了贺词或纪念文章。同年 12 月 25 日 1001 期起，改为以小学低年级学生为对象的胶印彩色画刊，主编仍为陈伯吹。1002 期起改为月刊。1952 年 12 月出至 1048 期时，上海建立少年儿童出版社，该刊和中华书局的儿童读物编辑出版业务，按出版专业分工，划归上海少年儿童出版社。在主编黄衣青主持下改为半月刊，开本由小32开改为20开，卷期另起。宋庆龄为改刊后的《小朋友》题写了刊头。

新的《小朋友》(半月刊)至今仍在编印。该刊从1922年4月创刊以来，已有七十多年历史了。在创刊70周年的时候，许多人都认为："《小朋友》的创刊，可以说是我国儿童文学史上的一件大事。它能延续70年而永葆青春，更可以说是一件了不起的大事。"

《辞海》、《四部备要》等辞书和古籍的出版

(一)《中华大字典》和《辞海》

工欲善其事，必先利其器。陆费伯鸿少时自修，尤其是学习外语，辞书朝夕不离左右，每见到一部解释精详而又查阅方便的辞书，不禁心向往之，以至下决心以改良我国辞书为己任。年事稍长，进一步认识到社会越进步，新词汇越丰富，辞书的需要也就越加迫切。正因为他认识到辞书的重要性，所以在他创办中华书局后，编印辞书也就成为重要的出版业务之一。

中华书局出版的第一部字典是《中华大字典》，初版于1915年。据有关记载，[11]这部字典在中华书局成立之前，由陈寅发起，在1911年约集几位志同道合者开始合作编撰，当时他在文明书局任编辑员，和陆费伯鸿共事，两人私交很好。陆费伯鸿在武昌起义后秘密编写中华教科书，他也曾参与其事。次年中华书局成立，他是创办人之一。当时《中华大字典》还没有编成，稿本折价2000元作为股本。后中华书局又以几十人之力，费5年之功，始告完成，并以《中华大字典》作为书名，以徐元诰、欧阳溥存、汪长禄主编，陆费伯鸿、范源廉、戴克敦参订名义出版。陆费伯鸿、梁启超均撰有《中华大字典·序》评述编纂经过、该字典之功用及其在中国字书中的重要地位。

《中华大字典》收单字4.8万余字，全书约四百万言。用反切和直音注音，分条解释字义，引例注明出处。《凡例》云，所收单字“除正文本字外，其籀古省或俗讹诸字，并皆甄录。近今之方言，翻译之新字，亦均加收列”，收字较《康熙字典》为多，而且解释简明，编排合理，查阅也较方便，还校正了《康熙字典》的错误四千余处。所以《中华大字典》出版后，颇受读书界和学术界称道。

《中华大字典》最初有16开布面精装本，分订上、下册和1～4册两种，并附有彩色插图；缩印50开线装本13册，无彩图；36开精装本上、下册。1958年，香港中华书局印成32开精装缩印本一册。

以《中华大字典》为蓝本，1916年12月又有欧阳溥存等主编《中华中字典》的出版。1918年5月，杨誉龙、潘延贵等又加以增删、补遗、正误，并按笔画部首检字，出版了32开精装《实用大字典》一册。1945年10月，又有48开精装《实用大字典》缩编本的影印。

中华书局编纂出版的影响最大的辞书是《辞海》，收单字一万余条，复词十万余条，全书约七百万言。这是一部按部首编排、以字带词、兼有语文辞典和百科辞典性质的综合性大辞典。《辞海》于1936年12月出版上册，次年6月出版下册。《辞海》的编纂出版是中华书局对我国文化出版事业的重大贡献。

《辞海》的编纂始于1915年秋，当时《中华大字典》既杀青，主编徐元诰有意扩大范围，接着编一部大型辞书。时范源廉任编辑所所长，他和陆费伯鸿一起，热心支持这个计划。于是将该辞书定名《辞海》，随之组织班子，商讨体例，搜集资料，开始工作。但不久范源廉出任教育部长，离开中华书局，徐元诰也屡任公职。编纂工作时作时辍，至1927年徐元诰又再度离去，工作陷于停顿。1926年，陆费伯鸿邀请舒新城主持其事。舒是一位教育家，当时正在南京业余编辑《中华百科辞典》，没有同意。在陆费伯鸿一再敦请下,1928 年他和中华书局签订了合约,应聘在局外主持《辞海》的编纂工作。舒新城接手后,原打算以二三年时间完成。但他发现原来的稿件所采用的词条主要从《中华大字典》和一些字书、类书等取材剪贴抄录,虽有数万条之多,其中死词旧词过多,必须重新甄别删汰和广泛搜集吸收新词,另起炉灶,重新规划。于是参酌美国韦氏《英语大词典》的收词标准与编写方法,规定收词范围:"一、旧籍中恒见之词类;二、历史上重要之名物制度;三、流行较广泛之新词;四、行文时习用之成语典故;五、社会上农工商各业之重要用语;六、行文时常用之古今地名;七、最重要之名人名著;八、科学文艺上习见习用之术语等。此外,凡有关于修学操业之所需,不能归入上列各纲者,也时时兼筹并顾,至其不烦解释者与过高过僻者,概所不录。"⑫舒新城初仍在南京设编辑班子,邀集吴廉铭、刘范猷、徐嗣同等十余人参加工作。后又迁往杭州,增聘邹梦禅、郑翰吾等,总共二十余人,其中编辑十余人,其余为助编人员和练习生等。他们编写了词目二三万条,多数是属于百科方面的。但这样一部大型辞书,在体例方面"纷纭纠葛","辗转牵引",要"爬梳"整理和"分条疏释",工程浩大,势必稽延时日,完成无期。陆费伯鸿与舒新城反复商讨,1929 年冬撤销杭州的编辑班子,合并于上海中华书局编辑所。舒新城也在 1930 年 1 月正式参加中华书局,继陆费伯鸿任编辑所所长。在编辑所设立辞典部,由舒新城兼任主任。经过这一番调整,尤其在全所范围内调整力量,对《辞海》编纂工作有很大方便。辞典部成立后,编辑人员虽有进有出,但主要编辑人员较为稳定,在十四五人左右,连同助编人员和练习生,约三十来人。参与各类词目编写的编辑人数也根据实际情况确定,如语言类包括单字和一般词语,数量较多,参加编写的编辑人员也就较多,百科部分往往一个编辑要分担几个学科的词目,也有请编辑所其他部门的编辑人员帮助编写的。有的还请社会上的专家编写审阅。如语文方面,有不少词目请语言学家黎锦熙审阅修订。词目的稿件整理、保存、誊清和资料的查阅、核对等工作，则由助编人员和练习生担任。但为时不久，舒新城因编辑所事务繁忙，无力兼顾，辞典部由副所长张相（献之）兼任主任，实际工作则由副主任刘范猷负责。张相原兼任教科书部主任，教科书部是编辑所中最大的一个部，也是中华书局最为重要的一个编辑部门，工作繁重，这时虽已由金兆梓接任主任，仍有不少事情需要他处理。再掺杂人事方面的诸多因素，也不能全力以赴。因之，工作仍不免时辍时续，进展缓慢。陆费伯鸿是位很有魄力且讲究效率的出版家，便和舒新城商量，决定延聘曾任教科书部主任，这时在北京中国大辞典编纂处任职的沈颐回中华书局主持辞典部。沈颐是位语言学家，又熟悉编辑业务，且是中华书局创办人之一，各方面条件都较理想。沈颐到职后，锐意革新。为加强编写和审稿力量，先后延聘胡君复、朱丹九（起凤）、周云青等参加工作，还调进十几位青年担任资料员和校对。他特别要求编辑人员阅看宋元以来的小说、戏曲，广泛搜集民间流行的俗词俗语，作成资料卡片，供编纂工作选用。同时从新出版的书报杂志中，搜集新词新语（包括外来语），使这部辞书增添了许多新鲜内容。自沈颐主持工作以后，《辞海》的编纂工作走上轨道，并且开始全面进入了分类修订、增补和分批审阅、分批定稿的阶段。但词目的修订和增补等工作虽主要由辞典部编辑人员分工包干，而审阅定稿仅统一体例和文字风格，工作量非常艰巨，沈颐不辞辛劳，竭尽全力承担了下来。在 1931 年以后即《辞海》成稿的最后四年多时间里，他出力是最多的。⑬

《辞海》从 1915 年秋筹划并开始编纂，到 1935 年定稿，1936 年出版。编纂工作断断续续经历了整整 20 年，其间颇多周折。这样艰巨的工程在近现代出版界是少有的，对私营出版企业来说更是难得了。作为决策者的陆费伯鸿对文化出版事业如果没有强烈的事业心和社会责任感，是不可能坚持完成的。《辞海》定稿之时，沈颐曾主张每条词目都应加注词性，但是工作量大，且当时正处于“七七”事变前夕，日本帝国主义不断寻衅，全面侵华战争一触即发，陆费伯鸿认为不能一误再误，决心争取时间及早出版，所以沈颐的这个主张虽然合理，但没有来得及实现。⑭

语言学家黎锦熙在《〈辞海〉序》中说，陆费伯鸿编纂《辞海》的计划比《中国大辞典》要早，后者始终没有完成，现在缩小范围，编了《国语辞典》，虽然篇幅比《辞海》要多，内容偏重在“正语音”和“定词形”，对于“正名辨物”和“赏奇析疑”，还得推这部《辞海》。黎锦熙对辞书编纂工作的艰巨性和《辞海》的编纂情况都较了解，因而他能确切地指出《辞海》的性质和作用，并作出了中肯的但又是很高的评价。为了适应不同读者的需求，《辞海》最初曾以不同纸张（圣经纸、道林纸）、不同开本和不同定价，分上、下两册分期出版，总印数在一百万部以上。抗日战争时期，少数在上海的留守人员，在舒新城的倡议下，计划出版16开精装合订本，并统一编印页码。因为这样既便于读者检索，又可以节省纸张，降低定价。合订本限订正错字，对词目和释文不作改动。一些不太适用的附录予以删除。勘误工作由朱文叔负责，华汝成、杨复耀、施平阳协助。精装合订本以剪贴割裱代替排字，制成底本照相影印。此项底本的制作由孙荦人负责，夏伯纽、钱子惠、华树照等协助。从1944年3月开始到1947年2月，历时3年完成。1947年3月出版。⑮中华人民共和国成立后，1958年成立了中华书局辞海编辑所（后改组为上海辞书出版社），邀集全国专家学者，大规模地重编新《辞海》，虽然这一盛举和陆费伯鸿筹划编纂《辞海》已不是一回事情，但他当年竭力支持编纂的《辞海》，在我国学术界和文化出版界享有较高信誉，二者显然有着深切的历史渊源。

（二）聚珍仿宋版《四部备要》和《古今图书集成》

整理和出版古籍是陆费伯鸿和中华书局对积累和传播我国传统文化的又一重大贡献。这里首先着重谈谈出版聚珍仿宋版《四部备要》和影印《古今图书集成》的一些情况。

聚珍仿宋版《四部备要》　清乾隆年间开馆纂修《四库全书》，陆费伯鸿的先人陆费墀曾以翰林院编修任总校官，后又任副总裁，前后达20年。陆费伯鸿对其先人的学术和事业是十分向往的。在他所写的《校印〈四部备要〉缘起》等文章中曾多次表露了他的这一心情。1915年，北京有友人以印行《四库全书》相商，终以卷帙浩繁，工程巨大等等原因，没有进行。后来，杭州八千卷楼主人丁丙的后人丁辅之、丁善之兄弟取宋刻本之长，创制了一套欧体聚珍仿宋字。聚珍仿宋字字体挺秀，笔画匀称，颇受人们喜爱。丁氏兄弟曾在上海静安寺路（今南京西路）哈同路（今铜仁路）口设聚珍仿宋印书局，后迁入中华书局印刷厂内，承接印件，营业兴旺。1921年，印书局并入中华书局。陆费伯鸿认为丁氏兄弟创制的聚珍仿宋字"字体古雅动人，以之刊印古书，当可与宋椠元刊媲美"⑯，还考虑到善本古籍一般人很少有机会见到，如能选其重要者用聚珍仿宋字校印出版，既可满足社会上的需求，也便于研究者参阅。如果开办一所图书馆，购置善本古籍不仅耗资巨大，不易办到，且也无从着手，于是决定编纂《四部备要》，用聚珍仿宋字排印，故又称"聚珍仿宋版《四部备要》"。

《四部备要》是一部新编的大型古籍丛书。由古书部主任高欣木主持其事，丁竹荪、吴志抱等十余人分任校对之责。1922年至1934年间分5集陆续出版。全书按经、史、子、集四部分类，共收古籍351种，11305卷。初以连史纸和赛宋纸两种纸张印刷，线装12开，全套2500册（1934年又有线装5开本印行）。1936年又以线装本4页合1页，分两栏割裱缩印，分精平装两种装帧出版（习惯称《洋装本四部备要》）。精装16开本，全套100册；平装16开，全套280册。同年印行精装点句本，收古籍126种，精装16开，119册。另外又印行所收古籍与点句本相同而不包括《二十四史》的本子，精装16开，78册，平装16开本230册。其他如《二十四史》、《资治通鉴》(全100册)、《续资治通鉴》(全88册)等常用古籍,都可单行发售。《四部备要书目提要》精平装16开本,也在同年8月出版。

聚珍仿宋版《四部备要》选书标准着眼点并不在于是否宋椠元刊,而是在于乾嘉以来清代学者的精校之本,也就是说重在供研究工作者实用,收入孙诒让撰《墨子间诂》,即其一例。全书版式规格统一,版面整洁美观,有其创新之处。

影印《古今图书集成》是陆费伯鸿和中华书局整理出版古籍的又一项大工程。该书是我国现存最大的一部古代类书。清康熙四十年(1701)由陈梦雷倡议和主持编纂,雍正即位后,经筵官、户部尚书蒋廷锡受命重辑。全书正文(附图记)收古籍6000多部,计1万卷,目录40卷,共16000万言。分:历象、方舆、明伦、博物、理学、经济6汇编,32典,6109部。每部根据实际情况列汇考、总论、图表、列传、艺文、选句、杂录、外编等项。凡经部的十三经,史部的二十一史、稗史都全部分类抄录,子部、集部也多整部、整篇、整段辑入,并注明出处。采集广博,通贯古今,分类也较有条理。如历象汇编·庶政典·蝗灾部,汇集周桓王至清康熙三千年间历代有关蝗灾记录三四百条之多,这些史料无疑是很珍贵的,为我国古代其他类书所不能比拟。国际上许多汉学家也多十分重视这部类书,有"康熙大百科全书"的称誉。

《古今图书集成》最早有清雍正六年(1728)内府的铜活字本,共印64部(一说65部),线装3开,计525函5020册,习称殿版铜活字本,用以分赐宗室显宦。乾隆年间修《四库全书》,又分别赏给江浙一带进呈善本古籍超过500部的大藏书家,以示奖励。限于印数过小,外间很少流传,历来被视为秘阁珍本。光绪十年(1884),上海图书集成局采用扁宋体铅活字排印,共印1500部(习称扁宋体本)。这个印本有整页整段漏印的,错字也很多。光绪十六年(1890),经总理各国事务衙门奏准,由上海同文书局据殿版铜活字本照相石印,共印100部。这个印本因在照相制版前,曾对原本污损处加以描修,并重加校勘,另附考证24卷,所以质量较好。但印成后分藏上海、北京两地,藏在上海的部分不久遭火焚毁,因而也罕见流传。陆费伯鸿少时曾听说过这部类书,却无缘见到。后来编书撰文常加利用,觉得很方便。曾说:"我国图籍浩如烟海,研究一问题,检查多种图书,不惟费时费力,抑且无从下手。……此书则每一事项将关系之书分条列入,一检即得。古人云事半功倍,此真可谓事一功万也。"[17]在《四部备要》刊行之初,高欣木曾提出重印《古今图书集成》的设想,陆费伯鸿打算用聚珍仿宋体排印,但适当底本一时难以物色,以至稽延未能进行。1933年冬,广东中山旅沪富商陈炳谦以中华书局为传播文化所需,因将所藏康有为旧藏殿版铜活字本赠与作制作底本之用(后由中华致送1万元并影印本两部作为酬谢)。其中62册系抄本,得到浙江省立图书馆长陈叔谅的支持,以文澜阁藏本照相配补。同文版所附石印本考证24卷为殿版铜活字本所无,也统由浙江省立图书馆慷慨借印,几经周折,庶成完璧。此项工作,均由编辑所古书部主任丁辅之和出版部部长陆费执分别主持。商定以殿版铜活字本9页裁去边框中缝,拼成一页(相当现在《人民日报》一个版面大小),缩小影印,共割裱成4.5万页。在计划确定以后,印制工作包括割裱底本、校核编次、查补破损缺漏、加工描修、底本发付照相、阅看铅皮版样,直到付印装帧为止,全部工作统一由孙荦人调度。据孙荦人回忆当时影印工作经过时说,影印这部类书虽然工作量很大,但采用流水作业的工作方式,也就是边编稿、边发裱、边校核、边描修、边照相、边阅看铅皮版样、边印刷、边发订装帧,古书部和出版部之间各个环节的工作配合很协调,在人力配备和工作场地方面,陆费伯鸿等也无不竭力创造条件。仅割裱、校核、描修、安排专门车间由七八人专职从事,但仍赶不上印刷需要,进度缓慢。随即招收二十多位有一定文化程度又有书法基础的临时工,边干边学,并在哈同路慈厚北里租赁了三幢房屋，日夜加班进行。孙莘人为便于调度，也住宿在车间里，发现什么问题及时处理。为了把这部类书出好，中华书局特地向江南造纸厂签订定制纸张合同，所有正文、封面乃至割裱底稿用纸，都是按特定规格加工定制的。[18]

《古今图书集成》影印本因是分类预订和分批出版，从 1934 年 10 月开始第一批出书，到 1940 年 2 月全部出齐，共影印 1500 部，每部线装 16 开 808 册（内目录 6 册，考证 8 册）。有一些部分，如博物汇编艺术典等，因需求较多，影印了 2500 部。从出版角度看，这部类书部头大，物色底本难度大且费用高，底本加工量大，但印数较少。如果从 1933 年冬商借底本和筹划影印起计算，全书在六年左右时间内出齐。这样的工程并不是少数几个人所能办到，中华书局有关主管部门相互合作而又各有专责，分工明确，全力以赴，显然是极为重要的条件，而这个条件的具备，又是与决策人陆费伯鸿有远见有魄力，熟谙出版业务、经营管理有方和善于用人等分不开的。

中华书局还整理出版了一批重要的古籍和古籍选本。主要是：《竹简斋版二十四史》（4 开线装，全 200 册），同文书局版《康熙字典》，据清史馆稿本排印的《清史列传》（32 开，精装 10 册），[清]玩花主人选、钱德苍续选戏曲剧本总集《缀白裘》（36 开，线装 12 册），任中敏编《散曲丛刊》（32 开，线装 28 册）和《新曲苑》（32 开，线装 12 册），卢冀野校订、[清]蒋士铨著《红雪楼逸稿》，[清]金圣叹批天香吟阁本《西厢记》，贯华堂本《水浒传》和[明]李汝珍著《镜花缘》等古典小说名著以及清代学者查慎行、李慈铭等的诗词集。

大部头的古文选本主要有：张相编《古今文综》，从古代至近世，分论著序录、书牍赠序、碑文墓铭、传状志记、诏令表奏、辞赋杂文 6 类，共 40 册。由于编者用力甚勤，且有评注，故出版后很受读者欢迎。另有赵华基编《二十四史辑要》（附全目和提要，线装 36

册),中华书局编辑所编《五朝文简编》(包括唐、宋、元、明、清5朝,线装28册),蒋瑞藻纂辑《新古文辞类纂》(稿本24册),以及唐、宋、元、明、清各朝文选辑注。以古今尺牍为专题的,则有姚汉章等编《古今尺牍大观》,中华书局编辑所编《唐宋十大家尺牍》、《明清十大家尺牍》和《近代十大家尺牍》等。

为满足一般读者阅读和欣赏我国古典名著的需求,中华书局编辑部印了一套《中国文学精华丛书》。这套丛书的选题有以时代和文体取材的,如《古诗评注读本》、《秦汉三国文评注读本》、《南北朝文评注读本》、《清诗评注读本》、《清代骈文评注读本》和《近代文评注读本》等;有以作者命题的,如《李太白诗》、《杜少陵诗》、《陆放翁诗》、《归震川文》、《方望溪文》、《龚定庵文》等;也还有以著作为单位编选的,如《文选精华》、《孟子精华》、《檀弓精华》、《国语精华》、《战国策精华》、《史记精华》等。这套丛书在1936年出版,共六十余种。每种1~3册不等,全部新式标点并加评注。此外,较流行的古代诗词选本,有:隋树森编《古诗十九首集释》、喻守真编著《唐诗三百首详析》以及凌善清等编选《白话唐宋古体诗百首》、《白话唐诗七绝百首》、《白话唐诗五绝百首》、《白话宋诗七绝百首》和《白话宋诗五绝百首》等等。

(三)积极提倡国语运动,踊跃出版国语读物

早在清末,陆费伯鸿就积极提倡"统一国语"和"言文一致",主张改革汉字和改革教育。1912年以后,读音统一会(1912~1916)、国语研究会(1916~1923)、国语统一筹备会(1919~1923)等团体和机构相继成立,[19]曾召开会议、制定章程、编辑书刊,对推行国语发挥了一定作用。

由于上海是全国出版业的中心,国内中小学的教材和参考读物大多在上海编辑出版,这些书籍的编辑者和作家们又多是国语的热心提倡者,为便于开展工作,国语研究会于1921年在上海设立了支部。同年,开设上海国语专修学校。次年又创刊《国语月刊》,作为该会会刊,蔡元培、钱玄同、黎锦熙等为经常撰稿人。

上海国语专修学校(简称"语专")由陆费伯鸿、沈恩孚、黎锦熙、李宗邺、李廷翰、王璞、顾树森等任校董,校长原由教育部委派江仁纶担任。办校经费和师资等由中华书局负责。陆费伯鸿原已聘请儿童文学家黎锦晖到中华书局编辑所任国语部(不久改为国语文学部)部长,这时又请他兼任"语专"教务长和教授,中华书局编辑陆衣言、易作霖、蒋镜芙等任教授。江仁纶不久离职,由黎锦晖继任校长。"语专"设专修科、讲习科、星期及寒暑假讲习科,并附设小学。陆费伯鸿还以"语专"为基地,为中华书局编印的小学教科书作"言文一致"的实验场所。

"语专"办校期间,中华书局除定期出版《国语月刊》外,还编辑出版了二百余种有关国语教学的讲义、教材、参考读物和工具书。国语讲义有:乐嗣炳编《国语概论》、《国语辨音》、《国语旗语》,后觉编《国语发音学》,黎明编《国语文法》,许地山编《语体文法大纲》、马国英编《国语文》等 12 种;国音教材有:黎锦晖等编《国音课本》、蒋镜芙编《国语注音符号新教本》,陆衣言等编《国语注音符号发音法》、《国语罗马字使用法》,陆费逵编《国音教本》等二十余种;参考读物有:陆衣言编《黎锦熙的国语讲坛》(演讲集),黎锦熙编《国语模范读本》(国语罗马字),黎锦晖编《应用国语会话》,王璞著《国语会话》,陆衣言编《国语常识会话》,马国英编《国语普通会话》、李直著《语体文法》等五十余种。其中《国语文类选》,全四册,编者朱文叔(毓魁)从《新青年》、《新潮》、《每周评论》等报刊选录李大钊、陈独秀、胡适等有关政治、哲学、教育、文学、经济等方面论文编辑而成,深受读者欢迎,从 1920 年 4 月至 1930 年 10 月,曾印行 14 次之多。国语国音字典等工具书则有:陆衣言等编《中华国音新字典》、《国音小字典》,马俊如编《小学国语字典》、孙樾著《中华注音国语字典》,张文治、刘范猷等编著《标准国音学生字典》等二十余种。此外,赵元任编译定谱国语罗马字对话戏谱唱片《最后五分钟》；董文、陆衣言编，王璞发音《中华国音留声片课本》；朱文叔编、白涤洲发音《标准国音国语留声机片课本》（分三组，第一、二组为标准国音，各 4 片；第三组为小学国语读本选读，8 片），以及习字帖、拼音练习盘、积木牌等教学用具，多在 1921 年至 1924 年间问世。

"语专"的设立很受社会各界欢迎，特别是暑期讲习班，聘请著名学者讲课，全国各地许多小学校长和国语教员以至海外侨胞都纷纷报名参加，学员经常在千人以上。"语专"教授也常被邀请到各地授课，盛况空前。1925 年"语专"停办，但有关国语国音教学的书籍，中华书局仍继续出版。1926 年初，国语研究会成立 10 周年，上海、北京举行全国国语运动大会。广州、长沙、南京等百余城市也相继举行，以演讲、展览、文艺演出等多种方式推动国语运动。上海各报先后出版"国语特刊"，中华书局半价发售国语图书 1 个月，以示纪念。

对文学艺术事业的贡献

（一）世界文学名著和新文艺作品

中华书局翻译出版世界文学作品最早是以《小说汇刊》的形式在 1914 年至 1918 年间出版的，多用浅近的文言文体译述。较著名和有代表性的有：[俄]列·托尔斯泰著《心狱》（即《复活》），马君武译，1914 年出版。托翁的著作还有《婀娜小史》（即《安娜卡列尼娜》）和《克利米亚战血录》翻译出版，译者分别为陈家麟和朱世溱。[丹麦]安德森（安徒生）著《十之九》，陈家麟译；[英]柯南道尔著《福尔摩斯侦探案全集》（全 12 册），周瘦鹃等译；还有《情铁》、《拿破仑之情网》、《郁金香》、《木乃伊》、《波兰遗恨录》、《欧陆纵横秘史》等也分别由林纾、包天笑、天虚吾生、徐卓呆、朱世溱、刘半农等译述出版，共百余种。

20年代末至30年代中,先后出版有《现代戏剧选刊》(1929)、《学生文学丛书》(1929)、《新文艺丛书》(1930)、《现代文学丛书》(1933)、《世界文学全集》(1935)、《中国文艺丛书》(1936)和《世界少年文学丛书》(1939),这是中华书局较为系统地以白话文出版文学著作的开始,姑选几种简要介绍。

《现代戏剧选刊》主要翻译日本戏剧作家武者小路实笃和菊池宽的作品,出版了两人的戏曲集和武者小路实笃的《孤独之魂》等剧作,由崔万秋等翻译,但工作似缺乏计划,后来未再继续。

《新文艺丛书》1930年开始出版,主编徐志摩。共出版创作和译作三十余种。创作主要有:丁玲著《一个女人》、胡也频著《一幕悲剧的写实》、沈从文著《旅店及其他》、徐志摩著《轮盘小说集》、谢冰季著《幻醉及其他》、孙孟涛著《爱神的玩偶》、茅以思著《春之罪》、冷西著《阿凤》、郭子雄著《口供》、夏忠道著《少女书简》、王实味著《休息》、胡山源著《虹》和蹇先艾著《还乡集》等;译作主要有《现代日本名家小说集》、《现代德国小说选》、《结婚集》等日、英、法、德、意、保、瑞典和美国的小说,译者有谢六逸、沈端先、查士元、梁实秋、施蛰存、徐霞村等。1931年徐志摩因飞机失事遇难,编辑工作也随之停顿。

1932年,中华书局有《现代文学丛刊》的出版,编辑工作由钱歌川、张梦麟主持。丛刊内容除创作和译作,还包含文学理论。共出版五十余种。创作主要有:庐隐著《玫瑰的刺》,予且著《两间房》,王家域著《成名以后》,高植著《树下集》,陈翔鹤著《独身者》,李劼人著《死水微澜》、《暴风雨前》、《大波》和《好人家》等;译作主要有:冯子韬译《[日]芥川龙之介集》、谢六逸译《[日]志贺直哉集》,沈端先译《[日]有岛武郎集》,查士骥译[日]佐藤春夫著《更生记》,杨淮铨译[日]小泉八云著《心》,巴宙译[印度]《泰戈尔小说精品选》,涂序瑄译[英]辛谷等著《爱尔兰名剧选》,林徽因译[法]卜替耶著《马斑小姐》,李劼人译[法]莫泊桑著《人心》,郁达夫译[俄]屠格涅夫著《几个伟大的作家》,刘大杰译[俄]列·托尔斯泰著《迷途》,周作人署名编译的《域外小说集》等其他日本、印度、英、法、比、德、奥、俄、挪威、瑞典、匈、保、罗等国家的作品,译者还有张梦麟、张友松、王实味、周颂棣、章克标等;文学理论著作主要有:田汉编《文学概论》、王西彦著《文艺与社会生活》、熊佛西著《写剧原理》,刘大杰编译《东西文学评论》,钱歌川编译《现代文学评论》等。

《世界文学全集》是在钱歌川、张梦麟主持下于 1934 年编印的,共出三十余种,主要有:吕天石译[英]哈代著《苔丝姑娘》,傅东华译[美]德莱塞著《真妮姑娘》,刘大杰译[美]杰克伦敦著《野性的呼唤》,沈起予译[法]左拉著《酒场》,王实味译[英]高尔斯华绥著《资产者》,张梦麟译[英]萧伯纳著《人与超人》,麦夫译[俄]安特列夫著《吃耳光的人》,林淡秋译[挪威]包以尔著《大饥饿》,李漱泉译[日]佐藤春夫著《田园之忧郁》和[日]谷崎润一郎著《神与人之间》。1939 年至 1945 年间,又出版了十余种。主要有:瞿伊文译[法]杜马著《炼狱》,盛成译[法]巴尔扎克著《村教士》,雷白纬译[德]尼采著《查拉斯屈拉如是说》等。此外,郭沫若译[俄]列·托尔斯泰著《战争与和平》(全 3 册),也在 1939 年出版。

1945 年,有《中华文艺丛刊》的编印,但种数不多,主要有靳以、葛琴、罗洪和黄裳等的作品。

(二)中国传统书画艺术和欧洲名画

我国传统的书画艺术和欧洲文艺复兴时期的绘画作品,是人类艺术的宝藏。在 20 至 30 年代,中华书局在这方面做了大量工作,进行了广泛介绍和传播。

中国书法、碑帖方面影印了《历代碑帖大观》(18 开,线装 50 册)、《宋庆历内府刻帖》(12 开,线装 10 册)和《宋拓十七帖》(18 开,线装)等。还影印了〔战国〕秦石鼓文,秦会稽、峄山刻石,汉乙瑛碑、史晨碑、曹全碑、张迁碑,北魏张猛龙碑、张黑女墓志、崔敬邕墓志、始平公造像记，东晋爨宝子碑，刘宋爨龙颜碑，隋龙藏寺碑、董美人墓志，唐李世民书温泉铭、褚遂良书圣教序、孟法师碑、怀仁集王书圣教序、欧阳询书九成宫醴泉铭、欧阳通书道因法师碑、李邕书李思训碑、颜真卿书多宝塔碑、颜书大字麻姑仙坛记、颜书李玄靖碑、柳公权书玄秘塔碑、柳书金刚经、孙过庭书谱、王居士砖塔铭，宋苏东坡撰书司马温公碑、欧阳修撰书醉翁亭记等名刻名拓百数十种，均以18开线装单行本行世。墨迹字帖方面，影印了《六朝隋唐写经真迹》（18开，线装6册）、《楹聊墨迹大观》（18开，线装10册），元赵孟頫书妙严寺记，明祝允明书赤壁赋、文徵明书滕王阁序，清王澍、包世臣、刘墉、梁同书、何绍基、翁方纲、龚定盦、赵之谦、吴大澂、翁同龢以及民国时期谭延闿、张謇、于右任等墨迹，共约八十余种，也都以18开线装单行本印行。

中国绘画主要有：刘海粟编《晋唐宋元明清名画大观》，16开线装4册。第1册发表《中国绘画概论》和彩色绘画7幅，第2～4册共发表彩色绘画222幅，是我国出版界和绘画界的空前创举。在此前后出版的还有徐悲鸿珍藏《八十七神仙卷》（18开散装）、《王冕梅花卷》（珂罗版，12开）、文徵明《拙政园诗画册》（珂罗版，线装3册）、陈洪绶《归去来图卷》、《查士标山水册》、《石涛和尚山水集》、王翚《虎山游宴图》、恽南田《临安山水图》、罗聘《罗汉册》（以上均珂罗版，12开，线装）以及董其昌、傅山、法式善、戴熙等明清时期名画家的花卉、山水、人物等册页，共百余种。

近人画集，主要有：《齐白石画册》、《张大千画集》（以上均珂罗版，12开线装）、《悲鸿画集》、《悲鸿描集》（以上均珂罗版，12开，线装各4册）、《悲鸿绘集》（珂罗版，12开线装）以及《潘玉良油画集》（9开精装）和郑午昌编《当代名人画海》（9开，精装）等。

介绍欧洲国家和文艺复兴时期名画的，主要是30年代刘海粟编《世界名画集》、《世界裸体美术》和《欧洲名画大观》三套大型彩色绘画丛书。《世界名画集》10开精装，全7册，1932年8月至

1936 年 2 月出版。以画家为单位分册介绍了[法]德朗、[荷]梵高、[法]塞尚、[法]雷诺阿、[法]马提斯、[法]莫奈等画家的名作各 20 幅。各册卷首都有编者介绍作者生平及其艺术成就的论文。《世界裸体美术》9 开,全 3 册。第 1 册发表欧洲文艺复兴时期的裸体画作品 20 幅;第 2 册发表欧洲文艺复兴时期的裸体画作品——《田园之合奏》、《三美图》等 20 幅;第 3 册发表欧洲 17 至 18 世纪画家[法]鲁本斯、[荷]伦勃朗等的裸体画及[法]乌桐的雕塑作品 20 幅。卷首有编者论文 1 篇,对欧洲 17 至 18 世纪的裸体美术作了分析和评述。《欧洲名画大观》,16 开,全 5 册,活页装,1936 年 6 月出版。第 1 册收《近代绘画发展之现象及其趋向》、《印象主义的绘画》等论文 9 篇。第 2 ~ 4 册为素描和油画,共约 190 幅。第 5 册收《叶子戏》等 72 幅。这几套欧洲名画鸿篇巨制,印刷精美,色调和谐,在我国美术界产生了巨大反响。

此外,中华书局还出版了黎叔平编选《[法]马若雕刻集》、丰子恺编选《欧洲漫画精选》、中华书局编《中华十字图案》、马公愚等编《应用图案》和舒新城摄影作品集《晨曦》、《西湖百景》和《美的西湖》等。

美术和美术史论著的出版,主要有:倪贻德著《西画论丛》、《西画论丛续集》,徐悲鸿著《初论杰作》,刘海粟著《十九世纪法兰西之美术》、《中国绘画史上的六法论》,陈衡恪编《中国文人画之研究》,余绍宋编《画法要录》,郑昶著《中国画学全史》,徐蔚南著《中国美术工艺》,史岩著《色彩学》,姜丹书著《透视学》,王济远等编《西洋画法纲要》,陈抱一著《油画法之基础》和沈子丞编《国画的鉴赏》等等。

流散在法国巴黎国家图书馆的清乾隆朝内廷供奉绘制的《圆明园全图》,则请人据原件摄影,并以珂罗版印制,9 开线装 2 册,共 40 幅。同时还出版了程演生编著《圆明园考》,以供读者阅读和研究参考。

谈谈几套丛书

(一)《教育丛书》及其他

陆费伯鸿始终重视教育事业以及教育书籍的编辑和出版。1917年着手编印《教育丛书》和《通俗教育丛书》。1921年至1939年又有《教育小丛书》(1921)、《初等教育丛书》(1925)、《民众教育丛书》(1926)、《儿童教育丛书》(1933)、《大学用书》(1936)、《义务教育丛书》(1939)等各种教育丛书的编印。此外,如《女学丛书》(1917)、《哲学丛书》(1920)、《音乐丛书》(1922)、《算学丛书》(1925)、《史地丛书》(1929)、《社会科学丛书》(1930)等,也都与教育有着密切的关系。这里着重就《教育丛书》及有关教育学著作的出版情况大致作点介绍。

《教育丛书》是一套有关教育学的论著丛书,由陆费伯鸿、戴克恭主持编辑。包括教育理论、教育行政、教育制度、教育心理、职业教育、小学教育、幼稚教育、乡土教育、社会教育以及西方先进国家教育方法考察等诸方面内容。共五十余种。其中较有代表性的著作有:庄泽宣著《教育概论》,常导之(道直)著《教育行政大纲》和《比较教育》,余寄编译的《社会教育》,廖世承著《教育心理学》,段铮著《学习心理学概要》,周调阳著《教育统计学》,唐毂编译《近代教育家及其理想》和《幼稚园课程研究》,俞子夷编著《一个小学十年努力记》,张宗麟著《幼稚教育概论》,葛承训著《儿童心理学与兴味》,俞寄凡著《玩具与教育》,王国元著《游戏与教育》,顾树森等译《蒙铁梭利教育之儿童》,周太玄著《法国教育概览》,汪懋祖著《美国教育彻览》。舒新城编著的《教育通论》、《近代中国教育思想史》、《近代中国留学史》、《收回教育权运动》、《近代中国教育史料》和《道尔顿制概观》等著述,也多列入了这套丛书。这套丛书为大学教育系和师范学校广泛采用为教材或参考用书。

中华书局出版的有关教育学论著，还有《大学用书》中常导之著《各国教育制度》、罗廷光著《教育通论》、张文昌著《中等教育》、余家菊著《师范教育》、王克仁著《西洋教育史》等等；《中华百科丛书》中钱亦石著《现代教育原理》、杨效春著《乡村教育纲要》、赵青霞著《民众教育纲要》和吴研因等著《初等教育概论》等等；《教育小丛书》和《儿童教育丛书》中董任坚编译《初期儿童教育》、《行为课程》和《小学低年级的活动》，以及分别由刘衡如、余家菊翻译的[美]杜威等著《学校与社会》、《教育原理》和《儿童论》等等。

单行出版的教育著作，较有代表性的有李登辉著《小学教材商榷书》，张雪门著《幼稚教育新论》和《幼稚园教材研究》，张耀翔著《儿童的语言与思想》，俞子夷著《怎样做教师》，古楳著《现代中国及其教育》（又名《中国新教育背景》），倪文宙等著《教育概论》，庄泽宣著《教育与人生》、《乡村教育与乡村建设》和《各国教育新趋势》，程谪凡著《中国现代女子教育史》、董渭川著《家庭·学校·社会》和《中国教育的民主之路》等。介绍欧美著名哲学家、教育家杜威、罗素、孟禄等对中国教育界的访问考察，以及他们所发表的言论的书籍如《孟禄的中国教育讨论》等，由陈宝泉、胡适、陶知行（陶行知）等编译出版。中华书局还出版了顾树森著《苏俄新教育》、汪以德著《视察日本教育日记》等介绍国外教育的著作。

20年代，我国教育界相继兴起了平民教育、乡村教育和乡村建设等思潮，一些教育家和教育团体开始致力于农村教育和农村的社会改造，把自己的活动转向农村。在城市，有些教育家和教育团体又积极倡导生活教育和职业教育。他们的教育主张并不一致，活动的内容和方式也有所不同。中华书局出版的一些书籍，如黎锦熙著《平民课本教授书》，陈醉云著《平民千字课本教授书》，刘传厚著《民众农人课本教授书》，郑昶著《民众工人课本教授书》，中华职业教育社朱清儒主编的《职业指导论文集》，张宗麟著《怎样办乡村师范》，程本海著《在晓庄》，以及章元善、梁漱溟、江问渔等编《乡村建设实验》(第1~3集),吴顾毓著《邹平实验县户口调查报告》等,即反映了当时教育界的这个特点。

1932年至1939年间,中华书局还出版了《中央大学教育学院丛书》、《中华学艺社学艺文库》、《中山大学教育研究所丛书》、《清华大学中国文学会丛书》、《光华大学丛书》、《金陵大学农学院丛书》、《南京高等师范教育研究会集刊》和武昌《中华大学丛书》。

此外,在20年代至40年代初,中华书局还陆续出版了李廷翰、何鲁、吴俊升、陆费逵、舒新城、庄泽宣、俞子夷、张耀翔、艾伟、金兆梓等教育家的文集,积极为发展教育事业服务。

(二)从《少年中国学会丛书》到《中华百科丛书》和《新中华丛书》

1919年"五四"时期,由李大钊、王光祈等发起创立了少年中国学会。其宗旨为"本科学的精神,为社会的活动,以创造少年中国",并以"奋斗、实践、坚忍、俭朴"为信条。主要成员有邓中夏、杨贤江、张闻天、恽代英、王光祈、周太玄、左舜生、李璜、曾琦、余家菊等。王光祈为执行部主任。该会总部设在北京(1924年迁南京),在南京、成都等全国十多个城市以及巴黎、东京、纽约、柏林和东南亚各国设有分会。该会除编辑《少年中国》(月刊)等期刊和举办讲演会等活动外,又有《少年中国学会丛书》的编辑,由中华书局出版。该丛书包括王光祈著《少年中国运动》,张闻天著《青春的梦》,田汉译[英]莎士比亚著《哈姆雷特》和《罗密欧与朱丽叶》,李劼人译[法]弗洛贝尔著《马丹巴娃利》和[法]都德著《小物件》,周太玄译《人的研究》,田汉著《咖啡店之一夜》,胡云翼著《宋词研究》,杨钟健著《古生物通论》,余家菊著《国家主义的教育》等,共出版三十余种。少年中国学会编辑的刊物和书籍,在当时思想教育界和青年知识分子中颇有影响。但该组织成员政治思想观点很不一致,1925年在南京召开年会时,以会员间在学会宗旨问题上发生重大分歧,终于解体,丛书的编辑工作也随之停顿。

1923年,中国共产党提出召开国民会议、制定宪法、争取建立民主共和国的主张,得到全国各界的积极响应,各地先后成立了国民会议促进会,形成了反对以日本帝国主义为后台的北洋军阀的运动。中华书局在陆费伯鸿支持下,于1924年着手出版《国民外交小丛书》。1931年发生"九一八"事变,次年又有《国际丛书》、《东北研究丛书》和《东北小丛书》的编印。

《国民外交小丛书》由国民外交社编著,共出十几种。对近代国际关系特别是中日关系、美日关系、中俄关系,帝国主义的领事裁判权和门户开放政策以及日本收回法权税权史等知识,作了通俗的介绍和分析,使广大读者都来关心国家大事。《国际丛书》共约三十种,有:刘炳藜等编译《苏俄经济生活》、董之学编《世界殖民地运动》、沈志远著《世界经济危机》、张明养著《国际裁军问题》、朱在勤编著《列强军备概况》、王亚南著《现代外交与国际关系》、张永懋著《日美关系略史》、梅剑文著《太平洋上的争霸战》等。《东北研究丛书》和《东北小丛书》揭露了日本帝国主义侵略东北的阴谋,东北沦陷后在日本帝国主义控制和掠夺下社会、金融、铁路、矿产、贸易、农业的真相,以及对"满铁"的剖析。1932年"一·二八"淞沪战起,又陆续出版了中华书局编辑所编《淞沪抗日战事始末》、《淞沪御日战史》(正续编)和《"一·二八"淞沪抗日之役庙行镇战记》等。1937年"八一三"事变,上海沦陷。中华书局随之又出版了《中日的旧恨和新仇》、《沦陷后的上海》等。在此之前,还出版有《五卅、六一惨案纪录》英文版,向海外侨胞和国际友人广为传播。这些书籍的陆续出版,对向广大读者宣传国际政治形势,揭露帝国主义尤其是日本帝国主义侵略罪行,配合反对日本帝国主义的斗争,显然具有积极意义。

1934年,中华书局出版《中华百科丛书》和《新中华丛书》。《中华百科丛书》是1934年至1936年间出版的,舒新城主编,共100种。每种一般为一册,也有两册或三册的,每册约五万字。全书分:总类、哲理科学、教育科学、社会科学、自然科学、应用科学、艺术、语文学、文学、史地 10 类,每类 8 至 24 册不等,可以分类选购。该丛书将日常习见的社会自然现象作学理的说明,以启发思考。主要作为中等以上学校学生的课外读物,购买对象兼及具有中等文化程度的读者、中等学校教师、大学生和图书馆。每册书后附名词索引和重要参考书目,以引发读者进一步研究的兴趣。这套丛书的作者多为各方面专家,较有代表性的著作有:陈兼善著《进化论初步》、周伯棣著《世界产业革命史》、郑昶著《世界弱小民族问题》、陈遵妫著《天文学纲要》、杨钟健著《气象学纲要》、华汝成著《近代科学发明概观》、向达著《中西交通史》、张世禄著《语言学概论》、丰子恺著《近代艺术纲要》、王光祈著《中国音乐史》(上、下册)、李权时著《现代中国经济思想》、陶平叔著《染织工业》等。

《新中华丛书》是《新中华》(半月刊)的附刊,1934 年开始编印《社会科学汇刊》、《学术研究汇刊》和《文艺汇刊》。战后又编印《科学知识汇刊》、《建设研究汇刊》、《传记汇刊》和《国际问题汇刊》等。共出版五十余种。列入《社会科学汇刊》和《学术研究汇刊》的主要有:杜若君著《大战前夜之欧洲现势》,王亚南、周宪文等著《现世界之轮廓画》,周宪文等著《日本问题面面观》,钱亦石著《中国农村问题》,新中华社编《中国传统思想之检讨》,章乃器等著《中国经济恐慌与经济改造》,千家驹著《农村与都市》,杨荫溥等著《货币与金融》,李雪纯等著《民族工业前途》,任道远译[英]赫胥黎著《科学、自由与和平》等;列入《文艺汇刊》的有:明驼著《河西见闻记》,巴金著《幽灵》,郁达夫著《瓢儿和尚》,周楞伽著《饿人》、《旱灾》,李辉英著《丰年》,石灵著《捕蝗者》,沈起予等著《战争小说集》,李雯编《新近作家小说选》,陈澄之著《沙漠里的玫瑰》,叶圣陶著《皮包》,王西彦著《还乡》等;列入《国际问题汇刊》、《科学知识汇刊》和《传记汇刊》的主要有:陶大镛著《战后东欧的经济改造》,徐贤恭译[英]李约瑟著《战时中国的科学》,徐盈著

《当代中国实业人物志》等。

“孤岛”时期,名记者陶菊隐为维持生计,中华书局请他将以前在《新闻报》和南京《华报》等报刊发表的掌故、杂文、小说、特写等编成《亚洲谈薮》、《欧洲风云》、《世界珍闻》、《世界名人特写》、《闲话》、《新语林》和《近代轶闻》等,作为《菊隐丛谈》分册出版。1941 年该计划因太平洋战争爆发,日本侵略军进入“孤岛”而中辍。直到 1946 年至 1948 年才续出《天亮前的孤岛》、《最后一年》、《六君子传》和《督军团传》等,共 25 种。其中的《六君子传》写的其实是袁世凯窃国、叛国的罪恶史。考虑到书名如标为《袁世凯传》,可能引起当代“袁世凯”的注意,疑为借古讽今,不准出版,故改用《六君子传》作为书名。新中国建立后,作者将《六君子传》、《督军团传》等著作重加修订,充实内容,写成《北洋军阀统治时期史话》(全八册)等书出版。[20]“菊隐丛谈”的编订出版经过,也反映了我国文化人在敌伪统治时期和国民党统治时期艰苦笔耕的一个侧面。

上海解放前夕,舒新城、卢文迪等组织作者写了一批介绍苏联和东欧国家以及什么是社会主义和新民主主义等书稿。上海解放前后,编为《大众文化丛书》、《新时代小丛书》、《苏联建设小丛书》和《人民民主国家介绍小丛书》出版。

(三)青少年读物与儿童读物

陆费伯鸿重视对青少年和儿童的教育,认为青少年和儿童不但要有文化知识,还应注意增进社会知识和自然知识,德智体得到全面发展。早在 1917 年,中华书局编辑所曾着手编辑《小小说》丛书,将我国古典小说中的故事,改编成较通俗的读物,以培养青少年阅读能力和兴趣。这套丛书共编辑出版《长坂坡》、《天门阵》、《武松打虎》、《王佐断臂》、《牛头山》、《风波亭》等一百余种,很受读者欢迎,同时也为各地小学解决了一部分学生课外读物缺乏的困难。

1922年初，在编辑出版《小朋友》（周刊）时，黎锦晖、陈醉云、陆衣言等又有《儿童文学丛书》的编写与出版。这套丛书分文艺、诗歌、笑话、谜语、故事、小说等，共约一百册。出版后一再重印，到30年代中期止，一般都重印10次以上。1928年初由黎锦晖编写的儿童歌舞剧、歌舞表演曲《葡萄仙子》、《月明之夜》、《麻雀与小孩》、《可怜的秋香》、《蝴蝶姑娘》、《寒衣曲》等达数十种，多有五线谱和简谱，并附表演说明。这套书为小学课余文娱活动增添了新的内容，曾风行多年。30年代则有吴翰云等用浅近文言文写作的《我的书》丛书，王人路编著的《儿童艺术丛书》，陆费埠、杨喆编著《中华童话》丛书，徐傅霖编译《世界童话》丛书，但时间不长。随之编辑出版的《初中学生文库》和《小朋友文库》，在儿童读物中都较有特色，影响也较大。《初中学生文库》由朱文叔、朱稣典、金兆梓等编辑，分各科学习法、各科表解、知识读物、文艺读物、技能读物、修养读物六类，共255种，300册。自1935年开始出版，1936年出齐。《小朋友文库》系吴研因、叶圣陶等于1935年发起编辑，以扩大小学生的知识视野和训练技能为宗旨，以不同年级不同年龄的学生为对象，分初级、中级、高级三类编写。初级以一二年级学生为对象，全部彩色印刷。内容分：公民、语文、故事画、儿歌、谜语、游戏、自然、社会等14类，100册；中级以小学三、四年级学生为对象，内容分：公民、读书法、语文、图画故事、童话、故事、笑话、谜语、诗歌、自然、社会、算术、卫生、体育、工艺、戏剧等18类，150册；高级以小学五、六年级学生为对象，在中级选题的基础上增加了古书演义、传记、史地、园艺、美术等科目，分19类，200册。这套文库共450册，作者吴研因、叶圣陶、黎锦晖、吴翰云、王人路等都是著名的教育家或儿童文学家。潘汉年在参加创造社出版部以前，经同窗好友陈伯昂推荐，在1924年至1926年间一度在中华书局编辑所国语文学部担任编校，经常给《小朋友》（周刊）写稿，还和陈伯昂合编《民间故事丛书》十余种。[21]《小朋友文库》出版时，将《民间故事丛书》作为小学高年级的童话部分收入。这套《小朋友文库》也在 1935 年开始出版,1936 年出齐,编辑出版的效率都是相当高的。

积极提倡国语运动,踊跃出版国语读物和普及读物,并有所创新,是陆费伯鸿和中华书局对我国文化出版事业的重要贡献。

(四)中外学术名著的介绍和传播

世界学术名著的介绍,较早的有马君武译[法]卢梭著《民约论》和[英]达尔文著《物种原始》,分别出版于 1918 年和 1920 年。[22]其后,又有郭大力和王亚南合译[英]亚当·斯密著《国富论》,[英]李嘉图著《经济学及赋税之原理》,郭大力译[德]洛伯尔图著《生产过剩与恐慌》等书出版。1920 年由左舜生主编的《新文化丛书》和 1933 年由舒新城主编的《大学用书》,其中也有世界学术名著的介绍,如[德]赫克尔著《一元哲学》(又名《世界疑谜》),[美]杜威著《思维术》,[英]罗索著《科学与未来之人生》、《政治理想》、《婚姻与道德》和《心的分析》,[英]耶方斯著《经济学理论》,[德]朗格《唯物论史》和[日]高畠素之著《社会问题总览》,[日]生田长江等著《社会问题概观》等,先后由马君武、李达、沈泽民、张闻天、李石岑、刘伯明、李惟远、刘衡如等翻译出版。[日]汤本求真编著《皇汉医学》(全三卷),汇集我国历代医籍和其他国家中医学者的心得,旁搜博求,引书达百余种,也由周子叙翻译问世。

我国近代政治思想家和学者的著述也相继刊行。康有为著《大同书》是代表作者社会思想的主要著作,在作者去世八年后的 1935 年,由康门弟子钱定安通过蒋维乔关系交由中华书局出版。全书分甲、乙、丙、丁、戊、己、庚、辛、壬、癸 10 部(卷)。在此之前的 1913 年,甲、乙两部(卷)曾在作者自编的《不忍》杂志发表,其余各部(卷)除少数弟子如梁启超等曾见过手稿外,从来秘不示人。1919 年,作者将甲、乙两部(卷)合在一起,写了自序,并以《大同书》为书名，由上海长兴书局印成单行本。所以，当时中华书局的这个版本，是《大同书》最全版本的首次刊布本。1956 年，古籍出版社从作者后人那里借到一份抄本，以这份抄本为主与 1935 年的版本参校后排印出版了又一版本。随之，古籍出版社并入中华书局，该本又由中华书局多次重印。这是迄今为止《大同书》最好的一个排印本。

梁启超的著作十分丰富，所著《先秦政治思想史》、《清代学术概论》、《中国近三百年学术史》、《戊戌政变记》、《古书真伪及其年代》等著作曾陆续刊行。但作者的文集版本很多，仅中华书局就曾在 1916 年出过《饮冰室全集》，全集侧重于政论、书牍类文字，线装 48 册；1926 年，又出版梁廷灿编《乙丑重编饮冰室文集》，线装 80 册，共分 5 集，第 1 集为 1898 年以前作品，第 2 集为 1898 年至 1911 年侨居日本时作品；第 3 集为 1912 年至 1918 年作品；第 4 集为 1919 年至 1925 年作品；第 5 集为附集，收录题跋、诗词和小说等，内容较以往几家出版社出版的文集都丰富，但也还有些重要著作如《墨子学案》、《墨经校释》、《中国历史研究法》、《清代学术概论》等未曾收入。1929 年作者去世，由其家属和亲友委托作者故交林志钧（宰平）重新编辑。林志钧的重编本定名《饮冰室合集》，平装 40 册，由中华书局于 1936 年出版。其中文集 16 册，专著 24 册，除将作者已刊论文 700 余篇、诗词 300 余首和专著 104 种基本上全部收入外，还发表了不少未刊文稿，共计约 770 余万言。该本对作者生平著述作了较全面系统的整理，是作者逝世后编辑出版的内容最全的版本。[23]1989 年，中华书局据这个版本影印，装帧成 32 开精装 12 册行世。

张謇，字季直，是我国近代著名实业家和教育家。他生前曾将自己的著作初步归为：政闻录、实业录、教育录、自治录、慈善录、文录、诗录、专录、外录等九类，并定名《张季子九录》。1926 年作者逝世，其子张孝若整理后由中华书局出版。线装 29 册，附调查表一套。

此外,中华书局还出版了王灿芝编《秋瑾女侠遗集》、曹亚伯著《武昌起义真史》和《松坡军中遗墨》等等。

在《新文化丛书》中,出版了一些传播新思想的译著,前文已有所介绍。列入《大学用书》的,为国内著名大学的教材或约请大学教授就其试教多年的讲义整理编写而成的著作,大多反映了各该学科较高的学术成果。高等数学和自然科学方面的题材多自西方国家学者的著作翻译或编译,国人著述较少。在这两套丛书以外,还陆续出版了一批我国学者著述的单行本。总括起来,在语言文学方面较有代表性的,有刘复著《中国文法通论》,金兆梓著《国文法之研究》,林尹著《中国声韵学通论》,岑麒祥著《语音学概论》,阿英著《弹词小说评考》,周贻白著《中国戏剧史》,刘大杰著《中国文学发展史》,陈子展著《中国近代文学之变迁》,谢无量(谢彬)著《中国大文学史》以及卢冀野、任中敏、陈钟凡、赵景深、骆鸿凯等的著作;在思想史方面较有代表性的著作,有廖平著《孔经哲学发微》,杨树达著《周易古义》和《老子古义》,罗根泽著《管子探原》,蒋维乔著《佛教概论》,太虚法师著《真现实论》,虞愚著《因明学》以及张东荪、蒋星煜等的著作;在史地方面较有代表性的,有陈兼善著《史前人类》,向达译《斯坦因西域考古记》,周谷城著《中国政治史》,楼祖诒著《中国邮驿发展史》,盛朗西著《中国书院制度》,郑鹤声著《郑和遗事汇编》,徐宗泽著《明清间耶稣会士译著提要》,葛绥成著《近世地理发现史》以及朱琳、朱杰勤、李震明、何健民、陈裕菁等的著作;在政治经济等社会科学方面较有代表性的,有刘炳藜编著《社会问题纲要》,冯飞编著《女性论》,刘伯明演讲、缪凤林译述《近代西洋哲学史大纲》,梁漱溟著《中国民族运动之最后觉悟》,徐嗣同编著《社会科学名著题解》,潘菽著《心理学的应用》,金国宝著《统计新论》,以及高一涵、张东荪、王亚南、王守礼、孙本文、吴泽霖等的著作;在自然科学和科技史方面较有代表性的，有余介石编著《算学通论》，刘遂生等编著《高等代数学概论》，卢景贤编著《高等天文学》，费鸿年著《动物生态学纲要》，张子高讲述《科学发达史》，许莼舫著《古算法之研究》，顾琅、周树人著《中国矿产志》以及江思清、陈炎冰、李四光等的著作，等等。

值得指出的，随着中国社会性质问题讨论的深入开展，在中国共产党人陈翰笙的带动下，1933 年在上海成立了中国农村经济研究会。创办《中国农村》半月刊，发表了大量调查报告和论文，对中国农村的半封建半殖民地性质和改革封建土地所有制的必要性，作了充分的论证。他们的工作，团结、教育和培养了一批经济学家和农村工作者，产生了广泛的影响。该会编辑的《农村通讯》和千家驹编《中国农村经济论文集》等书籍，也曾在中华书局出版。

重视人才培养　热心社会公益事业

陆费伯鸿一生非常重视知识和人才。对作者十分尊重，约稿恪守信用。稿件出版，按合同支付版税，从不拖欠。即使不能出版，也要说明理由，并给以一定比例的报酬。作者借支稿酬，也是常有的事，尤其是老作者，尽可能给予照顾。他知人善任，黎锦晖对民间音乐和民间文学很有造诣，热心提倡白话文和普通话。原在湖南湘潭原籍中学教书，因发表文章讥讽时政旧俗，开罪军警当局，便到了北京。1920 年冬，陆费伯鸿特地聘请他到上海，在中华书局编辑所成立了国语部，任他为部长。他不负所托，编写小学国语课本，很有好评，经济效益也可观。不久办“语专”，主编《小朋友》周刊，还和同事们编写出版了大批少儿读物，为推广普通话和白话文、提倡儿童文学做出了杰出的贡献。1924 年前后，王光祈、马润卿等分别赴德国和美国留学，由中华书局予以资助。王光祈将留学期间的著译，几乎全部交与中华书局出版。中华书局出版的《音乐丛书》和《国防丛书》就是他的部分成果。马润卿学成回国,也为中华书局编辑英文书刊出了大力。1936年,钱歌川赴英进修,不但资助旅费,进修期间的工资全部照发。钱歌川回国以后到了重庆,虽不在中华书局工作,但仍热心为中华书局编辑《中华英语》半月刊。1936年,周宪文打算脱离中华书局去从政,担任"日本留学生监督",陆费伯鸿颇不以为然,曾对他说:"我希望我们能够共事,不过你还年轻,对世途的艰难险恶还不甚了解,出去历练历练也好。如果失败了,不妨再回来,中华书局随时都欢迎。"不久抗战爆发,周宪文觉得自己的选择很荒唐,转到暨南大学任教。直到几十年后,他对陆费伯鸿的关心爱护始终十分感谢。[24]

此外,中华书局设有补习班,设国文、日文等课程,鼓励职工学习。职工业余在指定的学校(如中华职业补习学校)补习,考试成绩及格的,学费由书局负担,成绩优异的还可得到奖励。特别值得说明的是,他虽然很重视提高职工的学力,但并不过分看重文凭,而是看重实际工作能力。中华书局编辑所有位张文治,负责校对《四部备要》史部[清]段长基撰《历代统纪表》、《历代疆域表》和《历代沿革表》三部著作共19卷,篇幅虽并不大,但原书讹误很多。他废寝忘食,查阅了几百种书,改正了讹误,又长了不少知识。后来他调到辞海部工作,发挥了很大作用,曾有《古书修辞例》等著作出版。许多人都称他为"活辞典",金兆梓也称他为"两脚书柜",有什么问题经常向他请教。孙荦人,1918年进文明书局当练习生,1923年转入中华书局,长期从事印刷工作,中华书局几部著名古籍和辞书的出版,都与他的工作密切相关。这两位都是出版事业不可多得的人才,深受陆费伯鸿的器重。孙荦人一生不慕名不慕利,年轻时利用业余时间加紧学习文化,尽力于图书的印刷和调度工作,对于古籍和辞书的割裱影印出力尤勤,四五十年如一日,中华书局职工都尊称他为"老科长",深受尊敬。

陆费伯鸿热心社会公益事业。1922年办"语专"是个例子。

1928年，上海举办中华国货展览会，他出任常务委员兼会务组委员，参与筹划，颇著劳绩。次年，上海图书馆、博物馆、体育场筹备委员会成立，他担任筹备委员，并出版《上海博物馆丛书》等，同年，举办西湖博览会，他是发起人之一，并任宣传处处长。积极提供图书、运动器具、教学用具、玩具等展品，并出版《西湖博览会指南》。正因为他热心公益事业，1930年上海市书业商会改名上海市书业同业公会，他被推举为主席委员（1934年6月至1936年6月改任主席监察委员，1936年7月复任主席委员）至抗日战争全面爆发，他离开上海赴香港时才离职。他在香港，关心抗日战事，曾委托庄泽宣在广东制作棉衣捐输前方将士。[25]

1938年7月，国民政府迫于形势，在武汉成立国民参政会，作为抗战时期最高咨询机关。1937年9月，陆费伯鸿参加庐山谈话会后，这时又被遴选为国民参政会参政员。1941年3月，陆费伯鸿从重庆参加第二届第一次国民参政会后回到香港，突然于7月9日上午8时30分病逝，享年56岁。从1912年到他病逝，在中华书局担任局长、总经理整整30年。其间1926年至1929年一度兼任编辑所所长，平时对编辑工作十分关心。他的著作，在中华书局出版的有：《实业家之修养》（1914）、《国民之修养》（1919）、《国音教本（附表）》（1921）、《教育文存》（1922）、《妇女问题杂谈》（1926）和《青年修养杂谈》（1926）等，他的论述、序言、散文、诗歌作品在中华书局的书刊上多有发表。中华书局编辑出版的各种期刊、重要古籍和辞书，他都主持擘划，不遗余力。但他除了在《大中华》发表《宣言书》，在《四部备要》、《中华大字典》、《辞海》等书中写过序言，叙述编辑宗旨，编辑体例，本书内容和编辑经过等外，从未在这些书籍和其他出版物上署“主编”之名，这种作风是实事求是的，也是令人钦佩的。

陆费伯鸿在从事这些工作时，无不呕心沥血，全力以赴。更难能可贵的是，几十年间，他始终以普及教育、传播文化、振兴中华为己任。他处事果断,敢于承担责任,在生活上自奉俭朴,在中华书局工作过的老人,多交口称誉。在他的主持下,中华书局在社会上特别在教育界享有较好的信誉,团结了一批专家学者,为国家培养了一批人才。

结　束　语

以上对陆费伯鸿的教育思想和他创办中华书局以及中华书局前期的大致情况作了简单回顾,可以看出,中华书局创办初期,工作重点虽在中小学教科书、辞书、期刊的编辑和出版,但在陆费伯鸿的悉心经营下,业务发展迅速,出书范围日益扩大,包括了哲学、政治、经济、历史、地理、宗教、法律、文化、教育、文学、语言、艺术、医学、农业、林业、技术、英语以及少儿读物等各个领域。据极不完全统计,从1912年到1949年,中华书局出版新书达5700种以上。20年代和30年代前期出书较多,以1934年7月至1935年6月为例,出书527种,平均每天出书约1.5种。1937年全面抗战开始至1949年间,因各种原因,出书很不景气,但综观中华书局在陆费伯鸿主持工作的几十年间,所出期刊和各类图书,为普及识字教育、积累文化和传播知识、宣传爱国思想做出了有益的贡献。

陆费伯鸿为实现自己的理想而艰苦奋斗的精神,著名教育家俞庆棠曾在《申报月刊》第2卷第1期上作了高度的评价。陆费伯鸿逝世后,舒新城、周宪文、庄泽宣、王云五等在香港等地报刊上发表悼念文章。1943年7月,在他逝世两周年时,著名语文学家金兆梓在重庆发表《追忆陆费伯鸿先生》一文,认为像陆费伯鸿那样对我国文教事业和出版事业做出贡献的人是不多见的,他所以能有这样的成就,固然需要依靠中华书局,但以中华书局来说,也需要依靠他。中华书局"首创之者先生,扩大之者先生,中经蹉跌而复兴之者亦先生。"金兆梓还认为他办中华书局,目的都是为了文化事业，为了教育事业，并非“图一己之私”，所以“一手经营资本数百万，员工数千人之大企业者，亘三十年之久，而身后所遗，乃不如一寻常之商贾”。感叹“当今之世，又复有几人！”㉖金兆梓在中华书局兢兢业业任职几十年，写这篇文章时在重庆担任中华书局总公司编审部部长，对陆费伯鸿和中华书局都较了解，他的评价是很有代表性的。他在抗战时期国民党统治下的陪都重庆，发出这样的感叹，也不是没有原因的。

1997年1月是陆费伯鸿创办中华书局85周年，在戴文葆、钱炳寰、洪文涛诸位老友的促成下，草成此稿以为纪念，并对出版界前辈艰苦创业的精神表示诚挚的敬意。

1996年冬于北京

注释：

① 《内庭趋侍记》，陆费逵《教育文存》卷5，中华书局1922年3月出版。

② 舒新城著《近代中国教育思想史》，中华书局1932年11月出版。

③ 陆费逵《上海书业商会二十周年纪念册序》（1924），转引自郑子展编《陆费伯鸿先生年谱》，1946年7月油印本。

④ 陆费逵《中华书局二十年之回顾》，见《中华书局图书月刊》第1期，1931年8月。

⑤ 《五年概况》，1916年，据钱炳寰编《中华书局大事纪要（1912～1954）》（油印稿）。

⑥ 据钱炳寰编《中华书局大事纪要（1912～1954）》（油印稿）。以下凡引文或引用材料未注明出处的，均据此稿，不再一一注明。

⑦ 据陈仲献、钱子惠著《有关中华书局图书馆的情况》，载中华书局编辑部编《回忆中华书局（1912～1987）》，中华书局1987年2月出版。

⑧⑭ 据吴铁声著《解放前中华书局琐记》，载中华书局编辑部编《回忆中华书局（1912～1987）》，中华书局1987年2月出版。

⑨ 陆费逵《我为什么献身书业》（1922年），转引自郑子展《陆费伯鸿先生年谱》，1946年7月油印本。

⑩ 周宪文《忆伯鸿先生》，1941年8月。转引自郑子展《陆费伯鸿先生年

谱》,1946 年 7 月油印本。

⑪ 据郑子展编《陆费伯鸿先生年谱》,1946 年 7 月油印本。

⑫ 据陆费逵《〈辞海〉编辑大纲》,见《辞海》(合订本),中华书局 1947 年 3 月出版。

⑬ 据周颂棣著《老〈辞海〉是怎样编成的》,载中华书局编辑部编《回忆中华书局(1912~1987)》,中华书局 1987 年 2 月出版。

⑮ 据钱子惠著《〈辞海〉的前前后后》,载中华书局编辑部编《回忆中华书局(1912~1987)》,中华书局 1987 年 2 月出版。

⑯ 据陆费伯鸿著《校印〈四部备要〉缘起》,转引自张静庐辑注《中国现代出版史料》(甲编),中华书局 1954 年 12 月出版。

⑰ 据陆费伯鸿著《影印〈古今图书集成〉缘起》(1934),转引自张静庐辑注《中国现代出版史料》(乙编),中华书局 1955 年 5 月出版。

⑱ 据孙荦人著《〈古今图书集成〉影印经过》,载中华书局编辑部编《回忆中华书局(1912~1987)》,中华书局 1987 年 2 月出版。

⑲ 参见黎锦熙著《国语运动史纲》,商务印书馆 1935 年 1 月再版。

⑳ 参见陶菊隐著《记者生活三十年》,中华书局 1984 年 1 月出版。

㉑ 据尹骐著《潘汉年传》,中国人民公安大学出版社,1991 年 9 月出版。

㉒ 据中华书局编辑部编《中华书局图书总目(1912~1949)》,中华书局 1987 年 3 月出版。本文以下所引出版物,大多本此,不再一一注明。

㉓ 据李国俊编《梁启超著述编年》,复旦大学出版社 1986 年 1 月出版。

㉔ 据周宪文《我与中华书局》,载浙江省椒江市政协编《当代经济学家周宪文》,1991 年 7 月出版。

㉕ 据庄泽宣著《忆陆费伯鸿先生》(1941 年 7 月),转引自郑子展编《陆费伯鸿先生年谱》,1946 年 7 月油印本。

㉖ 见金兆梓著《追忆陆费伯鸿先生》(1943 年 7 月),转引自郑子展编《陆费伯鸿先生年谱》,1946 年 7 月油印本。

选自俞筱尧著、沈芝盈编《书林随缘录》,中华书局 2002 年

陆费逵的书刊广告艺术

范　军

陆费逵(1886～1941),中国近现代著名的教育家、出版家。他对文化教育及出版事业的贡献,已载入中国近现代教育史册和出版史册。他服务于社会近40年,而服务于书刊业达38年,任中华书局总经理达30年之久。作为中华书局的创始人、职业出版家,他在传播科学文化知识、促进教科书革命等方面的卓越功勋,他在铸造新的出版理念、探索新的营销策略等方面的宝贵经验,都是中国近现代出版史的重要财富。本文仅从一个很小的角度——书刊广告切入,探寻陆费逵在出版经营方面的思想和行动,我们或许可以从中得到一些有益的启示。

一

对书刊营销宣传的重视,是与陆费逵早年的经历分不开的。早在1904年春,19岁的陆费逵就参与创办武昌昌明书店,任副经理兼编辑。这年秋季,他又与朋友合作开办武昌新学界书店,并任经理,发售《警世钟》、《猛回头》等革命书刊。次年夏,辞新学界书店经理,改任汉口《楚报》主笔,积极从事革命宣传工作。三个月后因忤逆当局亡命上海,应邀担任昌明公司上海支店经理兼编辑员。1906年,除继续任职昌明公司外,兼为《申报》、《南方报》作论说。这年的冬季,他改就文明书局职,襄助经理办事,并兼编辑员和文明小学堂堂长。从上年发起创办上海书业商会并负责起草章程后,陆费逵先后担任评议员、书业商会补习所教务长,又担任书业商会主办的杂志《图书月报》主编。进入商务印书馆时,陆费逵是23岁。馆方给这位年轻有为者的最初职务是国文部编辑员，很快就改任出版部长兼交通部长、《教育杂志》主任、记者、师范讲义部主任。离开商务印书馆而自立门户时，陆费逵才27岁。中华书局与中华民国同时诞生。首先推出的是新型的教科书，紧接着有《中华教育界》月刊。自1904年以来的前后七八年，陆费逵辗转于书店、书局、报社、行业协会，有时是一身而几任。这样一些工作，使他对媒体的作用、宣传的效能、经营的方略有了初步但很明确的认识。一旦有了广阔的舞台，陆费逵便尽情在书刊业中施展自己的营销才干，广告宣传就是其中重要的途径之一。

我们这里说的书刊广告，包括严格意义上的广告和无广告之名而有广告之实的"准广告"。所谓严格意义上的书业广告，是指书业企业以付费的方式，通过一定的媒体向广大读者传递书刊商品及书业企业有关信息的一种书刊促销方式。陆费逵的书刊广告中有少量这种类型的，但他用的更多的是不以广告形式出现且不付费的广告，是充分利用书刊自身特点进行宣传的"准广告"。若前一类广告可称之为"硬广告"的话，后一类当属"软广告"。但"软广告"作用并不软。

二

陆费逵认为书业与教育"互为表里"。中华书局正是靠服务教育、编印教材起家的。研究陆费逵者，无不引用其《中华书局宣言书》的开头几句话："立国根本，在乎教育。教育根本，实在教科书。教育不革命，国基终无由巩固。教科书不革命，教育目的终不能达也。"后面一段谈中华书局成立之缘由和目的，更像一则"形象广告"。在《宣言书》的类似"总论"的文字后，是逐一介绍中华系列教科书（10种）的"编辑大意"。其中包括初等小学修身、国文、算术3种，高等小学修身、国文、历史、地理、算术、理科、英文7

种。这些所谓“编辑大意”实则是很精彩的广告，兹举初等小学修身教科书的编辑大意为例，全文如下：

本书以养成中华共和国完全国民为宗旨，以独立、自尊、自由、平等为经，以公德、私德、国民科为纬。

本书用圆周法，每一年为一周。前三周注重学校、家庭，兼及社会、国家。第四周德目全备，尤注重共和国民教育。

本书第一、二册，因学生识字无多，全册图画。第三、四册，多假设故事，用简单文语。后四册兼用故事训词，既资模范，又便明理。

本书前四册，全用儿童能行之事。后四册渐及成人教材，以为将来立身之助。

童话寓言，趣味深厚，颇易感化，本书略采用之，以为语法之助。

本书文字，力求浅显。引用古书，恒加点窜，以期易解。

本书前二册，有图无文，目录亦不录入正文中，以免儿童难解。后六册文字，自十字左右，渐增至百字左右，惟必短于同程度之读本。

本书分八册，供初等小学四年之用。

本书图画丰富，以为儿童观感之助。

本书另编教授书，详述教授之法，以为教员预备。

这样的十则“编辑大意”就是十则新教科书的宣传广告。《宣言书》是刊载在《中华教育界》1912年2月第1号上的。发表于公开的杂志，其广告效应是显而易见的。中华书局的新式教科书一炮打响，名利双收，一方面与其适应了辛亥革命胜利后教育形势的变化有关，另一方面也与其积极有效的营销策略有关。

在陆费逵所处的时代，报纸是最重要、最有影响力的大众传播媒介。作为至今仍是印刷媒体中影响最大的报纸,其广告具有读者广泛、稳定,传播迅速及时,能给人留下明确深刻印象,便于查找等优点。陆费逵深谙通过报纸进行图书宣传的作用,亲自动笔在当时读者面最广、发行量最大的报纸之一《申报》上宣传本书局的教科书及相关的教学指导用书。《申报》1912 年 2 月 26 日刊载的陆费逵《教科书革命》,便是可以当作不可多得的优秀广告文案来欣赏的,此处节选一段:

> 清帝退位,民国统一,政治革命,功已成矣。今日最急者则教育革命也。本局自客秋以来,努力进行,小学用书今已出版。本最新之学说,遵教育部通令,以独立、自尊、自由、平等之精神,采人道、实业、政治、军国民之主义。程度适合,内容完善,期养成完全共和国民以植我国基础。其中有:国文八册,国文教授书八册,算术八册,算术教授书八册,中华共和国民读本二册,中华高等小学修身四册、国文八册、算术四册、算术教授书四册、历史四册、地理四册、理科四册、理科教授书四册、英文四册。

辛亥革命成功是中华书局成立的契机。陆费逵"预料革命定必成功,教科书应有大的改革"。民国元年的一月一日书局诞生,这之前用半年的业余时间陆费逵与几位同人悄悄地编写合乎共和体制的教材、教参,预作准备。书推出的时候,又以最快的速度在刊物、报纸上进行营销宣传,风行一时,大获成功。其战略眼光、营销意识、办事效率、务实精神,都值得我们好好学习。

三

中华书局是书刊并重的。为了与商务印书馆全面竞争,它针对性地办了很多刊物。刊物办好了,本身就会有一定的社会效益和经济效益。同时,它还因其周期性、连续性及读者的广泛性、针对性等,对宣传本版图书及相关产品具有重要作用。用自己的杂志来宣传自己的书刊,做免费广告,是既经济又实用的。前举陆费逵在《中华教育界》上刊载《中华书局宣言书》即其一例。这一传统以后一直得以延续,并有所发展。

用杂志来宣传杂志自身,陆费逵也有很出色的文字。1915年,书局创办《大中华杂志》时,陆费逵在第1卷第1期上发表了一篇《〈大中华杂志〉创刊宣言书》。这个宣言书为新创刊的杂志做了很独到、也是很有效的宣传。这篇文章真正谈创办杂志的目的、宗旨、方针者着墨不多,五分之四的文字是或直接或间接介绍杂志的主编——梁启超(号任公)。作者首先从远处说起,从大处说起:"一国学术之盛衰,国民程度之高下,论者恒于其国杂志发达与否觇之。盖杂志多,则学术进步,国民程度亦高。而学术愈进步,国民程度愈高,则杂志之出版亦愈进也。"作者笔锋一转,说:"我国杂志之出版,肇始于《时务报》,梁任公实主持之。其后,《清议》《新民》《国风》《庸言》相继而起,皆风靡一时。"而办杂志这种事业,"适当之人才与目的,适当之资本与机关"是十分重要的。中华便是很好的"机关","资本"当不成问题,而"目的"是取决于人的,"人才"才是杂志的根本。陆费逵最后的用意是要说《大中华杂志》所聘任的主编——梁任公。"梁任公先生学术文章,海内自有定评。窃谓吾国中上流人,稍有常识,固先生之功居多。而青年学子,作应用文字,其得力于先生者尤众。吾《大中华杂志》,与先生订三年契约,主持撰述。此外担任著译诸君,亦皆学术专家,文章泰斗。"这些实在是很标准的广告文字。陆费逵这里重点打的是"主编牌"。梁启超是中国近代资产阶级改良派的杰出代表人物之一,一生致力于报刊编辑事业,又以政论学术著称于世。他的名字在当时如雷贯耳,其文章脍炙人口,广为流传。梁启超本身就是一面旗帜，一只号角，从商业的角度看，也是杂志的一个亮点，一个卖点。陆费逵大肆宣传杂志的主编，显然是很高明的，富有艺术技巧的。

四

《四部备要》是中华书局的在古籍整理出版方面的一个大工程。全书出齐以后，书局曾于 1934 年 3 月 22 日在《申报》上刊出广告："中华书局征求《四部备要》校勘，正误一字，酬银十元。"这一举措别出心裁，同时也反映陆费逵的魄力和自信。广告全文如下：

> 本书字数将及 2 万万之多，刊行之初，敝局敦请宿儒，悉心校对，多至十余次，期与原本无讹。其原本有明显错误者，更参考他本加以校正。出版以后，重行磨勘，十八万页之中，错误不过十数。今兹重印，已经改正。然仍不敢自信，拟请从前预约诸君任校勘之劳，期成最完善之书。办法如下：
>
> (一)愿承担复校各书先来登记，并将本局复校情形奉告。(二)校勘之原本须自备，切勿错误。(三)校出错误列表寄来，并写明登记号。(四)校出错误经本局审查，一字酬洋十元；校完并无错误亦请来涵，略赠书籍以资纪念。(五)4 月底截止登记，正误表 6 月寄来。将来另印校勘记，分赠前后预约诸君。

这则启事是一实实在在的宣传广告。一部字数超过 2 亿的大书，敢于用 10 元大洋买 1 个错字，必须要对自己的出版物要有相当的自信心，对所从事的事业有高度的责任心，才会有这样的勇气和气魄，不是一味求轰动效应或沽名钓誉者可比的。中华书局的这一广告宣传举措,成为了中国出版史上的美谈。据中华的老人回忆,广告刊出后,经读者来信指出错字,书局付出酬金数千元。它对我们今天出版工作者的启示恐怕不仅仅在营销技巧方面。

五

陆费逵不仅注意通过本局的刊物宣传本版图书,通过报纸做广告宣传图书,还重视建立自己专门的书刊宣传阵地。他早年曾主编过书业商会的《图书月报》,对此类信息类报刊的作用是有切身感受的。他主政中华书局期间,曾主办过自己的内部信息交流刊物《中华书局月报》和外向性的广告刊物——《出版月刊》。这份《出版月刊》1937 年 4 月 5 日创刊于上海,许达年编辑。这种广告宣传刊物,内容丰富,信息密集,反映迅速,又经济实用,建国前的许多出版单位都曾尝试过。如商务印书馆、开明书店、生活书店等皆办有自己的宣传性期刊,效果很好。

在通过本局各类刊物宣传本版图书方面,陆费逵先生一方面要求自己的刊物不要登其他出版社的书籍广告,此为竞争之所需,另一方面要求刊物与所宣传的图书有内在的联系,要有针对性。民初的中华书局有所谓"八大杂志"。不同的刊物有不同的读者定位、市场定位,它用以刊载书籍广告也应该对症下药,瞄准自己特定的目标读者群。1936 年 10 月 9 日,陆费逵先生看到在本局的刊物上,编者介绍自己在其他出版社出版的图书,为此致函编辑所长(相当于今日总编辑)舒新城云:"顷见《小朋友》周刊大介绍其他家之书,太不成话,本局刊行杂志为宣传本版之书。以后各杂志每期须介绍本版:《新中华》介绍政治、经济、文学,《小朋友》介绍儿童书,《教育界》介绍教育书,《英文周报》介绍英文书。除编辑自己起草外,可由原编校人拟稿送登。"商场如战场,书业的竞争也是无情的。因此,陆费逵要求本局刊物只登本版图书广告,是可以理解的。而他关于不同刊物登载不同图书信息的观点无疑是行家之言,切实可行。中华书局的杂志以后也正是按陆费逵的要求办的。当时的中华老人说,每种杂志都刊登本版图书的广告。

六

中国古代自宋元以来,刻书家、出版商就很注意运用各种手段来进行图书宣传。利用图书本身来进行自我宣传,是常用的广告形式。刻书牌记、刊记、凡例、序跋等,皆是图书自我推销的重要窗口。陆费逵先生很好地继承了中国古代书业中的传统,重视用图书中的前言、后记、编辑缘起等做阵地,最便捷、最有针对性地进行图书的宣传推广。他亲自撰写的校印《四部备要》、重印《四部备要》、影印《古今图书集成》、编印《辞海》等书的"缘起",多为独具特色的精彩广告。兹录《校印〈四部备要〉缘起》以见一斑。全文如下:

> 吾国学术,统于四部。然四库著录之书,浩如烟海;坊肆流传之籍,棼若乱丝。承学之士,别择艰难;善本价昂,购置匪易。本局同人有鉴于此,爰于前年择吾人应读之书,求通行善本,汇而集之,颜曰《四部备要》。提纲挈领,取便研求;廉价发行,以广传布。惟是普通铅字,既欠美观;照相影印,更难清晰。适杭州丁氏创制聚珍仿宋版,归诸本局,方形欧体,古雅动人,以之刊行古书,当可与宋椠、元刊媲美。兹将第一集至第五集分年校刊,共计两千余册;经、史、子、集最要之书,大略备矣。张文襄尝言:"读书不知要领,劳而无功;知某书宜读而不得善本,事倍功半。"今有《四部备要》庶几可免此大弊欤!

这篇"校印缘起"若单独置诸报刊,无疑是一篇优美的广告文案。信息丰富，言简意赅，充满导购意识。短短的文字中，校印之原由，版本之精良，字模之古雅，内容之齐备，价格之低廉，尽在其中。“缘起”刊载在1924年中华书局《四部备要》预约样本上。它对该书的顺利发行起到了很有效的促销作用。1926年，书局针对当时商务印书馆重印《四部丛刊》（有广告发布），在《申报》等几家日报上刊载《四部备要》宣传广告云：“不怕不识货，就怕货比货。”“包含经史子集一万一千余卷，分订二千余册，二十四史均在内。若用影印，在五千册以上。”“聚珍仿宋版印，非特影印所不及，亦远胜木刻版。”“据宋元明清善本，尤多采清代精校精刻本，无欠页缺行之弊。”“售价低廉，每本仅二三角。”“延耆儒校至十三四遍，无鲁鱼亥豕之误。”其时，辑印古书颇盛，竞争激烈。商务《四部丛刊》初编于1922年出齐，中华《四部备要》于1922年开始出版。因后出者自有特点，营销得法，宣传到位，也获得了不错的效益。

陆费逵先生作为中国近现代杰出的教育家、出版家，其教育思想、出版理念、编辑方针、经营方略、宣传艺术等，都有许多可资借鉴的宝贵经验。本文仅仅结合他出版编辑工作的一些具体事例，对他的书刊广告艺术作了简要的评述，而他的完整的经营思想和实践是很值得我们认真加以总结的。对陆费逵先生更全面、更深入的研究，还有待时日。

原载《编辑学刊》2003年第4期

陆费逵的同业竞争策略

申作宏

陆费逵（1886～1941年），字伯鸿，创办并主政中华书局30年，事无巨细必躬亲之，对中华书局的影响颇大。在与比中华书局早成立十多年的商务印书馆的竞争中,陆费逵不惧困难,锐意进取,显示出无比卓越的智慧。所以研究陆费逵在出版发行方面的同业竞争策略,带有较大的典型性,更具有较为现实的意义。

一

在选题策划上,一方面,陆费逵勇于开拓创新,善于抓住时机并敢为人先,推出符合时势的图书,中华书局一创立就很快在教科书出版上比商务印书馆占领先机。1912年中华民国成立,中华书局也立即宣告建立,并很快适时推出《中华教科书》。由于"体例一新,风行颇广",几乎独占了当时的教材市场,"各省函电纷驰,门前顾客坐索,供不应求,左支右绌,应付之难,机会之失,殆非语言所能形容"①。其实,在中华书局创立前,商务印书馆早已出版有教科书,在市场上几乎一统天下。当时革命空气已笼罩全国,商务印书馆却仍守住封面印有大清龙旗、带有较多封建内容的旧课本不思重编或修订。具有预见眼光的陆费逵认为,革命即将胜利,新建立的共和国不会采用封建的旧式教材。此时他虽身在商务印书馆工作,但已私下与人计议策划,加紧编写适合共和民国、宣传共和内容的中小学教科书,同时准备自行建立新的出版机构。中华书局成立后,借助于新式教科书,迅速崛起,在一两年内享誉海内外。从此,中华书局和商务印书馆的教科书大战不绝,一直持续到全国解放。

另一方面,陆费逵注重学习借鉴,注意吸收商务印书馆的成功经验,采取"跟踪超越"策略,在借鉴的基础上有所出新。在当时出版界中,商务印书馆较中华书局早成立多年,根深蒂固,早已先声夺人。中华书局要想后来居上,确非易事。所以,一旦商务印书馆有好的选题策划,中华书局马上跟进,不让商务印书馆专美于前,以致商务印书馆的许多出版物均能在中华书局的出版物目录中找到其相对应的书刊。如下页表的举例比较：

	商务印书馆	中华书局
图书	新字典	中华大字典
	学生字典	新式学生字典
	国音字典	标准国音字典
	辞源	辞海
	四部丛刊	四部备要
	小学生文库	小朋友文库
杂志	教育杂志	中华教育界
	小说月报	中华小说界
	学生杂志	中华学生界
	英文杂志	中华英文周报
	儿童世界	小朋友
	儿童画报	中华儿童画报
	东方杂志	大中华、新中华

然而中华书局的借鉴决不是粗劣的模仿和亦步亦趋，这可从中华书局和商务印书馆几部比较具有代表性的图书上分析出来。如商务印书馆在1920年出版了《四部丛刊》，市场反映很好，陆费逵也很快决策，采用现代出版技术刊行《四部备要》。但是，两书的选目和出版手段上有很大不同，各自显示的学术意义和收藏价值也有很大差别。《四部丛刊》讲究版本，非宋元旧注，概不轻用；而《四部备要》则注重实用，充分选收清代学者经过校勘、考证的注疏本。在出版手段上，《四部丛刊》使用影印技术；而《四部备要》则利用聚珍仿宋版活字排印。因此，《四部丛刊》虽比《四部备要》早出两年，但由于在内容上互有侧重，在形式上各有千秋，后者的市场销路并没有受到前者太大影响。在社会效益和经济效益上，两书都可谓各得其所。

再如，商务印书馆《辞源》出版后，颇负盛名，畅销全国。于是中华书局从1915年筹编《辞海》，亦以语词为主，可是兼收百科。虽然两辞典内容相近，篇幅也大体一样，但由于《辞海》晚出，因而能够在《辞源》的基础上取长补短，后出转精。如《辞源》引书不注篇名，常为论者诟病，《辞海》则引书举作者、书名和篇名，比《辞源》完备。《辞海》的销量远远超过了《辞源》。

陆费逵在中华书局采取这种移花接木、借风驶船的做法，正是商业行为中所谓的"搭便车"。但中华书局的借鉴是在吸收的基础上有所改进，有所提高。与当前出版界粗制滥造地盲从跟风出版、重复出版，甚至是散发铜臭的庸俗低级趣味出版相比，陆费逵的这一选题策划思想尤其值得深思。作为一个有良知的出版家，陆费逵在1923年就撰文呼吁出版者要以社会责任感为重。他说："吾人用尽脑筋和心血，出一部有价值的书籍，供献于社会，则社会上的人们，读了此书之后，在无形中所获的利益，定非浅鲜；反是，如以诲淫诲盗的书籍，供献于世，则比提刀杀人，还要厉害，盖杀人不过杀一人，恶书之害，甚于洪水猛兽，不知害多少人。"②

正是由于陆费逵的文化自觉，中华书局在选题开发上虽学习商务印书馆，但并不机械模仿，根据自己和读者的情况而有所出新，有所发展，出版了大量的精品好书，树起了出版品牌。在当时时局动荡，书业混乱，竞争激烈的年代，能坚持这样一种道德操守和文化使命感，真令人叹服。

二

在同业竞争中要出奇制胜，推出精品出版物是关键，而作者和编辑是出版物质量和内容的决定因素。一方面，变动不居的作者群体构成了图书生产的源头活水，优质而丰富的书稿从质和量上规定了出版物的生产规模和文化内涵，没有作者的智力成果支持，出版社的发展便难以为继。另一方面，出版是一种文化行为，从选题策划、组稿加工,到编辑发行,无不需要文化人来承担。因此,在吸引作者到中华书局出书和罗致编辑人才方面,陆费逵是煞费心思的。

对待作者,陆费逵常对他的同事们讲:“作者是我们的衣食父母”,非常注意与作者搞好关系。一方面要保护作者的利益,从不拖欠稿酬,甚至可以提前借支稿酬,因此中华书局在作者群中信誉极好。当时作者的版税规定一般是按实销数结算的。有些出版社因经济周转不便,常常拖延时日。中华书局则恪守信用,从不少付或迟付稿酬。对作者的约稿,稿成以后即使不能出版,也要说明理由,并酌情支付稿酬。作者借支稿酬也是常有的事。[3]“有些高精尖的著作,即使亏本,稿费和版税率都定得较高”。[4]这样一来,许多人都乐于向中华书局投稿,无形之中使中华书局获得了选择稿件的优先权。另一方面,精心编校好作者所交的每一部书稿,出版的图书质量较高,也获得作者的充分信任。梁启超就曾对中华书局所出《四部备要》赞赏有加,称为“旷古所无”。陆费逵甚至为了获得名家书稿,不惜与商务印书馆发生争夺。

梁启超一生著述集萃于《饮冰室全集》,这部在近代中国产生了深远影响的图书就是由中华书局出版发行的。但在1916年,为争夺《饮冰室全集》的出版权,中华书局曾与商务印书馆口角相争。为了保住对梁启超文集的专有出版权,陆费逵特访张元济于商务印书馆,出示了中华书局与梁启超所订的契约,还提出商务印书馆如出梁启超文集需获得中华书局的特别许可,以此来制止商务印书馆出版。而张元济坚持要出版《饮冰室丛著》。最终在梁启超的折中撮合下,中华书局的《饮冰室全集》和商务印书馆的《饮冰室丛著》同时出版。

陆费逵的积极努力,使中华书局能把众多文坛名宿的鸿篇巨著出版,以流播社会、传于后世。有的名家更是选择中华书局作为自己泣血之作的终身托付之所。作者、出版者之间良好的信任和默契关系构筑了中国文化史上一道独有的、感人的风景。

对待编辑，陆费逵面对中华书局不如商务印书馆家大业大，底子雄厚，编辑薪水比较高而吸引了众多人才的现实，一方面礼贤下士，竭力罗致人才，把他们作为书局发展的中流砥柱，利用其学者文人的资源、声望和社会关系，组织稿源，号召读者，扩大影响。这突出体现在聘请舒新城入局上。陆费逵一认识还在吴淞中国公学任教的舒新城，就力邀其进中华书局任职，前后多次相邀，锲而不舍，舒终为感动。为了让舒入局，陆费逵在自己月薪220元的情况下，给舒定月薪300元。20世纪30年代中华书局的业务蒸蒸日上，多有赖舒新城的协助谋划和经营。身为编辑所长，大至大计方针和出版计划的制定，小至选题的策划、稿源的组织、作者的物色、人员的引进、书刊的宣传，乃至与同业竞争的策略应付等都视为分内之事。从刊行于世的1936年的《舒新城日记》来看，这些方面的记载屡屡不断。[⑤]由此看出陆费逵大力引舒入局的深谋远虑；另一面，对主要编辑格外倚重，给予较好的待遇和照顾。“中华书局的职工薪水整体上讲不及商务印书馆，但对主要编辑则待遇从优；对同人业余编写的稿件，也尽量收购，以增加同人的收入。”[⑥]不仅如此，“对所内的高级编辑人员……生活上也给予他们无微不至的照顾。例如，他们本人或家属出门，不论国内和国外，只要有中华书局的地方，就一定可以获得照顾和方便。这无形中成为中华书局的传统，使他们感到企业如同可爱的小家庭一样”。[⑦]因此，很多有才的文人还是宁愿在中华书局工作。此外，对重要出版物事必躬亲，主持谋划，劳心费力，却从不挂主编等，而让书局参与编辑署名，以调动他们的积极性，满足他们的文化抱负。如陆费逵从《辞海》开始编纂的二十多年中，一直介入，从体例的制定到辞典的出版版本均给予指导决策，可出版后仅是在序后写了一个“编印缘起”，绍介该辞典编纂的来龙去脉和曲折艰辛，并未署主编之名。主编者之一张相先生曾说，“伯鸿先生乃《辞海》之真正主编者也”。[8]从此体现出陆费逵不仅不掠人之美，还主动让贤的高风亮节和大度胸怀。

相对应的，此时的商务印书馆却对编辑不够重视。如茅盾曾在商务印书馆主编《小说月报》，但后来没能留住。汪家熔认为原因在于商务印书馆。编译所负责人奉命调查后，向张元济书面汇报说，沈雁冰月薪48元，但担任了不少外稿，又加入了共学社，更是“不免有分心之处”。后来商务印书馆将其座位“移于楼上，夹在端六、经宇之间，较易稽察。此后成绩或可稍佳”。“一位翰林公不懂得士为知己者死的中国文人的普遍性格，以监视手段对待知识分子，何谈爱惜人才，如何能留住人才？”汪家熔以此及另一名编辑杜亚泉死于贫病、衾不蔽体等史实为例，说明商务印书馆“总不外以成本会计为准则”，看待编辑如同苦力，致使编辑队伍缺乏稳定，以致“编译所自己连半个所长都未培养出来，连一般高级资深编辑都没有”。解放前商务印书馆后期却拿不出重头书来，“原因就是得人失人问题”。[9]

三

图书发行是出版过程中非常关键的一环。书的内容是否符合时代精神，是否符合读者的需要，书的形式和装订是否美观实用，只有经发行走上市场后才能得到检验，图书才能由其文化价值而产生经济效益，才能维持一家出版机构的运转和发展。因此，每家出版社对图书发行都非常重视。图书发行领域更是同业竞争的主战场，谁能胜出主要看图书发行。陆费逵面对强大的竞争对手商务印书馆，采用了多种策略来挑战或应对同业竞争。

一方面，在销售模式上，陆费逵具有独到的见解，采用了多种销售方式来加大图书发行，与商务印书馆进行市场争夺。

第一，运用诚信经营、顾客至上的服务理念，精心为读者服务。

凡读者购买中华版图书,如果发现有缺页、白页、倒装等印刷、装订质量问题,即使是书已用得破旧,也可随时调换或退款,不让读者遭受损失。中华书局的书店有一套存书卡片,对市场销售情况反映十分及时。好销的书不待售完就再版。所以读者要买的书,决无脱销之事。

为了更好地为读者服务,陆费逵还在1917年于发行所增设"通讯贩卖部",办理本局出版物的邮购业务。凡上海、直奉、江浙、闽粤、川汉以及欧美、日本各处的货物,除危险品及有伤风化品外,也可代读者购买。[10]

第二,具有精明的商业头脑,在同商务印书馆竞争时灵活运用了多种促销方式,以提高图书的发行量。

其一,采用终端促销方式,亲自上柜带动店员针对不同顾客,推介不同的图书。陆费逵不时上柜营业,根据不同顾客的心理,分别介绍最近出版的新书内容,以及复制古书古画的精品来源等,使顾客们乐于在书店盘桓,并满载而归。有一次,他看到一个顾客在书画柜买一本玻璃版字帖。在营业员找钱包扎的时候,陆费逵走过去对那个顾客讲,还有多种新出的书画可以一并看看,然后逐一给其介绍。[11]在他的带动下,店员也都主动热情给顾客介绍推荐图书,既让顾客满意,又推动了图书销售。

其二,采用其他促销方式,如提前预定、分期付款、降价促销等,加大本版图书的市场占有率。中华书局的图书尚未出版,就预约销售。如果读者预订,既可以享受很大折扣的优惠,还可以分期付款,置重若轻。图书面世后,采取降价、赠书券等对读者的优惠措施,来吸引读者。这突出体现在与商务印书馆的教科书发行大战上。陆费逵指出,"教材本来定价既廉,复改五折,实际批发四折以下,利益不及往昔之半,幸销数增加,否则殆矣"[12]。除了教材,其他图书也降低定价与商务印书馆展开竞争。陆费逵在1936年的一份对古籍定价的批示上说:"最普通者每页1厘半,次则2厘。

查商务印书馆‘国学基本丛书’之定价，如形式相同，宜低不宜高。”⑬可见当时同业竞争之惨烈。

第三，开展网络销售，在国内外设立分局，广铺网络，实行自办发行。解放前，强大的图书发行中介没有形成，除了依靠一些专门书店外，出版机构的图书发行只有自己努力，尤其是教科书的销售不得不自办发行，以便于学校和教育主管部门方便选用。为此，中华书局建立没多久，就在全国广泛开设分局为其发行网点，后来还发展到海外，在国内外建立了三十多家分局，与商务印书馆遍布海内外的三十多家分馆展开市场争夺。

另一方面，在图书推广上，陆费逵富有创意，巧用与市场对接的宣传路径以提高本版图书的竞争力，与商务印书馆展开读者争夺。

第一，成立专门的推广部负责图书宣传。为了加强本版图书的宣传，陆费逵在总办事处下设推广部，专责图书宣传推广工作。同时，向固定客户定期推荐图书，注意培养忠诚客户。在“编辑所和推广部存有大量作者和读者地址卡片和全国学校名册，经常择要寄发宣传品”⑭。

第二，注重利用富有影响力的传播媒介扩大图书的知名度。在当时，报纸是最重要最有影响力的大众传播媒介。报纸广告具有读者广泛稳定，传播迅速及时，给人印象深刻，便于查找等优点，因此陆费逵非常重视在报纸上刊登图书广告，向读者传递出版信息，扩大图书的销售。尤其是《申报》成为中华书局、商务印书馆图书宣传竞争的主战场。如中华书局教科书一出版，1912 年 2 月 26 日陆费逵就在《申报》上发文《教科书革命》，评介中华书局版教科书；商务印书馆在《申报》上刊登《四部丛刊》的预约销售广告。《四部备要》出齐后，中华书局也于《申报》上刊出悬赏征求校勘的广告。

第三，合理利用自身资源，通过自办杂志刊发本版图书的介绍，达到免费广告的目的。中华书局自办有八大杂志，而杂志具有周期性、连续性及其读者的广泛性、针对性等特点，因此很适合刊发图书信息。利用自己的杂志来宣传本版图书，既经济又实用。但陆费逵不许自办杂志刊登他版图书信息，当他看到有的编辑在本局刊物介绍自己在他家出版的书时，立即给舒新城致函："顷见《小朋友》周刊大介绍其他家之书，太不成话，本局刊行杂志为宣传本版之书。以后各杂志每期须介绍本版：《新中华》介绍政治、经济、文学，《小朋友》介绍儿童书，《教育界》介绍教育书，《英文周报》介绍英文书。除编辑自己起草外，可由原编校人员送登。"[15]可见当时竞争的无情。陆费逵要求本局杂志只登本版图书广告，虽然有点狭隘，但是他关于不同性质的杂志登载不同图书信息的观点无疑是行家之言，切实可行。

第四，善于在图书广告中寻找竞争对手的缺陷，展开针锋相对的宣传，攻其不意，出奇制胜。如商务印书馆出版《四部丛刊》，在广告中宣传说，是照古本影印，不像一般的排印，错误百出，以此来号召顾客。中华书局接着要筹出《四部备要》，陆费逵针锋相对地在广告中说：它是"据宋元明清善本，尤多采清代精校精刻本，无欠页缺行之弊"，"延著儒校至十三四遍，无鲁鱼亥豕之误"，还订正了古文上原来的错误，不像影印古文，有的以讹传讹，由于印刷油污"大"字变成了"犬"字等等，贻误读者。他进而还别出心裁地在广告中悬赏征求读者来信，如能指出《四部备要》的排印错误，一字酬金 10 元。[16]在《四部备要》出版后，仅读者来信指出错误一项，中华书局就支出酬金数千元之多。再版时得以纠正错误。如此别致的宣传既扩大了影响，增加了销量，又提高了《四部备要》的质量，真可谓一举两得。

需要说明的是，竞争是社会进步的因素之一，在出版业中也不例外。自中华书局一成立就发行教科书，打破了商务印书馆独家垄断的局面，开始了剧烈的竞争，使教科书的品种和质量获得了快速的发展,对教育的普及也起了很大的作用。陆费逵就曾说,“我国教科书因有竞争之故,乃大进步”。[17]商务印书馆和中华书局也相竞相长,出版水平和经营能力有了很大提高。可是,过分的同业竞争,将对各方不利。中华书局就深受其害。1917 年,中华书局发生“民六危机”,差点倒闭,据陆费逵分析其原因,其中有一条就是“同业竞争猛烈,售价几不敷成本”。[18]如果竞争超出了正常竞争的范围,走上不正当竞争,对出版业的发展只能起破坏作用。如1923 年世界书局开始编印教科书,采取各种促销手段吸引了不少读者。但其时教科书市场几为中华书局与商务印书馆垄断,两家为了抵制世界书局,联手出资成立国民书局,针对世界书局小学教科书的品种出版初高级各一套,用售价更低的办法,在世界书局教科书主要行销地区倾销。国民书局还对世界书局展开针锋相对的广告攻势,并在《申报》上公开宣称“不惜巨大牺牲,亏折在所不计”,以图压垮世界书局。但世界书局还是没被挤出教科书市场,国民书局不久却因“资本送完而停业”[19]。

总而言之,陆费逵的同业竞争策略虽有败笔之时,但其制胜居多,充分反映出这位著名出版家的文化追求和经营才干。人虽已离远,但其留下的宝贵经验仍值得我们学习研究,并在实践中借鉴。

注释:

①⑱　陆费逵《中华书局二十年之回顾》,载《回忆中华书局(1912～1987)》(上编),中华书局 1987 年版。

②　王震《陆费逵传》,载《中国现代社会科学家传略》(第 4 辑),山西人民出版社 1983 年版。

③⑯　吴铁声《解放前中华书局琐记》,载《回忆中华书局(1912～1987)》(上编),中华书局 1987 年版。

④⑩⑪　李湘波《出版印刷事业的开拓者陆费伯鸿先生》,载俞筱尧、刘彦捷编《陆费逵与中华书局》,中华书局 2002 年版。

⑤ 舒新城《舒新城日记》,载《出版史料》1987 年第 2、3 期,1998 年第 1、2 期。

⑥ 钱歌川《回顾五十年》,载《回忆中华书局(1912~1987)》(上编),中华书局 1987 年版。

⑦ 周宪文《忆伯鸿先生》,1941 年 8 月 17 日,香港。

⑧ 赵俊《怀念雄才大略的出版家陆费逵先生》,载愈筱尧、刘彦捷编《陆费逵与中华书局》,中华书局 2002 年版。

⑨ 见汪家熔《近代出版人的文化追求》,广西教育出版社 2003 年版。

⑫⑬⑮⑰⑲ 钱炳寰《中华书局史事丛抄》,载俞筱尧、刘彦捷编《陆费逵与中华书局》,中华书局 2002 年版。

⑭ 吴铁声、陆嘉亮《书海费经营》,载俞筱尧、刘彦捷编《陆费逵与中华书局》,中华书局 2002 年版。

原载《出版发行研究》2005 年第 4 期

存 目

著 作

吕 达主编 《陆费逵教育论著选》

人民教育出版社 2000 年

俞筱尧、刘彦捷编 《陆费逵与中华书局》

中华书局 2002 年

论 文

陆费逵 《六十年来中国之出版业与印刷业》

《申报月刊》1932 年 7 月第 1 卷第 1 期

陆费逵　《我为什么献身书业》(1922 年)

郑子展《陆费伯鸿先生年谱》,1946 年 7 月 1 日印本

陆费伯鸿　《校印〈四部备要〉缘起》

见张静庐辑注《中国现代出版史料》甲编,中华书局 1954 年

陆费伯鸿　《影印〈古今图书集成〉缘起》(1934)

见张静庐辑注《中国现代出版史料》乙编,中华书局 1955 年

陆费铭中、陆费铭琇　《〈陆费逵年谱〉读后感》

《出版史料》1992 年第 4 期

金兆梓　《追忆陆费伯鸿先生》(1943 年 7 月)

转引自郑子展编《陆费伯鸿先生年谱》,1946 年 7 月油印本

熊尚厚　《陆费逵与早期中华书局》

《中国出版年鉴》1981 年

王　震　《陆费逵传略》

《晋阳学刊》1982 年第 2 期

王　震　《陆费逵年谱》

《出版史料》1991 年第 4 期,1992 年第 1 期

俞筱尧　《爱国教育家、出版家——陆费逵——兼介绍早期中华书局的发展概况》

《新文化史料》1997 年第 4 期

吴　迪　《陆费逵与中国近代出版业》

《编辑之友》1998 年第 6 期

刘根勤　《陆费逵与中华书局》

《人物》2001 年第 6 期

刘根勤　《陆费逵创设中华书局》

《民国春秋》2001 年第 2 期

王　均　《陆费逵与简俗汉字》

《出版史料》2002 年第 4 辑

汪家熔　《能在好上添好的陆费逵》

《出版史料》2002 年第 4 期

王　均　《提倡简化字的先驱陆费逵先生》

俞筱尧、刘彦捷主编《陆费逵与中华书局》，中华书局 2002 年

范　军　《陆费逵的书刊广告艺术》

《编辑学刊》2003 年第 4 期

吴永贵　《陆费逵与中华书局对中国文化的贡献》

赵　俊　《怀念雄才大略的出版家陆费逵先生》

叶瑜荪　《怀念出版界先驱》

李　侃　《陆费逵创办中华书局概况》

熊尚厚　《我国著名出版家陆费逵先生》

吴　中　《近代出版业的开拓者陆费逵》

张会文　《刻苦勤奋　顽强奋斗——记陆费伯鸿先生》

俞筱尧　《爱国教育家和出版家陆费伯鸿》

陆黄执　《陆费伯鸿先生传略》

舒新城　《陆费伯鸿先生生平略述》

周文宪　《忆陆费伯鸿先生》

庄　寅　《忆陆费伯鸿先生》

宝　轩　《忆陆费伯鸿先生》

金兆梓　《追忆陆费伯鸿先生》

王　益　《郑重推荐〈陆费逵与中华书局〉》

以上几文均出自《陆费逵与中华书局》，中华书局 2002 年

王云五

王云五(1888～1979),原籍广东香山(现中山市),生于上海。名之瑞,号岫庐。幼年读过私塾,14岁时在上海一家金店当学徒,入夜校学英文,后任中国新公学英文教员,是一个靠自学成才的出版家。辛亥革命后,任孙中山临时大总统秘书,1913年任教育部专门教育司司长。1916年,由内务部总长推荐任苏、粤、赣三省禁烟特派员。1921年,经他的学生胡适推荐到商务印书馆,先后担任编译所所长、总经理、东方图书馆馆长等,主持商务编译出版工作25年之久。1946年之后,先后任国民党政府经济部长、财政部长、行政院副院长、考试院副院长等职。大陆解放后去香港,重理旧业,开办书店、出版社。1951年去台湾,曾任多种官职,1964年起,出任台湾商务印书馆董事长,直至1979年逝世。

王云五主持商务印书馆前后长达40年,为中国出版事业做出了重要贡献。首先,作为企业家,他对商务的出版、管理体制进行了大刀阔斧的改革,推行科学管理法,延聘专家学者主持各部工作，淘汰冗员，应用新人；其次，主持编辑出版大型综合型丛书《万有文库》（第 1 集 1010 种，分装 2000 册；第 2 集 700 种 2000 册）、《大学丛书》、《中国历史文化丛书》、《丛书集成》等；其三，印制发明四角号码检字法与中外图书统一法；其四，在商务两次战火厄难之际，维持了商务的出版，并提出了"为国难而牺牲，为文化而奋斗"的口号，使商务得以复兴。

由于历史的原因，王云五在国民政府出任要职，政治上投靠蒋介石，学界、出版界对他评价多有贬损，废其言，弃其功。但全面、历史地看，王云五是一位重视教育，懂得出版，有经济头脑，善于经营管理，有胆识、有魄力，对保存弘扬祖国文化遗产、普及现代科学知识具有重要贡献的出版家。出版家王建辉把张元济、王云五视作商务金字塔最高处的两个关键人物。"一个出版家的地位是由他的出版物和出版管理两个方面构成的。在出版物和出版管理上，张元济和王云五两人，都可以说是中国近代出版物的制高点，无出其右。从这样两个方面历史地看，王云五是张元济在商务事业上的继承人，这既是一个客观的事实，也是一个被长期忽视的事实。不这样看就割断了商务的历史，同时也就是肢解了中国近代出版史的重要链条"。（王建辉《文化的商务——王云五专题研究》，商务印书馆 2000 年）

初长商务印书馆编译所与初步整顿计划

王云五

一

当我正为小规模的公民书局主编《公民丛书》的时候，突然有人推荐我为全国最大出版家商务印书馆的编译所所长。给我推荐的人是我十几年前在中国新公学教英文时的一位卓越学生胡适之。适之原名洪骍。毕业新公学,并曾任教短时期后,投考清华学校的留学试时,改名"适",号适之。他在美国获有博士学位,归国后即受聘为北京大学教授。当他来北大任教时,我已由北平回到南方的上海,虽曾通信,却还没晤面的机会。自从新文化运动发生以来,适之的声望日隆。其时商务印书馆编译所的所长是高梦旦(凤谦)先生。他是第二任的所长,继第一任张菊生(元济)先生之后,任职已多年;自己常以不懂外国文字为憾。商务印书馆受了新文化运动的影响,正努力出版有关新文化运动的书籍。高先生认为不懂外国文字的人,对于新文化的介绍,不免有些隔阂。因此,屡屡求贤自代,他看中了胡适之,盼望他能够俯就商务的编译所所长。经过了多次劝驾,适之毕竟碍于情面,应允了;但以先行尝试几个月为条件,如果尝试后自己认为与性情尚无不合,固可勉为应命,否则务请原谅。于是择定民国十年暑假,暂时不用任何名义,来编译所作客两月,详为观察。其后适之把商务编译所的内容和工作研究清楚,一面提出改进的建议,一面却以编译所所长的任务关于行政方面较多,和他的个性,不很相宜,遂对高先生说明在暑假后仍回北大教书。高先生夙重信义,也最能尊重他人的意旨,因此,他对适之不便强留,惟不得已思其次,请适之为物色一替人。他极崇拜适之,也就认为适之推荐的人是没有不适当的。事有凑巧,适之和我暌违十几年后,直至此次来上海小住,我们才有机会话旧,而且常相过从。他从前知道我读书做事都能吃苦,又曾发现我在青年时期做过一件傻事,把一部大英百科全书从头至尾读了一遍。这次留沪,又知我十余年来读书做事的经过,和最近从事于编译事业。不知道他怎样决定下来,事前绝未和我商量,径把我推荐于高先生,作为他的替人,高先生与我向无一面之雅,对于我的著译,据后来对我说,虽略曾寓目,以多系从外文译成中文,他既不懂外文,也就无从判别优劣。可是一经适之推荐,便毫不迟疑地郑重考虑。经适之介绍我们一次晤谈后，他即向商务印书馆当局举我自代。我呢？因为正想从事于编译工作，如果能够有一个大规模的出版家让我发展，那是无所用其客气的。而且我平素有一种特性，对于任何新的工作或如何重的责任，只要与我兴趣相合，往往大着胆去尝试。因此，我除了和适之从前所提的惟一条件，就是给我三个月尝试再行定夺外，同时并请高先生和商务印书馆当局千万不要客气，届时纵然我愿继续下去，而他们对我不甚满意，尽管明白表示；因为事关一个大规模出版事业的前途，如果宾主间不能衷诚合作，我定然是知难而退的。

本年的旧历中秋节，我便到商务印书馆编译所开始尝试。初时我也没有什么名义，每日和高先生在一起，承他把编译所的工作和内容详细见告，并由他把种种问题同我商量。我在编译所观察了不满三月，并提出了一道改进编译所的意见书，送请高先生和他的前任所长而现任商务印书馆监理的张菊生先生考虑是否妥当。如能在原则上予以支持，董事会也无相反的意见，我当勉留任职；但即使任职，初期只好暂定为试办一年，试办期满，彼此都有重行考虑之自由。我的改进意见，经高张两先生详加考虑，并转示若干董事后，居然承他们接纳，并衷诚表示，在我接任编译所所长后，当极力支持我从事于改进。我获得此项诺言，也就乐意接任。于是正式受聘为该馆编译所所长，同时并承高先生允屈就编译所出版部部长之职，从技术方面协助我。此种精神实难能可贵。我经此次就职，实际上令我消费了二十五年的心血，假使我尚有多少贡献，则此二十五年的心血，似乎并不是白白消耗的。

二

我在接任编译所所长之第一年内，即自十年底迄十一年底，首先实施后开二事：

(一)改组编译所,延聘专家主持各部。

此为就编译所原设各部酌予调整,俾更合于学术分科性质。同时极力罗致国内专家学者,分别主持新设各部,或任所内外编辑。计新聘人士有朱经农,唐擘黄(钺),竺藕舫(可桢),段抚群(育华)诸君。经农系中国公学旧同学嗣留美专攻教育,归国后任北京大学教授;我聘为哲学教育部部长。唐擘黄为留美心理学博士,我聘为总编辑部编辑,直接为我的助理,后来经农转任国文部(沿用旧名;主持小学教科书及中学国文之编辑任务)部长,即由唐擘黄继长哲学教育部。竺藕舫系留美地理学博士,曾任东南大学教授,我聘为史地部部长。段抚群,留美专攻算学,曾任北京大学算学教授,我聘为算学部部长。又馆外特约编辑有胡明复,胡刚复,杨杏佛(铨),秉农山(志)诸君,皆上海南京两地之名教授。稍后续聘任叔永(鸿隽),周鲠生(览),陶孟和(履恭)诸君为编辑;叔永长理化部,鲠生长法制经济部,孟和先在总编辑部助我,后来继长法制经济部。编译所经上述改组后,人材颇充实。

(二)编辑各科小丛书,以为他日编印《万有文库》之准备。

我接任编译所伊始,以商务印书馆最初之出版物,主要为中小学教科书,次则编印参考用的工具书,如《辞源》、《新字典》等;稍后更影印古籍之《四部丛刊》等。至于其他有关新学之书籍虽零零星星,间有出版,却鲜系统,即以尚无整体计划之故。我为补此缺憾,首先拟从治学门径着手,换句话说,就是编印各科入门之小丛书,《商业小丛书》、《师范小丛书》、《算学小丛书》、《医学小丛书》、《体育小丛书》,拟于三四年内陆续编印各百数十种,务期各科各类具备。及至适当数业已达成,然后进一步编印各科丛书。换言之,即以各专科之名,分别构成有系统之丛书,这当然是三四年后之事。各种小丛书系以深入浅出的方法,就万有的知识,各别命题,分请各该科专家执笔,以两万字为一单册,四万字为一复册,单册定价一律,复册倍之。其中学生《国学丛书》,即就我国古籍,每一种各选其精要，详加阐释，并于导言中说明全书大要，使尝其一脔者，除细嚼其一部分外，并得窥全豹之外形与内涵。其中属于经学部分，为融通脉络起见，间或分类改编其顺序，仍大体说明全书之轮廓。最近许多学人认为整理国古应采此一方式，实则我已于四十年前率先为之。

（三）将编译所原附设之英文函授科扩充，改称函授学社，以原设之英文为一科，增设算学科与商业专科。

我认为函授科有扩充之必要，并须增设算学科。嗣因原任英文部编辑之李培恩（厥后任私立之江大学校长）君赴美深造，获得商科高级学位，回国伊始，我即延揽其回编译所任职。除仍任英文部编辑外，相与商洽在函授学社中增设商业专科，用英文讲义，以李君为主任，分约国内各大学商学院各科名教授编辑讲义，其程度与大学校相若。

原载王云五《岫庐八十自述》，商务印书馆（台湾）1967 年

万有文库第一、二集印行缘起[①]

王云五

一

图书馆之有裨文化，夫人而知，比年国内图书馆运动盛起，而成绩不多遘。究其故，一由于经费支绌，一由于人材缺乏，而相当图书之难致，亦其一端也。以言旧书，则精刻本为值綦昂，缩印本或竟模糊不可卒读；以言新书，则种类既驳杂不纯，系统亦残阙难完备。因是，以数千元巨资设置小规模之图书馆，而基本图籍往往犹多未备。抑图书馆目的在使图书发生极大之效用，故分类与索

《万有文库》书影

引之工作，洵为必要。当此图书馆人材缺乏之时，得人已非易易，幸而得之，然因是不免增加经常费用，或使经常费用消耗于管理方面者，反在添置图书之上。凡斯种种，皆图书馆发达之障碍，亦即文化发达之障碍也。

不佞近主商务印书馆编译所，踵张菊生、高梦旦二公之后，见曩印《四部丛刊》，阐扬国粹，影响至深且巨，思自别一方面植普通图书馆之基。数载以还，广延专家，选世界名著多种而汉译之。并编印各种治学门径之书，如百科小丛书、国学小丛书、新时代史地丛书，与夫农、工、商、师范、算学、医学、体育各科小丛书等，陆续刊行者，既三四百种，今拟广其组织，谋为更有系统之贡献；除就汉译世界名著及上述各丛书整理扩充外，并括入国学基本丛书及种种重要图籍，成为《万有文库》，冀以两年有半之期间，刊行第一集一千有十种，都一万一千五百万言，订为二千册，另附十巨册。果时力容许，后此且继续刊行，迄于五千种，则四库旧藏，百科新著，或将咸备于是。本文库之目的，一方在以整个的普通图书馆用书供献于社会，一方则采用最经济与适用之排印方法，俾前此一二千元所不能致之图书，今可三四百元致之。更按拙作中外图书统一分类法，刊类号于书脊；每种复附书名片，依拙作四角号码检字法注明号码，故由本文库而成立之小图书馆，只须以认识号码之一人管理之，已觉措置裕如，其节省管理之费不下十之七八。前述三种之障碍，或可由是解除乎？

虽然，选择书籍，至难之事也。吾今所计画者，非以一地方一图书馆为对象，乃以全国全体之图书馆为对象，非以一学科为范围，乃以全智识为范围，其困难尤异夫寻常。即如国学书籍，浩如烟海，本《文库》第一集所采，仅限百种，骤视实甚简陋，然欲使久陷饥渴之读书界，获糗粮以果腹，此中所选皆人人当读之书，并依适当进程，先其所急。又如世界名著，浩博逾乎国学，其间选择分配，尤为困难。一方既谋各科各类之粗备，他方复求各派学说之并存。总期读书界得就此狭小范围，对于世界之万有学术，各尝其一脔；此外新编各科小丛书，亦一一按其重要之程度而有相当之著述。又千种之中，比例力求均匀，只有互相发明，绝无彼此重复。此即私心所悬为鹄的，而企图达到者也。民国十八年四月一日王云五。

二

民国十八年，余创编《万有文库》第一集，尝揭橥其缘起数事如左：

（一）比年国内图书馆运动盛起，而成绩不多观，究其故一由于经费支绌，一由于人材缺乏；而相当图书之难致，亦其一端。

（二）《万有文库》之目的，一方在以整个的普通图书馆用书供献于社会；一方则采用最经济与适用之排印方法，更按中外图书统一分类法，刊类号于书脊，每种复附书名片。除解决图书供给之问题外，将使购书费节省十之七八，管理困难，亦因而减少。

（三）国学书籍浩如烟海，世界名著广博尤甚。《万有文库》第一集千种中，治学门径之书占八百种，国学基本丛书与汉译世界名著仅各占百种；故所选只限于最切要之书。果时力容许，后此当继续刊行第二集三集，以迄于四五千种；则四库旧藏，百科新著，或将咸备于是。

今距本文库第一集创编时五年矣。中经“一·二八”之变，商务印书馆濒于危亡[②]；文库未竟之功，不绝如缕。同人备尝艰苦，锲而不舍，及二十二年终，全集竟得与世相见；而初印五千部亦已分配于国内外图书馆或私藏之中。余幸能始终其事,殊自慰也。考《文库》第一集之购藏者固以图书馆占多数;而藉《文库》第一集以树其基础之图书馆,尤比比皆是。朋侪及教育界人士来自各省内地者,辄称道本《文库》对于新兴图书馆之贡献,谓为始意不及料;而以编印第二集相勉。乃就五年前所悬拟者切实计画,惨淡经营,半载于兹;而本《文库》第二集之目录始粗定。发行有日,除述其与第一集之关系外;于彼此异同之点,亦不可无一言。

本集与第一集既为一贯之计画,则组织上有其相同者,自不能无相异者。相同者原以竟未竟之功;相异者自可弥已往之阙。国学基本书籍与世界名著为数极繁;第一集仅各占百种,第二集而后自宜逐渐扩充范围;此组织上所以不得不相同者也。农工商医师范百科各小丛书为治学门径之作,第一集规模粗具,第二集自可别辟门径;此组织上所以不妨相异者也。余本此原则,从事编制,于是第一集与本集虽同为二千册,而第一集所由组成之丛书为数十有三,本集所由组成者为数仅四。其重要区别,即在一方面加重国学基本丛书与汉译世界名著之数量,前者由百种增至三百种,后者由百种增至百五十种;又一方面以自然科学小丛书及现代问题丛书二种而代第一集之农工商医等小丛书十一种。夫自然科学之亟待提倡,尽人而知;顾非有广泛而通俗之作,将无以通其门径。本集内容自然科学小丛书二百种,即所以导读者达于此秘奥之府也。又现代问题千变万化,备极复杂;吾人日处现社会中,苟昧于当前问题之进展与各专家对于解决各问题之意见,将不免有后时代之嫌。本集内容现代问题丛书五十种,即所以导读者随时代之转轮而俱进也。

本集书目,在草拟时最感困难者,莫如国学基本丛书。盖国学书籍既多,当读者亦不少;而本《文库》目的在依适当进程,先其所急。本集所收虽多至三百种,究属有限;选择标准既不敢凭少数人之主观,亦不宜据片时之判断。故于易稿三四次后,更取近人关于国学入门书目十三种作客观的衡量，斟酌损益，至再至三；结果三百种中未见于各家入门书目者，只十四种，此即为求各科各类之具备，而不得不补充诸家所漏列者也。他如汉译世界名著，因各国关于书评及选书之作多而备，选择之难虽稍逊于国学；然我国读书界之需要，未必尽同他国；彼之所必需者，或非我所必需。故除以各国书评或选书之作为一部分根据外，不能不参酌本国之特殊需要；取舍之间，亦尝经长期间之探讨也。

本集各书，在编纂上最觉复杂者，莫如现代问题丛书。此类创作，在国内外出版物中尚鲜其例。本丛书目的，在尽量搜集关于各问题之资料与意见，而为提要钩玄之编述；俾研究一问题者，得一书，不仅获鸟瞰的印象，并可依其导引，渐进于本问题之全领域。惟编纂时对于资料之搜集与意见之分析，均需要长时间，专家既恐未暇及此，非专家又不易窥全豹。为解决此困难起见，经与若干著名大学合作，每一问题均由有深切研究之教授一人领导研究生一二人合力担任；俾得以其专供研究之长时间搜集所当研究之资料，且在专家领导之下从事工作，自不难有满意之结果也。

总之，《万有文库》第一集之编印，对于读书界虽微有贡献；同人固不敢以过去之成就而稍自满也；今当第二集发行之始，余益感责任之重，愿与编辑同人益加奋勉。惟是学识浅陋，计画容有未周；国内学者能不吝教正，使第二集将来之成就，视第一集尤有进，岂惟同人之幸，读书界实利赖之。民国二十三年九月二十三日王云五。

注释：

① 1928 年 1 月王云五提出编印一种书名为《千种丛书》，即并合各科丛书，集合一千种书为一部的大丛书。后来经过考虑，改名为《万有文库》，可不受数量限制，陆续出下去。经过一年多的筹备，至 1923 年 2、3 月告成。计收入图书一千零十种，订为二千册，另附参考书十巨册。最初以为如

此大规模而有系统之丛书，销路可无问题，遂主张初版印五千部。初期预约销售不尽如理想。后经商务印书馆动员了大量人力物力宣传，终于得到文化界、学术界的好评，有许多内地城市，都以《万有文库》第一集，成立了一个小型图书馆，以极经济的财力可使中学校学生以及一般普通读者接触到比较全面的知识。1934 年以后续出《万有文库》第二集。（据唐锦泉《回忆王云五在商务的二十五年》，见《商务印书馆九十年》，商务印书馆 1987 年版）

又，鲁迅有一篇《书的还魂与赶造》（现收入《且介亭杂文二集》），主要是针对《万有文库》而写的，现节录如下："……但丛书也有蠹虫。从明末到清初，就时有欺人的丛书出现。那方法之一，是删削内容，轻减刻费，而目录却有一大串，使购买者只觉其种类之多；之二，是不用原题，别立名目，甚至另题撰人，使购买者只觉其收罗之广。如《格致丛书》、《历代小史》、《五朝小说》、《唐人说荟》等，就都是的。现在是大抵消灭了，只有末一种化名为《唐代丛书》，有时还在流毒。

"然而时代改变，新花样也要跟着出来了。推测起新花样来：其一，是豫先设立一种丛书的大名，罗列目录，大如宇宙，微至苍蝇身上的细菌，无所不包，这才分头觅人，托他译作，限定时日，必须完工，虽然译作者未必定是专家，但总之有许多手同时在稿子上写字，于是不必穷年累月，一大部煌煌巨制也就出现了；其二，是原有一批零碎的旧译作，一向不甚流行，或者虽曾流行，而现在却已经过了时候，于是聚在一起，略加类别，开成一串五花八门的目录，而一大部煌煌巨制也就出现了。"

"出版者是明白读者们的心理的，有些读者们苦于不知道什么是必要的书，所以往往以为被选进丛书里的，才该是必要的书籍；而且丛书里的一本，价钱也比单行本便宜，所以看起来好像很上算；加以大小一律，也很合人们爱好的心情。本数又多，一下子可以填满几书架，规模不大的图书馆有这几部，馆员就省下时常留心选购新书的精神了。然而出版者是又很明白购买者的经济状况的，他深知道现在他们手头已没有这许多钱，所以这些书一定是廉价，使他们拼命地办出来，或者是分期预约，使他们逐渐的缴进去。"

"汇印新作，当然是很好的，但新作必须是精粹的本子，这才可以救读者们的知识的饥荒。就是重印旧作，也并不算坏，不过这旧作必须已是一种带有文献性的本子,这才足供读者们的研究。如果仅仅是克日速成的草稿,或是栈房角落的存书,改换新装,招摇过市,但以‘大’或‘多’或‘廉’诱人,使读者花去不少的钱,实际上却不过得到一大堆废物,这恶影响之在读书界是很不小的。凡留心于文化的前进的人,对于这些书应该加以检讨!”

按:汪原放著《回忆亚东图书馆》(上海学林出版社 1983 年版)中有《万有文库》的资料,现摘录如下:“适之兄是 1925 年 11 月 13 日来住我们家治痔的,1926 年 3 月月半左右搬到索克司家去的,前后在我家住了四个月左右。这期间,王云五先生常来看适之兄。张元济先生也曾来看过他。还有高梦旦先生,来的次数很多。适之兄还说起:‘我提了一个意见给他们:最好出一种小丛书。薄薄的本子,价钱要定得很低。或者是几分钱一本,或者是一角钱一本。梦旦先生他们都很赞成。’他提出的小丛书,后来变做了《万有文库》那么大的丛书了。

“我后来还曾找出一份适之兄在牯岭路时替商务拟的一个计划——其实就是《万有文库》的初议,上面还有张元济的批注。”

胡适拟的小丛书名称为《常识丛书》(《日用丛书》),先拟出的选题为 25 种,都是打算请作者编写的新书。计划“先编出 10 部或 15 部作样本”,然后“另拟数十题征文”,向社会征稿。

② 商务印书馆在“一·二八”被日寇炸毁事,见收入本书的《商务印书馆被毁纪略》。

选自宋原放主编、陈江辑注《中国出版史料》现代部分
第 1 卷下册,山东教育出版社、湖北教育出版社 2001 年

回忆王云五在商务的二十五年

唐锦泉

王云五于 1921 年 9 月进商务印书馆,到 1946 年 5 月辞职,前后在商务工作了 25 年。在这期间,除 1929 年 9 月至次年 1 月一

度离开外，他一直担任总经理兼编译所所长（后改编审部部长），在商务印书馆曾起过重要作用。本文只是根据现有资料和个人回忆，记述王云五在商务的一些事和当时商务的一些情况。

一

五四运动是一次反封建的文化革命运动，全国思想为之一新。当时商务印书馆编译所由高梦旦先生任所长。高先生认为五四以后，新文化潮流迅速高涨，商务的出版方针，必须有所革新，需要一位具有现代知识又有办事能力的人主持编译所，才足以应付日新月异的形势。因此与经理张元济商量，拟物色一位合适的人来替代他。高梦旦为此就亲往北京，访问北京大学教授胡适，请他担任所长。1921 年暑假中胡适来上海，曾在编译所里经过一个短期考察，并草拟了一个改革编译所的规划。至于所长职务他不愿担任，但他向商务推荐曾当过他老师的王云五。

二

王云五，字岫庐，1888 年生于上海，原籍广东中山县（旧名香山县）泮沙村人。父亲少年时随远亲在沪习商。王云五兄弟四人，他年最幼。他只在 11 至 14 岁时，读了 3 年私塾。之后，进五金店当学徒，晚上进读英文。他白天虽为学徒，也无时不利用余暇勤读。在 16 岁时他离开学徒生活，在教会所办的英文夜校读英文，一年之内，以成绩优异，连续升级。到 17 岁，他在英文夜校当助教，以助教收入，作为自己进修的学费，以半工半读的方式，进入当时英国老教师布茂林（Charles Budd）所办的同文馆担任教生（Monitor），辅导低级班英文，自己在高级班修业。

1906 年（光绪三十二年）王云五 19 岁，转任中国新公学英文教员。当时新公学有英文教员 2 人,另一位是宋庆龄先生的父亲宋耀如先生。宋先生教文学,王教文法和修辞学。那时班上的学生中有胡适、朱经农、杨铨(杏佛)等。后来中国新公学和中国公学复归于一,他也转到中国公学。

王云五从 24 岁开始,他的职业生活走上另一阶段。辛亥革命成功,建立中华民国,孙中山出任临时大总统,王云五被邀任临时大总统府秘书,管接待,接见来访宾客。不久又在教育部兼任科长职务。后来政府北迁,他到北京教育部任职。1913 年,教育总长由陈振先兼任,他升任主任秘书兼专门教育司司长。不久部里发生风潮,陈振先辞职,王云五也离去。此时熊希龄(秉三)先生奉命筹办全国煤油矿事宜处,王云五由他过去学生朱经农推荐在该处就任编译股主任。

1916 年王云五受任江苏、广东、江西三省禁烟特派员,为时仅一年,辞职后在上海读书、译书。1920 年为公民书局主编《公民丛书》。丛书的第一部译作是英人罗素的《社会改造原理》,是他自己所译。

三

1921 年 9 月王云五进商务,当时他是 34 岁,先在编译所了解情况和计划革新工作。是年 12 月高梦旦认为付托有人,辞去编译所长,改任编译所出版部长。董事会聘王云五为编译所长。

王云五任所长后第一事便是把编译所原设各部酌予调整,同时聘请国内专家学者,分别主持新设各部。新聘人员中有朱经农,国文部;唐擘黄(钺),哲学教育部;竺藕舫(可桢),史地部;段抚群(育华),算学部。又馆外特约编辑有胡明复、胡刚复、杨杏佛(铨)、秉农山(志)等,均为上海、南京两地名教授。稍后续聘任叔永(鸿隽)、周鲠生(览)、陶孟和(履恭)为编辑。并设英汉字典委员会,由吴致觉负责。百科全书委员会,王自己主持,分系主管有陶孟和、唐钺、程瀛章、秉志、何炳松(柏丞)、傅运森(纬平)等。保持了原有的英文部,邝富灼(耀西);博物生理部,杜亚泉;物理化学部,郑贞文(心南);国文字典委员会,方毅(叔远);英汉实用字典委员会,黄士复(幼希);杂纂部,何崧龄(公敢)。此外,原有各杂志社和陆续新创办杂志:东方杂志社,钱智修;妇女杂志社,杜就田;教育杂志社,李石岑;小说月报社,郑振铎;小说世界社,叶劲风;学生杂志社,朱元善(赤民)、杨贤江;少年杂志社、儿童画报社,朱元善;儿童世界社,徐应昶;英语周刊社,周由廑;英文杂志社,胡哲谋。国语函授社,方毅;国文函授社,钱智修;数学函授社,周越然;算学函授社,段育华;商业函授社,李培恩;英语函授社,周由廑,和出版部等几个事务部门。从 1922 至 1924 年,编译所进用职工共达 266 人,创商务编译所成立以来进用新人的最高纪录。

王云五任所长后,除影印善本,流通古籍的工作仍由张元济亲自主持外,其他书稿的出版规划,都由王主管。他继续了“五四”以来张元济、高梦旦所实行的新方针——从注重教学用书转向并重一般图书,着力介绍学术名著。因为当时商务的经济实力十分雄厚,为新的发展提供了条件。王云五先生计划扩大出书范围品种,特别是出版成套书,大部丛书。例如出版《百种小丛书》、《国学小丛书》、《新时代史地丛书》、《农业小丛书》、《工业小丛书》、《商业小丛书》、《师范小丛书》、《算学小丛书》、《医学小丛书》、《体育小丛书》等等,在六七年内陆续编印各百数十种。及至适当数量,然后扩充科目,为编印《万有文库》准备了条件。后来是《大学丛书》、《小学生文库》、《中学文库》、《国学基本丛书》、《中国文化史丛书》等。

1929 年 9 月王云五辞去编译所长,去当时中央研究院社会科学研究所(兼所长杨铨)任法制组主任兼研究员,仍兼商务《万有文库》总编辑和东方图书馆馆长的名义。

1929年11月，商务总经理鲍咸昌因病去世，董事会物色人选，决定由张元济、夏筱芳与王云五商谈，请王回商务出任总经理兼编审部部长，王云五作为条件提出，首先，要将原来的合议制的总务处会议取消，改为总经理独断制，总务处降为总经理的助手机构。其次，由商务出资让他出国考察企业管理，行期半年。董事会接受了他的要求。1930年2月他到馆就职，3月初出国考察，遍历日、美、英、法、德、比、荷、意、瑞士九国，9月返国后，倡行科学管理法，以整顿商务业务。他首先改组总务处，并改订总务处章程。总务处原机要科改为秘书科，原人事股扩充为人事科。聘潘光迥、陶汇曾（希圣）为总经理室秘书，调刘聪强为总务处秘书，在总经理室办事。同时宣布实行“科学管理”的计划。10月成立研究所，自兼所长，聘朱懋澄为协理兼副所长，聘王出国时期邀请的留美学生孔士谔（推广业务计划）、王士倬（机械管理改革）、关锡琳（工商企业统计）、周自安（印刷制版成本会计）、林朗培（分馆业务研究）、殷明禄（工厂管理、工资奖励制度）、赵锡禹（人事管理制度）、赖彦予（印刷工艺改革）等八人为研究员。

研究所办公室设在东方图书馆楼上，曾有研究员把研究成果与初步改革建议集中编印专刊一册，于1931年10月出版。王的科学管理法，在全馆各部门推行，因计划的要求不尽与脑力劳动的实况相适应，在编译所内曾遭到了强烈的反对，引起了一场极大的风波，最后由王让步，在编译所范围内维持原状。

1932年日本军国主义者发动了淞沪“一·二八”事变。商务印书馆成了日军的战争目标之一，位于宝山路的编译所、东方图书馆、总厂、纸栈和书栈全被炮火焚毁。几十年惨淡经营的全国最大的出版单位被迫停业。由于董事会和善后工作同人的努力工作，经过短期的整顿，商务于1932年8月1日重行复业。

四

因为编辑《辞源》,接触到检字法。高梦旦先生认为传统的《字汇》至《康熙字典》的检字法极不方便,工作之余曾着力研究。他设计了字形定位部首检字法,推翻东汉以来以六书为分部依据的传统做法,并改214部为80部。因为觉得还不成熟,他没有拿来应用于《辞源》的编排上。商务因为出版字典词典,对检字法的研究历来很支持。

王云五认为检字法与编印字典改进索引方法有密切关系,进商务后也参加研究。当时社会上已有很多种检字法。有一种以点、线、面为基础的检字法,王云五从中得到很大启发。他抓住其中的"面"。汉字是四方块字,方形就有四个角,因此他设想有个以四角为基础的号码检字法。他用从0到9十个号码代表十种基本笔形,创造出"四角号码检字法"。

在商务人力财力的支持下,四角号码检字法经过七十多次小修订和三次大修改,还是没有解决有些号码重号太多的问题。后来高梦旦先生经过反复研究,提出增加附角,才使重复号码大大减少,这个四角号码检字法才有生命力。时为1927年底。1928年10月先出一本《四角号码学生字典》,并且组织检字法的推广。虽是初次尝试,这部字典销路却很好。

五

东方图书馆是商务印书馆向社会开放的图书馆,有四五十万册藏书,它的前身是商务印书馆编译所的图书资料室——涵芬楼。王云五任编译所长后,又兼任东方图书馆馆长。他对这些图书的分类发生兴趣,并加以研究。他认为杜威十进分类法在中国图书馆界中比较适用,但应设法扩充,以便容纳中国特有的图书,如中国古代群经诸子及中古、近古哲学著作等。

他把中国特有的类目创用“十”“土”“卄”三种符号作为分类新号码排在杜威十进分类法相同号码前面,与原有号码先后排列。这样既可以保留外国书的原类别,也可以达到中外图书统一分类的目的。

他又把中国图书著者姓名按四角号码采取四个号码,并把拉丁字母也纳入0到9十个号码中,外文书著者按字母代成四个号码。这样,在同时能把中外著者用一种方法排列,得到了形式上的统一。

他把扩充杜威十进分类法的办法,写成了《中外图书统一分类法》在1928年底出版。他把所有东方图书馆四五十万册图书,都依据此法分类。后来商务印书馆编印册数繁多的《万有文库》1、2集4000册,与《丛书集成》初编4000册,都依此法分类,并把类号印在每一册书的脊封上。

六

王云五对百科全书是极感兴趣的。他自称曾通读过英国百科全书。编译所经过改组后,就成立了百科全书编辑委员会,计划编译一部大型的百科全书,王云五自任编委会主任,另设六个系,系主任都是学者和老编辑。原计划以英、美百科全书和日本大事典、大辞典为蓝本,编出一部大型百科全书。编委会机构,开始只有三十多人,最多时达四五十人。此外,还组织能翻译外文的人和暑假期中的大学生,担任馆外翻译。由于想在三五年内完成,单纯地追求译稿数量,必然导致译稿质量不够理想,达不到出版水平。

1928年1月王云五提出了编印一种丛书名为《千种丛书》,即并合各科丛书,集合一千种书为一部大丛书。后来经过考虑,改名为《万有文库》的计划，不受数量限制，可陆续出下去。经过一年多的筹备，至1929年二三月告成。计收入图书1010种，订为2000册，另附参考书10巨册。最初以为如此大规模而有系统之丛书，销路可无问题，遂主张初版印5000部。后经总务处会议研究，当时参加会议的盛桐荪表示异议，认为印数似属过多，出版以后，如销路不畅，后果不堪设想。最后高梦旦等同意原拟计划，初步径印5000部。初期预约销售不尽如理想。后经商务印书馆动员了大量人力物力宣传，终于得到文化界、学术界的好评，有许多内地城市，都以一部《万有文库》第一集，成立了一个小型的图书馆，以极经济的财力可使中学校学生以及一般普通读者接触到比较全面的知识。1934年以后续出《万有文库》第2集。

1929年王云五何以辞去编译所长？除了百科全书徒劳无功，《万有文库》第1集出版后销售不畅，也是个重大原因。

30年代初，蔡元培先生号召“课本中国化”运动，即提倡大学里使用中国人自己编写的课本。当时国内学术界基本上也具备了一定条件。“一·二八”复业后，王云五请蔡元培先生领衔，邀集国内各大学及学术团体代表组织大学丛书委员会，分请各科专家担任编辑，并征求相当成稿。自1933年起陆续出版三百余种。文理、政法、工商、教育、医学各科略具雏形。各书著译人均为大学教授及各科专家，所以出版以后，国内各大学比较乐于采用。

七

王云五在编译百科全书失败之后，又提出了一个规模宏大、编纂一部体例与英国《牛津大字典》大致相同的大辞典的计划。

王云五自四角号码检字法问世后，编成一部用语体文解释，按四角号码排列的《王云五大辞典》。自那时起迄1937年“八一三”事变前的九年之间，继续搜集资料，作增订之用，搜集资料的工作人员，初仅三四人，继增至十余人，共累积资料卡片达六百余万张。1936年春天，王邀请中山文化教育馆理事长孙科参观了他的累积资料。同来的有林语堂、吴经熊、温源宁等人。王把卡片给他们看，单是孙中山、孙科两人的资料就有几百张。孙科提议，利用此项资料，编纂一部大辞典。于是，王在孙科的支持下，提出了编纂《中山大辞典》的计划。于1937年3月王以个人名义与中山文化教育馆签订契约。中山文化教育馆的资助总额为26万元。就在威海卫路690、692号商务印书馆辞源增订处两幢三层楼房里成立中山大辞典编纂处，由刘朗山主持编辑业务，周元瑞兼管行政方面的事。门前挂着商务印书馆辞源增订处的招牌。

《中山大辞典》的计划十分庞大，预计全书5000万字，排成16开本40册，另加索引4册，收录单字6万个、词语约60至70万条，分量相当于《辞源》的20倍。王云五自兼总编纂。担任搜罗图书资料工作，至摘词编订，悉委各种编译员。平时人数为四五十人，最多时达百余人左右。这些人员，除由商务编审部及辞源增订处调用或兼任外，主要由王云五自己聘请或遴选。

1937年"八一三"日军第二次发动淞沪侵略战争，王云五于10月离沪去香港，中山大辞典编纂处工作亦即停顿。在此以前，王建议将正书缓发，先以本书，"一"字所属各条目整理付排，经10月排校完毕。1938年12月在香港出版《中山大辞典一字长编》。

中山大辞典编纂处停顿后，商务印书馆辞源增订处工作照常进行。当时正值抗战初期，大部分编辑人员去内地，留沪编辑部在韦捧丹（悫）先生主持下。各部编辑人员以及理化试验室人员均聚集在辞源增订处，汇编《辞源》正续编合订本。以傅纬平主持编辑业务，唐凌阁兼管行政。编辑人员有周建人、冯仲足（宾符）、赵静（平生）、宋家修、左景祥、王君复、华国章（超）、曹沉思、舒重则、沐绍良、管怀琮、陈善晃、郑兢毅、张寄岫、翟孟举、朱广福、李葆贞、顾远芗等。尚有上海工厂在战区不能开工，工人调而未去内地的。

学生中有侯相鏊、施永奎、周久镇、朱巧生、黄昌华、林宝光等十余人也在辞源增订处,由陆石生主持为《辞源》合订本编四角号码索引。当时辞源增订处尚有百余编辑人员,有的在附近大学或中学每星期兼课几小时。由傅纬平、唐凌阁主持增订的《辞源》正续编合订本于1939年8月在香港出版。

八

《丛书集成》是王云五主持的又一种大部丛书。

王云五说:《万有文库》"二集计划甫就,张菊生君勉余以同一意旨,进而整理此无数量之〔中国古籍〕丛书;并出示其未竟之功以为楷式。余受而读之,退而思之,确认是举为必要"。于是决定编辑一部"丛书之丛书"——《丛书集成》。选定宋、元、明、清著名丛书一百部,以实用与罕见为标准,以各类齐备为范围,用淘沙见金、贯珠成串的办法,将百部丛书中的六千多种书,去其重复,共得4100种,同一种书几部丛书中都有的,选用版本较好的,编成《丛书集成》第一集。以后拟再续出第2集。

《丛书集成》的选书、编目、撰述、校订等工作都由王亲自主持,由丁瞉音、张越瑞等相助为理。选书、编目、具体工作是由图书室翟孟举选定,编目制成一套卡片,复经张元济、王云五几次审核后才完成编目工作。断句工作主要委托馆外加工,馆内胡文楷、缪巨卿、徐益之等担任核对工作。张元济再复审。

《丛书集成》1935年5月开始预约,原定自当年年底起,每半年出书一次,至1937年底出齐。后因上海局势紧张,出书进度缓慢,到"八一三"事变发生时,出书7期,共3062种,3476册。未出的还有1045种,533册。本丛书未出部分的书,商务曾登报公告,办理登记及退款手续。

九

1937年全面抗战爆发，商务董事会决策，将总管理处和编审部内迁。上海改为驻沪办事处，不再出版新书。由于战事扩大，总管理处先迁长沙，再迁香港。在香港立足初定，又因1941年太平洋战争爆发，陷于停顿。在战争爆发前夕正在重庆开会的王云五就在重庆成立总管理处和编审部，继续出书。在战时物质条件下，规模和品种比较战前要小得多。

商务在这次战争中，损失重大，元气大丧，只能维持残局。在成立重庆办事处以前，王云五对商务工作可以说是全力以赴，但自长驻重庆以后，他的政治活动越来越频繁，和国民党政府的关系亦越来越深。

1945年抗日战争胜利后王云五于1946年4月28日从重庆复员回上海。总管理处同时迁回上海，撤销了驻沪办事处机构。5月王云五辞总经理职。先后出任国民党政府经济部长、行政院副部长、财政部长。1949年全国解放，他跟国民党政府到了台湾。

本文曾请吴泽炎、戴孝侯先生审读，汪家熔同志增改，谨致谢意。

参考资料：

① 《文化史料丛刊》第8辑，《王云五与商务印书馆》朱蔚伯。

② 《岫庐八十自述》王云五，台湾版。

原载《出版史料》1987年第1期

王云五与《中国文化史丛书》

邹振环

曾在中国现代政治和文化舞台上扮演过不同角色的王云五，在跑到台湾后给我们留下了厚厚两大本自传。令人感到奇怪的是，在这一百多万字的自传中，却没有讲述他在商务印书馆与傅纬平主编的那套《中国文化史丛书》。也许他并不怎么看重这套丛书，然而，在他主编的《万有文库》等一大批大小丛书中，就学术价值而言，在今天仍然发生着影响的大概还是要算这套《中国文化史丛书》。解放后，海外一些书店断断续续地一直在翻印这套丛书中的若干专著，1984 年上海书店也全套影印了这套丛书，由此可见它的生命力之顽强。

20 世纪初，在梁启超“新史学观”的倡导下，掀起了中国“文化史运动”的初潮。1923 年，北大一批学者创办了《国学季刊》，提出了整理中国文化史的方法可以采用索引式、结帐式和专史式的三种。所谓索引式的就是把一切大部头书都编制索引，给研究者带来检阅上的便利；结帐式是把一种学术中已有定论的部分整理出来，把未曾解决的问题提交给学者；专史式即通过分工合作的办法，通过对诸如民族史、语言文字史、思想学术史、宗教史、文艺史、风俗史等的专门研究，来反映一个中国文化的全貌。《中国文化史丛书》就是实践了这一专史式的研究方法。

王云五虽未曾受过正规的学校教育，但在青年时代就对历史学产生过浓厚的兴趣。由于他那读“百科全书”养成的博而不专的特点，使他到了三十多岁还未在学术上构成什么系统。1921 年，曾当过他学生的胡适到上海，劝他从事一个中心问题的研究，以便理出一个系统。当时王云五准备用威尔逊写《美国史》的办法,以“平和的英雄”取代历史上的“战争的英雄”,来写一部以文化的进步取代国家朝代兴亡的《西洋历史》。这一想法后来并未付诸实施。也许就是在酝酿编写《西洋历史》的过程中,王云五浏览了一大堆外国学者编纂的世界文化史,如法国亨利·巴里主编的《人类演进史丛书》,美国巴恩斯任顾问、英国剑桥大学奥登主编的《文化史丛书》,这些史料繁复的综合编纂,尽管出自名家之手,但仍不能令人满意。特别是对中外学者所著的中国文化通史和专史进行了比较,王云五得出了文化通史除极少数堪称佳作外,大多均失之简略,但分科文化专史却不乏佳构的结论。

1936 年他发表的《编纂中国文化史之研究》一书中阐明了上述的见解,并认为近来学者所编的分科文化专史,尽管利用了清代学者经学、小学及音韵学等方面的成果,但涉及的领域太窄狭,不足以包罗文化的全范围。而外国学者的注意力往往又只集中在艺术、政治、经济与外交等领域,而且取材也“纯疵不一”。因此他提出把文化的全范围区分为 80 科,独立成书,并在商务印书馆编译所的老职员博纬平帮助下,延聘各门学科的专家从事于著述,每本根据范围的大小,以七八万至二十万字不等。这样分之为各科的专史,合之就能以植树成林的方法,窥见中国文化的全貌。这一通过各个细部的纵向研究来组成广阔的文化全景的设想,今天也被上海人民出版社出版的《中国文化史丛书》的编者们所采纳。

这套丛书从 1936 年由商务印书馆初版,准备分 4 辑,用成套的道林纸印成硬布面精装。第 1 辑发行正值张元济 70 生日,为了感谢这位老出版家对此套丛书的影响与指导,第 2 辑在扉页上题献给他,以志纪念。后来由于抗战爆发,第 3 辑 1939 年 5 月在长沙仅出了一种就告结束了,因此实际只出了 41 种。

要想给这套丛书的每一单篇都予以全面的介绍和评估,这是本文作者无力承担的任务。但有几点是可以作一番浅层介绍的。

首先,这套丛书中有不少专史是同一领域中首出之作。如陈登原的田赋史、陈邦贤的医学史、刘麟生的骈文史、吴仁敬、辛安潮的陶瓷史、李长傅的殖民史、姚名达的目录学史、胡朴安的训诂学史、王庸的地理学史、陈东原的生活史、邓云特的救荒史、陈柱的散文史、顾颉刚、史念海的疆域沿革史、郑肇经的水利史等,都是作者在自己的研究领域中的拓荒之作。

其次,有不少文化专史成了同一研究领域内的权威著作。如林惠祥《中国民族史》被认为是同类书中最详尽、创造性最多的民族史著作。俞剑华《中国绘画史》在绘画史研究上独成一派。直到 20 世纪 50 年代,中国目录学史的专著和论文已不下二三十种,但在采辑资料和编写内容方面,姚名达的目录学史仍被视为最上乘者。郑振铎《中国俗文学史》至今仍被学者认为是“并世无两”的巨著。张世禄《中国音韵学史》被称为 30 年代继王力《中国音韵学》之后,在音韵研究方面影响最大的一部力作。李俨《中国算学史》驰名中外,后来一版再版。

第三,不少学者在自己领域里所作的开拓性的体系研究,并建立的一套规范,使后代的学者在很大程度上只是做一些从事解决零星问题的工作,有些领域至今仍无新的著作能填补。如卫聚贤在考古学史、马宗霍在经学史、陈顾远在婚姻史、李长傅在殖民史、胡朴安在训诂学史、陈东原在妇女生活史、陈柱在散文史、吴兆莘在税制史方面所取得的体系,至今还未被取代和突破。

最后,值得提及的是在撰著者中,许多是二三十岁的青年学者,如林惠祥、白寿彝、杨幼炯、俞剑华、王辑五、郑振铎、张世禄等,就这一点我们就不得不佩服王云五那种出版家的气魄和胆略。不少青年学者就是通过专史的撰写后来成了同一研究领域的权威,最明显的例子就是与顾颉刚合著疆域沿革史的史念海,当时还是个大学毕业生,后来却成了历史地理学界的权威。有的青年学者通过专门领域的研究走向整个文化史的研究,如撰《中国交通史》

的白寿彝、撰《中国政党史》的杨幼炯,后来都在从事中国文化史的研究。

这套五十年前的丛书,应该说其中大部分著作,在资料、观点、体系和方法上,都已显得陈旧,缺乏活生生的时代气息。整套丛书所考察的角度,也大多属于纵向的探索,不能全面、综合、立体地为我们展现中国文化发展过程。其所以有着顽强的生命力,恰恰说明了五十年来中国文化史的研究还处在停滞的状态,文化专史方面的研究还太薄弱,能够突破的点还实在太少。目前,新的《中国文化史丛书》等文化方面的各类丛书正在加紧编著,我们希望若干年之后,呈献给我们的将是更多的、具有崭新体系、科学观点的、多层面、多角度的探索中国文化发展的文化史丛书。

原载《书林》1987 年第 9 期

王云五与四角号码检字法

徐祖友

一

我国的检字法,可说是与辞书一同产生的,迄今已有近两千年的历史。在漫长的发展演变过程中,逐渐形成了按词义分类检索,按声韵检索和按字形特别是按部首检索三种主要的检字方法,其中,部首检字法使用得最普及,但是其缺点也显而易见。首先是查检步骤繁复,既要确定部首,又要数查笔画;其次是不少字部首不明确,往往需要一再查检才能查到。鉴于此,热心者一方面不断对其加以改革,使其趋于完善,另一方面又试图摸索创造出简捷便利的新检字法。但是由于汉字本身的结构以及特定的历史和社会的原因,新的、科学的汉字笔形检字方法长期未能产生。

明末清初,西方传教士来到我国,把西方的殖民思想以及科学技术和文化一起带入中国。为了便于传教,他们编印了各种外语与汉语对照的词汇表,这是近代在我国首先出现的双语辞书,使我国学者初步接触到拉丁文字便捷的查检法。

近代海通以后,在西方文明的冲击下,新式学校逐步兴起,现代出版企业也随之产生,并扶助和推动着白话运动的发展,使文化教育相对于封建社会有了虽说仍是十分可怜的普及。在此基础上,现代辞书如《辞源》、《中华大字典》等的出版,图书馆的建立,对汉字检字法提出了紧迫而又现实的要求。于是,中外学人包括一些著名学者开始关注汉字查检法的革新,他们利用科学的方法,殚精研究,反复试验,提出了许多新的汉字检字方法,形成了现代中国历史上第一次汉字检字法的改革高潮。仅据《图书馆学季刊》第 7 卷 4 期(1939 年)蒋一前的《汉字检字法沿革史略及近代七十七种新法表》中介绍的,较有影响的就有 77 种之多。现将公布时间较早的择要介绍几种如下:

法国加勒尔,1841 年以法文著有《中国音韵检字法》(Systema Phoneticum Scripturae Sinicae),又在 1884 年著《中国语文辞典》,主张按各字的首笔排列,但他自己并未彻底实行。加勒尔为外人主张改革汉字检字法的先导。

俄国华胥里,著有《中俄字典》(1844 年)及《中国文字之分析》,主张按各字右旁或最低的最显著的笔画排列。

英国普勒特,著有《中英字典》一书,主张按旧法查到部首之后,将剩余的部分再按小部首顺序检查,好象西文找到第一字母后再找第二字母一般,可以不数笔画。

俄国鲁森堡,对汉字检字法研究精深,1916 年在日本出版《五段排列汉字典》。其检字法先取 5 种方向的横、竖、撇、捺、提各母笔为基础,再演为 24 子笔,更进而演为 567 字母,分列为 60 栏。

检字时先看右旁最低一笔为何母笔，再由母笔推定其子笔，又从子笔项下查明所查字属于何字母，然后按字母下所列的栏数，向字典正文中检得该栏和该字母。

林语堂研究部首十数年，开始时主张从首笔入手，将笔法分为5母笔28子笔，后来又研究末笔检字新法。

黄希声将汉字分析成字母，凡20种，认为这20字母与西文字母相类，字母相拼合即可组成汉字，如一撇一捺而为“人”。

何公敢也创有与林语堂不同的首笔法。

总之，社会文化教育出版事业的发展，众多学者的悉心研究，各种检字方法的产生，为创制较为实用便捷的汉字检字新方法准备了条件。王云五的四角号码检字法便在此基础上产生。

二

王云五（1888～1979），广东香山（今中山）人，号岫庐。辛亥革命后曾任教育部科长、主任秘书、司长等职。1951年由香港去台湾。

王云五于1921年由胡适引荐任上海商务印书馆编译所所长，由于商务印书馆是当时国内编纂、翻译、出版辞书的中心，自然就逐渐引起王云五对汉字检字法的兴趣。他认为上述所有各检字法仍未脱离传统的窠臼，因而虽互有短长，但运用仍感不便。经过几年的冥思苦索，反复比较、试验和改进，他创制了四角号码检字法。其过程大致为三个阶段。

王对检字法的研究，始于1924年11月，其动因是一本电码书。一个译电员要把汉字译成电码，手续麻烦，费时良多，与查《康熙字典》类似；而将明码电报译为汉字，只须按照号码大小，一检即得，便捷异常。王云五由此得到启发，认为假使每个汉字各有一个号码，依序排列，那无疑会极大地便利读者使用辞书。问题是，即使常用汉字,也有七八千之多,这么多汉字编成的数码非专业人员是难以熟记的,更不要说汉字总数达 5 万以上了。因而关键是要有一个方法,使每个汉字可推算得一个号码,人们只要掌握这个方法,便可“按图索骥”,而不是靠记忆来推算汉字的号码了。

王云五的这个想法,曾向亲友谈过,但往往被当作空中楼阁式的幻想,而他却念念于兹。一天用餐时,王突然想到,平时计算汉字的笔画,都是将各种笔画一起计算,所以每字最多不过两位数;但汉字笔画的种类很多,如分别计算,则每字可有几种的笔画数量,如“天”共 4 笔,但分计却成为二横一撇一捺,成了三位数。想到这儿,王竟拍桌大笑,弄得家人大为吃惊。

经过一番具体的设计,1925 年 6 月,王云五的号码检字法公布了。此法把笔画分为五类,第一类横和提,第二类直(竖)和直(竖)钩,第三类撇,第四类点、捺,第五类为各种屈折。欲检某字时,先计此字的横、提有几笔,把数目记在第一位,第二位为直和直钩的笔画数,依次类推至第五位,没有某类笔画者记作 0,而超过九画的则记作 9。例如:

位次	笔法名称	笔法形式	天	地	玄	黄	宇	宙	洪	荒
第一位	横、提	一 ㇀	2	2	1	5	2	2	3	3
第二位	直、直钩	丨 亅	0	2	0	4	1	2	2	3
第三位	撇	丿	1	0	0	1	0	0	1	1
第四位	点、捺	丶 ㇏	1	0	2	1	2	2	3	1
第五位	掘折、右钩	乚 ㇄	0	2	2	1	1	2	0	2

这是第一阶段的号码检字法。

号码检字法的优点是简单易学,对一些笔画极少、笔法明确的汉字,查检的确方便。但其缺点也很明显:首先是用此法检字时,非将字和数码写在纸上,这样数到个位时才不至把前面的万位、千位的笔画数忘掉。其次,遇到较复杂的汉字,究竟多少横、多少竖,需要反复计数,方能避免错漏,否则差之毫厘,便要失之千里。

有鉴于此,王云五便另行研究新法。他认为号码法的主要缺点是计数太实,7 即七画,8 即八画,导致计数繁难复杂。因此他加以简化,只依次取汉字的左上、右上、左下、右下四角,其余各笔一律不管。同时,将汉字的笔法分为九种,分别用一个数字代表,即:1 为横和提,2 为直(竖),3 为交叉的直(竖),4 为撇,5 为交叉的撇,6 为点或捺,7 为交叉的点捺,8 为左钩,9 为右钩。这个方法,王云五名之曰四角号码检字法,发表于 1925 年 11 月。

这是第二阶段。

四角号码法公布后,颇得好评,如东方图书馆从 1926 年起实际上把书名卡和作者卡按此法排列,当时的美国国会图书馆中国藏书馆主任司温格尔(Swingle)也请求用此法排列该馆的中国图书书目卡。但王云五对此法仍觉不满,认为有几个缺点:1. 四角和笔画间有不易确定的;2. 例外颇多;3. 同码字过多。又经过两年的研究和实验,作了几十次改订,最后改定了四角号码检字法。由于笔法种类关系到记忆的快慢、同码字的多少及确定四角的难易,所以以此为研究重点,反复试验、修改。第一次将笔法次序改为横、竖、撇、捺、角、头、八、十、叉九种,第二次为横、竖、撇、捺、叉、插、方、角、附九种,第三次为八、二、三、叉、插、方、角、竖、斜九种,第四次为横、竖、撇、捺、八、方、角、叉、插、杂十种,第五次为横、垂、捺、叉、插、方、角、八、杂九种,第六次为横、垂、捺、叉、插、方、角、八、小、杂十种,第七次为一、垂、捺、四、头、六、七、八、小、圈十种,第八次改定为头、横、垂、点、叉、插、方、角、八、小十种。这同我们今天看到的经改定的四角号码法已相去不远。王云五对四角号码法改订的原则是由开始的简笔趋向后来的复笔,改定后的第八个方案中 10 种号码有 7 种是复笔;另外,改定的四角号码法将原来的 16

条规则改为正则四条，附则四条，以方便记忆；为了减少同码字，在四码之外，王又另加第五码作为补充，也是修改的一个内容。

以上是王云五创制四角号码检字法的经过。

三

四角号码检字法的产生，冲破了传统的汉字部首检字法的藩篱，另开了汉字查检法的新生面。

对四角号码法，几十年来不乏褒贬之词，但这些评论从具体使用角度着眼的多，笔者以为首先应从理论上对此作些分析。

部首检字法，如前所述，属字形查字法，但严格说来，并不是彻底的字形法，它仍不能离开字义，因为一个汉字部首的确定，往往取决于字义。但是几千年来，汉字的字数不断孳乳增多，字义多有引申演变，字体字形也屡经变化，字义与字形的联系往往不易判断，因此与字义相关的笔形检字法不可避免地带有致命的弱点。1964年11月北京汉字查字法整理工作组拟订的部首查字法试用方案（即《辞海》采用的方案），部分摆脱了从义归部的传统方法，开始走向字形法。四角号码检字法只取汉字的四角，完全摆脱了字义的束缚，彻底贯彻以字形为查字的唯一依据的原则，使查字的原则单一化，这可作为四角号码法的根本长处。

亦如前所述，部首检字法（包括笔画检字法）是四步检字法，这增加了查检的手续和时间，而简捷是理想检字法的重要标志之一。四角号码检字法以部分笔画代替全部，以笔画种类代替笔画数量，在正确确定所查字的四角号码后，便可直接从字典正文中检得，这无疑极大地提高了检字速度。据王云五当时的试验，运用四角号码法查检一字的平均时间，要比部首法省一分二秒，比笔画法省一分四十五秒；据笔者较长时间的使用比较，四角号码法在学习掌握的初始阶段，固然要相对多花一些时间，但一旦能熟练运用，确要比其他方法便捷。

四角号码检字法的误检率较低是其优点之三。其原因一是10种笔法中复笔较多,可避免因为字体不同或者各人有不同书写习惯而形成的差错,如“余”的右下角,有的写成点,也有的写成捺,但在四角号码法中均是3,便避免了误检。二是四角号码法不涉及所查字的整字结构和笔画总数,便避开了因汉字某些部位结构的不定或查检人误数笔画而导致的误检,如“青”,也有作“青”的,而四角号码法因仅取字的四角而不影响编码。

四

由于四角号码检字法的这些优点,所以当它公布后,迅速在社会上推行开来,如辞书检索、图书馆索书卡、户政部门的口卡等等,纷纷以四角号码法作为其主要检索方法。当时有人说,四角号码法之得以普及,是王云五利用了商务印书馆的优势积极宣传推行的结果。当然,这是四角号码法迅速普及的原因之一,但并非唯一的原因。任何检字方法都是需要宣传和试验的,而每一创制新法的人,亦无不鼓吹自己的检字法是天下最好的,其中也不乏在政治上、财政上、出版力量上有实力者,佼佼者如陈立夫,他在1928年1月发表五笔检字法;陆费逵、舒新城1930年12月公布了四笔计数检字法。他们都分别在某些方面拥有实力,也曾或多或少利用这种实力宣传过各自的检字法,但这些检字法今天已不为人所知晓。

新中国成立以后的二三十年中,我们对部首法和笔形法的改进花费了较大的精力,而对汉字改革后四角号码检字法的相应改良却关注不够,新出版的辞书也在较长的时间中较少采用四角号码法作为其检索索引。实际上,读者——不仅仅是老年读者——喜用四角号码法的仍大有人在。上海辞书出版社应读者的要求，专门出版了《辞海四角号码查字表》，印数达十几万册，便能说明。

除了研制四角号码检字法外，王云五在商务期间，还编纂或主持编纂了《王云五小词典》、《王云五大词典》、《王云五综合词典》及《中山大字典一字长编》等，对其在文化方面的劳作和贡献，应该作实事求是的评价。周恩来总理在1972年的情况下就曾指出："王云五主编的四角号码词典为什么不能用？不要因人废文。一个人有问题，书就不能用了？它总有可取之处嘛！"①这对我们今天正确评价四角号码检字法及王云五其人不无启发。

（本文关于四角号码检字法之创制过程部分，多有采用王云五所著《岫庐论学·四角号码检字法导言》一文之处。谨此说明。）

原载《辞书研究》1990年第6期

试论王云五在中国近代出版史中的地位

严如平

中国近代出版史上创办最早、规模最大的商务印书馆，在王云五主持的1921～1946这25年间，出版各种文化学术新书16725种35664册①，其中抗战爆发前的1936年为最多，约200余种4938册，占这一年全国出版新书9438册的52%②。无疑，这是商务印书馆的蓬勃发展时期，是商务印书馆全体员工和广大学术文化界人士共同辛劳的辉煌成果；王云五作为商务印书馆编译所长（1921～29）和总经理（1930～46），自应有其一份功劳。尤其是商务印书馆在1932年"一·二八"淞沪抗战的炮火中被毁，他能迅速挽回

① 《周恩来选集》下册，《恢复文教科技部门的正常工作》。

颓局,取得比战前更大的业绩[③],实在功不可没。但是由于王云五是个资产阶级出版家,一切是从他所属阶级利益出发的,没有编译出版革命的进步的书刊;又在商务推行资本主义的“科学经营管理”办法,损害了很多人的利益;更由于他后来投身政涯,追随蒋介石反共反人民,在国民党统治濒临覆灭之时帮佣发行金圆券掠夺人民,以致对他在近代文化出版事业方面的作用,多年来缺乏应有的恰当评价,甚至说他是商务印书馆“走向衰落和反动的主要罪人”[④]。以马克思主义历史唯物主义观点,恰如其分地评价王云五在商务的功过是非,是中国近代出版史研究中的一个课题。笔者谨根据近代史研究中阅读到一些有关史料,提出一些浅薄之见,求教于方家。

一

王云五于1921年被聘为商务印书馆编译所所长,不能不说有一点偶然性。

商务印书馆创建于1897年(清光绪二十三年),原是一个手工业印刷工场,因为编译出版新式中小学教科书和翻译出版了不少符合时代潮流的图书,出版业务获得极大发展,在辛亥革命前后已居于全国出版界首位。1919年五四新文化运动,在中国社会产生了深刻影响,人们渴望对西方新思潮的了解,翻译著作大受欢迎,推动了整个出版事业的革新与发展,一时出版界的竞争十分激烈。站在文化前线而规模最大、历史最久的商务印书馆,面临更新编辑部的严峻形势。当时担任编译所所长的高梦旦(凤谦),自1903年留学日本归国进商务任编译所国文部主任之日起,即以传播新知、出版新书推动社会进步为己任,十余年来主持编译出版了不少新书,其中有相当一批是日文西书汉译;但如今要大量翻译西方著作,而自己不谙西文,深感力不从心,决定让贤自代。他与商务总经理张元济(菊生)等人反复商量,拟请新文化运动中声誉卓著的北京大学教授胡适来担任编译所长,几次前往北京敦请。1921 年 5 月,胡适答应暑假期间南下到商务看看。后来他看了一个多月后觉得:商务的“编译所确实是很重要的一个教育机关——一种教育大势力”,但他又认为自己“不应该放弃自己的事,去办那完全是为人的事”⑤。胡适经过一番斟酌,决定推荐自己的“老师”王云五任此要职。

王云五此时年仅 33 岁,但已有一番颇为引人的经历。他少时只上过几年学,辍学后在一家五金店当学徒,然而他刻苦自学,晚上还读夜校自修英语。17 岁起,他在上海同文馆任教生(助教)。1907 年秋即 20 岁时,到中国新公学(后并入中国公学)任英语教师达 4 年之久,学生中便有胡适(当时名洪骍)及杨铨(杏佛)、朱经农等人。辛亥革命后,孙中山出任中华民国临时大总统,王云五因在香山旅沪同乡宴请孙中山时被乡亲推举主持和致言而与孙结识,乃被邀任临时大总统府秘书;嗣后在教育部供职,曾任过司长,1916 年又任苏皖赣三省禁烟特派员。此后他回上海蛰居,博览群书,读了《英国百科全书》等,接着从事西方图书的编译工作,开办公民书局,编印“公民丛书”。如今被胡适奉为“老师”竭力加以推荐,高梦旦等人也就接受了。

王云五于 1921 年 9 月到商务,3 个月后正式接任编译所长。他从“公民书局”这个小天地进入商务这个全国最大的出版企业,真可谓如鱼得水,决心大展经纶。他标榜“教育普及、学术自立”为宗旨,对编译所进行了大规模的调整和改组,添设和扩充各个部门的机构,延聘在新文化运动中崭露头角的一批文人学士,包括朱经农,唐钺、竺可桢、胡明复、杨杏佛、秉志、任鸿隽、周鲠生、陶孟和等,新增编辑人员达 196 名。但是一些在商务辛勤工作多年的老编辑,则被冷落、歧视以至裁汰,颇伤人心。

二

商务印书馆自1902年创设编译所以来，在前两任所长张菊生、高梦旦的主持下，素以编印出版中小学及师范教科书、刊印经史名著古籍以及翻译外国学术著作为主，兼出《东方杂志》等期刊多种，成绩斐然，形成传统。王云五入主编译所后，雄心勃勃，很想干出一番名堂来；惟面对新文化运动蓬勃发展、上海出版界剧烈竞争的形势，他认识到“非有独特之创作，恐不易维持。于是集中精力，图为整个小图书馆用书之贡献，预作整体的蓝图，徐为局部之结构”⑥。

编辑多种大中型丛书。按照上述设想，王云五首先组织编译所的大部力量，在出版各类图书的同时，下力编辑各种丛书，如国学小丛书、算学小丛书、史地小丛书、百科小丛书等等；还让各种期刊编辑部选出期刊上的文章按专题辑合成书，如《东方杂志》的《东方文库》即有100册；他又组织一些学者云集的大学来编辑丛书，如《北京大学丛书》、《清华大学丛书》等。据统计，到1929年的8年间，商务共出版上述各种丛书达68套之多。这种丛书的“好处是把研究一种学问的书汇集在一处，能比一部一部的自去寻求更省力”，还能够“保存单本小种的著作在里面，使它不易于灭亡”⑦，因而受到社会各界的欢迎。

王云五把这许多丛书，都看成“局部之结构”，而“整体之结构”，就是他的《万有文库》了。他把这些丛书加以汇集，再加进历年出版的翻译著作和少数新书，共1010种约1.15亿字，分订为2000册，作为《万有文库》第1集，于1929年4月开始刊印；第2集2000册又于1934年印行。由于《万有文库》适合全国各地各类中小型图书馆及大中学校置备多类图书之需要，又因它用小字号排印、印张少，开本小，相当多的旧版书都不用付稿酬，价格比较便宜，加以通过各省教育厅下达通知，所以几千套的印量也都销出。据说："当时全国公私立图书馆2395所中，有一千余所系因购置一部《万有文库》而成馆"[8]的。

此后，王云五还主持编纂了《大学丛书》、《中国文化史丛书》、《小学生文库》、《幼童文库》以及《丛书集成》、《四部丛刊》续编和三编等等多种大型丛书，数量之巨，令人瞠目。如《丛书集成》是从我国千百年来的众多丛书中，选出了实用和罕传的100部，分为541类，订成4000册出版。对于数以千计的图书馆和大中学校藏书来说，不啻是事半功倍的基础建设。

对于王云五主持编纂许多大型丛书，以往持批评者不少，如鲁迅曾有尖锐的剖析："原有一批零碎的旧译作，一向不甚流行，或者虽曾流行，而现在却已经过了时候，于是聚在一起，略加类别，开成一串五花八门的目录，而一大部煌煌巨制也就出现了。"鲁迅指出：编辑大丛书，"汇印新作，当然是很好的，但新作必须是精粹的本子，这才可以救读者们的饥荒。就是重印旧作，也并不算坏，不过这旧作必须已是一种带有文献性的本子，这才是供读者们的研究"[9]。王云五编纂这么多丛书，当然不能说每本书都是"精粹的"、"带有文献性的"，但从整体的客观效果来看，它对于保存和弘扬我国文化学术遗产，普及和传播文化知识来说，是不可全然否定的。

编纂百科全书的尝试。编纂种种丛书，对王云五来说，无疑是一系列成功之役，并使他因此而扬名中外；但是百科全书的编纂，则是他的一大败绩。

王云五在商务站稳阵脚后，就提出要编纂一部大型百科全书，为此专门设立了一个编辑人员比任何部门都多的百科全书委员会，下分6个系，自兼主任。他慷慨激昂地说，中国至今没有一部百科全书，乃是出版界、文化界的耻辱。他扬言可以在一二年内完成这一"为国增光"的大业。[10]不能不说这是一项令人鼓舞的计划，但又使人将信将疑。原来他的锦囊妙计是:集中一批英语翻译,把《美国大百科全书》拆散分给大家逐条翻译出来,然后参考一下《不列颠百科全书》和日本《百科事典》等,重新编排一番,就可以付印出版。他把这一严肃而又艰巨的工程看得太轻易了。

为了想在一二年内编成百科全书,王云五采取了一些非同寻常的办法。他认为,无论如何,总不外以成本会计为原则,便对百科全书委员会的31名编辑,以及后来又增调的十余人,实行“半包工制”,规定每名编辑每天译稿定额为1500字,半年结算,超额者按字数加酬发薪,以激励大家日夜赶译。为加快速度,他又在暑期招来一批大学生帮助翻译,还外包交人翻译,也是以字计酬。结果,许多人贪多图快,不讲质量,不仅学术名词和人名地名译得五花八门,而且文理不通,谬误百出。王云五原来打算请水平较高的编译员复读一遍稍加修改即可,但此时发现有1/3要作较大修改,另有1/3连修改的基础都没有,远不如全部重译来得省事。一年多的时间过去了,也花了几十万银元,结果人人言殊,百科全书的宏伟计划就此成了泡影,此后许多年来也没有再敢问津。

四角号码检字法的“发明”。百科全书之事偃旗后,王云五并未息鼓,他把精力转移到检字法的研究上来了。

商务编印出版辞书是有传统的,诸如《中国名人大辞典》、《中国古今地名大辞典》、《哲学辞典》、《植物大辞典》、《地质矿物学大辞典》、《动物学大辞典》、《综合英汉大辞典》等等,均具有较高水平,其中尤以《辞源》[11]最著。各种辞书首先一环是检字法,商务编辑人员均甚关注。我国自东汉许慎编的《说文解字》一直到清初的《康熙字典》,将近二千年来检字法都以六书为准,字义为主,参酌字形,界限极不分明,使人难以捉摸,如知字入矢部、和字入口部,凤字入鸟部、凰字入几部等等,列部众多(《康熙字典》)列214部),寻检极为不便。过去有句话形容读书人查字典是“两字三年得,一查双泪流”。多年来,有许多人从事如何改革检字法的探索和研究，高梦旦即为成绩显著者之一。他在主持编辑《辞源》时，即曾指出："但管字形，不管字义"的方案，将部首并为80部；只因觉得还不够成熟，而未在《辞源》上立即采用。事后高继续不懈地研究，又探索"号码检字法"。高是一位严谨审慎又谦和大度的人，他把"号码检字法"的构想告诉商务同人，引起大家兴趣，有的人就又提出自己的方法进行试验和探索。学术界也有多人提出种种检字法方案，以林语堂为最，探索如何从首笔下手，商务获息后即给予研究津贴，请林逐月将研究进展写来简报。

王云五入主编译所后不久，就对"检字法之研究发生浓厚的兴趣"⑫。他从林语堂逐月简报中得到不少启示，更获得高梦旦多年潜心研究的心得和大量资料，经过长时间的探索和试验、修正，提出了"四角号码检字法"。他把汉字的单笔和复笔构成10种笔形，分别以10个号码为代表，按汉字四个角的笔形，构成一个4位数的号码，使人们可以从字形的整体，迅速得出它的号码。王云五发动商务的人力物力，按此法进行试验和编排。但是4位数的极限是9999，而汉字逾万，更不要说有些字的部首相同，以下只剩99号了，无法把100个以上的同部字编入。⑬如何处理才能避免或减少重复呢？在数十次的反复修改和试验中，王云五冥思苦想一筹莫展，长期无法解决这个难题。后来高梦旦提出增加附角，补充为第5角，使编号可以达到5位数，重复号码顿即锐减，使四角号码检字法得以成为一种可以采用的方案而推广。高梦旦提出的第5角，确是"非常得力"⑭之一举。

应当说，"四角号码检字法"是一种比较科学的检字法，它用不着层层分解字形，而可以从字的整体直接得到4位号码去检字，因而被广泛采用，发明至今六十余年来，还没有一种新的笔形检字法超越它的。王云五在修改、试验过程中花了不少心血，出了不少主意，但是他完全抹煞不功成而自居的高梦旦以及商务同人多年研究"号码检字法"的成果和给予的众多帮助，而竭力说成是他自己如何从一本电报号码簿中获得灵感“起了一个念头”⑮,如何“在吃饭的时候忽然想起”⑯等等,以至事成后写了本《四角号码检字法》,又按四角号码的顺序找人编成字典,自行取名为《王云五大辞典》、《王云五小辞典》、《王云五小字汇》,俨然是四角号码的独创发明人,不能不说是一种不诚实的态度。

中外图书统一管理法的创设。王云五对于图书管理如何科学而简便,曾经花过一番功夫。他在“杜威十进分类法”的基础上加以扩充,于1927年创设了一种“中外图书统一管理法”,即在十进法前加“+”“++”“±”符号,可以把原来中文旧籍、中文新书和西文图书按杜威原来规定的分类号归在一起,各得其位。他将此法先试用于东方图书馆,将该馆几十万册中外藏书分类编目,使每一册书都各有一定的位置,公开展览或读者检读均甚称便。他还将这种分类法的编号,印在商务出版的《万有文库》、《东方文库》等书的封面、封底或书脊上,力加推广。各地中小图书馆购置《万有文库》等丛书,为便于管理,便也采用了这种中外图书统一分类法。

三

王云五主持商务印书馆时期,正值近代出版界迅猛发展激烈竞争之时。他能够取得成绩,战胜同行,执出版界之牛耳,一个重要的因素是采用了资本主义的经营管理办法。

王云五1921年初入商务时为编译所长,1929年11月曾辞卸而去中央研究院社会科学研究所工作,4个月后因商务总经理鲍咸昌去世,复回馆任总经理兼编译所长。他乘机“取消多年来之合议制,改取一人独立之专责制”⑰,一人独揽了商务大权。他在接任之前,先出国赴日、美、英、法、德、比、荷、意、瑞士9国,考察各国出版事业和资本主义经营管理办法达半年之久。在法国曾遇见胡愈之,对胡说商务的老先生对付工人没有办法,他出来周游世界,是“专门考察管理工人的办法”的;还表示“大为欣赏英美烟草公司管理工人的种种手段和办法”⑱。他回到国内,即宣称要学习欧美各国管理经验,在商务实施“科学管理方案”。

为推行“科学管理方案”,王云五首先在编译所实行定额计酬的《编辑工作报酬标准试行章程》,规定了每人每天译、编、写的字数,超额的按字数加添报酬,达不到的则扣薪。这个《章程》一经提出,即遭到全体编译人员的强烈反对,指出脑力劳动不同于体力劳动,不能用字数多少来衡量,迫使王不得不撤回。其他一些管理办法亦受职工的抵制而未能推行。但王云五并未善罢甘休。

1932 年初,日本帝国主义在上海制造“一·二八”事变发动突然袭击,地处闸北前线的商务印书处首当其冲,总管理处、总厂及东方图书馆于 1 月 29 日早晨遭到日本飞机的狂轰滥炸,延烧数日之久,损失达一千六百余万银元(当时商务的资本总额为 500 万元)。王云五利用这个时机,提出了“为国难而牺牲,为文化而奋斗”的口号,宣布总馆停业,组织特别委员会处理善后;借口损失惨重,一时无法复业,在上海的三千七百余名员工全体解雇,只发给退俸金 17.8%,“听候重新进用”,把战火中的巨大损失,转嫁到广大员工头上。职工们悲愤至极,强烈谴责他“手段太辣”、“致各同人于绝地”⑲。但他要租界巡捕房派来警察镇压,贿通国民党社会局“调解”,又收买少数工人进行瓦解,还诱劝工头集资办工场等等,千方百计把员工解雇掉,自认为就此解除了多年来的“人事纠纷”,还说什么“只要良心过得去,脸皮尽管厚些”⑳。

王云五解雇全体员工,并不是就此不办商务了,而只不过是他破坏职工运动,削夺职工权利,便于他放手推行“科学管理方案”的一个步骤。他雄心勃勃,决计重振旧业复兴商务,立即组织香港和北平两个分厂,加紧印刷秋季开学全国需用的中小学教科书,获取复业的资金;同时即在人事方面推行他的“科学管理方案”。他“按照需要酌量进用”一千三百余人,而将二千四百余人排斥于外,虽有六七百人办起装订作坊和排字车间承揽商务的外活,但尚有一千七八百人流离失所、陷于困窘之地。王云五对于重新雇用的每一员工,均要求有殷实的铺保出具证书,只订立为期一年的雇用契约,期满留用需另换新约,否则就算解雇;至于过去的资历及按年资发退俸金等一系福利待遇均被取消。具有革命传统的商务工会,从此也被瓦解掉了。于此已经可以看出,王云五的"科学管理方案",充满了资本主义剥削和压榨工人阶级的残酷和狡狯。

此后,王云五即"将重将组织之章程及办事章则,妥当计划准备,俾复业后,即厉行全面的科学管理"[21]。他的所谓"科学管理",在他所著的《岫庐管理》中洋洋洒洒数万言,简略说来是以下几点:

(一)成立预算管理委员会,实行成本核算。各部门各分支机构都有预算计划和成本定额,定期考核。

(二)施行按件计值制度,刺激职工紧张生产三班轮转,机器24小时不停,尽力提高产量产值。

(三)制订复杂的职工奖励办法,按实际完成的产量与成本数额进行奖惩。

(四)建立人事委员会主管进用职工事项,施行雇用合同制,随时可以解雇职工。

(五)不断改进印刷技术,如采用五彩版、三色版、珂罗版、雕刻版、照相锌版、凹凸版、影印版,并自制印刷机、铜模、铅字,研究排字捷法等。

此外,王云五还采取"薄利多销"、"廉价优待"、"特价预约、如期出书"、"每日出版新书一册"等多种办法,广为招徕、扩大宣传。

王云五的"科学管理",原是抄袭美国早期资产阶级管理学家泰罗(1865~1915年)用来对付工人"消极怠工"的一套管理办法,这是不言而喻的;不过从另一方面来看,它对当时我国工商企业普遍沿用封建社会陈旧落后的管理习俗来说,不能不说是一种进步。

事实是,商务在"一·二八"事变中遭到浩劫几近崩溃,但在王云五的控驭下迅速复兴了起来,至1936年不到5年的时间里,除对前35年已出版的8000种书籍,选择再版一部分以供社会之需外,还出版新书5788种13515册,包括《万有文库》第二集、《四部丛刊》续编、《大学丛书》、《小学生文库》、《幼童文库》、《国学基本丛书》二集、《丛书集成》等等,平均每日出版新书3种7册多,5年营业额达4600万银元,每年平均900万以上[22]。无论是出版新书的种数、册数,还是年营业额,都大大超过了事变前,这是无庸讳言的。

1937年卢沟桥事变后抗日战争全面爆发,上海于当年11月即沦于敌手,王云五将商务的重心先移于香港,以后又在重庆、昆明、西安、桂林、赣州等地设立分厂,以出版教科书为主,继续维持商务在全国出版业的首席地位。但是他的精力逐渐转向政治活动,以至抗战胜利后甘愿出任国民党政府的经济部长,终结了他在商务25年的编辑出版生涯,不能不令人诧异。

四

从王云五主政商务印书馆25年的经历我们看到,他是一个颇有胆识和魄力的出版家,生财有道,经营有方;然而他在学识上博而不精,缺乏谦逊、大度、敦厚的品德,难以与张元济、高梦旦相比。他在中国近代出版事业的发展史上留下了踪迹,对其功过是非应当有个实事求是的评价。马克思主义认为:"判断历史的功绩,不是根据历史活动家没有提供现代所要求的东西,而是根据他们比他们的前辈提供了新的东西。"[23]笔者认为,可以从三个方面评价商务时期的王云五:

(一)领导编辑出版了大量教科书、辞书和中外文化学术著作,对于适应五四新文化运动以后我国近代文化教育事业的发展,保存和弘扬祖国文化遗产，传播西方近代文化科学知识，起到了巨大作用。他继承了商务的传统，注重促进社会文化进步，讲究出版物的质量和格调。当然，他没有也不肯出版进步的以至革命的红色书籍。

（二）组织编辑出版《万有文库》等大型丛书，创编四角号码检字法和中外图书统一管理法，对于建立和发展我国近代中小型图书馆事业，向全国各阶层民众传播文化科学知识，其作用也是显著的。

（三）推行资本主义管理办法，注重成本会计，建立并严格施行规章制度，在二三十年代的中国工商企业中，还是相当先进的。当然，王云五站在资产阶级立场，要弄手段，借机排斥异己，破坏工人运动，加紧剥削压榨，也是令人愤慨的，本文限于主题，未及细论。

注释：

① 徐有守：《伟大出版家王云五先生》，台北《出版界》1979 年第 1 期第 12 页。

②⑥⑰㉑ 王云五：《七十年与二十七年》（1966 年），台北《出版月刊》第 16 期第 13 页，7 页，7 页，11 页。

③ 据统计：1932～36 这 5 年间，商务印书馆共出新书 5788 种 13915 册，平均每年 1158 种 2743 册；而“一·二八”事变前最盛的 1926～1931 这 6 年间，仅出新书 2641 种 4419 册，平均每年 440 种 736 册；若统计创业至 1931 共 35 年，共出新书 8000 余种，平均每年 200 余种。以上资料据《商务印书馆与新教育年谱》，台湾商务印书馆版。

④⑱ 胡愈之：《回忆商务印书馆》（约 1958 年），《我的回忆》第 141 页，江苏人民出版社 1990 年版。作者在 1978 年 10 月该文“补记”中称：“这是大约 20 年前我的谈话记录。这只能作为一种史料，作为商务印书馆的史料来看，有不少事实和观点可能是不正确的。”但是作者对王云五的这种评判，在相当长的一个时期里不能不说有很大的代表性和影响力，139 页。

⑤ 见江家熔:《王云五的“四百万”事业》,《民国春秋》1988 年第 2 期第 25 页。

⑦ 鲁迅:《且介亭杂文二集·书的还魂和赶造》(1935 年 2 月 15 日),《鲁迅全集》第 6 卷第 230 页,人民文学出版社 1981 年版。

⑧ 徐有守:《王云五先生与商务印书馆》,《东方杂志》复刊第 7 卷第 1 期第 71 页,台湾商务印书馆版。

⑨ 同⑦,第 231 页。

⑩⑫ 章锡琛:《漫谈商务印书馆》,《文史资料选辑》第 43 辑第 88 页,中华书局 1964 年 3 月版。

⑪ 商务印书馆编纂《辞源》,始自 1908 年,1915 年初版正编 5 种,1931 年又版续编,1939 年出版合订本。

⑫ 王云五:《岫庐八十自述》第 85 页,台湾商务印书馆 1967 年版,92 页。

⑬ 如草字部,《辞源》收 672 字,《康熙字典》收 1900 多字。

⑭ 郑贞文:《依所知道的商务印书馆编译所》,《文史资料选辑》第 53 辑第 155 页,中华书局 1964 年 3 月版。

⑮ 王云五:《岫庐论学》第 123 页,台湾商务印书馆 1966 年版。

⑲⑳ 王云五:《两年中的苦斗》(1933 年 12 月 11 日),《东方杂志》第 31 卷第 1 号第 36 页。

㉒ 同③。

㉓ 列宁:《评经济浪漫主义》(1897 年春),《列宁全集》第 2 卷第 150 页,人民出版社 1959 年版。

原载《民国档案》1992 年第 4 期

王云五和分类法

朱渊清

旧版《丛书集成》、《万有文库》扉页上的主编者名字往往被涂去。然而在中国现代文化史上,这位主编的名字却无论如何也抹不掉。他就是王云五。

王云五长期主持商务,为传播现代西方科学知识和弘扬传统文化做了大量的工作。对于传统文化,他能以现代科学的眼光重新审视和批判。他主编的《中国文化史丛书》即是以西方现代科学文化人类学为视角,在清理了中国文化的巨大遗产之后,而重新撰写的中国历史。王云五还发明了实用的检字方法四角号码。

1943 年,王云五回顾自己的经历时,曾不无自豪地宣称他的工作“无一不与我国新目录学关联”。进入本世纪,传统的目录学受到了革命性的挑战。西学影响下的中国学者纷纷致力于建立中国的新目录学,王云五认为“我国旧日的目录学有革新之必要”。他成为民国时以西方图书馆学和商业目录编制法代替传统目录学的新思潮的重要代表,《新目录学的一角落》就反映了王云五建设新目录学的愿望和思想。

“图书分类为新目录学之纲领”,王云五对于新目录学的一项大贡献便是创立了中外图书统一分类法。

王云五批判中国传统的图书分类法“根本上却仍不脱经史子集的分类”。“从表面上观察,这虽是按性质的分类法;但细细研究起来,还是多少倾向于形式的分类法。”用“形式”和“性质”也许并不能历史地说明问题,图书的分类说到底是对知识的分类,它表明了一个时段内对知识的理解线索和对价值的判断标准,它与知识的积累量和认知观相关。王云五用现代西方的知识认识观和科学价值观对传统认知观做了彻底的割舍。坚持西方科学知识体系的一元,不但决定了传统图书分类法之不可行,而且也表明无可折中。这样,势必也不可能如其时的清华大学图书馆、洪有丰、沈祖荣那样在西方的分类法之外再并列中国图书的分类。王云五的这种本质上的西化是中国文化接受现代科学价值观走向世界的需要,然而无疑也造成了传统文化的剧痛。但今天我们不能不认识到这就是历史,我们别无选择。

在众多的西方图书分类法中，王云五选择了杜威的十进分类法。该分类法根据17世纪英国哲学家培根关于知识分类的思想，将人类知识分为记忆(历史)、想象(文艺)和理性(哲学，即科学)三大部分，并将其倒置排列，展开为10个大类，等级分明，类目详尽，易于理解，便于检索，在世界现行文献分类法中流行最广，影响最大，是一个里程碑。

王云五"感觉杜威分类法不能包括许多关于中国的图书"，因此"加了小小的点缀，使更适于中国图书馆的应用"。中外图书统一分类法是杜威分类法的中国版，它对杜威分类法最主要的改进是增加了"+"、"++"、"±"这样三个符号。

"+"号位于杜威原有号码之前，就成为一个新号码，与原有号码并行。加"+"号，表示我国所特有的；凡有"+"号的号码，必须排在无"+"号的同号码之前，这样就使统一分类法能符合传统知识的积累量。王云五意识到传统知识有自己独行的系统，强行统一分类会阉割传统文化的知识体系，必须保持传统文化的相对独立性。因此在加"+"号之外，又加了"++"号；加"++"号表示排在十位相同的任何号码之前。举例而言，如果只加"+"的话，势必造成这样的结果：+110中国哲学；110行而上学；+111易经；111实体论；+112儒家；112方法论；+113道家；113宇宙论；+114墨家；114空间；+115名家；115时间；+116杂家；116运动；+117近古哲学家；117物质；+118近代哲学家；118力。新旧类号，互相掺杂。而中国哲学至中国近代哲学家各类都有联带的性质，不能分开，也不能掺入他类。因此，在这里，王云五改"+"号为"++"号，并使++110至++118各号都排在110至119之前，"如此则新旧类号各能维持其系统"。从图书排列上看，王云五所加的另一个符号"±"号的功用，介于"+"、"++"之间，加"±"号不问有无小数及小数的大小一律排在整数相同的号码之前。加入这种符号有助于文化的比较。比如±327为中国外交，±327.1至

±327.9则分别为中国与各国外交。

中外图书统一分类法,实际应用在《万有文库》、《丛书集成》的印行以及东方图书馆几十万册图书的分类。但是,远为重要的是,王云五为中国现代目录学的分类指出了一个方向,这个方向明确了传统目录分类尚无法在当代知识体系中与西方目录分类并存。中外图书统一分类法还为中国现代目录分类提供了一个坚实的基础。同时,王云五在新体系中尽量保存传统知识完整性的努力实际上也是对丧失主流地位的文化的最有效的保护,这种努力对下一世纪的世界范围的新价值标准和新知识体系的确立必将产生有益的影响。

原载《文汇读书周报》1997 年 6 月 28 日

王云五与中国出版业

吴 迪

近百年来的中国读书人,谁没有读过商务印书馆的图书和杂志?谁能说自己一点也没有受到过商务印书馆出版物的影响?

在百年商务的发展史上出现了许许多多的大出版家,如夏瑞芳、张元济、高梦旦、茅盾、胡愈之……王云五也是其中的一位。如果没有王云五那一系列睿智的出版计划,如果没有王云五及其同人在抗战中所作的艰苦努力,也许商务的历史要改写,中国的出版史要重写,中国文化发展的进程也要放慢。

一 审时度势,屡次救商务于危难之中

王云五在进商务之前,曾在上海的一家五金店当过学徒,17

岁时在私立同文馆作过教务助理生，后在中国新公学任了 4 年的英文教员，与宋庆龄的父亲宋耀如是同事，学生中有胡适、杨杏佛等。辛亥革命后，孙中山任临时大总统，邀请王云五作他的秘书。1917 年至 1919 年间，他读完了英国百科全书，念了一个美国函授。1920 年，赵汉卿与人合办出版，请王云五编辑一套《公民丛书》。王云五适应现代生活，将《公民丛书》分成国际、社会、政治、哲学、科学、经济、教育 7 大类，第一年就出了十二三种，一共出了二十多种，影响颇大。

1919 年"五四"新文化运动对中国社会产生了深刻的影响，人们渴望对西方新思想的了解，翻译著作大受欢迎，因此推动了整个出版事业的革新与发展，一时之间出版竞争十分激烈。站在文化前沿，规模最大、历史最长的商务印书馆，此时也面临着更新编辑部的严峻形势。当时，高梦旦与经理张元济商量后，想请新文化运动的一员猛将，北京大学教授胡适担任编译所所长一职。但胡适认为自己"不应该放弃自己的事，去办那完全是为人的事"，而推荐了自己的老师王云五担任此职。于是王云五于 1921 年正式被聘为商务印书馆编译所所长。这一年他仅 33 岁。

1929 年下半年，王云五因与商务印书馆董事会意见不合而辞职。1930 年商务印书馆总经理鲍咸昌逝世，群龙无首。董事会不惜改变已实行多年的制度，同意王云五提出的要求，废除原来合议制，改为总经理负责制，聘请王云五任总经理兼编译所所长。

从纯粹经营的角度来看，王云五的选题才能、经营才能、行政才能和应变才能，是胜任这全国最大出版企业的编译所所长和总经理职务的。从 1922 年起，商务印书馆出书的品种成倍增长，系统性也得到了加强。

1932 年，日本飞机数次轰炸上海闸北，商务印书馆印刷总厂、仓库、编译所及东方图书馆先后被炸。浩劫之后，王云五以"壮士断腕"的方法，提出"为国难而牺牲，为文化而奋斗"的口号，精减员工,省下钱来重建商务。1937年,全国新出图书9438种,商务一家即出书4938种,占了51%。可以说,在王云五的努力下,商务历经战乱而不倒。

抗战前我国出版所需纸张,90%以上依赖从上海进口。抗战全面爆发后,上海不保,进口也因此中断,出版业和其它行业一样濒于崩溃。王云五审时度势,将商务体制改为战时体制,迅速把机器、纸张、书籍运到后方安全区。此时的商务除了努力经营香港、长沙、重庆等分馆外,还想方设法编印各种战时读物和教科书。因此,即使在抗战最艰苦的岁月里,商务也做到了日出一书。

为了克服纸张短缺,商务出版了大量20开、40开的图书,并将新排重排的图书一律变更版式,减少空白,增加行数和字数。

1940年12月,作为战时商务出版重心的香港沦陷,商务再次危在旦夕,王云五只得以重庆为主要根据地,重新安排出版计划,为着商务的生存而继续努力。

正是由于王云五的几次力挽狂澜,才使得商务印书馆在战火纷飞的年代得以顽强地生存了下来。可以说,王云五是推动商务印书馆和中国出版发展的一大功臣。

二　编纂丛书,使图书走向大众

商务印书馆自1902年创设编译所以来,在前两任所长张元济和高梦旦的主持下,形成了以编印出版中小学教科书,刊印古籍、工具书为主的传统,虽有不少新学著作,但无整体计划,系统性不强。王云五入主编译所以后,认为"非有独特之创作,恐不易维持",于是着手编印各科入门小丛书,出版介绍学术名著的成套书和大部丛书。由此就有了《国学小丛书》、《医学小丛书》、《农学小丛书》等等内容深入浅出、形式简洁活泼、价格低廉的小丛书系列。这些书深受当时社会各界的喜爱。鲁迅先生曾评价这些丛书的好处是“把研究一种学问的书汇集在一处，比一部一部自去寻求更省力，也保存了单本小种的著作，使它不易于灭亡”。

在此基础上，王云五提出了编辑《万有文库》的设想。《万有文库》的主旨就是要将古今中外的思想和文化精华概要成书，便于广大读者享受前人的文明成果。经过各方面的努力，《万有文库》前后共出了两集，共收入图书1100种，有2000册，约1.15亿字。由于其适合全国各地各类中小型图书馆及大中学校置备多种图书的需要，并且用小字样，印张少，印数大，相当多的旧版书不用付稿酬，价格比较便宜，所以几千套丛书很快就销售一空。据说，当时全国有公私立图书馆2935所，其中有一千多所是因为购置了一部《万有文库》而成馆的。而普通学生和一般民众也可以用较少的钱购买到此丛书，学习到里面全面而丰富的古今中外的知识。所以从某种意义上说，王云五主持编纂的这套丛书开创了我国图书出版平民化的新纪元。

此后，王云五还主持编纂了《大学丛书》、《中国文化史丛书》、《小学生文库》、《丛书集成》、《四部丛刊》等多部大型丛书。其中《四部丛刊》，黄裳评价说是“迄今为止内容最完备、质量最高的善本古籍影印大丛书”。这话虽不免带有鼓励之意，但王云五及其商务人没有囿于保存“国粹”的自我陶醉，也没有对民族文化采取虚无主义，而是脚踏实地、一丝不苟地整理古籍，这种态度是应当值得称赞的。客观地说，这些丛书对于保存和弘扬我国文化遗产，普及和传播文化知识，是功不可没的。

三　任人唯贤，推行出版的科学管理

王云五在担任商务印书馆总经理期间，曾先后游历欧美，考察各国出版事业。回国后，他大胆革新，提出了一系列编辑整顿计划，推行科学管理的方法。其科学管理的内容包括实行定额计酬的《编辑工作报酬标准试行章程》,成立预算管理委员会,实行成本核算;采用新技术,改进印刷方法;特价预约,如期出书;廉价优待,薄利多销等。

王云五还以"教育普及,学术自立"为宗旨,对编译所进行大规模地调整和改组,添设扩充了各部门的机构,网罗了海外归来的学者二十多人,充实了本来就实力雄厚的商务队伍。经过调整后的商务编译所,更合于学术分科的性质;所网罗的专家,如担任史地部部长的留美地理学博士竺可桢、担任哲学教育部部长的留美专攻教育的朱经农等也非常胜任主持新设各部的工作;而商务的机构设置也更加企业化。可以说,王云五的"科学管理办法",相对于当时我国普遍沿用的封建社会陈旧落后的管理习俗来说,是一种了不起的进步。

四　潜心钻研,提出四角号码检字法

王云五在我国检字和图书分类上的贡献也很大。他在商务印书馆时,参照杜威十进分类法,增加中文图书的分类,创制了使中西图书可以编在一起的较为科学的"中外图书统一管理法",推动了我国图书馆事业的发展。

商务印书馆因为出版辞书,经常接触检字法。当时,研究检字法的人不少,高梦旦和林语堂是其中较有成绩的两位。王云五在读了林语堂的检字进展报告后,对检字法也感兴趣起来。经过四年的设计、试验、修正,1928 年 10 月王云五在商务印书馆人力物力的帮助下完成了四角号码检字法的研制。这种检字法摒弃了音序检字法以外的检字法都是层层分解字形的根本毛病,开创了从字的整体给号码的方法。他用四角号码代替小孩子不懂的旧式部首分类法,编辑了《王云五大字典》、《王云五小字典》等,效果颇佳。四角号码检字法自发明以来,广泛地被采用,影响一直远播到海外,这不得不说是王云五对人类文化的一大贡献。

1946 年,王云五出任国民党政府的经济部长,从而结束了他在商务印书馆 25 年的编辑出版生涯。

因为种种原因,王云五在中国近现代出版史上成为一个颇有争议的人物。但从王云五主持商务印书馆 25 年(1921 ~ 1946 年)的经历来看,我们仍然可以认为他是一个学识渊博、功底深厚的大学者,是一个有头脑、有胆识、有魄力的大出版家。他在保存和弘扬我国文化遗产,传播西方近现代科学知识,普及国民教育方面的贡献,将永载史册。

参考文献:

[1] 中国近现代出版史编纂组《新民主主义革命时期出版史学术讨论会文集》,北京:中国书籍出版社,1993.1。

[2] 汪家熔《王云五的“四百万”事业》,《民国春秋》,1988(2)。

[3] 欧宏《沧海横流,方显英雄本色——从三位先贤看商务百年》,《中国图书商报》,1997.5.16。

[4] 边春光《编辑实用百科全书》,北京:中国书籍出版社,1994.12。

[5] 陶希圣《商务印书馆编译所见闻记——王云五先生的魄力与信心》,(台湾)《传记文学》,1979(3)。

[6] 蒋复璁《我所认识的王云五先生》,(台湾)《传记文学》,1979(3)。

[7] 陈原《书和人和我》,北京,三联书店,1996.3。

[8] 复旦大学历史系资料室《辛亥以来人物传记资料索引》,上海:上海辞书出版社,1990.12。

原载《编辑之友》1998 年第 2 期

《万有文库》始末

胡建军

抗战前,国内中等以上的学校大多备有《万有文库》。又据民国政府教育部统计,1930 年全国公私图书馆共有 2935 所,一度主持商务印书馆的王云五认为,“籍万有文库之著多之千所,尤以民众图书馆,学校图书馆籍一部《万有文库》而创立者不少”。[①]当时的《纽约时报》等美国报纸以大幅版面介绍《万有文库》。

商务印书馆出版《万有文库》,在当时风行一时,影响甚巨,那么,《万有文库》是怎么一回事?本文以三部分探寻《万有文库》始末。

一 势在必然——《万有文库》编前

辛亥革命后,小学课本的竞争日益激烈,商务印书馆原来所占的份额缩小,商务只有另辟蹊径才能更有发展;一战结束,不仅带给人们是短暂和平。还刺激了全球范围思想的活跃,我国“新文化运动”风靡一时,广大读者对自然科学技术,伦理观念,意识形态等事物都表现出强烈的探知欲望。这两方面刺激了商务出版,商务抓住契机,开拓进取,欲在综合性出版上一试。

商务印书馆当时已是国内最大出版印刷机构,有雄厚编辑力量和有形资产。20 年代初,商务一度徘徊于保守,犹豫而落后;但自王云五主持编译所以来,在张元济、高梦旦二老的秉力支持下,倾力改革,改组了编译所,延聘专家学者主持各部,淘汰冗员,协调了各部关系,调整了人事组合,极大地提高了办事效率。王云五改革后的编译所一扫往日钝气,现出锐光,具备了出版大型丛书的内力。

对于王云五、张元济等个人而言,他们胸抱大志,颇具商家战略眼光,“那时国内还没有中国人编写的百科全书,王云五认为这是出版界和文化界的耻辱,商务印书馆务必完成此事,‘为国增光’”[②]。再者,王云五新主编译所,正踌躇满志,“不佞……踵张菊生(元济)、高梦旦二公之后,见襄印《四部丛书》,阐扬国粹,影响至深且巨。思自别一方面植普遍图书馆之基”[③]。这“植普遍图书馆之基”的就是后来《万有文库》。《万有文库》的编辑初旨在于

"把整个大规模东方图书馆,化为无数量的小图书馆,使(之)散在于全国各地方,各学校、各机关,而且在可能时,还散在于许多家庭"④。

以上这些因素,促成了商务出版大型综合性丛书的必然之势。但在《万有文库》之前还颇有一段曲折。

经胡适极力推荐,王云五主持编译所,针对商务过去在新学方面的出版零乱不成系统的问题,作出调整,"……选题有了很大变化,即大量出版初级专门丛书。这些专门丛书为求学科内的均匀,结构合理,开始拟订计划"。⑤接下来,商务便出版了一套涉及面广的《百科》、《农业》、《商业》、《师范》、《体育》、《算学》和《新时代史地》,以及《国学》、《学生》一套初级丛书。计从1922年至1927年。各类丛书共达五百多种,为商务出版大型丛书打下了基石,更重要的是,在编辑这些丛书的过程中,商务收集了大量资料,可供以后变通使用。同时,约1924年2月,王云五以美国的《知识丛书》(BOOK OF KNOWLEDGE)为蓝本出版了全套《少年百科全书》20册,权当模拟演习。同年5月,编译所正式设立百科全书委员会,王云五任主任,该委员会决定了以美国NEW INTERNATIOND ENUCLOPEDIO为蓝本,大张旗鼓地开始编写百科全书,计划编写一亿字,结果耗费一年多的时间和数十万元的资金,勉强完成5千万字,却因质量不达而中道折旗,无功而返,后来这5千万字稿件又毁于战火,这是后话。

失败没有挫败商务,不久后,商务编译所总结经验教训,酝酿起《万有文库》。

二　虎头蛇尾——《万有文库》编发过程

百科全书失败关键在于过分依赖外文原稿,而商务译员不足,能力不强,译稿达不到要求。商务的优势在于自身资源丰厚,可掘性在利用的丰富资料和已有的初级丛书之上。转译外文原件是避近取远。王云五等商务人敏锐地感觉到这一点,很快地又生发了另一宏大构想:以商务已出版的丛书为基础,另修订、增编新丛书,汇集成种类齐全的一套大型综合丛书,王云五初命名为《千种丛书》,"即合并各科丛书一千种,为一部综合的大丛书"⑥。后来《千种丛书》易名为《万有文库》,隐义为以万册为目标,而不一千种为限。命名之中可以看出王云五等的主编计划在不断改进完善。《千种丛书》是为出丛书而出丛书,而《万有文库》则掺入主编者宏大编辑思想和周全的出版意识。在王云五撰《万有文库》一二集印行缘起里有:"民国十八年(1930 年)余创编万有文库第一集,尝揭其缘起数事如左,(原文竖排——笔者)比年国内图书馆运动盛起而成绩不多见,究其故,一由于经费支绌,一由于人材缺乏;〈万有文库〉将使购书费节省十之七八,管理困难,亦因而减少。"⑦可见"万有文库"之义远出于"千种丛书"之上。《万有文库》的出版,"非以一地方图书馆为对象,乃以全国全体之图书馆为对象"⑧。事实上一些政府文化事业机构,个人有经济能力兼有读书收藏之好者也在读者范围。

主编者王云五等计划出丛书三集,每集千种,2000 册,共计 6000 册,约三亿四千万字。各集情况如下。

第 1 集　1928 年 1 月起,编辑计划正式付诸实施。主编王云五几乎调动了商务所有编辑力量以及社会文化界的部分人士参与此事。经过一年多的时间(1928.2 至 1929.4 前)的选编,商务印书馆出版了《万有文库》第 1 集前 4 期(共 5 期,第 5 期计划出书 400 册,但书稿大多毁于"一·二八"战火,费尽周折于 1933 年方才出齐,距前 4 期已有四年有余。)。第 1 集共 1010 种,订为 2000 册,另附 10 册参考书。各科比例方面,"治学门径之书占八百种,国学基本丛书与汉译世界名著仅各占百种",⑨"治学门径"是指百科小全书、新时代史地丛书、农工商师范算术医学体育各科小丛书。由此看来，第1集厚今薄古，力图广盖。

《万有文库》各科书封面统一设计，基本结构一致，只在细微处见差别，比如色彩。值得一提的是，全套书采用当时较为先进的中外图书统一分类法（王云五根据杜威分类法创制）编号分类，刊号于书脊上；每种书附有图书检索卡，依照四角号码检字注明号码（四角号码检字法系王云五发明，参阅郭太风著《王云五评传》）商务是出版巨头，向有气势，在细微之处亦毫不马虎，细致周到为读者作考虑。购买《万有文库》者多为图书馆，出版者提供使用编径，的确有实用。王云五为此作释："只须认识号码之一人管理之，已觉措置裕如，节省管理费不下十之七八。"⑩

第1集2000册，定价低廉，预约价仅为360元。定低位价依据有二：一是单本盈利极微，但每部2000册，便有利可图；二是《万有文库》整体上新著少，在版税稿酬方面开销不大，况且很多资料由商务印书馆内信手取来，成本不高。

尽管《万有文库》定价低，但规模巨大，发行风险很大。在印数上，商务印书馆内部有不同观点，在商务最高会议——总务处会议上，总务处机要科副科长盛桐菽等坚决主张严格控制出版数量，以免亏损，王云五志在必得，同他争辩，认为出版数量至少在5000部以上。最后总务处决定《万有文库》第一集出版印行5000部。商务在发行上，开动脑筋，寻找突破点。首先，必须扩大《万有文库》知名度，为此王云五撰写了《印行〈万有文库〉第一集缘起》，论述《万有文库》可克服当时国内图书馆建立的两大困难：资金缺乏和管理人才不济。《万有文库》函盖各科知识，可满足各层人士的需要，且价位偏低，又附有检索系统方法。还介绍了《万有文库》的产生过程，内容结构等。在发行三个月前，寄发了《万有文库》第1集目录甚至样张，发出预约售单，预约价低于定价。预约之初，观望者居多，发行顺利与否面临严峻考验，此时，浙江省财政厅厅长钱新之动用一项公款，向商务订购《万有文库》第1集八十余部，钱看了样张和目录之后，认为值得购买，打算逐级下放这部书，以促进文化知识的普及。这是一个活广告，当时社会产生很大影响。但王云五等没有坐等这个活广告发生作用引来大批订单。王云五指令各地分馆负责人，向所在教育厅或有关部门主动出击，接洽事宜。结果，各省拨公款订购，少则50部，多则200部。王云五机敏善断，准打突破点。《万有文库》皇皇大著，从需求和经济来看，个体读者不是主要购买者；只有政府部门有此财力，且当时各地图书馆纷纷筹建，政府部门可以以一项不大的款子在民众面前树立一个好形象，何乐而不为，这就是突破点。政府的纷纷订单也刺激了少数读者的购买欲望。有能力的亦纷纷解囊。至预约期满，《万有文库》第1集预约六千余部，超出计划印数一千余部，此后，1929年7月，《万有文库》正式发行，第1集总共售出八千余部，于古于今，都堪称畅销，一部百科性丛书，同时也是一部畅销书，实不简单。

第2集　经历了"一·二八"之后，商务印书馆抖擞精神，"为国难而牺牲，为文化而奋斗"。

1934年9月，王云五又主持编纂《万有文库》第2集。第2集"竟未竟之功，又弥补以往之阙"。国学基本丛书的分量加大，增至300种，编辑三修书目亦不能确定，尽量精选，拾遗补缺。汉译世界名著选入150种，比第一集增加50种，这部书的取舍，主要依据各国书评、舆论导向和本国需要，第1集的农工商医等治学门径之类，在第2集内被《自然科学小丛书》和《现代问题小丛书》取代。从主题结构来看，第2集并没有做伤筋动骨创造性的变动，而是基本承袭了前集的体例，作些内容上的更改。《现代问题丛书》概括社会新近文明成果，且多与传统相斥，故主编者认为该部最难编选，但可以引导民众随顺时代，一同进步。另外，在参考附录里补入"十通"，即正三通，续三通及刘锦藻的《清续文献通考》，这主要是为了适应国学丛书份额的增加，便于读者阅读。

第2集计划出书2000册,约1.9亿字,其中国学丛书第2集,300种,1200册;汉译世界名著,150种,450册;自然科学丛书初集,200种,300册;现代问题丛书,50种,50册。相对第1集,各科比例明显变化,呈厚古薄今之势。

但接下来,时势无测,战乱纷起,上海沦陷,商务馆分沦陷区和后方,固有资产,大量资料严重流失,编辑力量严重削弱,读者的需求减弱,购买力亦因困难而减,《万有文库》第2集断断续续直到抗日战争胜利后才勉强完成,前后历时近十载。出版之艰难由此可见一斑,商务人勤勉艰苦以赴之,实可嘉,实可敬。

续编　出万册书,是王云五多年梦寐以求的目标,时势让《万有文库》第3集永远停留在计划阶段,使真正意义上的《万有文库》胎死腹中。

王云五为此深憾,却始终念念不忘。抗战期间,商务印书馆总务处设在香港,王云五驻港四年,统驭内地商务机构。因为财力,人力,资料严重匮乏,香港商务在王云五主持下,只从《万有文库》一二集中选书500种,1200册,以《万有文库简编》之名出版,一来振兴战中商务之气,二来不忘传播文化,适应购书能力稍差的读者需要。在纸张方面,试用一种矾纸,每令低于24镑,成本低于报纸用纸,当时《万有文库简编》和其他辞书皆利用这种纸张印刷。置于当时环境,此举无奈而自然,首先,商务屡遭战乱重创,又颠沛流离,经费紧张;又者香港资源不富,纸张供应不逮;再者香港孤岛,购买力有限,难于消化掉商务各种图书,商务只有转销内地各机构,因而用纸需考虑运输的便利。

《万有文库简编》出版后,《万有文库》便沉寂了二十多年,默默地作用于世间。

1964年,王云五脱离政坛,被推举为台湾商务印书馆董事长。上任之初,他做的第一件事便是重新利用《万有文库》来中兴台馆。但苦于资料缺乏,据其回忆:“就台省而言,《简编》仅得两部

(其中一部为余所藏,然因辗转出借,残缺甚多。)……欲求一完全无缺者殆属万难。”[11]于是,就近取材,以《简编》为据,作些删增,删去《简编》的史地,科技及现代问题等丛书,因为时过境迁,这些内容陈旧不合时代;增加了《简编》没有的图书220种,近全书之半。共收1200册,取名《万有文库荟要》。

《荟要》当年预售100部,第二年续销300部,就台省而言,数量可观,这本书在台引起轰动,各图书馆、院校纷纷购买。

至此《万有文库》走完了全部历程。从浩大的一二集到简编,到荟要,简编只是简单选编前二集,从数量、内容上,意义远逊于前二集,荟要虽在内容上有作删增,但已无当年之气势和底蕴,犹如老调新翻,或者老调老唱,只是换了些听众,总而观之,《万有文库》的整个历程虎头蛇尾,留给后人一个大的缺憾。

三 身后是非——《万有文库》众人评说

“本馆深知出版物之性质,关系中国文化前途,故慎思考,确定统一出版方针,即一方面发扬国有文化,保存国粹;一方面介绍西洋文化,谋中西之沟通,以促进整个中国文化之光大。”[12]这是商务印书馆的办馆原则。《万有文库》则充分体现了这一原则,《万有文库》结束了中国没有百科丛书的历史,更主要的是通过散播于民间,切实地为民众传播知识,起到开启民智的作用。他的作用持久而深远。

我们知道,东方图书馆毁于战火,收藏的大量书籍、外文资料、现代中文图书随之一去不复返。但可庆的是,《万有文库》在一定程度上延续了东方图书馆的生命。《万有文库》的编选利于充分挖掘东方图书馆的基础,把藏书推向民众,化东方图书馆为无数的小图书馆,在民间继续生存。《四部丛刊》,《百衲本二十四史》,《四库全书珍本初集》等大部分都是这样的小东方图书馆。

《万有文库》并不完美。我们可以作个简单的计算。第1集的前4期1500册在一年零二个月内完成出版，忽略其他程序，(实事上不可能忽略)还要作编目录，编选翻译，校稿，成稿的工作，难免存在以次充好，鱼龙混杂。鲁迅在《书的还魂与赶造》一文中批评道："推测起新花样来：其一，是预先立一种丛书的大名，罗列目录，大如宇宙，微至苍蝇上的细菌，无所不包，这才分头觅人，托他译作，限定时间，必须完工……于是不必躬年累月，一大部煌煌巨制也就出现了；其二，是原由一批零碎的旧译作，一向不甚流行，或者虽然曾流行，而现在却已过了时候，于是聚在一起，略加类别，开成一串五花八门的目录……"⑬鲁迅的话切中了某些弊端，却也有过激之处。孰是孰非不论，这至少可能说明《万有文库》的出版在当时是很有争议的。

商务印书馆出版《万有文库》在中国开创"文库"体，当时有很多后继者，有如《幼童文库》、《中学文库》等，在现在，这种出版体例依然在使用。

值得注意的是在《万有文库》的同时，"良友"也在出版一套丛书《中国新文学大系》，后者的地位远过于前者，原因何在？发人深省。

注释：

①②④⑥ 《王云五评传》郭太风著107页、103页、104页、104页

③⑦⑧⑨⑩ 《中国现代出版史料·万有文库一二集印行缘起》乙编 张静庐辑注

⑤ 《商务印书馆——汪家熔出版史料研究文集》汪家熔著57页

⑪ 《岫庐八十自述》115页

⑫ 《商务印书馆百年大事记》，原文庄俞《三十五年之商务印书馆》

⑬ 引自《中国现代出版史料》乙编原文鲁迅《书的还魂与赶造》

原载《编辑之友》2001年第4期

王云五的出版理论与实践

高生记

王云五，原名之瑞，小名日祥，族派名鸿祯，后改字云五，号岫庐，笔名出岫、龙倦飞、龙一江等，晚年自署岫庐老人，祖籍广东香山（今中山市），1888 年 7 月 9 日生于上海。14 岁时受父命去一家五金店当学徒。他一边打工，一边自学，终于由一个学徒工，成为中国新公学英文教员，曾一度担任孙中山临时大总统府秘书，还在教育部兼职。1921 年 9 月，进入商务印书馆，接替高梦旦任编译所所长（后改编审部部长），后任总经理，同时兼任东方图书馆馆长。王云五为中国出版事业做出了重要贡献，堪称我国出版大家。

一 坚持出书又出人的原则

王云五任编译所所长之初，就提出了《改进编译所意见书》。书中强调，编著书籍当“激动潮流”，不宜追逐潮流。追逐潮流为短视行为，“潮流即至，尽人得而逐之，则竞争者多，为利也仅矣。”所谓“激动潮流”，便是多出“专门书籍”，虽一时或未能十分畅销，然以实际需要者之众多，苟从营业上特加注意，固不难逐渐发展，及效果渐著，则所谓“社会大学校”将成立于无形中。

在王云五主持商务印书馆编译、出版工作的 25 年里，他始终以“教育普及”和“学术独立”为编辑出版方针，坚持出版学术专著、优秀译著以及大型字典、百科全书、知识普及读物，不为赢利而出版格调低下的图书，也不为迎合潮流出版赶浪头的读物，使商务出版物保持了学术性、知识性和有益于社会文化教育事业的基本特色。

在商务惨遭“一·二八”厄难之时，王云五提出“为国难而牺牲，为文化而奋斗”[1]的出版思想，宣布商务实行“日出新书一种”[2]，在商务再遭“八一三”厄运时，王云五实行以教科书为主的编辑出版方针，使商务在连遭两次国难之后，又坚强地站立起来。25年中，商务印书馆编辑出版新书16725种，35664册，雄踞国内出版社之首，与Mcmillan、McCraw-Hill并列为世界三大出版社。

王云五在任编译所所长期间，一边制订编辑出版方针，一边对编译所的原机构进行大刀阔斧地改革、调整、扩充，同时，聘请国内专家学者分别主持新设各部。如聘留学美国攻读教育学的朱经农为哲学教育部部长，后改任国文部部长，聘留美心理学博士唐钺为总编辑部编辑，后转任哲学教育部部长，聘留美地理学博士竺可桢为史地部部长，聘在美国攻读数学的段育华为算学部部长。王云五还聘上海、南京两地的著名教授如胡明复、胡刚复、杨杏佛、秉农山等为编辑。一时间商务印书馆人才济济，被称作是各学科知识分子的汇集之地。

王云五秉承商务印书馆的优良传统，坚持出书又出人的原则，对于初出茅庐的年轻学子的作品，在首重质量的前提下，敢于大胆推出。老舍的第一部长篇小说《老张的哲学》，就是在王云五的认可下，在《小说月报》上发表的。从此，激发起作者继续创作的热情。随后，老舍又在《小说月报》上发表了《赵子曰》、《二马》、《小坡的生日》等4部长篇小说，使老舍终于成了中国现代白话文体长篇小说的奠基人。著名作家巴金、茅盾、郑振铎、叶圣陶、冰心、丁玲、施蛰存、萧乾等人的第一部作品都是由商务出版的，商务印书馆造就了一代文学大师，也推出了语言学之父赵元任、哲学家冯友兰、语言学家王力、数学家兼翻译家郑太朴等专家学者。曾在商务任编辑的张明养，称商务印书馆为“培养人才的大学校”，而王云五不愧为这个大学的校长。

二　开创“科学管理”之先河

1929 年 9 月，王云五辞去商务编译所所长职务，去当时中央研究院社会科学研究所任法制组主任兼研究员，但仍兼商务《万有文库》总编辑和东方图书馆馆长。1929 年 11 月，商务总经理鲍咸昌因病去世，经张元济和高梦旦力荐，商务董事会决定请王云五回商务出任总经理。

1930 年 2 月，王云五到商务馆就职，3 月初出国考察，遍历日、美、英、法、德、比、荷、意、瑞士 9 国，参观工厂四十余家，咨询专家五十余人，通信接洽三十余次，访问团体与研究会二十余个，参加重要会议 4 次，作笔记四十多万字。回国后便向商务印书馆董事会提交了一份全面改革的计划草案，经讨论获一致通过。随后王云五向商务重要职员发表了《本馆采行科学管理计划》的长篇演讲，推行“科学管理法”。科学管理法由《科学管理法计划》报告和《编译所工作报酬标准》两个文件组成。

《科学管理法计划》报告长达 3 万字，涉及预算制度、成本会计制度等 12 个子计划。《编译所编译工作报酬试行章程》共 26 条，其主要内容就是将编译工作分为著作、翻译、选辑、校改和审查五类，著作、翻译两类分为八级，每千字 2 ~ 8 元；选辑工作分为五级，每千字 0.50 ~ 1.50 元；校改工作分为六级，每千字 0.50 ~ 2.00 元，并订出编译人员每日生产的定额。审查以时间计算，每小时的定额为 15 ~ 20 千字。

为了推行“科学管理法”，10 月，商务印书馆研究所正式成立，王云五自任所长，聘朱懋澄为协理兼副所长，聘孙士谔、王士倬、关锡琳等 8 位曾留学美、德的青年专家为研究所成员，研究商务本身的改革和发展问题，制定改革细则。

为了扩大宣传，王云五到上海青年会、康元制罐厂、复旦大学、中央大学商学院等地频频举办“科学管理法”的演讲,一时间,由美国人泰罗(Frederick Taybr)于1895年提出的“科学管理法”这一新名词引起了学界和企业界的关注。“科学管理法”以新观念、新方法、新技术和新器材来加强经营管理现代企业,为民营企业甚至官办企业之首创,对于提高生产力,促进企业尤其是出版业的发展具有非常重要的作用。王云五也可以称得上是中国出版的科学管理之父。

三　发明四角号码检字法

新文化运动以来,汉字检字法改革已成为人们的共识。商务印书馆因为编辑出版字典、词典之类的工具书,对于检字法的研究历来都很重视。王云五认为检字法与编印字典、改进索引方法、提高工作效率有着密切联系,进商务后也积极参加研究。后来在一个偶然的机会,王云五从电报号码中得到启发。他设想汉字是四方块,方形就有四个角,把汉字笔形分为十类,用0到9这十个数字表示十类基本笔形,把四个角的笔形数字连接起来,从而创造出了四角号码。按四角号码排列字顺就成为四角号码检字法。

王云五的四角号码检字法发明后,商务投入大量的人力、物力给予支持,组织人员试编字典、辞典、索引、目录、档案、卡片等等。编译所前任所长高梦旦先生抱着“成功不必在我”的治学态度,积极协助王云五研究四角号码检字法,并提出增加附角,终于解决了四角号码检字法重复号码太多的问题。1928年,四角号码检字法经过七十多次小修改和四次大修改,终于问世了。

四角号码检字法一经问世,便受到社会各界的普遍欢迎。胡适在《四角号码检字法》一书的序文中就大加赞扬,他称王云五为“学问界的恩人”,称王云五发明四角号码检字法是做了一件“大慈大悲救苦救难的工作”。

四角号码检字法发明以后，商务印书馆用此法编印各种字典、辞典，如先后编辑出版《四角号码学生字典》、《王云五大辞典》、《王云五小词典》、《王云五小字汇》等等，适应了不同层次读者的需要。王云五和商务印书馆在东方图书馆还开办了两期四角号码讲习班，推广宣传普及四角号码检字法。1928 年经当时的全国教育会议通过，并由大学院（最高教育学术行政机关）颁布通行全国，四角号码检字法得到诸如大中小学校、政府机关、图书馆和出版社等许多公共部门的认同和广泛应用。四角号码检字法在海外也产生了一定的影响。美国哈佛大学等高等院校，日本的一些图书馆也纷纷用此法进行中文图书编目、检索。四角号码检字法在台湾的使用范围更是广泛。1975 年，全台 64 所大专院校的图书馆有 32 所采用四角号码编目、检索。

四　创办东方图书馆

东方图书馆是由商务印书馆编译所的资料室涵芬楼演变而来的。涵芬楼是由编译所第一任所长张元济老先生一手创办的，收藏了许多珍贵的书刊资料供编译所的同仁参考使用。王云五任编译所所长后，隶属于该所的涵芬楼也归他管辖。1922 年 4 月，商务董事会议决定将商务印书馆资本增加到 500 万元。王云五利用增资的机会，建议另建图书馆楼。商务董事会采纳王的建议，拨款 10 万元建造图书馆楼，并决定由王云五负责筹建新馆事宜。1924 年 5 月，在商务印书馆总厂的对面建起一座漂亮的钢骨水泥五层大厦，后命名为“东方图书馆”。之所以命名为东方图书馆是为了“聊示与西方并驾，发扬我国固有精神”[3]。王云五为编译所的所长，同时兼任东方图书馆的馆长。

东方图书馆成立后，王云五大刀阔斧地进行改革。所有藏书采用先进的开架阅览方式。他决定每日下午定时向公众开放普通阅览室、报刊阅览室。1928年增设儿童图书馆,每天下午3~6时向放学的小学生开放。1929年增设流通部并采购数万册新书,专备借出馆外阅览。1931年开办图书外借业务。1932年成立研究部,专供学者在馆内作长期研究之用。据统计,1929年到东方图书馆阅览的人数近3万人,1930年为31.6万多人。

王云五作为图书馆馆长,潜心研究目录学,发表《新目录学的一角落》,并在东方图书馆的目录室设置专人,开展导读工作。王云五还组织东方图书馆的工作人员一起编制书名、作者、分类、丛书等4种目录、30多万张卡片。

东方图书馆在王云五馆长的主持下,成为东亚闻名的文化宝库。东方图书馆首创民营企业藏书向社会开放之先例,对于推动中国图书馆事业的发展起到了积极的作用。

五 出版各科知识新丛书

"丛书"之名,始于唐代陆龟蒙的《笠泽丛书》,但与今日所说的"丛书"可谓名不副实。南宋俞鼎孙《儒学警悟》为丛书的雏形,但却没有使用"丛书"这一名称。"丛书"之名实兼备者为明代程荣之《汉魏丛书》。到了清代,丛书的编印尤为盛行。而其内容不过是古籍的重新组合。二十世纪二三十年代,在世界出版潮流中,丛书是发展最快的。如美国的"小蓝皮丛书",日本的"改造文库"等新式丛书都给王云五留下了极其深刻的印象。王云五初到编译所,就把编辑出版学术性、通俗性兼顾的现代丛书列为工作重点。1923年,王云五主编的《百科小丛书》出版,随后,《农业小丛书》、《商业小丛书》、《师范小丛书》等也陆续出版。这套新式小丛书,种类齐全,内容兼顾中西学,形式简洁生动,价格低廉,适应了当时社会对于新文化、新科学、新知识的需求,深受各界欢迎,也成为王云五在商务的开门红。

1922～1927年，商务出版的各科新式丛书已达五百多种。在此基础上，王云五决定编印《万有文库》。1929年4月《万有文库》第1集1010种2000册开始出版。1935年3月，《万有文库》第2集700种2000册分批推出。《万有文库》按王云五创制的中外图书统一分类法分类，刊类号于书脊，每种书附有图书检索卡，依四角号码检字法注明号码，这对于图书馆的管理工作非常方便。由于《万有文库》以普通读者为对象，以全面而通俗的方式传播新文化、新知识、新科学，又由于其规模大、范围广、价格低，因而当时的内政部和教育部特于1930年训令各省市民政教育当局转饬所属县市政府务须购备，作为地方图书馆的基本库藏。因购置《万有文库》而建立的图书馆达2000家以上。

20世纪30年代，蔡元培号召"课本中国化"，即提倡大学使用中国人自己编写的教科书，王云五随之酝酿、编纂、出版《大学丛书》二百多种，改变了我国高等院校无中文教材之落后状况。1937年开始，王云五又主持出版《中国文化史丛书》第1、2、3辑，共41种。第4辑39种因战火而停刊。《中国文化史丛书》反映了当时国内学者在这一领域的最新研究成果，并开创了分专题系统研究中国文化史的先河。1936年以前，王云五出版"汉译世界名著"大约二百多种。王云五编辑出版新式丛书，是中国出版史上的一大创举，也使他成为中国新式丛书的探索者。

六　重振台湾商务印书馆

1946年5月，王云五从商务印书馆离任，任国民政府经济部长，后任行政院副院长、财政部长等职。大陆解放后，王云五遁迹香港，重理旧业，开设香港书店、华国出版社。1951年1月3日，王云五飞抵台北定居，被聘为"行政院设计委员会"委员、"总统府国策顾问"，曾任"考试院"副院长、"行政院"副院长等职。1963年

12 月辞去官职,将主要精力投入文化教育事业。他是台湾最早的博士生导师之一。1964 年,王云五出任台湾商务印书馆董事长。7 月 1 日,77 岁的王云五到馆主持馆务。

台湾商务印书馆与祖国大陆的商务印书馆有着密不可分的关系。抗战胜利后,台湾回归祖国,商务印书馆即派人赴台设置机构。1950 年 10 月,商务印书馆台湾分馆更名为“台湾商务印书馆股份有限公司”,由原任经理赵叔诚独立经营,赵叔诚经营无方,使台湾商务印书馆陷于内外交困的境地。在这时,王云五走马上任了。

王云五一上任,就从开源、节流、制度化等方面进行改革,并决定将最初两年间的出版放在改编或修订在大陆期间畅销的商务版图书上。王云五全身心地投入到工作中去,精心选编,在一年内就出版了《万有文库荟要》第一、二集及简编 1200 册、《四部丛刊》初编等三部大丛书、《丛书集成简编》860 册,使台湾商务印书馆终于振兴起来。

从 1966 年起,王云五除了选辑出版《汉译世界名著》等大部丛书外,还出版了《小学生文库》、《四库全书珍本》初集至五集、《宋元明善本丛书》、《百衲本二十四史》、《中华科技学技艺史丛书》等大部丛书。王云五在主持台湾商务印书馆时,还出版 12 册《云五社会科学大辞典》、10 册《中山自然科学大辞典》、11 册《中正科技大辞典》三大工具书。

从 1964 年到 1979 年王云五任台湾商务印书馆董事长的 15 年间,台湾商务印书馆年均出书 1554 册,年均盈利 1878 万元,一跃而成为台湾出版界的龙头,为振兴台湾出版业,促进台湾文化发展做出了积极贡献。

王云五号称“四百万”,“四”指四角号码,“百”指《百科全书》,“万”指《万有文库》。王云五一生钟情于《万有文库》,得意于四角号码,而他最看重的还是科学管理法。

参考文献:

[1] 王云五.岫庐八十自述[M].台湾:商务印书馆,1967.

[2] 商务印书馆大事记[M].北京:商务印书馆,1987.

[3] 汪家熔.涵芬楼和东方图书馆[J].图书馆通讯,1981,(1).

原载《山西师大学报》2000 年第 2 期

王云五的出版家素质

邓咏秋

精力旺盛而且长寿的王云五(1888~1979)在出版领域的成功不应忽视。回顾王云五在商务印书馆(上海)与台湾商务印书馆的经历,其成功固然与当时的社会契机有关,亦与他个人的素质有关。其中重要的有以下几个方面。

杂　家

王云五称自己为杂家,这是指他的知识结构而言。王云五的学识主要靠自修,选择学习的对象全凭个人兴趣,加上对新知的渴求,使他读书博杂。他广泛涉猎各门各类的知识,中外知识兼备。清末民初是中外文化激烈碰撞的时期,从蔡元培(1868~1940)到胡适(1891~1962)的一批新文化运动倡导者,他们的教育背景是历史仅见的——“传统与近代新式教育参半,新旧学问兼备,中外思想的影响集于一身”①。王云五虽然不是新文化运动的积极倡导者,但他生于这种中西文化融合、碰撞的大环境下,这对他形成中西兼备的知识结构关系极大。

他虽然多次悔及自己读书博而不精，并自嘲是一位“四不像的学者”。事实上，他在谈读书方法，尤其是在谈出版家素质时，更强调博或者说杂。在内心里，他明白自己受惠于此，也推崇这种知识结构。他在接受一次采访时说到，出版家“书读得博不一定要专，这样才能推出各类可读的书”②。《出版学概说》在谈到出版者的素质时也强调出版者的知识要杂，这也许代表了当今出版者仍可努力的一种方向。德索尔在这本书中指出：“出版者是出版业的专家，但他在知识方面又必须是一个博学多才的杂家。”因为这可以帮助出版者充分了解“读者的生机勃勃的多元的文化需要”③，以便真正从读者需求角度考虑出版策略。

作为杂家的王云五在制订选题计划时体现出他的优势。他注重单个选题本身的系统性，同时注重各个选题之间的系统性。又因为具备博杂的知识结构，策划选题时的灵感来自社会科学、自然科学、综合性学科的各个领域。因为中西学兼备，两种不同文化的比较更容易产生灵感。在选择《汉译世界名著丛书》的书目时，王云五曾利用外国的书评作为选目的参考。他倡导的第一部工具书是《教育大辞书》，在这本书的序言中他说到事前的准备工作是：“博览各国出版之教育辞书”。他对德、法、英、美等国已出版的教育辞书进行分析、比较，借鉴国外的长处，作适合中国需要的改良。他指出：“我国编纂之教育辞书，当对象于本国教育家或研究教育者，以本国教育问题及状况为中心，采各国教育辞书之特长，而去其缺憾，方适于用也。”④1960 年王云五为台湾商务印书馆创编《人人文库》，系仿英国 Everyman's Library（可译为《人人丛书》或《人人文库》）。英国《人人丛书》刊行一百多年，包括子目约达千种，所收以古典著作为主，也加入部分新著，因为字小、行密、古典作品可免付稿费，所以售价特廉。王云五此前辑印的《万有文库荟要》、《丛书集成简编》等都是整套发售，虽有利于图书馆及藏书家，但未必适合青年学子。于是以青年为读者对象，编《人人文库》,新旧图书兼备,月出 20 册,相当于以图书形式发行的连续出版物,分册发售,定价低廉。《人人文库》连续出版了二十多年,直到 1990 年才停止。编《人人文库》的创意虽来自于外国,但以中国文化为基础,配合时代的需要,这部丛书因而焕然一新。

擅长计算

出身商人之家的王云五从小就养成了计算的习惯。他 12 岁回广东老家,经常与一位堂伯父去赶集,随伯父学习心算和珠算,"由此一生养成计算的习惯;无论做任何事,须要计算其利害得失,究竟利与害孰多,借为判断的标准"⑤。

王云五成名后,以自己的经验现身说法:"我一生得之于算学很大","中国人不注重算学,这是很坏的现象"。他认为要得到正确的思想一要靠幻想,这个幻想的意思是指勇于创新和联想,但是光有幻想还不能得到正确的思想,还要借助于数学,"要使思想正确,一加一一定是二,二加二一定是四,那么,不独学理工的人要学高等算学,就是学文学的人也要学高等算学"⑥。

重视数学的王云五在出版业经营中十分重视财务管理。他任台湾商务印书馆董事长后,立即查询公司的现金账款,了解公司的开支和收入,然后确定开源节流的发展计划:首先做财务的整顿以"节流",然后用大量出版来"开源"。他因胡适的推荐进入商务印书馆,但是确立他威望的是他主持期内各项业绩统计数字的攀升。王云五精于计算,而且乐于将企业中视为机密的各种营业数字公之于众,以数字的历年攀升来展现自己的管理成绩。从上海到重庆到台湾,王云五总是将商务印书馆的各种新书出版数量、营业数字、增长率挂在嘴上。事实上,这些数字无论对于出版家还是对于出版机构来说,的确是非常重要的。

他经常推出一些大型出版计划。如同《万有文库》初期滞销带给王云五巨大的恐惧一样,大型出版计划是有风险的,它既可以使一个出版社由此而兴,也可能使一个出版社由此而亡。王云五推行大型出版计划,往往成功,与他在事前的认真计算和权衡分不开。王云五的学生、曾任台湾商务印书馆总编辑、总经理兼发行人的徐有守回忆说:

> 笔者任职数年期中,每年必发行大部头丛书二三种,所费资金庞大。若其中有一部滞销,则书馆有立即倒闭之可能。因而每筹印一书,师生二人,常在云五先生窄约仅二坪局促之董事长办公室反复核计、预测、讨论其印行之可能性。踌躇再四,数月始决⑦。

善于借鉴和移植,喜欢创新

从思维方式上看,王云五善于借鉴和移植。1930 年,王云五对青年演讲《怎样读书》,谈到自己的一种读书方法"是从法兰克林那里偷来的",并且说"好的东西可以偷,不要怕"⑧。这充分表明王云五对待优秀事物的态度:提倡借鉴和移植。

王云五对新知识一直保持极大的兴趣。即使到晚年,"偶然听到一种新的学问或理论为自己向所不知者,总是多方搜求有关这一问题的书籍期刊,涉猎一下,然后甘心"⑨。他钻研检字法而发明四角号码检字法,研究图书分类法而创立"中外图书统一分类法",此外在出版的其他相关领域亦有很多发明和改革,如化学翻印法、航空纸型、中文排字改革等。他能有这么多创造,与他广博的知识基础有关。另外,善于借鉴和移植也是他成功的重要因素。比如,他从邻居新造房子钉门牌找到灵感,在杜威十进分类法中加入三个符号,使中外文图书能够实现统一分类,进而创立"中外图书统一分类法”。他研究新检字法时,从一部电报号码本找到创立号码检字法的灵感。他的选题计划也有不少是移植来的,从外国的百科全书到创编中国的百科全书,从《牛津大字典》到《中山大辞典》,从外国的《人人文库》到中国的《人人文库》等,这样的例子颇不鲜见。

勤　　奋

王云五在出版业、教育业、图书馆事业等多方面都有成就,很大程度上得益于他的勤奋。在晚年因他的健康长寿,许多报纸希望他介绍秘诀,他介绍说他的秘诀就是没有秘诀,他希望从工作室、图书馆一直工作到殡仪馆。1930 年,他在对商务印书馆同仁的一次讲话中,谈到他从十五六岁起,没有一天不做十五六小时的工作,在商务印书馆上班每天准时到,准时退,绝没有无故迟到或早退过,在馆中办不完的事拿回家做。此外,每天有两三小时的规定读书时间,从不间断。与王云五共过事的一些商务旧同仁在事后有不少追述文章,对王云五有褒有贬,但是王云五的勤奋却得到更多印证。即使是在八九十岁时,王云五仍坚持每天早上三点起床读书著书的习惯。晚年他在台湾商务印书馆等多处担任重要工作,直到去世。

办事大刀阔斧,追求效率

《秋斋笔谭》上有王云五的一段轶事,反映了王云五的魄力:王云五每日到馆都要咳嗽三声,声如黄钟大吕,而且一声比一声高,被称为“平升三级”,“王老板”每天到馆,只消咳嗽一回,能使三百多位职员鸦雀无声[10]。

1907 ~ 1947 年任职于商务印书馆,主要从事宣传推销工作的黄警顽回忆说：

> 王云五办事大刀阔斧，建立了许多规章制度……从“一·二八事件”以后的规复工作中，显得他很有些手腕。他主张印行大部头书籍，利用政治力量和营业方法推销。《万有文库》销几千部，在当时也是很突出的⑪。

黄警顽虽然对王云五预支版税、重点推销自己的书不满，但对王云五的管理方法和业绩仍然是肯定的。

对效率的追求使王云五1930年初就在商务印书馆倡导科学管理，主张采用国外先进的企业管理方式，提高效率。1930年王云五出国考察，从国外聘请留学生多人回国成立科学管理研究所，自任所长。他是个追求效率的人，治学的方式类似于资料卡片式，平时勤于记卡片，写作时虽有罗列资料之嫌，但写作速度极快，《岫庐八十自述》、《岫庐序跋集编》、《商务印书馆与新教育年谱》等都是洋洋百万言的巨著，往往一挥而就。他的6册《中国教学思想史丛书》全在1970~1971年两年间出版，其中有4册即《宋元教学思想》、《明清教学思想》、《革新时代教学思想》、《中国历代教学思想综合研究》是在1971年一年内出版的。写毕多卷本《中国政治思想史》、《中国教学思想史》之后，他说过如果时间允许，还想写一部中国哲学思想史，这一心愿未能完成。1920年他在商务印书馆力主成立百科全书委员会，自任主任，下设6个系，最多时曾集合馆内外一百多人同时进行，按字计酬，希望能尽快编出一部中国人自己的百科全书，为国争光，但是没有成功。原因是多方面的，最主要的是，当时中国的学术研究基础还不足以完成这样具有总结性的浩大工程，部分的原因也可以说是因为他太急功近利，过于追求效率甚至是速效。但是作为一个出版家，作为一个决策人员，如果不曾有任何决策失误，恐怕也不可能吧。

注释：

① 陈方雄. 五四新文化运动的源流. 北京：三联书店，1997. 183

② 王云五. 岫庐最后十年自述. 台北：台湾商务印书馆，1977 年 3 版. 308

③ 德索尔. J. P. 姜乐英，杨杰译. 出版学概说. 北京：中国书籍出版社，1988. 21

④ 王云五. 教育大辞书序. 载王云五. 岫庐序跋集编. 台北：台湾商务印书馆，1979. 25

⑤ 王云五. 岫庐八十自述. 台北：台湾商务印书馆，1967. 11

⑥⑧ 王云五. 怎样读书. 载中学生读书会编. 读书法入门. 上海：开明书局，1930

⑦ 徐有守. 王云五先生与中国出版事业. 载蒋复璁等著. 王云五先生与近代中国. 台北：台湾商务印书馆，1987. 187

⑨ 王云五. 漫谈读书. 载王云五. 旧学新探：王云五论学文选. 上海：学林出版社，1997. 173

⑩ 秋斋笔谭，转引自书局旧踪. 50 页

⑪ 黄警顽. 我在商务印书馆的四十年. 载商务印书馆九十年. 北京：作家出版社，94～95

原载《出版科学》2003 年第 3 期

出版界巨子王云五传奇

傅国涌

在中国大陆，对王云五这个名字人们陌生已久。然而，半个多世纪前他是一个家喻户晓的人，凡是读过书的人又有谁未曾读过"王云五主编"的书籍呢？仅仅是他主编的"万有文库"系列丛书，就有四千余册，几乎涵盖了当时所有的学科知识领域；《王云五大字典》曾经是学生和家庭的必备工具书；他发明的"四角号码检字

法”在工具书编排、索引编制、档案管理、图书馆卡片排列等领域得到广泛应用。

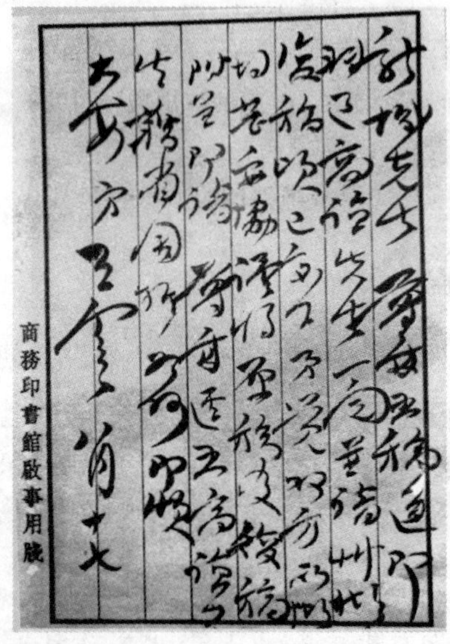

王云五书信手迹

他只受过不足 5 年的学校教育，完全依靠自学成才，却做过胡适的英文老师。他没有任何学历，1955 年到 1969 年的 15 年间却在台湾政治大学指导了 23 篇硕士论文、7 篇博士论文，培养了金耀基等杰出英才（大陆自己培养第一批博士是在 80 年代初）。在他富有传奇色彩的 91 年人生中，20 世纪 20 到 40 年代主持商务印书馆的 25 年，无疑是他生命中最辉煌的一页，创造了出版史上让后人难以企及的一个个高峰，30 年代的商务印书馆达到了它的鼎盛时期。

正如金耀基说的，“先生出身平凡的学徒，自强不息，以牛马骆驼之精神，苦斗不懈，终成一代奇人。先生在学术文化政治教育上独特之贡献皆已化为时代共有的资产。惟千百年后，先生仍将被记得他是《万有文库》的主编者；四角号码检字法的发明人；现代科学管理之先驱；云五图书馆之缔造人；商务印书馆的伟大斗士与化身。王云五三个字已成为一空无依傍的人，凭一己之努力攀登社会巅峰的象征”。

一

王云五（1888 ~ 1979），广东省香山县泮沙村人，出生于上海租界，正名之瑞，小名日祥，14 岁取别字“云五”，“日下现五色祥云”之意。17 岁开始发表译作，笔名“出岫”，意为“云无心而出岫”，并由此化出常用的别号“岫庐”。

他 3 岁回故乡度过了童年时代，6 岁开始随大哥日华读《三字经》、《千字文》。他个头矮小，脑袋奇大，体质很弱，性格羞怯，加上母亲对他管教甚严，平日很少走出家门。7 岁时父亲让他大哥带他去上海，随后他大哥回乡应试，并顺利地通过童子试，但还未成为秀才便患足疾逝于乡下。村里人都说他家风水不好，由于这一缘故，他父亲再也不敢让他走读书应试之路，送他进私塾，本意只是多识几个字，为日后经商准备条件。14 岁那年，父亲送他到一家五金店当学徒，晚上到夜校学英文，开始他的半工半读生涯。因为他上班看书，被老板炒了鱿鱼。1904 年，16 岁的王云五进一家同文馆修业，并在一家英文夜校当助教，自谋生计。在同文馆一年，他博览英文原著，建立起“天下没有读不通的书，没有克服不了的困难”的自信心。不久，他又成了益智书室唯一的教师，组织振群学社，自任社长。他没有受过完整的教育，只断断续续上过几年学，全凭自学，即使在辍学经商的岁月里，他始终坚持学习英语。他以分期付款方式购买了 35 卷《大英百科全书》，并在三年中通读一遍，成为“他一生中最有传奇色彩的读书佳话”，也因此他才得以执鞭从教。

在经历了十多年艰辛曲折的求学与刻苦的自学道路之后，1908 年 10 月，才 20 出头的王云五受聘到中国公学任教，成为胡适的老师。当时的他留着辫子，土气十足，但凭着学识和口才，终于取得了学生的信任。1911 年的 12 月底，一次偶然的机会，使王云五幸运地认识了孙中山先生。当时旅居上海的香山县人民设宴欢送孙中山，他们公推王云五为主席，他致词后就坐在孙中山的旁边。孙中山对这位小同乡极为欣赏，当即邀请他到总统府担任秘书。在这以前，他给蔡元培写了一封信，针对清末学制流弊提出三点改革意见,很快就得到蔡的回信,对他的方案大加肯定,希望他能到教育部"相助为理"。孙中山同意他上午在总统府接待处工作,下午至教育部供职。不久,孙中山解除临时大总统职务,王云五随教育部北迁北京。在此期间,他曾为《民主日报》撰写社论,在国民大学(后改名中国大学)教授英文。

1914 年,他任筹办全国煤油矿事宜处编译股主任,他对工作的忘我程度和工作能力让人刮目相看。他晚年回忆当时翻译一篇中美合约的情况:"我立即开始工作,从当日下午五时起,夜间仅睡二小时,迄次日午后三时,计实际工作二十小时,而成稿二万六千字……"1917 年秋天,他担任三省禁烟特派员时,卷入收购外商鸦片的存土案,因"合法"拿回扣而被迫辞职,告别了他近 6 年的官场生活。

此后 3 年,他在上海闭门读书,并从事著译,研究过国际关系和国际法,广泛涉猎西方新著作,学习法文和德文,翻译了罗素的《社会改造原理》,学识大有长进。1920 年他应邀为公民书局主编一套"公民丛书",这是他进入商务印书馆之前涉足出版业仅有的经验。

二

王云五有幸生活在一个新旧交替、文化转型的大时代,1921 年对他来说无疑是个最重要的年头,他登上中国出版和文化界的大舞台,从此揭开了他一生事业的序幕,也揭开了中国出版史上辉煌的一页。

创办于 1897 年、有了 24 年筚路蓝缕历史的商务印书馆,在经历五四新文化浪潮的冲刷之后正面临着新的转折,急于物色一位懂外语、学贯中西的新人来主持编辑出版事务。最初,张元济、高梦旦目光所关注的是新文化运动的风云人物胡适。当胡适举荐他的老师王云五自代时，他们惊诧不已，因为他们还不知道王云五其人。1921 年 7 月 23 日，胡适在日记中这样评价王云五：

> 他曾教我英文。他是一个完全自修成功的人才，读书最多，最博。家中藏西文书一万二千本，中文书也不少。他的道德也极高……此人的学问道德在今日可谓无双之选。他今年 34 岁，每日必要读一百页的外国书。

9 月 1 日胡适日记中说："云五的学问道德都比我好，他的办事能力更是我全没有的。"

胡适的极力推荐，使商务接纳了当时汲汲无名的王云五，一个没有文凭的自学成才者，这一点我们不得不佩服张元济、高梦旦——这些创造了商务第一轮辉煌的出版巨人们的气度、胸怀和眼光。这个身材矮小、貌不惊人的王云五果然不负所托，以他出色的管理才华和他过人的胆识，让商务始终站在 20 世纪中国文化发展的前沿。

1921 年 9 月 16 日，也是传统的中秋节，王云五正式跨进商务印书馆的大门。不到两个月（11 月 13 日），他就系统地提出《改进编译所意见书》。1922 年 1 月他接任编译所长要职，开始他一生的出版生涯，成为中国出版现代化卓有成效的探索者。他以"教育普及"、"学术独立"为出版方针，大刀阔斧地进行改革，大量起用学有专长的新人，扩大机构，以现代学科分类重新改组编译所，提高工作效率，革新《东方杂志》、《小说月报》等期刊，致力于传播新知识、新思想，介绍新学科，使商务印书馆形象一新。

在他主持下，短短几年内就出版了五十多种大型丛书，包括百科小丛书、农业小丛书、商业小丛书、师范小丛书、算学小丛书、新时代史地丛书、国学小丛书等，为他以后编《万有文库》奠定了基础。他计划编撰的中国第一部百科全书虽然没有成功，但 1928 年起他主编的《万有文库》,统一版式排印出版中外名著,古今中外,包罗万象,可惜出了两集1700种、4000册之后,由于战乱而未能全部完成。这已经是中国出版史上的一大盛事,出版规模可谓空前未有,对中国的文化事业产生了不可估量的深远影响。只要购买《万有文库》,就等于建立了一所小型图书馆。王云五当年策划《万有文库》,其雄心就是要通过这套丛书,“使得任何一个个人或家庭乃至新建的图书馆,都可以通过最经济、最系统的方式,方便地建立其基本收藏”。他的这一雄心被美国《纽约时报》称为“在界定和传播知识上最具野心的努力”,他“为苦难的中国提供书本,而不是子弹”。在战火纷飞的岁月,王云五忠诚于源远流长的文化事业乃是一个了不起的创举,恩泽惠及无数读书人。

进入20世纪二三十年代,国外的知识大量涌入,工具书的编纂是当务之急。然而,传统的部首检索法却十分繁琐不便。王云五总结前人的改革设想,苦思半年,决定从号码检字寻找出路。他把笔划分为五类,一是横和挑,二是直和直钩,三是撇,四是点和捺,五是曲折,分别用数码表示,进行编码,终于发明了“四角号码检字法”。那就是“一横二垂三点捺,点下带横变零头,叉四插五方块六,七角八八小是九。”并以此法编了《王云五大字典》和《王云五小字典》等不少工具书,曾为人们所广泛使用。

此外,他兼任东方图书馆馆长,首创民营企业藏书向社会开放的先例。他举办图书馆学习班,对外培训图书管理专业人才,还推介和完善了中外图书统一分类法。商务印书馆在他手上达到鼎盛时期,其规模和组织的庞大齐全,现在也没有多少出版社可与之比肩。

王云五以勤奋、博学、务实、进取和开拓创新的精神品格,成为名垂史册的出版巨子,对中国20世纪文化教育事业做出了重大贡献。

这一时期还有两件事值得一提,一是1925年“五卅”惨案发生后,他发表《五卅事件之责任与善后》长文,公开批评租界当局,并同意《东方》编印“五卅事件特辑”,受到起诉,在汹涌澎湃的民族主义浪潮中,最终只是以罚款200元了事。叶圣陶、茅盾、郑振铎等商务编辑出版《公理日报》,他也没有干预。二是在当时激烈的工潮中,虽然作为管理者,他代表资方,但当军阀要插手工潮时他的表现却让人不无吃惊。据茅盾回忆录,1925年6月,商务印书馆职工大罢工,劳、资双方代表正在举行第二次谈判,突然一个凶煞似的军官带着几个士兵闯了进来,称“本营长奉淞沪镇守使之命,前来给你们调解。你们双方各坐一边,给我坐好!”在看了罢工委员会的《复工条件》和资方表示能接受的答复条件后宣布:“你们工人不是要加工钱么?我说可以。商务印书馆有的是钱嘛。你们工人又说要成立工会么?那不成。联帅(孙传芳)命令取缔一切工会。几千人罢工,地方治安就不能维持了。我限你们双方今天立即签字复工!”并威胁道:“明天,我派兵来。一定要复工!”说着就往外走。王云五突然快步向前,拉住他,扑地跪在地下哀求道:“请营长息怒,宽限一两天,我们自己解决,千万不要劳您派兵来。”营长不置可否就走了。王云五回身对大家痛哭说:“我们双方都让步一点,免得外人来干涉。”工潮最后以“商务”资方的让步而告终。

三

1929年秋王云五一度离开商务印书馆,出任中央研究院社会科学研究所研究员兼法制组主任,但他仍然心系商务。1930年春,当商务印书馆聘请他出任总经理时,他提出两个条件,一是实行总经理负责制,二是允许他出国考察半年。他随即出访欧美、亚洲九国,考察企业管理,半年之后他回到上海,“拟订全面改革计划草案,明确各岗位职责,严定工作标准,以薪金为调节手段。”他推行的“科学管理法”虽然受到抵制,但其中闪耀着“现代企业制度的火花”（郭汾阳语）。

他苦心经营的商务印书馆总厂和东方图书馆在1932年的“一·二八”事变中，被日军炮火炸毁，损失极为惨重，这是商务印书馆历史上最大的劫难。面对大灾难，王云五曾有过犹豫和动摇，但他没有知难而退，而是很快以其文化良知，坚定地负起了责任，开始他出版事业中新一轮的跋涉。他提出“为国难而牺牲，为文化而奋斗”的响亮口号，同时宣布“日出新书一种”。为振兴文运所系的商务印书馆，他不辞劳苦，不惜生命，几乎想尽了一切办法，在很短的时间就恢复了商务往日的繁荣和兴旺。到1933年，他复兴了东方图书馆，编印了《万有文库》续编、《小学生文库》，出版中小学教科书千余万册，各种字典数十万本，重要参考书数百种。商务印书馆在30年代中国的影响之大，可用一个统计数字说明，仅仅1934至1936年的三年间就出新书12024册，占全国同期新书出版数的48%，占有全国图书市场52%的份额，规模之大、业务之广、技术之高，在当时中国的出版业中都绝无仅有，曾被誉为“东方文化之中心机关”，达到了商务百年史上的鼎盛时期。特别是王云五组织出版的“大学丛书”，为此建立了由蔡元培领衔、包括了56名各学科一流专家的编辑委员会，到1937年全面抗战前共出书200多种，结束了外国人编写的外文教科书垄断中国高等教育的旧时代，成为中国大学独立的重要标志之一。他主持的“中国文化史丛书”，用现代科学眼光审视和批判传统文化，不少著作具有重大的学术价值，是20世纪极为珍贵的文化遗产。

在他领导下，商务印书馆不仅完成了“日出新书一种”的目标，而且与文化界建立了深厚的关系，商务作者群中不乏权威的学者，也有初出茅庐的年轻学者，培养了很多文化史上杰出的英才。

商务印书馆在“一·二八”的废墟上迅速复兴，创造了商务历史上最辉煌的时期，出书品种、规模和实际资产都超过了“一·二八”前，这是“世界出版史和文化史的一个奇迹”（王建辉语）。这一切都是与王云五的努力分不开的。书虽然是有形的,但“其中蕴涵着一种无形的精神,这些丛书大多是在大劫之后进行的,体现了他不辞艰辛不屈不挠的文化精神”,也就是绵延不绝的“书局精神”。

遗憾的是,好景不长,王云五主持重建的商务印书馆在1937年的“八一三”事变时再度惨遭日机轰炸。战争迫使商务印书馆几度迁移,最终迁到重庆,王云五以“复兴中华”为号召,他的“科学管理法”也收到了很大效果,使商务在艰难的条件下仍持续得到发展,推出了《中学文库》、《王云五新辞典》等广受欢迎的出版物。

从1938年起,王云五虽然担任国民参政员,但是从上海到长沙,从香港到重庆,在国难当头的岁月里,他一直与商务印书馆共患难,以致身心憔悴。到1946年5月他辞去商务印书馆总经理一职,他主持商务的编辑工作和馆务共计25年,其中任编译所长9年、总经理16年,在20年代到40年代,凡是读书识字的人,几乎都读过商务印书馆出版的读物,几乎人人都知道王云五其人,正是他继张元济之后将商务印书馆“昌明教育、开启民智”的理念发扬光大。

四

1938年王云五被国民党当局选为参政员时曾说过一番话——

> 我向来是主张本位救国的,所以近十年来,专就自己主持的出版事业努力,认为直接有益于社会,便是间接为国家致力,因此,对于政治不愿直接参与。假使平时被选为参政员,我必定辞谢不就。目前却不然了,国家到了这个严重的时期,全国人民的智能、资力和生命,都有随时受国家征发的义务。我这次被选任参政员,正如一个壮丁被征入伍。新入伍的壮丁只能说:“我当努力尽职”!

这一时期他虽然参与政治，但主要还是经营商务的出版事业。抗日战争胜利后，1946年1月，他作为38位政协代表、9位无党无派代表之一参加了政协会议。5月，他以“社会贤达”出任国民政府经济部长，终于踏上弃文从政、弃商从政之路，这一年他58岁。

王云五早年有过从政的经历，1912年曾在北京参加宋教仁组织的国民党，但1927年就退党了。他是以无党无派的身份，以主持商务印书馆成功而名动一时，并因此受到各方注目。

随后的两年半时间，他先后担任过行政院副院长、代理行政院长、国民政府委员兼财政部长等职。1948年，国民党政权即将崩溃前夕，蒋介石起用“社会贤达”，王云五在翁文灏内阁出任财政部长要职，以霹雳手段主持币制改革，酿成了臭名昭著的金圆券风潮。王云五因此声名狼藉，也因此他虽然已辞职，但中共中央1948年12月25日公布的43名国民党战犯名单中，王云五还是名列第15名“罪大恶极，是国人皆曰可杀者”。1949年后他去了香港、台湾，继续从政，曾官至“考试院副院长”、“行政院副院长”、代理“行政院长”。

1963年12月，77岁高龄的王云五辞去一切政府职务，重操旧业，就任台湾商务印书馆董事长，直至92岁去世，15年间他再度开创了新的出版事业，推出大量优秀著作，弘扬中华文化。他主持出版的《云五社会科学大辞典》、《中山自然科学大辞典》、《中正科技大辞典》都对汉语世界产生了广泛的影响。他的一生前后主持商务印书馆达40年之久，是中国出版史上无法回避的巨人，也是20世纪中国思想文化史上的一个重要人物，对中国的文明进步产生了深刻影响。

在他去世前七年多，他预立遗嘱，把全部藏书和钱款捐出，建立王云五图书馆。此外，他还主持了台湾故宫博物院的工作。淡出政坛后，他潜心著书立说，写下了《岫庐八十自述》、《商务印书馆与新教育年谱》、《岫庐最后十年自述》、《中国政治思想史》、《中国教育思想史》等著作，尤其是前面三部长达百万字回忆为后人研究中国百年史和商务印书馆提供了第一手的珍贵史料。1979 年 8 月 14 日，王云五因心脏病发作逝世。逝世前几天还奋力执笔为商务老前辈张元济的《涉园序跋集录》写跋文，为后人研究商务印书馆留下了一份极其宝贵的史料。

在海峡的此岸，因为王云五 1946 年后的这段从政经历，长期以来他被刻意地遗忘了。即使在纪念商务百年时也鲜有人提及他当年的贡献，出版界、史学界对他都是讳莫如深。在经历了漫长岁月的沉寂之后，1997 年 12 月学林出版社出版了《旧学新探：王云五论学文选》（关鸿、魏平主编），作为“海外学者文丛”的一本，包括忆旧、论学、杂述三部分，大多数是王云五到台湾后发表的文章。这是 1949 年后大陆出版的第一部王云五的著作。1999 年 9 月，上海书店出版社出版了第一部《王云五评传》（郭太风著）。2000 年 7 月，王建辉的博士论文《文化的商务——王云五专题研究》由商务印书馆出版。在半个世纪的风雨沧桑之后，王云五这位曾经在中国出版、文化等领域名声煊赫、影响至大的历史人物终于重新浮出水面。拨开历史的灰尘，后世的人们将长久地记得商务印书馆，记得王云五这个名字。

原载《炎黄春秋》2003 年第 4 期

王云五与商务印书馆的古籍出版

刘洪权

商务印书馆创办于甲午战争后维新运动的浪潮中，与中国社会现代化转型的过程同步。商务印书馆积极利用新式的印刷技术,通过书籍这一传播媒介,致力于西方文化的引进和传统文化的传承,大大推进了外来知识和本土文明传播的广度和深度,对中国现代文化的塑造做出了无可替代的贡献。

商务印书馆对新文化的影响主要是通过其出版物来体现的。商务印书馆从1902年到1950年6月共出书15116种,28058册,其类别和种数,可见下表(其中1902年至1910年出书合计865种,2042册)①。

商务出版物分类统计表(1902~1950)

类别	总类	哲学	宗教	社会科学	语文学	自然科学	应用技术	艺术	文学	史地
种数	1197	728	314	4535	656	1299	1351	915	2576	1545
册数	3437	910	964	8139	1168	1442	1493	1467	5878	3160

从上表可以看出,商务印书馆的出版物延伸到现代知识的每一领域,表明商务对中国文化建设的贡献是全方位的。1935年,王云五总结商务创办三十年间与中国文化的关系,列有7项:1)关于教科书之编印;2)关于文体之改革;3)关于西洋文学之介绍;4)关于社会科学之介绍;5)关于自然科学之介绍;6)关于国故及国故之整理;7)关于文学工具之供应与研究。并说:"以一私人营业机关,而与全国文化发生如是重大关系者,在国内固无其匹,即在国外亦不多见。"②

古籍在商务出版物中占据一个重要位置。1912年至1949年商务印书馆出版的古籍据统计仅丛书就有53种,包含子目8992种,另有《说郛》100卷及《续藏经》7140册。从种数看,古籍占商务出版物总数的一半强。商务出版的古籍,如《四部丛刊》、《丛书集成》,与中华书局的《四部备要》并称为"我国近代三大古籍丛书"③,极富学术与文献价值,至今余泽犹存。对商务印书馆的古籍出版,有多位学者从出版史、文献学、文化史的角度进行了探讨,研究成果相当丰富。

民国时期主政商务印书馆者前期代表为张元济。从1902年至1920年，张元济为商务创业、发展出力最巨之人。影印古籍是张元济主政商务的主要出版方向之一。张氏精于旧学，他运用传统的版本、校勘之学，辑印《涵芬楼秘笈》《四部丛刊》《续古佚丛书》等大部古书，为商务印书馆赢得在文化界、读书界良好的声誉和可观的营业收入。1926年从监理位置上退休后，张氏更以全副精力辑印旧书，直至1959年去世。影印古籍、保存文献为其服务商务60年始终不懈之事业，亦为他对文化的主要贡献而为人称道。后期主政商务的代表为王云五。1922年始至1946年，王云五在胡适整理国故的理论和方法的指导下，以新式观念、整理方法和印刷形式排印古籍，解决古书难读难解的问题，出版《学生国学丛书》《国学基本丛书》《丛书集成》等新型古籍丛书，目标在于传统文化的普及，使商务的古籍出版在新形势下得到拓展。其整理、排印古籍的方法，亦成为后来古籍出版的范式之一。王云五与商务古籍出版的关系是一个值得研究的问题。

王云五的教育背景与出版理念

1920年春，张元济55岁，宣布辞职引退，辞职的动机是：

> 吾辈在公司几二十年，且年逾五旬，体力均非健硕，岂能永久任此繁剧。亟宜预备替人，培植新进，以谋公司可久可大之计。……且吾辈脑力陈旧，不能与世界潮流相应，若不引避贤路，恐非独与公司无益，而且于公司有损。弟实不忍公司陷于困境，而志不得行，故毅然辞职，以为先去为望之计。……并拟添招新知识者数人，以为公司之用。④

1919 年新文化运动兴起后，商务的创业者张元济、高梦旦等觉得自己的观念和知识跟不上形势，需要为商务的出版事业寻找新人。开始他们找的是新文化运动的领袖胡适。1921 年 5 月 15 日，张元济给胡适写信："敝公司从事编译，学识浅陋，深恐贻误后生，素承不弃，极思借重长才。"⑤同年胡适借暑假考察了商务印书馆，虽然也觉得商务印书馆非常重要，最终因不愿放弃自己的学术研究，而未就职。但商务盛情难却，他就推荐昔日求学中国公学时的老师王云五代替，并得到商务当局的首肯。1921 年 9 月，王云五正式加入商务印书馆。翌年元月任编译所所长。1929 年 9 月曾短暂脱离商务。1930 年 3 月回商务任总经理。直至 1946 年 5 月从商务离任，任国民政府经济部长。商务开始了一个王云五时期。王云五引领商务，顺应新文化运动后的思想文化潮流，应付艰难的国际时势，使商务印书馆的事业在遭受"一·二八"事变的空前打击下不致失败，得以复兴，确有其成绩。章开沅以为："张元济与王云五都是商务印书馆的大功臣，张奠基于前，王拓展于后，各有自己特殊的角色与业绩。"⑥不失为公允之论。

王云五早年因父母以为家运与风水不适于子女读书，致使他没有受过正式的学校教育。王云五的学校生活，一共不满五年。求学是"旧学没有考过科举，新学没有进过学校"⑦。后全靠自学，略窥学术之门。自修以英文为主，读过不少原文外国社会科学学术名著，青年时期曾把一部《大英百科全书》通读一遍，获得一定的新学知识。旧学也是靠自学，"我对于旧学研究很浅，而且是独个儿的在黑暗中摸索，走了不少的冤枉路途"，"酌采外国的方法而变通之"，而"偶尔发现一些捷径"⑧，总的特点是读书广博，好杂览。

大体言之，王云五的西学修养好过旧学，而张元济的旧学修养好过新学。旧学根基的薄弱使王云五不可能按照张元济的路数来整理辑印古籍。但王云五扬长避短，利用他的较好的西学方法来观照旧学,援西学之理入中学,并运用在整理出版古籍上,开辟了一条与张元济刊印古籍做法不同的路径。

王云五在出版方针上基本上继承了张元济为商务打造的出版方向。王云五接任商务后,在《最近三十五年之中国教育·导言》中,明确将“教育普及”列为商务出版方针之一。关于中西文化,则中西并重。王云五以为:“方今文化衰落,介绍新知与流传古籍,其重要相等。”⑨王云五从事出版,注重“与新学术或世界共同之学术沟通”,“四库旧藏、百科新著,或将咸备于是”。《万有文库》之目的,在于“以整个的普通图书馆用书供献于社会”⑩。

胡适整理国故理论和方法对王云五古籍出版理念的影响

胡适在新文化运动中暴得大名,这样的人才是商务所急需网罗的,遂有1921年胡适受邀南下考察商务之旅。虽然胡适后来未供职商务,但从此与商务印书馆结下不解之缘。有学者将胡适对商务印书馆的帮助概括为五点,从编辑出版计划、校改书稿、引荐人才到商务出版物的宣传推广,给予商务以全方位的有力支持⑪。

胡适对商务印书馆的影响主要通过王云五得到实施。王云五初长编译所,首先做了两件事,1)改组编译所,延聘专家主持各部。就编译所原设各部酌予调整,俾更合于学术分科性质。2)编辑各科小丛书,以为他日编印《万有文库》之准备。1923年开始出版的《百科小丛书》,以西洋最新的学术思想为介绍对象。“本丛书创意与主编者为王云五君,迄今已出版者多至400种,其后续出国学、师范、自然科学、医学、体育、农学、商学、工学、史地各种小丛书,虽系分科编辑,体例实与此大同小异”⑫。这两件事无疑都汲取了胡适考察商务提出的改革编译所的意见和编辑《常识小丛书》的计划。徐铸成谈及胡适对王云五的影响时说:“那时,胡适虽主讲北大，而不时来南方公出，除中美文化基金委员会等要他主持外，商务印书馆的王云五先生虽年龄较长，而奉之如名师。事无大小，都要向胡博士请教——如朱经农出任商务印书馆编辑部长，就是胡博士推荐的。"⑬胡适以学界领袖，王云五为商务印书馆主政人，二者的交谊实现了思想文化与出版的沟通，在某种程度上决定了20世纪20年代至40年代中国文化的走向。说张元济在商务印书馆的精神支柱是蔡元培，王云五在商务印书馆的精神支柱是胡适，是有一定道理的⑭。

胡适对商务印书馆的影响，不仅体现在王云五执掌商务后，商务出书的重点由教科书、工具书和影印旧书转向系统地传播西学新知，而且体现在商务出版古籍的思路也发生了变化。一方面张元济仍大力影印善本、侧重文献保存，而王云五则开创了排印国学要籍、普及传统文化的新路。王云五整理出版古籍的思路明显留有胡适整理国故理论和方法的痕迹。王云五古籍出版理念和实践的研究至今空白。胡适整理国故的理论与方法对其古籍出版实践的作用，也没有得到辨析。下文对这一问题作详细论述。

1. 胡适整理国故理论与王云五的古籍出版理念

五四新文化运动期间，胡适激烈批判传统文化，但不是简单排斥传统文化，而是强调对旧文化采取评判的态度，重新估定其价值。在批判传统文化的同时，胡适把整理国故视为再造文明的一个必不可少的步骤，也是新文化运动的一个组成部分。胡适认为，"有系统和带批评性的整理国故——是'中国文艺复兴运动'中的一个部门"⑮。

胡适整理国故的理论主要见于1923年发表的《〈国学季刊〉发刊宣言》。在总结清代学者整理国学成绩的基础上，提出进一步推动国故研究工作的意见。他主张：

提倡古学的研究,应该注意这几点:

(1)扩大研究的范围。(2)注意系统的整理。(3)博采参考比较的资料。[16]

三点中,"注意系统的整理"与古籍整理有直接的关联。怎样才是"注意系统的整理"呢?胡适以为:"学问的进步不单靠积聚材料,还须有系统的整理。"系统的整理可分三部:(甲)索引式的整理。(乙)结账式的整理。(丙)专史式的整理。最后,胡适提出了国学研究的三个方向,即:第一,用历史的眼光来扩大国学研究的范围;第二,用系统的整理来部勒国学研究的资料;第三,用比较的研究来帮助国学的材料的整理与解释。

胡适开创了以西学的方法研究国学和整理中国旧籍的新法门,使国学研究渐于世界学术分科研究的潮流。现代许多学者如顾颉刚、罗尔纲、孙楷第、吴文祺等均承受了胡适的影响,而走上自己的学问之路。王云五虽然不以学术研究为职业,但也接受了胡适的整理国故的观点。1946 年,王云五在中央大学发表演讲,题目为《旧学新探》,可见王云五的旧学观点。王氏把自己对于研究旧学的新方法,归纳为六项,就是[17]:

(一)高处俯瞰　……对于旧学的全貌先从高处俯瞰,具体言之,就是从目录学入手,因为目录学可以助人认识学术的全貌。

(二)细处着眼　研究国学,一方面固须从大处入手,他方面还须在细处着眼……细处着眼的方法,莫如编制和利用书籍的索引。……我国图书,除了新近出版的书籍间有索引外,所有旧日刊行的书籍皆无索引。近十几年来,对于旧日刊行的工具书和国学书籍增刊索引的,商务印书馆倡议之于前,燕京大学引得社及其他出版家继之于后。……

（三）淘沙见金　我国古籍多非有系统的著作，除经史两部之大部分及子部一部分之性质尚分明外，他如子部中之杂家小说家类，与集部中之别集类，内容复杂细碎，殆无所不包，如欲就其中选取需要之参考资料，殆如淘沙见金。且不仅一书之内容如此，即一部丛书所收之各书除专科丛书外，性质亦相去甚远。欲就其中选读所当读之书，亦须经过同样的淘金手续。关于后者，我编印《丛书集成》就以此为主要目的，而谋有助于读书界。……

（四）贯珠成串　我国古籍的内容，既如上述，大多数复杂细碎；欲就其中搜罗一系的资料，自非采取贯珠成串的方法不可。换句话说，仿佛按上述淘沙见金的方法，将淘得的金沙，变为有用的珠子，而把一条线将他们贯串起来。……

（五）研究真相　……

（六）开辟新路　……我在十几年前费了几年工夫，开辟一条关于检查字书辞书所编制索引的新路，就是发明了四角号码检字法，在初时颇有些人反对，但十几年来，至少已有五百万人利用此法检查字书辞书和索引，而感觉其易学速检。

从上面的文字，尤其是王氏总结的第 2 点和第 3 点，可以看出与胡适 20 世纪 20 年代整理国故的思想毫无二致。王云五“对于旧学研究很浅”，其在国学方面的见解，受到胡适整理国故理论的熏陶。王云五不仅个人接受了胡适整理国故的观点，更是凭借自己掌握了全国最大的教育机关——商务印书馆的便利，将其实施于出版规划，从而使胡适的观点能够扩散开来，获得更广泛的受众。近代出版一方面极力追逐学术潮流的变化，另一方面也影响了学术研究的新潮流。这一点，从胡适整理国故理论和王云五古籍出版的实践得到了很好的印证。

2. 胡适整理古籍的新方法

(1)教育用书与新出版业格局

1904 年,中国近代新教育制度确立后,中国学生和学校数量到 1937 年前一直持续增长,构成了一个庞大、稳定、利润丰厚的教育用书市场。教科书和教育辅导用书成为出版家竞争的主要目标。新出版业的格局基本由出版家所占的教科书市场份额决定,而每次教育制度的改革更使出版业的格局重新划分,书写了新出版业自身的发展演化史。

1932 年,陆费逵回顾 60 年来中国的出版业与印刷业,把前 30 年称为“萌芽时期”,后 30 年称为“苞胎时期”。苞胎时期“之发轫,在于前清之废科举,兴学校”⑱。蔡元培亦说:“教育制度既革新,第一需要的,为各学校的教科书。旧式刻版法,旷日持久,不能应急;于是新式的印刷业,应运而兴。”⑲

兴办学校亟需新式教科书,这一时期,编纂教科书的有文明书局、商务印书馆、清政府学部等家。商务版教科书以内容精审、各科完备风行国内,占领了大部分市场,成为这场教科书竞争的大赢家。商务借此业务得到长足发展,确立了自己在新出版业中的优势地位。辛亥革命前夕,时任商务印书馆出版部部长的陆费逵,预料革命必将成功,暗中编印以共和政体为内容的新教科书,而商务对教科书未作改造。1912 年,中华民国甫造,陆费逵及时推出新教科书,一时赢得大部分教科书的市场,打破商务教科书一统天下的局面。中华书局也异军突起,在一二年间享誉海内,成为与商务印书馆并称的大出版企业。

从 1904 年清政府颁布中国近代第一个全国性法定学制系统——“癸卯学制”,到 1922 年新学制颁布前夕,教育制度一直处在调整和改革的过程中。第一次世界大战后,因庚子赔款留美的早期学子陆续回国,他们以美国教育为典范,努力推动中国的教育改革。1921 年,全国教育联合会在广州举行第七届会议,讨论学制改革。1922 年 11 月,新学制诞生,亦称“壬戌学制”。后来虽然有多次学制改革,但变动不大。学制改革意味着 20 世纪 20 年代新一轮教科书市场竞争的启动。

新学制颁布后,学校课程设置作了相应调整,各科课程纲要重新制订,其中与古籍出版相关者为中学国语一科的课程纲要的重新制订。新文化运动之前,中学国文教材全为文选式的文言文章。经过五四新文化运动的洗礼,废除文言文,倡导白话文的观念深入人心,语文课程受到了一次革命性的冲击。1920 年北洋政府发布训令,决定从 1920 年秋季起,中小学国文科逐步采用白话文,小学改称“国语”,教科书全部采用白话文;初中国文教科书和高中国文教科书白话和文言按比例编排。传统的语文教育开始向现代转变。

新学制国语教材中,古文仍在教材中占有较大的比重,对中学毕业生古文的程度仍有相当的要求。《1922 年新学制初级中学国语课程纲要》(叶绍钧拟)中规定,初中国语课程教学目的有四点:1)使学生有自由发展思想的能力。2)学生能看平易的古书。3)使学生能作文法通顺的文字。4)使学生发生研究中国文学的兴趣。《1922 年新学制高级中学公共必修科国语科学程纲要》(冯顺伯拟)中规定,高级中学国语科甲项文学欣赏,第一学年教材为“最近之文字”;第二学年教材为“古代文字”,取材于《诗经》《离骚》《古诗源》《陶潜诗集》《杜甫诗集》《李太白诗集》《白香山诗集》,以及盛唐以后有价值之诗[20]。

1930 年,国民政府教育部颁布的中学国文课程标准初中选文白话和文言比例的规定是:初一,七比三;初二,六比四;初三,五比五。到 1940 年教育部公布修订中学国文课程标准,初中各年级国文课本课程标准选文的白话同文言的比例分别是四比六、五比五、三比七,文言比例有了进一步的提高。民国时期中学语文课本高中主要是文言[21]。中学语文课程中关于文言的要求为古文读物保留了一个庞大的市场。

(2)胡适古籍整理的新方法

新学制课程纲要颁布前后,教育界就中学国文的教学目标、教法、教材等问题展开了热烈的讨论。胡适也就这一问题,写有《中学国文的教授》(1920 年)及《再论中学国文的教授》(1922 年)两文,提出自己对中学国文教学的意见。胡适以为,一个中学国文的理想标准是:1)人人能用国语(白话)自由发表思想——作文,演说,谈话——都能明白通畅,没有文法上的错误。2)人人能看平易的古文书籍,如《二十四史》《资治通鉴》之类。3)人人能作文法通顺的古文。4)人人有懂得一点古文文学的机会[22]。

胡适的国文教学兼顾白话和文言,把语言文字的训练和传统文化的涵养结合起来,应该说颇有见地。关于古文的教材和教授法,胡适主张中学四年中第一年专读近人的文章,后三年应该多读古人的古文。但当时"白话文还有一些材料可用,到是古文竟没有相当的教材可用",原因是古书"现在还不曾经过一番相当的整理。古书不经过一番新式的整理,是不适宜于自修的"。

针对古书未经新式整理的现状,胡适提出了一个简略的整理古书的方法,具体为[23]:

(1)加标点符号。

(2)分段。

(3)删去繁重的,迂谬的,不必有的旧注。

(4)酌量加入必不可少的新注。

(5)校勘　用古本善本校勘异同,订正讹脱。

(6)考订真假。

(7)作介绍及批评的序跋　每书应有详明的序跋,内中至少有下列各项:

(a)著作人的小传;

(b)本书的历史　如序《书经》,应述“今古文”的公案;

(c)本书的价值　如序《诗经》,应指出他的文学价值。

胡适以为,有了这一番整理的工夫,就可以有一套《中学国故丛书》。他还提出了一个包括《诗经》等31种古籍在内的大略书目。这样中学古文的教授便没有困难了。

王云五古籍出版的成绩

1.《学生国学丛书》

胡适整理旧书的新方法和编纂《中学国故丛书》的计划得到王云五的赞同,王云五后来用新法整理古书,排印出版《学生国学丛书》《国学基本丛书》《丛书集成》,方法即得自胡适。胡适的文章八月底发表后,王云五九月中旬即致信胡适,说:“关于整理旧书一段,不但裨益教育,并且确是一大利源。又所开七条件,也很周密妥善。我以为商务亟当照此进行。”对《中学国故丛书》的编纂,王云五亦提出自己的见解[24]:

(一)本丛书内,宜编著关于经学、史学、诸子、文学、小说、词章各种概论,一律作语体,以为入门的预备。

(二)本丛书所选著作,如篇幅较繁,且不是全体有价值的,不妨酌加删节。但只可删全篇,不可于一篇之中删去某段。后种办法最易失作者精意,致冤枉古人。

(三)注释删繁就简,自系正当办法:但向例注释均置于正文之下,最易淆乱句读,使读者不能够贯穿全篇。我以为当照外国书体例,所有注释都依(次)标明次序,放在每页之下方。

（四）较难的段落，除却注释、标点外，当斟酌诸家的说，在每段下附以语体文，用较小的字体印刷。但不必每段都附译文。

（五）古代文物，和现今多不同；于必要时加入图画。

（六）本丛书不仅供中学生之用；所以书名用《国故丛书》就够，不必加入“中学”两个字。

其中第3条是对传统注释方法的改良，方便了读者的阅读。经过讨论，《中学国故丛书》的选目、整理方法已臻成熟。1925年，商务印书馆开始刊印《学生国学丛书》。该丛书“编辑主干”为王云五和朱经农，读者对象为未涉国学藩篱的中学或中学以上程度学生。分为总类3种，哲学14种，社会科学5种，文学54种，史地17种，至1940年共陆续刊行93种。所选皆为国学要籍。每一书选择精要内容，分段标点，详加注释，并在书前导言纂写作者生平，略叙书的内容提要，示读者以研究门径，便利读者阅读、利用。选注的作者有陈彬龢、周予同、叶绍钧、庄适、陈柱、沈德鸿、傅东华、胡怀琛、吕思勉等，均系知名学者。其《学生国学丛书编例》说明了编辑缘起、选书范围、收录标准、整理方法。

用新式标点符号分段标点古籍，在正文前撰写导读或研究性文章，《学生国学丛书》并非首创，与胡适渊源极深的亚东图书馆最早采用。1920年8月，亚东图书馆第一次用新式标点排印出版《水浒》，书前刊有胡适的长文《水浒传考证》，大获成功。由于新文化运动后白话文和新式标点符号应用日广，新法标点古书渐渐流行。各书局所出的古书，竞相以“新式标点”、“白话详解”招徕顾客。但是各家点校排印的古书，以小说等文学类书籍为主，多单本零册，不能使国学入门者略窥传统典籍的面貌。以丛书的形式，选辑国学要籍，涵盖经史子集四部，规模体系兼备，指示学生国学研究的门径，则《学生国学丛书》为新式方法排印古籍的第一次。

接踵者有大东书局1931年至1933年出版《国学门径丛书》8种，文殿阁书庄1933年至1937年出版有《国学文库》35种，中央书店1935至1936年出版有《国学基本文库》11种，国学研究社1935至1936年出版有《国学珍本丛书》10种。

王云五、朱经农主持刊行的《学生国学丛书》，开辟了商务印书馆用新式标点、分段、注释、导读等新法整理古书的路数。古书的难读、难解是时人的共识。不仅新一代学人胡适对此屡有烦言，旧学大师梁启超亦深有同感："中国书没有整理过，十分难读，这是人人公认的。"㉕用新方法整理旧书，减少古书阅读的困难，适应20年代整理国故运动兴起后，群趋国学研究的青年读者的需求，势在必行。《学生国学丛书》分段、句读，用白话文作简要的注释，把注释刊载在每页之下，罕见的字注音，每种读本有一篇切实而浅明的白话文导言，叙述作者生平、本书概要，帮助学生，处处便利读者浏览、利用。《学生国学丛书》造成了一种经过整理、易读、易解的经典读本，扫除古书难读的障碍，扩大了读者的范围，使古代经典能够为更多国民所理解、接受，在一个更广的层面上得到普及，亦即传统文化获得了更长久的生命力。

《学生国学丛书》用的是排印的方法。张元济影印善本，保存文献，影印古籍，流传珍本，在学术研究和文化传承方面均为功甚巨。但影印的新版旧书，虽较宋椠元刊远为廉价，但是对于民国时期大众薄弱的购买力来说，仍不免价格昂贵。诚如陆费逵所说："当兹四海困穷之时，能以千元购书者，究有几人？非普及之道也。"㉖郑振铎曾论及影印和排印的优劣，以为："石印法不改变原书行列款式，不会有什么错字，这是其便利、妥善处。然卷帙过于繁重，费工费时过多，售价过高，非一般人所能有，此是其弊。铅印法，比较的省篇幅省纸张，定价可以便宜些，此是其利。然其弊，则在校对疏忽，错字太多。"㉗

影印和排印各有所长，各有适用的范围。二者一般来说，珍本秘籍，影印则可保持原貌，订正流传中产生的文字讹误，为学术研究提供可靠资料；排印有定评的常见本，可以对古籍加以注释或翻译，降低价格，使古籍适于现代读者的需要，有利文化普及。《学生国学丛书》定位的读者对象是学生，从学生经济承受能力和知识水平的角度考虑，版式自然以排印为宜。

张元济主持的古籍整理方法是中国固有的版本校雠之学，基本采用影印。对王云五用新法整理旧籍，排印《学生国学丛书》，张氏心存怀疑。王云五致胡适信中说："我个人以为对于这部丛书，以为纵不能办得美满，总该尝试尝试。但是菊生等对于旧学研究较深的，却稍存慎重怀疑的态度。"[28]开明的张元济并不干涉王云五所为。后来王云五打破传统的四部分类法，用自己所发明的中外统一分类法来部勒《丛书集成》。王云五通过《学生国学丛书》的编纂，确立了用新方法来整理排印古籍的出版途径，使古籍更为普及化和平民化。这种整理出版古籍的方式后来又应用于王云五主编的《国学基本丛书》和《丛书集成》，成为王云五主持商务，有别前任张元济的出版特色之一。标点、白话注释或翻译整理排印古籍和影印原本至今仍是古籍出版的两种方法之一，王云五晚年曾说："最近许多学人认为整理国故应采此一方式，实则我已于四十年前率先为之。"从这一点来看，《学生国学丛书》的编纂是有开创之功的。

2.《国学基本丛书》

王云五用新式方法整理古籍的思路，继《学生国学丛书》之后，贯彻于《国学基本丛书》和《丛书集成》之编印。20世纪20年代中期，国内图书馆运动盛起，而因经费支绌，图书馆人才缺乏，图书难求，成绩不大。王云五为解决建设图书馆上述的三项困难，遂在新出的百科小丛书的基础上，整理扩充，乃有《万有文库》的编纂。《万有文库》目的是：

一方在以整个的普通图书馆用书供献于社会，一方则采用最经济与适用之排印方法，俾前此一二千元所不能致之图书，今可以三四百元致之。更按拙作中外图书统一分类法，刊类号于书脊；每种复附书名片，依拙作四角号码检字法注明号码。[29]

《万有文库》共2集。第1集1000种，于1929年开始分批推出，1931年10月出齐。第2集700种，1935年开始分批推出。第1集内含《国学基本丛书》100种。第2集含《国学基本丛书》300种。丛书包括中等以上学生必须参考或阅读之国学基本书籍。所据版本，以注释精当、讹字绝少者为准。诸书均加句读，并校正讹字。初集按王云五中外图书统一分类法分为21类，二集分为56类。

《国学基本丛书》特点在于：

一、选目科学。国学书籍浩如烟海，《国学基本丛书》所收仅400种，去取的标准是编纂者不能不考虑的问题。王云五亦说："第二集书目在草拟时最感困难者，莫如《国学基本丛书》。盖国学书籍既多，当读者亦不少；万有文库目的在依适当进程，先其所急。第二集所收虽多至三百种，究属有限，选择标准既不敢凭少数人之主观，亦不宜据片面之判断。"王云五以近人13种国学入门书目为参考依据，斟酌损益，"结果三百种中未见于各家入门书者只十四种，此即为求各科各类之具备，不得不补充诸家入门书目者也"[30]。这样处理的结果是《国学基本丛书》选目客观、科学。

二、按照王云五的中外图书统一分类法分类。我国古代图书分类法，以经史子集四部来部勒图书。近代西方图书传入后，传统的四部分类法已经不适合时代发展的需要，而国外的图书分类法无法归类所有中国的书籍。图书馆界和文化界人士为了解决中外图书统一编目的问题，20世纪20年代有多种图书分类法的发明。王云五的中外统一图书分类法即其中之一。该法以美国杜威十进制分类法为蓝本，增加了三个符号，以便包容中外图书。《国学基本丛书》是王云五将他1927年完成的中外图书统一分类法用于商务的古籍出版，具有探索的意义。

王云五印行《万有文库》，“一以购书者精力与金钱之经济为主要条件”，最终是“想把整个的大规模东方图书馆化身为千万个小图书馆，使散在于全国各地方、各学校、各机关，而且可能还散在许多的家庭”[31]。从《万有文库》的销售看，确实达到了他的初衷。《万有文库》初期销售并不理想，后经商务努力在各大报刊大作宣传广告，国内学术界和文化界也注意到丛书的价值，才销路大开。至1934年底，销售3851部，各省购买数字[32]可见民国时期省域之间文化和经济发达程度的差别：

黑龙江1；吉林18；辽宁229；察哈尔22；绥远8；河北255；山西94；山东345；陕西47；宁夏3；甘肃12；青海2；新疆2；四川407；安徽95；江苏564；浙江280；福建105；江西76；湖北122；湖南292；广西239；广东462；贵州48；云南123。

《万有文库》到抗战前第1集售出约八千套，第2集约六千套[33]。随《万有文库》行销全国各地的《国学基本丛书》，一是定价低廉，购书者容易接受；二是“借本文库而新办之小图书馆不下二千所”[34]。图书馆公开阅览，扩大了读者面，有利文化传播和古籍的普及。以出版物的经济效益和文化效益来衡量，包括《国学基本丛书》的《万有文库》是成功的。

3.《丛书集成》

《万有文库》“非以一学科为范围，乃以全智识为范围”[35]。第1集完成后，张元济勉励王云五以同一意旨整理中国学术全貌。

《万有文库》甫就，张菊生君勉余以同一意旨，进而整理此无量之丛书；并出示其未竟之功以为楷式。余受而读之，退而思之，确认是为必要。半载以还，搜求探讨，朝斯夕斯，选定丛书百部，去取之际，以实用与罕见二者为标准，而以各类具备为范围㊱。

时值文化思想界复古潮流抬头，出版界翻印古书风气大盛。商务印书馆自然不肯放过机会，遂于 1935 年 5 月发售预约《丛书集成》，原定 1937 年出齐，因抗战爆发中止。

《丛书集成》辑印宋、元、明、清名贵丛书 100 部，综计子目约 6000 种，去其重复，还有 4107 种，实际出书 3467 种，多数以铅字排印，并加以断句，少数用影印。该书在编排上依照王云五氏中外图书统一分类法先分为总类、哲学、宗教、社会科学、语文学、自然科学、应用科学、艺术、文学、史地 10 大类，再区分为 541 小类，分装 4000 册。各类包括的子目种数为总类 368 种，哲学 451 种，社会科学 322 种，宗教 34 种，自然科学 158 种，应用科学 225 种，语文学 145 种，艺术 285 种，文学 1216 种，史地 883 种。本书收编了四部以外的笔记、丛钞、杂说等单本、孤本书籍，可补四部书之不足。

为说明《丛书集成》的特点，商务印书馆将之与《四库全书》从内容、时代、种数、字数、分类、售价 6 方面加以比较，并列表如下㊲：

《丛书集成》与《四库全书》之比较

	四库全书	丛书集成
内容	四库内容虽称浩博，但当时选书标准，完全以清廷主观的眼光为依归，名作未予著录者不少。	刊刻丛书，各有主旨，即各有选书之标准。丛书集成选辑最实用最名贵之丛书百种，其全部取材之范围极广。四库未收之书辑入本书者，为数甚多。故欲窥见本国学术之全部体系者，惟有求之于本书。

续表

	四库全书	丛书集成
时代	四库全书第一部成书于清乾隆四十七年。	丛书集成所收丛书,直至清末为止。四库成书后百余年内之著述亦多经收入。
种数	四库著录之书计三千四百六十种。	丛书百种之子目约六千种,去其重复,实存四千一百零七种,较四库著录诸书之种数约多十分之二。
字数	四库全书约七万万字。	丛书集成约二万万字,约当四库全书字数三分之一。
分类	四库全书分类简略,不便检查。	丛书集成子目四千一百零七种,依王云五氏中外图书分类法先分十大类,以下再析为五百四十一小类。门类具体而正确,决无模糊影响之弊。
售价	四库全书成七部,迄今完好无缺者不及半数,其价值非金钱所可估计。	丛书集成采用最经济之印刷方法,以排印为主,影印辅之。全书分装四千册,在本月内定购,只收五百元(自七月一日起改收五百四十元)。另订分期交款办法。亦以早日定购为廉。

从上面所列各项可以看出,《丛书集成》在选书的体系性、收录著作的完整、收书的种数、分类的科学性和售价的低廉上均胜出《四库全书》一筹。其中罕见者有元刊《济生拔萃》,明刊《范氏奇书》《今献汇言》《百陵学山》《两京遗编》《三代遗书》,清刊《学津讨源》等,为海内孤本。《丛书集成》将"七百年来丛书重估新价,将四千余种专著理清头绪,将中国百科学术显出全貌"㊳,其价值在今天仍为人称道。

中国文化延续数千年而不中断,历代官方和民间对文献的搜访、收藏、整理、编纂和刊刻关系极大。但政府在整理文献的过程中,为了维护统治,对文献屡有割裂剪裁之举,以合于自己的需要,体现出政治对学术领域的侵蚀。商务印书馆以民营出版社的身份整理文献,则尽力还原典籍真相,影印、排印出版古代至清朝传统典籍,为学术研究提供可靠的资料,满足图书馆建设和藏书家的需求,为阅读传统经典提供高质量和廉价的古籍读本,其学术意义和文化传承、普及的功绩自不待言。王云五以新式方法整理出版古籍丛书,不仅为商务印书馆开辟了一个新的图书市场,亦是古籍在新的历史环境下发挥影响力,传承普及传统文化的有益尝试。

注释:

① 王余光.中国新图书出版业初探.武汉:武汉大学出版社,1998.61~62

② 王云五.本馆与近三十年中国文化之关系.见:商务印书馆九十五年.北京:商务印书馆,1992.284~288

③ 刘尚恒.古籍丛书概说.上海:上海古籍出版社,1989.28

④ 张元济.致孙壮 孙伟.见:张元济书札.北京:商务印书馆,1997.457

⑤ 张元济.致胡适.见:张元济书札.北京:商务印书馆,1997.820

⑥⑪⑭㉝㉞ 王建辉.文化的商务.北京:商务印书馆,2000

⑦ 王寿南.王云五先生年谱初稿第1册.台北:台湾商务印书馆股份有限公司,1987.362

⑧ 王云五.旧学新探.见:岫庐论学.增订三版.台北:台湾商务印书馆股份有限公司,1975.95

⑨ 王云五.辑印丛书集成序.见:岫庐论学.增订三版.台北:台湾商务印书馆股份有限公司,1975.160

⑩㉙㉛㉟ 王云五.印行《万有文库》缘起.万有文库预约样本.商务印书馆,1929

⑫ 本馆四十年大事记.见:商务印书馆九十五年.北京:商务印书馆,1992.691

⑬ 徐铸成.徐铸成回忆录.北京:三联书店,1988.2

⑮ 唐德刚译注.胡适口述自传.上海:华东师范大学出版社,1993.235

⑯ 《国学季刊》发刊宣言.国学季刊,第1卷第1号,1923(1)

⑰ 王云五.旧学新探.见:岫庐论学.增订三版.台北:台湾商务印书馆股份有限公司,1975.95~97

⑱ 陆费逵. 六十年来中国之出版业与印刷业. 见:陆费逵与中华书局. 北京:中华书局,2002.475

⑲ 蔡元培. 三十五年来中国之新文化. 见:蔡元培文集卷三教育下. 台北:锦绣出版事业股份有限公司,1995.527

⑳ 中国现代语文教育百年事典. 上海:上海教育出版社,2001.818 ~ 819

㉑ 北京师范学院中文系汉语教研组. 五四以来汉语书面语言的变迁和发展. 北京:商务印书馆,1959.59 ~ 60

㉒ 胡适. 中学国文的教授. 见:胡适文集 2. 北京:北京大学出版社,1998. 153,原载新青年第 8 卷第 1 号,1920 - 09 - 01

㉓ 胡适. 再论中学国文的教授. 见:胡适文集 3. 北京:北京大学出版社,1998.608

㉔㉘ 王云五致胡适信(1922 年 9 月 14 日). 见:商务印书馆九十年. 北京:商务印书馆,1987.596 ~ 597

㉕ 梁启超. 治国学杂话. 见:胡适文集 3. 北京:北京大学出版社,1998.117

㉖ 陆费逵. 古今图书集成影印缘起. 见:陆费逵与中华书局. 北京:中华书局,2002.458

㉗ 郑振铎. 向翻印"古书"者提议. 文学 2 卷 6 号,1934 - 06

㉚ 王云五. 岫庐八十自述. 四版. 台北:台湾商务印书馆股份有限公司,1967.114

㉜ 万有文库第 1 集分布国内省区图. 数字表示部数. 教育杂志 24 卷 4 号,1934 - 12 - 10

㊱ 王云五. 辑印《丛书集成》序. 见:岫庐论学. 增订三版. 台北:台湾商务印书馆股份有限公司,1975.160

㊲ 《丛书集成》与《四库全书》之比较. 申报,1935 - 06 - 24

㊳ 《丛书集成》广告. 出版周刊新 131 号,1935 - 06

原载《出版科学》2004 年第 2 期

存目

著作

王云五 《战时出版界的环境适应》

《旅渝心声》,商务印书馆 1946 年

王云五 《旅渝心声》

商务印书馆(重庆)1946 年

王云五 《五十年的出版趋向》

《旅渝心声》,商务印书馆(重庆)1946 年

王云五 《商务印书馆和新教育年谱》

商务印书馆(台湾)1973 年

王云五 《岫庐最后十年自述》

商务印书馆(台湾)1977 年

王云五 《岫庐序跋集编》

商务印书馆(台湾)1979 年

王云五 《岫庐八十自述》

商务印书馆(台湾)1987 年

王云五 《本馆与近三十年中国文化之关系》

《商务印书馆三十年纪念刊》

天 一编 《王云五传记资料》(四册)

台湾天一出版社 1985 年

徐有守 《伟大的出版家王云五》《王云五传记资料》第 3 册

台湾六一出版社 1985 年

王寿南 《王云五先生年谱初稿》(四册)

商务印书馆(台湾)1987 年

蒋复璁等　《王云五先生与近代中国》

商务印书馆(台湾)1987 年

耿云志编　《王云五信三十六通》(手迹新印件)

黄山书社 1994 年

关鸿、魏平主编　《旧学新探——王云五论学文选》

学林出版社 1997 年

郭太风　《王云五评传》

上海书店出版社 1999 年

王建辉　《文化的商务——王云五专题研究》

商务印书馆 2000 年

论　　文

潘　非　《王云五"四百万"起家的秘密》

《人物杂志三年选刊》,华艺印书馆 1949 年

陶希圣　《商务印书馆编译所见闻记——王云五先生的魅力与信心》

台湾《传记文学》1979 年第 3 期

蒋复璁　《我所认识的王云五先生》

台湾《传记文学》1979 年第 3 期

王一心编　《王云五研究资料》(索引)

《文教资料》(南京师大)1982 年第 4 期

陶希圣　《商务印书馆见闻记——王云五与近代中国》

商务印书馆 1987 年

林尔蔚　《五云五与商务印书馆》

《出版史料》1987 年第 4 期

汪家熔　《王云五的"四百万"事业》

《民国春秋》1988 年第 2 期

俞筱尧　《出版大亨、政界名人王云五》

《南京史志》1989 年第 6 期

刘蕙孙　《郑贞文谈:上海商务印书馆的闽籍文人及王云五其人》

《福建史志》1990 年第 4 期

顾关元　《王云五与商务印书馆》

1995 年 5 月 6 日《新闻出版报》

朱蔚伯　《王云五与商务印书馆》

《中华文史资料文库》第 16 卷,中国文史出版社 1996 年

陈应年　《著名的出版企业家——王云五》

1997 年 5 月 5 日《新闻出版报》

邓云乡　《王云五在商务印书馆》

1997 年 5 月 10 日《文汇报》

柳和城　《文化名人王云五的人生历游》

《世纪》1998 年第 2 期

吴　迪　《王云五:半生年华献“商务”》

《编辑学刊》1998 年第 5 期

徐雁平　《王云五与〈中国文化史丛书〉》

《东方文化》1999 年第 2 期

郭太风　《抗战时期的王云五》

《书窗》1999 年第 3 期

公　曰　《商务的“塔布”》

2000 年 8 月 22 日《中国图书商报》

张志强　《王云五和〈中外图书统一分类法〉》

《出版广场》2002 年第 4 期

李　辉　《王云五与台湾商务印书馆》

《编辑之友》2005 年第 3 期

章锡琛

章锡琛(1889 ~ 1969),浙江绍兴人。字雪村。1909 年毕业于绍兴山会师范学堂,后任中小学教师。1912 年至1925 年任上海商务印书馆《东方杂志》编辑、《妇女杂志》主编、国文部编辑,并编辑上海《时事新报》副刊《现代妇女》和上海《民国日报》副刊《妇女周刊》。由他主编的《妇女杂志》相继刊登了抨击封建伦理道德的文章,受到当时守旧人物的攻击,被商务印书馆辞退。但他不向旧势力屈服,于 1926 年 1 月,另行创办《新女性》月刊,在胡愈之、郑振铎、孙伏园等人的支持下,同年 8 月创办了开明书店。在团结进步作家、出版进步书刊、教育青少年方面做出了重要贡献,并形成了严肃认真、一丝不苟、热爱事业、不计名利的"开明风"。1925 年上海"五卅"惨案发生,他以"文学研究会"、"妇女研究会"代表名义,参加了"上海学术团体对外联合会",奔走呼号,站在反帝斗争前列。1927 年"四一二"反革命政变后,他同胡愈之、郑振铎、李石岑等人致信蔡元培、李石曾、吴稚晖等,向国民党当局提出抗议，此信在《商报》公开发表，被周恩来誉为中国正直知识分子的“大无畏壮举”。1927年至1937年十年“文化围剿”时期，为了维护普通著作和瞿秋白著作的出版传播，他同国民党反动政府进行了合法的、秘密的斗争。在抗日战争时期，他一方面抵制日本侵略者的文化侵略，另一方面积极出版进步书刊。在开明书店毁于日军战火、处于极其困难之时，他不为利诱所动，不为身遭敌宪兵司令部逮捕所屈，保持了一个爱国知识分子的坚贞气节。抗战胜利后，他同叶圣陶等人根据周恩来对国统区出版工作的布局，将开明书店及其出版的《中学生》杂志一直办到全国解放。

新中国成立后，章锡琛任出版总署处长、专员，中华书局副总编辑。他拟定了新中国第一个《著作权暂行法》，撰写了《苏联大百科全书》中的《中国出版》条目，参加了《资治通鉴》的校点工作。著有《文学概论》、《文史通义选注》、《马氏文通校注》等书及散见于报刊上的文章六七百篇。

从商人到商人

章锡琛

“密斯脱章，你在日本是帝国大学毕业的么?”第一次我遇到“交际博士”时他这样问我。

“不，”我笑着摇一摇头说。

“那么，早稻田?”他又追问一句。

“不，不，我连日本都没有到过。”我怕他再提出别的大学名字来，赶忙补足了这一句;但自己也觉得有点赧赧然。

那时候我正在商务印书馆初次编辑《妇女杂志》，并且常常有几篇翻译日文的文字在杂志上发表，而博士学士的头衔，在这社会中是被重视的，因此便引起这位“交际博士”的误会。老实说，在我十四五岁的时候，也曾抱有留学日本的野心，并且记得曾经向家庭提出过这种幼稚的要求。后来知道这全然是虚幻的梦想，也就把野心压下去了。但我的学习日文，就从那时开始。一方面固然为了有留学日本的野心，一方面也是被梁任公、丁福保诸先生所说"学日本文三天可以小成，三月可以大成"的话所诱惑，以为即使不能留学日本，花了极经济的时间，可以多读一点新书，也是上算的。至于将来想靠此吃饭的念头，就是做梦也不曾有过。

可是我这想多读新书的念头，恰好与我家庭的期望相违反。我的家庭，向来在乡间经营小商业，不曾有过读书的人。我的父亲，对我期望颇切，至少望我能够进一个秀才，可以光宗耀祖——不幸我至今还是一个商人——所以从九岁便起首学习考秀才所必要的八股文。后来清廷维新，改八股为四书义策论，并且在城里也办起新式的学校来。但我还依然跟着八股文先生在私塾里学习四书义策论，预备每年冬季应秀才的考试。我的知道有日本和日本文，是十四岁上在城中一个私塾里读书的那一年。那时我们的先生，虽然有着许多学生，事务却是很忙，一天见不到几次面，对于我们的功课，当然不暇过问，因此每天跟着几个年长一点的同学在街上乱跑，从书店里看到《新民丛报》、《浙江潮》一类的杂志，感到新奇，便买几本来瞎七瞎八地阅读，后来读上了瘾，模模糊糊地知道一点世界大势，觉得非懂一点外国文或到外国去跑一趟不可。于是乎才买了几本《东文典问答》、《和文汉读法》、《广和文汉读法》一类的日文书来自习。同时也自修一点算学和英文。

第二年，我离开了这位并没有教导我却使我得到不少益处的先生，另外从一位陶碌生先生读书。陶先生是我第一位先生；我的读书也可以说是从陶先生那里开始。他并没有设塾授徒，也不是在校讲授，只有我一个人住在他家里，早晚听他的指导。他的对我，简直同朋友一样，既没有像从前的先生每天要指定一部书，依着时间背诵讲解；也不要限定三六九文期，硬逼我做一篇策论或四书义;不过指示一点我所应该读的书,叫我自己去浏览;任我自己有兴致的时候,随便写一点出来请他改削。我从他那里,才知道有所谓周秦诸子,有所谓宋明理学,有所谓六书音韵,有所谓古文骈骊,有所谓诗词戏曲,有所谓书法绘画。不但这样,他也教我学算学,学日本文,虽然他自己也并不怎样深造,却常常勉励我去学。此外他更教我阅读新译的许多关于哲学、心理学、伦理学、论理学、社会学以及理化博物的书籍,所得虽然不多,但从此我知道近代式学校中各种学科的大略。不但这样,他还教我想法去应付一切琐事,使我知道种种做人处世的道理。所以他实在是我生平第一位恩师!

以上所叙的,都是进中学校以前的事,似乎未免轶出了本文的题外。但在我看来,陶先生家里,实在就是我的中学校。不幸未满两年,陶先生出外就职,以致我不能再住在他的家里,继续我的中学修业。这时候科举已经废止,读书人的正途出身,限于学校;我也曾不得家庭的许可,应过府中学的入学试验,但终于没有录取,因此我只得住在家中做我的"小店王"。但陶先生仍然不绝地写信来勉励我,并且教我随时写些文字请他去改削,把读书时所得的疑问向他去质问,所以还没有把学业完全抛荒。

十七岁的下半年,城里有几位日本留学生,组织了一个东文传习所,我听到了这消息,就私自报名就学,随后才得到了祖父的允许。在所中虽然也有几十位同学,但完全不像学校组织,教师学生,都是马马虎虎,因为规定只有三个月就毕业的。毕业的时候,我虽然考取第一,会讲一两百句的日语;但要看日本书,还是相差很远。毕业之后,这一两百句的日语,也忘记得干干净净了!

十八岁才是我进正式的中学校的一年。学校是私立的,叫做通艺学堂,设在我们绍兴风景很好的东湖里。我的进这学校,不但为了读书,也为了贪慕那里的风景。那时的学校,没有像现在的分年级。我的国文和日本文列在最高的一级,英文却列在最低的一级,算学在次低的一级,其余各种学科,都是随班听讲,不分什么级别。同学里面,像我这样年青的已经颇少,大多数都是比我长三年五年,也有长十年十五年的。大部分的思想,无非想从学校里得一个近乎秀才的头衔,对于学科都不甚发生兴趣。在这样的环境之中,我随着大众糊糊涂涂地过去。不到半年,家庭就要替我结婚。当时既然还不知道有所谓自由恋爱的新名词,更不知道盲目结婚的应该反抗,只有服从父母之命,回家去"拜堂"。到了度过"蜜月"之后,再回到学堂里,已经将近暑假了。这时学堂里不知为了什么忽然闹起一点小风潮,但同学中只有几个人主持,大家不很起劲。到了风潮平静以后,假期也就到了。

暑假过后,家庭里不肯再供给我的学费,我已经感到学校生活的无聊,同时又感到新婚生活的可恋,所以也不再坚持,就此"跌交坐坐"也罢。于是乎我的短促的中学生生活就此完结。

在那时候,好像出路问题并没有现在这般的迫切;所以虽然失了学,并没有意识到这一类的问题。一半也因为我家设在乡间的小店,每年可以得一两百块钱的赢利,我的祖父又买有二三十亩的田,收得的租米可以维持全家的食粮,而经济的大权由我父亲掌管,虽然娶了妻,并不须顾到这类事情,因此一天到晚躲在一间鸽棚似的小阁上,翻弄着几本破书;除了市集上的上半天生意十分忙碌时坐在帐台上偶然写几笔帐之外,人家差不多看不到我。祖父虽然也常常叮嘱我留心店务,并且教我许多生意经;但我知道父亲的意思,这店要归我第三个弟弟继承的,因此对于店务并没有上紧去处理,人家虽然都称我做"小店王",在我只自认为是一个帮忙的杂差而已。

这样的无聊生活过了七八个月,在我竟不感觉怎样的无聊,现在回想起来真可算得奇怪。大概因为那时读了几本理学书,对于程朱的学说非常尊重,学得了一点自己慰安的办法也未可知。我的父亲虽然见了我捧着书不问他事的那种呆气,也有时不免要责备几句,但并没有强迫我做什么事,而且也知道我是做不来什么事的。反是家庭以外的人倒替我着急。有一次,一位年长的亲戚特地叫了我去,替我打算出路。他的意思,以为科举已经停止了,学校是无法进去的了,教书是寒酸的勾当,永远不会出山的;还不如绍承箕裘,做一个店王。因为我的祖父就靠这店拥有这基业的,总可图一生的温饱。虽然我父亲立意把这店给我兄弟,但我是长子,只要我愿意,当然有这权利。我虽然对这样的好意很是感激,但一则觉得违反亲意为圣贤所不许,一则根本对于做"小店王"这件事没有兴味,也就只得辜负了。还有一位幼年曾教过我书的先生,自己已经丢了本行,而对我的赋闲很是惋惜。他有两个儿子没处读书,便劝我父亲叫我开设蒙馆,并且担任替我拉拢学生。我父亲很以为然,一口应许;我因为父命难违,也只得勉强应允。于是便在鸽棚式的小阁中招生授徒,南面做起猢狲王来了。

教书的生意并不坏,一开馆便有学生七八人,连我的兄弟们都在内。后来的还续续而至,因为屋小都被拒绝。年底一算,居然赚了七八十元的薪金。我父亲笑逐颜开,称赞我能够生利。不久我祖父去世,我一面教书,一面仍帮着做店里的事情,生活觉得比较的丰富。后来有一位朋友,因为正在没事,常常跑到我那里来谈天;有一次,谈到乡村里的塾师太不高明,计划办一所小学堂来抢他们的生意。不久居然成功了,就是我家附近一所两上两下的老屋里,挂起一块学堂招牌来,取《易经·蒙卦》"果行育德"的意思,题名做"育德学堂"。屋本来是我家的,收一点小小的租费,两个人拿出资本来,做了点新式的黑板、讲台,学生用的桌椅,便遵照学部章程,到劝学所去立了案。那时乡下人都反对学堂,旁人都替我们担心,怕没有生意。不料招生广告一贴出,报名的居然有五六十人,到了开学,拖鼻涕赤脚梗的孩子,济济一堂,颇极一时之盛。我请那位朋友做了校长,他却定要我做副校长。于是这学堂里面有了两个校长,却没有教员,事务员以及校役等等,这些职务,都由我们两个校长兼任。开学之后,学生还是络绎不绝地来,不久竟到了百把人,把我们那所七倒八歪的老房子都要挤破了。这使我们非常的兴高采烈,一面添做桌椅,一面分配年级。那时的初等小学是五年制,我们约略把学生的程度考了一下,分做五级。楼上下的双间墙壁打通,造成两间教室,采用复式教授。楼下右手的一间厢房,本来供着我们祖先牌位的,改做教务室;门首一间房子,本来空着的,改做礼堂;自己以为是非常合式,乡下人也以为是像模像样了!一切教授都采用新式;乡下人买不起教科书,我们便买了教科书来,油印了发给他们,但四书之类还是照样地教。我那位朋友是进过警察学堂的,便由他担任体操,我虽然不会唱歌,但“独览梅花”这七个字是认识的,便担任音乐,并且买了一具手风琴,像卖糖人的乱拉一番,引得一班乡下孩子都张着小眼惊奇起来。门口挂起了两块“学堂重地闲人莫入”的虎头牌子,自己俨然以为是在办学堂;附近一二十里以内的乡下人,都当做一件新闻讲;坐茶店的朋友把教科书里面的句子当做笑话来批评;还有被我们夺去了生意的私塾教师,到处贴起“无头榜”来诋毁我们。过了几时,城里的视学员下乡来视学了。我们恭恭敬敬地引导他到教室礼堂中参观,他可只是摇头,于我们很是不满。我们对他说了许多经济竭蹶无法设备完全的话,他还只是摇头,摇头。送出了视学之后,我们两个校长也开过几次“教务会议”,讨论改良的方法,但终于讨论了经费问题碰壁。

这样的学校办了一年,那时我是二十岁,自己居然以教育家自任,其实连浅近的教育原理也一点没有懂得。然而到了第二年,还是继续办下去。但这时忽然从地方报纸上看到城中开办简易师范的广告,章程是一年毕业,不收学费膳费。因此引起了我学了师范再来办学校的念头,同我们校长开了一次会议,由我去学师范,让他独自维持校务,另外添一位教员襄理。这议案通过之后,我就上城去投考。起初还存着尝试的念头,以为不过去碰碰机会而已。

不料出案之后,我居然名列第二,于是依着程序入学。下半年,学校又添招插班生,而我们的校长也来报名入学,校务便完全交给那聘来的教员。到年底,我们育德学校的两校长,居然在师范学堂毕业了。

可是,两位校长是在师范毕业了,学堂却只得关门了!因为照章程,学生毕业之后,是要由学校派往各处服务的;我被留在母校服务,我们的正校长却被派往乡间别的一所学校。本来我们也可以向学校当局请求,就派在自办的学校中服务。但商量的结果,觉得依我们的财力,无论怎样办不出一所好学堂来;而且这时在我们本乡已经创立起一所地方公立的小学堂,我们也乐得就此息手。

简易师范,虽然也是中等学校程度,但既然只有一年毕业,是一种速成性质,各种学科的程度当然很低。我在这一年的所得,虽比半年的通艺学堂略好,但也不过晓得一点浅近的常识,自己要想去看程度较高的书,可以有些门径而已。然在办事方面,我却得到不少的益处。学校里面,设有一种级长,由同学公举;我因为考进去的时候名次较高,所以在选举级长的会场上,就和一位同学韩希贤先生被选充这任务,从此使我有练习办事的机会。毕业的时候,我的名次列在第一。监督(等于现在的校长)杜海生先生很看得起我,叫我在母校的附属小学做教师。并且由他发起,联合了城区几所小学组织一所校联会,每星期开会一次,讨论改良教授管理方法等等的问题,由我充任书记。会中注意实际事项,如学校用的表簿、记分法、统计表,以及举行小学校会考之类,大概都由杜先生定下计划,叫我来拟格式、章程、通告之类,也曾经出过一种刊物,由我担任编辑。因此我在办事上着实有了不少的进步。后来劝学所办了一所师范传习所,每星期开讲一次,各种学科都有,乃是专替私塾教师及乡下的小学教师设的。杜先生介绍我去担任讲师。我因为怕坍台,在每次开讲之前,常常不得不落了夜来预备功课。此外,他又介绍我去兼任女子师范的教育学教师,我也只得“虾蟆垫床脚”似地把自己一年读过的书依样画葫芦去演说一番。好在她们所提出的只是字句上的问题,都还可以敷衍过去,侥幸没有露出马脚来。

这样过了将近三年,武昌革命军起义,浙江也不久光复。王金发带兵进绍兴城,做起绍兴都督来。一时城里发生了恐慌,有许多人避地他去。那时我在女子师范担任国文及教育学的教科,住在校中,校里负责的人把事务托付了我。后来王金发都督派他的秘书谢斐麟先生做女子师范监督。他本来是我通艺学堂时代的监督,也是简易师范时代的国文教师,同我颇要好,所以仍旧叫我把事务管下去。他因为军务很忙,不过偶然一到。但我因为那时军政府的名誉太坏,办事方面也有许多棘手;同时有一部分妒忌我的人,对我颇不快活,觉得这样的生活实在再过不下去了。恰巧这时杜海生先生从上海来信,说替我在商务印书馆方面找到一件事情,我就把校务约略交代之后,于民国元年一月动身到上海来了。

到上海之后,才知道他所替我介绍的是《东方杂志》的事情,说叫我编些《中国大事记》之类,我自己觉得还可以担任。那时《东方杂志》的主编杜亚泉先生,是海生先生的堂侄,并且海生先生的哥哥山次先生也在同部办事,所以我更觉放心。但我去见亚泉先生的时候,他就问我是否懂得一点日文,我回答说,虽然从前学过一点,却没学好,而荒疏日久,也多忘记了。不料进馆之后,他第一件给我的工作,就是从一本日文杂志,叫我翻译一篇镭锭发明者居利夫人的传记。我接到一看之后,不禁汗流浃背。因为我的化学知识本来很浅,镭锭这个名词在我所读的化学书上从来没有见过;而七年前所学的日文,不但全部忘却,并且在文体上也大有变更。所以除了几个汉字和平假名的声音之外,几乎不知所云。但第一件工作,不好推却不做,只得硬着头皮,仔细寻绎。出来之后,又特地去买一本日文字典来逐字检查。这样过了两天,总算望文生义的勉强成了篇,送给亚泉先生。他替我改削了一下,我再拿出来和原文对看，把自己译错的地方记出来，做下次的预备。后来这篇文章登在第八卷第十一号的《东方杂志》上，由亚泉先生署名“高劳”，这实在是我学日文以后第一篇的翻译文字。这样接连又翻译了几篇，有的登出来，有的被塞在字纸篓里。不久阴历的年假期到了，我便告假回家，从书籍角落里找出了几本从前学过的日本文法书，从新温习，又从字典上摘出许多通用的字句，抄成一本小册子，以便临时翻查。经过大半年之后，渐渐觉得顺手，翻译的文字也渐渐多起来了。

《妇女杂志》家庭革新号

民国八年的下半年，杜亚泉先生辞去《东方杂志》职务，专任理化部的事情，山次先生也因为多病辞职。第二年就由陶惺存先生接办，我仍然被留在那里；不久陶先生病故，又由钱智修先生接办。这一年，担任《小说月报》兼《妇女杂志》的主编王蓴农先生辞职；沈雁冰先生接任《小说月报》主编，《妇女杂志》却还没人接任。后来经钱智修先生的推荐，叫我去接手。我当时还不敢答应，最后钱先生允许给我帮忙，我才勉强承认下来。那时正当新思潮运动极盛的时期，妇女问题为一般人所注意，我感觉到在《妇女杂志》中非讨论到妇女问题不可。但一向对这问题没有研究，只得临时抱佛脚，到东方图书馆里找出几本日文书籍来，生吞活剥地来介绍一点。后来我请到一位有力的帮手周建人先生来共同编辑，于是这类的文字渐渐增多。《妇女杂志》的读者，居然由二三千增加到一万多人。我们的兴味，由此竟集中在妇女问题上，常常想夹七夹八地发表一点自己的意见，除了《妇女杂志》之外，又在外面编辑旬刊周刊，如《时事新报》的《现代妇女》及

《民国日报》的《妇女周报》之类，趁晚上写一点肆无忌惮的文字，批评社会及个人。但因此写滑了手，在《妇女杂志》也竟发表和当局意见不甚相合的文字来，常常受到警告。到民国十五年，为了一篇文字，受某学者批评，因而发生争辩，遂从当局送来严重的警告。我本来就想辞职，但因了钱智修先生的劝告，只得姑且忍耐。后来当局对于稿件的检查愈加严厉，使我们万难忍耐，不得不提出辞职。这辞职书提出之后，就被核准，但仍然不许我出去。结果把我调在国文部，周先生调在博物部，杂志改由杜就田先生接办。到了年底，经几个友人的怂恿，要我另办一种关于妇女问题的月刊，定名做《新女性》，编辑归我担任，经费则由大家帮忙。我被大家一哄，居然答应，但我的将近十五年的饭碗便因此敲破了！

我还没有脱离商务印书馆之前，早已厌倦于上海生活，很想换一个方面来做点事情，但苦于没有机会。有一次，偶然碰到了夏丏尊先生，他正在管理春晖中学，谈起他的理想来。我同还有一位友人，听了很表同情，便要求他替我们弄一个位置，居然蒙他答应了。一切的条件都已议妥，正在预备向商务辞职。那时春晖的校长经子渊先生，被浙江当局任命做省立第四中学校长，因为时间局促，没处拉教师，听到这消息，就要求我们兼任四中教科。但我们到乡间去，原想多有一点余暇，如果应了他的要求，一星期须在甬绍路上跑好几趟，觉得未免反比上海繁忙。所以虽然经他苦劝，终于却了盛情，连春晖也只好不去。到了我被商务辞退，夏丏尊先生也脱离了春晖，此外也没有别的路可走。我当时本决心回家，想回到从前设私塾的生活，一面靠翻译来吃饭。但当时发起创办《新女性》的几位朋友，因为这事正在起头，万不能没人担任，硬要把我拖住，专任这件工作。一面并由谢六逸先生请我担任神州女学的功课，使我得到一点生活费。

《新女性》办起之后，读者居然很多，销行数也达到了三五千。编辑、校对、发行的事务，都由我一人担任，事情忙不过来，到了下半年,只得把神州女学的教科辞去了。但杂志本是亏本的生意,销数虽多,决不能把我一家养活,于是便有人主张,另印几部书来卖;后来索性把新女性社改为书店,这就是开明书店。当初本主张集股来办,并且股款也有人认定;但大家都是穷措大,虽然有这志愿,钱终于拿不出来。印书的资本和我自己的生活费,不得已只好拿商务的退俸金来维持,不够的时候,便向我兄弟借用一点。后来生意渐渐发达,只得聘用朋友来襄助,需钱也便愈多。我兄弟所有的一点储蓄,都投在店里面,我自己有十几股的商务印书馆股票,也卖掉了作为资本。我兄弟终于也辞去了他的职务,来共同经营这书店了。

我们起初计划开书店的时候,本来只想集两千块的资本,专印朋友里面比较好一点的书,对于排印、纸张、装订等,都竭力考究精致,希望一方面可以维持自己生活,一方面可以有一点兴趣,同时并且可以使读者不致失望。但到了后来,销路渐渐扩大,资本渐渐增多,竟到了自己的力量不能维持为止。在前年的下半年,便同几位朋友商量,改为股份有限公司,资本五万元。不久居然溢额,我们把溢出来的数目,另外创办一所印刷公司。书店里各董事公举杜海生先生做经理,把出版和推广部分的事情,派我担任,印刷所的事务,也由我管理;编辑的事务,从前归我担任的,改公司之后,却另请了夏丏尊先生做编辑主任,一直到现在为止。但在本年,资本又觉不足,再扩充招股一次,把书店改为十万元,印刷所则由二万元改为四万元。但我至今还不过是一个小伙计,虽然常常有人戏呼做"老板",而我在这两处的投资也不过二十分之一而已。

把我这四十年来琐琐碎碎的事情,写成了七八千的冗长的文字,使读者多费宝贵的时间和脑力,实在很觉抱歉。但既然派定了我非献自己的丑不可,也就没有办法。如果读者看完了之后,觉得太不上算;请诸位不要说是上了章锡琛的当,只能说上了夏丏尊先生的当。

夏先生叫大家做这文章的本意，无非要使读者知道虽是中学生，只要自己肯立志向上，也不见得定会无路可走。但这个目的，从其余诸先生的文中，当然可以达到；在这篇文字，其效果可说是等于零。因为我根本不是一个中学生，而且我从来没有立志向上过，现在更不能说是有所成就的人。至于我之所以到现在还不至于饿死，完全是机会使然，我自己并没有什么努过力。我的幸而有一点浅薄的知识，能够写这样似通非通的文章，并不是从读书得来的，是从不读书得来的。我一向所做的事情，都是外行的事情。像我现在的干出版事业，管理印刷所，从小都没有学过。而且我也并不是立志要做这种行业，都是为势所迫，不得不然。但是我向来无论做那件事情，都觉得可以发生一点兴味，这也许正因为是外行的缘故。现在想起来，大概兴味之所在，正如捉迷藏一样，因为眼睛是被蒙着的，所以捉到了愈加有趣，而且从东西摸索上发生一种兴趣起来。我现在还正在东西摸索的时代，今后的运命，究竟注定了我该摸索到些什么，该怎样去摸索，我自己也还没有知道。好在我暗中摸索的时候，常常有人给我指示方向，说明什么地方有障碍物，鼓励了我不少的勇气。现在回想起来，生平的师友中，帮助我最多的，最初是陶碌生先生，他给与我学问门径的指导，训练我辨别事物的脑筋；后来是杜海生先生，他给与我处理事务的经验，并且给我介绍相当的职业；还有杜山次先生，他给与我人格的感化，使我知道处事接物的正则。这几位都是我的师辈。至于友辈里面，如钱叔青、周建人、胡愈之诸先生，有的给我学问的切磋，有的给我思想的训练，有的给我事业的帮助，都使我受到不少的益处。到民国十五年失业以后，更承许多朋友的帮助，使我有勇气去做出版事业，而且侥幸得免于失败；其中最有力的一人，尤其是夏丐尊先生。在写完了这篇时，我不能不对这几位先生表示我深切的感谢。

原载 1931 年 1 月《中学生》第 11 期

章锡琛先生传略

章士敭

先父锡琛先生离开我们已经有16年了。

先生字雪村,1889年4月24日生于浙江省会稽(今绍兴)县马山乡。5岁入私塾,后来县城开办了学校,又先后进绍兴通艺学堂、山会简易师范和东文传习所等校学习。曾任塾师、小学教师和师范学校教师。

1912年1月,先生到上海,进商务印书馆编译所任《东方杂志》编辑,从此一生从事编辑、出版工作。当时他除了编辑工作以外,还在《东方》等杂志发表了不少文章。1921年1月,被任为《妇女杂志》主编。

《妇女杂志》是商务在1915年创刊的,因"专说些叫女子当男子奴隶的话"①,在五四新文化运动中受到严厉的批评,被迫更换主编。先生邀请周建人先生一起,从接任后的第7卷第1期开始革新内容,提倡妇女解放和婚姻自由,受到读者的欢迎,杂志发行量从过去二千来本增至一万以上。但也遭到馆内外一些思想顽固者的反对。1925年1月,《妇女杂志》的《新性道德专号》上,发表了几篇文章,受到《现代评论》派的攻击,引起双方论战,由胡适推荐任商务编译所所长的王云五,大为恐慌;这一年5月,上海发生"五卅惨案",先生以"妇女问题研究会"名义参加"上海学术团体对外联合会",声援群众运动,更使王云五吓破了胆,遂以审查杂志清样为借口,无理干涉编辑工作,先生被迫提出辞职表示抗议,于8月底脱离《妇女杂志》,同年12月底,被商务当局借故辞退。

---

① 罗家伦:《今日中国之杂志界》。1919年4月,《新潮》第1卷第4期。

商务同事中不少人为先生不平，鼓励他自己办一种妇女刊物，定名《新女性》，创刊号于 1926 年 1 月份出版。以后又陆续出版了妇女问题研究丛书《新性道德讨论集》、《妇女问题十讲》、《性的知识》、《结婚的爱》及《文学概论》等书。朋友们又劝他索性办个书店，经胡愈之、吴觉农、郑振铎、钱经宇、孙伏园等诸位先生帮同规划，这一年 7 月份开始筹办，8 月 1 日就正式成立了开明书店。

过去十多年的编辑生涯中，先生对于书商粗制滥造、唯利是图的作风深恶痛绝，因此，从《新女性》创刊，先生在书刊编印上就力求提高质量，举凡编审、校对、印刷、装订，以至纸张选用、封面装帧等，都十分考究。特别是要求书刊中尽力做到消灭错字，有的书已经印好，因发现了一个错字，也要返工重印。这些要求使开明书店的出版物一贯具有独特的风格，在读者中赢得声誉。

这一年北伐开始，第二年春，上海工人武装起义占领了上海，先生非常兴奋。但 4 月 12 日蒋介石军队却在上海枪杀徒手游行的群众，造成反革命“四一二”事变。当夜，先生和胡愈之、郑振铎、冯次行、周予同、吴觉农、李石岑先生一起，联名给国民党中央委员蔡元培、李石曾、吴稚晖写信，提出抗议①。第二天，这信又在上海《商报》公开发表，揭露了事实真相。后来蒋介石公开反共叛变，在全国制造白色恐怖，当时在信上签名的人随时有被捕杀的可能，先生不变初衷，仍倾全力于出版事业，把危险置之度外。

开明书店创立以后，得到不少进步作家和学校教师的欢迎和支持，主动把稿件送交开明出版。先生是立达学会和文学研究会的会员，立达学会于 1926 年 9 月创办《一般》杂志，交开明印行；北京编印的《语丝》、《文学周报》、《国学门周报》委托开明发行；文学研究会丛书也陆续交开明出版；此外还出版了不少文艺书籍。有的书被学校采作课本或课外读物，业务逐渐发展。

---

① 抗议书全文载《文史资料选辑》第 70 期。

1927 年,先生邀请夏丏尊先生主持开明编务,开明出版方向逐渐明确以中等学校学生为主要服务对象。1930 年 1 月创办《中学生》杂志,次年叶圣陶先生离开商务到开明主编《中学生》并担任编辑。1932 年 1 月,淞沪战起,商务印书馆以总厂被毁,大量裁减职工;开明在战事中虽也遭受一定损失,但先生坚决延请商务旧友王伯祥、顾均正、徐调孚、贾祖璋先生等到开明工作。以后金仲华、傅彬然、宋云彬、周振甫诸先生也先后进开明,编辑力量更加坚厚。他们志同道合,认真踏实的作风,至今仍为知识界所称道。曾有人说:"开明书店的事业,可以用'切实'二字来括之。……自从开明书店登场,中国出版界才有认真为学生着想的读物。"①开明书店 1928 年招募股本改组为股份有限公司,当时仅有股本五万元,以后虽陆续增资,到 1937 年也只有股本 30 万元,与当时国内大书店相比,瞠乎其后,但在读者中得到称誉,决非偶然。

开明书店改组股份有限公司后,先生推荐他的老师杜海生先生出任经理,夏丏尊先生任编译所长,章雪山先生任发行所长,自己则担任总务处长,专任出版事务工作,直到 1934 年,杜海生先生以年老体弱辞职,先生才被董事会推选为经理。

1928 年,先生创印《开明活叶文选》,深受教师和一般读者欢迎,但其排印以及代客装订等工作相当繁琐,一般印刷厂不大愿意承担,而开明对排印、装订等质量的严格要求,又往往为一般印刷厂所不能达到。于是先生经过奔走集资,积极筹备,终于在 1929 年组成美成印刷所,专为开明排印书刊。鲁迅先生编集的《海上述林》,就是委托美成在沪秘密排字成型的。

1937 年抗日战争开始,开明书店在上海梧州路的总办事处、编译所、货栈和美成印刷所的厂房,以及附近宿舍,都毁于敌寇战火。先生多年心血全部化为灰烬,但他以为国难当头,为御外侮毁

---

① 曹聚仁:《我与我的世界》,《新文学史料》1981 年第 1 期。

家纾难在所不惜。当时开明财产损失达十之七八,先生与全店同人相濡以沫,艰苦支撑共度困难。10 月,先生只身经杭州辗转去武汉,筹划开明内迁,不料他到达时武汉已在开始部署保卫大武汉的战斗,而开明由沪从水路运往汉口的纸型、纸张和租用的印刷机器等,又在途中为敌劫掠,不得已于翌年一月返回上海。此时上海已经沦陷,与内地的正常交通已经中断,总公司留沪同人大都家累较重,无法迁动。先生等决定派员与内地分店一起,就地取材以土纸印书,逐渐使重心内移。1941 年春,请协理范洗人先生等经香港去桂林,设立管理机构“驻外总办事处”,先生则坚守上海应变。这年冬天“太平洋事变”以后,日军侵占上海租界,开明处境更加困难,先生仍延请留沪的周予同、郭绍虞、陈乃乾先生等到开明工作,共度艰辛,以待胜利。

从开明书店创立,先生忙于店务,无暇著述,至此始稍稍摆脱繁剧的事务工作,于是着手校注《助字辨略》、《马氏文通》,以了宿愿。后来又进行《经传释词汇纂》的工作,可惜没有完稿。

抗战结束,1946 年开明书店在内地办事处的同人回到上海,成立总管理处,先生请范洗人先生担任总经理,自己则应范寿康先生之邀,去台湾协助当时的省教育厅接收和建立印刷厂,并筹设开明台湾分店。这年 10 月,开明书店在上海纪念成立 20 周年,先生在纪念会上报告店史时说,“虽然人家说开明是我创办的,但实在是许多朋友所促成,并不是我有意要办书店。那时主张办书店最力的是胡愈之、吴觉农两先生;尽力帮助创办的是钱经宇、郑振铎诸先生;至于开明这个店名,是孙伏园先生取的,第一块招牌也是孙先生写的”。他说开明得以成立和发展,虽遭重大损失仍能维持、恢复,完全靠朋友和同事们的帮助和努力,是靠“众人扶持”。

1949 年 5 月上海解放,先生鼓舞欢忻,含着热泪冒雨欢迎解放军入城,庆幸多少年来的希望终于实现。8 月,先生携眷北上,到北京后 9 月份即写成《中国出版业之过去、现在和将来改进的途径》一文，以供参考。中央人民政府成立后，先生就任出版总署调查研究处处长（调研处后改为调查研究司，1952 年调研司撤销，先生改任出版总署专员），在此期间，曾草拟《著作权暂行法》及其《细则》等出版法规，并组织翻译苏联有关出版工作的图书，1951 年，应约为《苏联大百科全书》撰写《中国出版》条目。

在先生的倡议下，开明书店于 1950 年 2 月呈请出版总署，请求与国家合营，4 月 3 日，出版总署批准开明书店公私合作经营，指示由出版总署、开明董事会和职工代表各三人组织“业务委员会”。6 月份，开明书店总管理处由上海迁到北京后，召开干部工作会议，一致拥护公私合作经营，业务委员会于 7 月份正式建立。成为出版业中最早实现社会主义改造的书店。

1954 年，先生调任古籍出版社编辑，1956 年以 68 岁高龄，亲赴上海校对标点本《资治通鉴》及《续资治通鉴》，他一向主张校对工作不能只是死对原稿，还要发现和尽力改正原稿差误，以补编著之不足，在校阅两书的过程中，曾提出了不少改正意见。在任编辑期间，他还点校了《大同书》、《新学伪经考》等书。1957 年，先生出任中华书局副总编辑，同年参加中国民主同盟，不幸被错划为右派。他虽被撤销职务，但仍以一贯认真负责的精神从事编辑工作，在校阅标点本《二十四史》等工作中不遗余力，做出贡献。

1961 年初，先生因高度近视发生病变，视力极度衰退，因此申请退休，直到 1965 年获得批准。在此期间，先生仍力疾坚持工作，退休以后仍继续撰写《张载哲学初探》等文，并热忱接待书局来访同志，竭诚解答和共同切磋编务。

1966 年“文革”开始，先生亦遭无情冲击，当时他和先母都已 78 岁，仍被“勒令”劳动，因而体力大衰。1968 年初先母不幸病故，先生与她结褵 62 年，老年失偶，悲痛不已，曾作长诗悼之。这几年内他们的生活十分艰辛，精神上的折磨更使他痛苦，但先生热爱党、相信社会主义和爱国的信念始终不变。

1969 年 5 月底，先生偶染小恙，未能及时医治，竟于 6 月 6 日含冤长逝。卒年 80 岁。

先生以毕生精力贡献给祖国的出版事业。当年有人称开明书店的人物为“开明人”，“我所谓‘开明人’就是这样一种人：朴质、笃实、孜孜不倦从事学问的研究，他们研究所得的点点滴滴，都贡献给社会，替下一代青年开了先锋”①。先生正足以称为这样一位“开明人”。

选自《我与开明》，中国青年出版社 1985 年

怀念章锡琛先生

吴翊如

章锡琛先生是我的长辈。1969 年，先生在“文革”中含冤去世，离开我们已经 17 年了，但是先生的音容笑貌永远留在我心里。那是一位爽朗、正直而又严格，不图个人名利，孜孜矻矻工作不倦的长者。

1954 年，先生由出版总署调到古籍出版社，也可以说这是他到中华的开始。那时候正点校出版《资治通鉴》，先生除参加标点委员会担任一部分点校工作以外，还于 1956 年只身到上海去做校对工作。其时先生已年近古稀，住在旅馆，吃在饭店，生活很不方便。但先生并不以此为意，整天埋头于校样之中，为消灭错字、统一标点体例、改正错误而辛勤劳动。当时我还未进古籍，在上海看到先生，他的这种工作精神给我这个未窥编辑出版门径的人以十分深刻的印象，也使我十分感动。《资治通鉴》的点校出版，是解

① 寒山子：《从报社到书街》，1946 年 4 月 29 日《前线日报》。

放初期我国文化出版事业中的一件大事,这固然是标点委员会各位先生努力的结果,但这样大部头的书,出版前的最后一关,工作是十分繁重的,先生为此付出了多少不为人知的心血啊!接着出版《续资治通鉴》,先生同样默默无闻地花了大量精力。后来,金灿然同志曾对我说过:“章先生对工作实在热心,不要说在家里,就是外出,他也把工作带在身边,一有空闲他就拿出来干。他真是一个不知疲倦的人。”

解放前,先生创办开明书店,虽然由小而大,逐渐发展成为有影响的大出版社,但它的道路是艰难曲折的。许多事实使先生深深认识到,要办好一件事业,除有志同道合的热心人之外,还必须以国家强盛、政治清明作为基本条件。何况先生又是一位具有强烈的正义感和爱国思想的人,他在商务主编《妇女杂志》时,因宣传新思想而与封建卫道士们作过斗争;1925 年“五卅”惨案时,先生曾以“妇女问题研究会”名义参加“上海学术团体对外联合会”,声援反帝爱国的群众运动;1927 年蒋介石发动反革命“四一二”事变时,先生又与胡愈之、郑振铎等先生联名写信向国民党中央提出抗议。对解放前国民党反动派的倒行逆施,先生一直痛心疾首,渴望我们的国家有一天能真正站起来,人民得以安居乐业。1949 年 5 月,上海解放时,先生欢欣鼓舞,含着热泪冒雨上街欢迎解放军入城。他顿觉眼前一片光明,一条宽阔而平坦的道路展现在他面前,发展事业的大好时机到来了。先生曾在给我的信中,激动地说过“国家新生,死亦瞑目”的话。不久,他毅然离开已经生活惯了的上海,全家迁往北京,并很快写成《中国出版业之过去、现在和将来改进的途径》一文,供人民政府参考采择。以后在出版总署任职期间,先生又草拟了《著作权暂行办法》及其《细则》等出版法规。他对新中国的出版事业抱着满腔热情和希望,精心擘划,准备为它献出自己的一切力量。所以,先生那种“甘为孺子牛”的精神,不是来之无因的。

1957年，古籍并入中华，先生被任命为中华书局副总编辑。但是，谁料到，就在这个时候，先生陷入了难以避免的厄运，被撤销了职务。他始而惊疑、沉默，但很快又尽心竭力地工作了。哲学组曾出版一套《中国哲学史参考资料选辑》，是一种选录原文，加以注释、翻译的资料书，由先生审阅，那时我每次到先生家去，总看到先生伏在案上，全神贯注地在细细修改，往往连头也不抬。先生本来高度近视，后因年高病变，目力不断衰退。我担心这样会影响先生健康，曾建议是否可以在有问题处贴个条子，或提出综合性的意见，让编著者自己去改。先生听了我的话，微微一笑，对我说："稿子的责任应该由编著者来负，但书由我们出版，我们同样要负责，不能分彼此。编辑的责任就在努力提高书稿的质量，既然把工作交给我，我总要尽力把它做好。"当时金灿然同志号召编辑人员要甘当"理发师"，我觉得先生真是一位言传身教的"老师傅"。先生那次的话，对我的教益很深。以后，凡是我在工作中遇到了麻烦，先生的话就在我耳边回响，成为促使我认真工作的力量。

我在中华有不少前辈老师，先生是我受益最多的一位。我初到古籍时，对如何从事编辑出版工作一无所知。凡是遇到疑难，就向先生请教，先生不断的给我指点，使我慢慢地摸到了一点门径。1962年，我把《汉书·赵充国传》加以注释和翻译，编写成一本名为《赵充国》的小册子，把稿子送请先生阅改。几天后，先生把稿子交还我，我发现他对一字一句甚至连一个标点都仔细审阅了。还将改正之处，一一讲给我听。《赵充国传》最后有一首颂，我译得很笨拙，失去了原文的意味，先生为我全部重新译过，还教导我说："译这类文字，不能太拘泥，要把思路放开一些。"先生是我从事编辑出版工作的带路人，从先生身上，我看到了前辈的榜样，也获得了很多知识。

先生毕生尽瘁出版事业，经手出过许多别人的书籍，为了提高出版物的质量，也为别人的许多书稿作过修改、加工工作，但自己署名留下的作品却不多。除早期在《东方杂志》、《妇女杂志》及《新女性》上发表的文章和译过一本《妇女问题十讲》以外，我所知道的，大概只有《马氏文通校注》和《助词辨略》的点校本了。晚年，先生参加哲学组的工作，他看到某些中国哲学史的作品中，因为对原文的理解有出入，论点就值得商榷。先生不顾年老力衰，参阅了不少宋、明理学著作，着手撰写《张载哲学初探》一文。又因"文革"事起而中止，已经写出的部分初稿，想必也在动乱中散失了。

"文革"期间，先生的身心受到种种折磨，境况是很惨的。但先生默默地承受着，没有一句怨言，对党、对社会主义的信念始终不变。先生有一个从小在身边长大的外孙女儿，中学毕业后要下乡插队去了，先生还为此填了一首词送给她，满腔热情地鼓励她拜农为师，努力锻炼。

先生虽然含冤而逝，但他是一个坚忍不拔的人，他一生遭受过不止一次的波折，他总以事业为重，把个人置之度外，我相信他是会像他所说那样瞑目的。今天，我们的国家安定团结，文化出版事业空前繁荣，古籍整理出版工作也出现了新局面。先生在这块土地上辛勤耕耘了一辈子，作出了重要的贡献，人们尊敬他，怀念他。每当我想起先生，仿佛又听到了他那爽朗的笑声。

选自《回忆中华书局》下编，中华书局 1987 年

章锡琛与开明书店

章士敭

章锡琛是我国现代著名的出版家。他所创办和主持擘画、经营的开明书店，是我国解放前六大书店之一。虽然它从上世纪 20 年代中期成立直到 50 年代初同青年出版社合并成立中国青年出

版社,只不过27年历史,出版一千五百多种图书百余种教科书和十多种期刊,但是它在解放前艰难的时日里,给青少年以正确和丰富的知识,坚定的信心和奋发向上的鼓励。它认真、严谨、实事求是、老老实实为读者服务的作风,至今仍为知识界所称颂和怀念。它以微薄的资金,精干的队伍,孜孜不倦的工作所形成的"开明风",也一直为出版界和文化界所称道。

跨进出版界的大门

章锡琛,字雪村。浙江绍兴人。1889年生于一个勉为温饱的家庭里。他5岁上私塾读书,科举制度废止后进过学校,19岁时和友人一起在家乡办了一所新式小学,起名育德学堂,一年后考入了城里刚办起的山(阴)会(稽)师范学堂,毕业后留校任教,不久又在明道女子师范兼课。辛亥革命绍兴"光复"时,他被军政府邀请主持明道女师的校务,后于1912年1月到上海。

章锡琛在山会师范上学时的"监督"(等于现在的校长)杜海生介绍他去见在商务印书馆任《东方杂志》主编的堂侄杜亚泉。杜亚泉知道章学过一点日文,就拿起一本日文杂志,指定一篇居里夫人传记要他翻译。章锡琛曾在绍兴东文传习所学过几个月日文,但终究懂得不多。他花了两天时间翻看字典硬是把它译了出来,后来发表在《东方杂志》上。

章锡琛从小就有那么一股韧劲,他认定的事一定要做好,决不惜力。小时候上学,他能在油盏灯下夜以继日地苦读,为此留下一双高度近视眼,一对镜片像两只小酒盅。经历了这次译文的考验,他发愤要学好翻译,此后不断从图书馆找日文杂志来翻。他在《东方杂志》任编辑的九年时间里,单是《东方杂志》上发表的译文就达三百来篇。这样勤奋地工作,不但使他掌握了日文,同时也在翻译的过程中吸取了许多新知识。

投身新文化运动

1919年兴起的五四新文化运动,猛烈地冲击封建道德和旧文化。商务印书馆由于出版的几种杂志受到批评,要更换主编进行革新,1921年1月,《小说月报》改由沈雁冰任主编,章锡琛同时被推荐主编《妇女杂志》。他是新文化运动的活跃分子,很早参加了"文学研究会",又是"妇女问题研究会"和"立达学会"的发起人之一。他接编《妇女杂志》后,大刀阔斧进行改革,着力宣传妇女解放运动,大量介绍国外有关妇运的理论、动态和知识,杂志面目一新,在社会上影响较大,特别是出了不少专号,如《离婚问题号》、《产儿限制号》、《妇女运动号》、《家庭革新号》、《新性道德号》等等,发动读者参加讨论,这种做法在当年杂志界是罕见的,深受读者欢迎。他还应上海《民国日报》和《时事新报》之约,分别编辑《妇女周刊》和《现代妇女》两种副刊。但他这种在更深层次向封建伦理的挑战,也遭到封建卫道士们和某些守旧人士的非难。

1925年"五卅"运动中,章锡琛以"妇女问题研究会"名义参加支援群众反帝斗争的"上海学术团体对外联合会",同年商务印书馆成立工会,两次举行罢工,他和编译所许多同事也积极支援。

这一年《妇女杂志》的《新性道德号》发表了章锡琛写的《新性道德是什么》和周建人写的《性道德的科学标准》两篇文章,受到《现代评论》陈大齐的歪曲、诬蔑和攻击。商务当局以此为由,违反约定,无理要求审查杂志清样,干涉编辑工作,章锡琛遂提出辞职以表抗议,8月份脱离《妇女杂志》,同年底被商务借故辞退。

从《新女性》到开明书店

商务当局这种蛮横的做法,没有使章锡琛气馁,商务编译所的许多同事和他的朋友们也都为他鸣不平，大家集资鼓励章锡琛自己来办杂志。1926 年 1 月，他独自编印的《新女性》月刊创刊，受到欢迎，一再重版。但杂志销路再好，在当时也是个不赚钱的营生，不能靠它养家糊口。胡愈之、郑振铎、吴觉农等许多朋友帮他出主意，建议他索性开个书店，大家商量用集资的方法筹集 2000 元资金，还分别认定了股金，采用孙伏园的意见，定名为“开明书店”，就在 1926 年 8 月开张。

《新女性》创刊号

开明书店最初就设在章锡琛的家里——上海市宝山路宝山里 60 号。

书店虽然开了张，可是朋友们都是些穷知识分子，认了股却拿不出钱来。章锡琛全家的生活费和印书刊的费用只好都用他离开商务时所得不多的退俸金支付，这点钱很快就花完了，就向他二弟锡珊借，章锡珊当时在沈阳商务印书馆分馆工作，平时省吃俭用，略有积蓄，但也不经一用。不久章锡珊也辞职，到上海来帮其兄一起干。两兄弟和少数工作人员艰苦经营，到 1927 年底，开明书店居然已出版图书一百来种。

1928 年开明书店第一次招股 5 万元，改组为股份有限公司，股东绝大部分是文化人，他们把自己从开明得到的稿费积攒起来支持这一新生事业。以后随着业务的发展，又陆续于 1930、1931、1933、1936 年四次增资，总额达到 30 万元。但也只及商务资金 500 万元的 1/16，中华资金 300 万元的 1/10。然而它在不到十年的时间里迅速发展壮大，从一个弄堂书店逐步跻身于全国六大书店之列，在教育界和知识界开始享有盛誉。

真心实意为读者

“我们起初计划开办书店的时候，本来只想集两千块的资本，专印朋友们里面比较好一点的书，对于排印、纸张、装订等，都竭力考究精致，希望一方面可以维持自己的生活，一方面可以有点兴趣，并且可以使读者不致失望。”这是章锡琛在1931年一篇自叙的文章里写的，如实反映了开明书店开办时的想法。

他和他的朋友们对当时一些书商的惟利是图和出版物的粗制滥造很不满意，他们认为：出版物是精神食粮，负有传播知识，教育群众的使命，内容应是健康的，对读者和社会是有益的；同时，出版物作为一种商品，应该物美价廉，既要质量精美，在排印、装帧各方面尽可能达到高水平，又要照顾到读者的承受能力。现在自己来办书店，就要实现这个理想。

他的朋友和支持者几乎都是作家，同时又是教师、编辑，开明要出他们的书，但出书的目的首先为了读者，所以要坚持出比较好的书。他选择原稿不是以作者的知名度和与自己的关系为标准，而是以稿件的质量以及对读者是否有益来考虑取舍，决不照顾情面。因此，往往名人的稿子可能被婉言拒收，而一些不知名的“小人物”的作品却能选用。这种认真、严格的作风后来一直为开明所贯彻，从而培养了不少青年作家。

丰子恺的第一本漫画集《子恺漫画》是开明早期出版物之一。他的漫画饶有情趣，别具风格，章锡琛决定帮他出版，而且要求印得精美，开始用普通的纸张印，总觉得不够理想，于是坚决把已印好的书页全部报废，换了好纸重印。这样做虽然使书店受了损失，但丰子恺的漫画从此闻名，他和章锡琛的友谊也由此更进一步。以后丰子恺不但为开明设计封面，绘制插图，使开明的图书面目一新，而且他的散文和其他美术、音乐等著作，也都交由开明出版。

章锡琛又非常尊重作者，决不妄改原稿，特别是作品的观点和论断。但他总要为作者仔细改正文稿中的错字舛句。他特别注重校对工作，要求校对人员除了对原稿负责之外，还要能看出原稿上的差误脱漏，提出问题来供编辑考虑；同时要求编辑也应是一个好的校对，才能在审读原稿时更加精细。他把这些视为对读者，也是对作者负责的大事看待，所以开明书店出版的图书、期刊一般都没有什么病句、错字，就连标点也一丝不苟。

对于期刊，他还要求必须准期出版，最好是在预定的出版日期刊物就能到订户手里。他把这看作是否对读者守信的问题。早在他接编《妇女杂志》时，就集中力量先把过去积压下来的几期脱期刊物赶编出来。自 1921 年 1 月号起就一直是准期出版了。《新女性》和后来开明出版的《中学生》等十多种杂志，包括大型文摘《月报》，都继承了这个传统。

他也很看重与读者之间的联系，认为无论一家书店或一种杂志，都需要有读者一起来参与合作。他认真对待读者来信，亲自答复，并经常在杂志上选登出来。开明书店早期出版的图书，每本都附有一张"读者调查卡"，广泛征求读者对本书的批评意见，接受读者监督；还出版了《开明》和《读者俱乐部》两种不定期刊物，登载读者对开明书刊的读后感、意见以及出版信息等，免费赠阅。

认真踏实搞出版

1927 年春，国民党反动派发动"四一二"反革命政变。当夜胡愈之、郑振铎等商议，起草给国民党中央委员会中的文化界人士蔡元培、吴稚晖、李石曾的信，向国民党反动派提出抗议。这信由胡愈之、郑振铎、周予同、吴觉农、李石岑、冯次行和章锡琛七人署名，于 4 月 14 日发出，第二天在上海《商报》公开发表，首先向社会揭露事实真相,揭穿国民党宣传的无耻谎言。对此,周恩来曾称誉为中国正直知识分子的“大无畏壮举”。

此后白色恐怖笼罩全国,但并不能使真正的革命者退却,在一大批革命烈士被残害的同时,无数勇敢的爱国者又投入革命队伍,转入地下继续战斗。在这种形势下,章锡琛更加坚定了办好书店的决心。他请夏丏尊来主持开明的编辑工作,确定出版方向。在最困难的时日里,他们以开明书店为掩护,保护了一些革命青年。

夏衍同志回忆:“1927 年,吴觉农先生介绍我和锡琛先生见面的时候,我还是个不满 30 岁的青年,可能是觉农对于我当时处境的关怀,也可能他们是无话不谈的患难之交,所以觉农在介绍我的经历时,毫不介意地说出了我和蔡叔厚、张秋人的关系,那是在‘四一二’事件之后不久,杨虎、陈群在上海杀人如麻的时候,暴露一个初次见面的青年人的政治面貌,对我说来显然是会感到惶惑的。可是完全出于我的意外,锡琛、丏尊先生丝毫没有芥蒂,爽快地决定要我给开明书店译书。丏尊先生要我译本间久雄的《欧洲文艺思潮论》,锡琛先生当时正热心于妇女解放运动,又把翻译倍倍尔的《妇人与社会》的任务交给了我。特别使我难忘的是几天之后,锡琛先生又对我说,现在的稿费微薄,单靠译书是不能养家糊口的,我介绍你到立达学园去教书,我已经和匡互生先生说好了。”类似这样的事情是很多的。

夏丏尊是著名的教育家、文学家,他翻译的《爱的教育》曾连续在《东方杂志》发表,后来也为《妇女杂志》写过稿,因此早和章锡琛结识。开明成立时,他受立达学会委托,主编《一般》杂志(1926 年 9 月创刊),由开明印行,1927 年他接受章锡琛的邀请,欣然辞去了上海暨南大学中文系主任的职务来开明就任。

这里还有一段故事:《爱的教育》在《东方杂志》发表后,曾由商务印书馆作为“文学研究会丛书”出版单行本,但出版了三年,连 2000 本书还未售完。夏丏尊到商务发行所去买这本书,却被告知没有，营业员还傲慢地对他说："我们这里书可多哩，谁能知道！"气得他一定要向商务收回版权。不意这书一经开明出版，竟大为走俏，各地小学纷纷采作语文辅助读物，十多年畅销不衰，总共印了数十万册。上海宝山县立中学的教师徐学文，在辅导学生阅读《爱的教育》的实践中，写出了《给小朋友们的信》，商务印书馆子弟学校尚公小学王志成在他担任级任老师的班里实验爱的教育，并写成《爱的教育实施记》。

章锡琛和夏丏尊两位的性格截然不同，但由于共同的理想和旨趣，相互配合得很好，以后成了终生知己。在国是日非的情况下，他们认为振兴国家根本还在于教育。1929 年决定停止出版《新女性》，这一年 12 月的"废刊辞"中说明："废刊的原因很是单纯，就是时代已经不需要了"，"妇女问题的解决，不得不与社会问题的解决同时进行"。他们的目光已不仅仅限于妇女问题，而在更大范围内寻求解放了。

1930 年 1 月一种以中等文化程度青年为对象的《中学生》杂志创刊了。《中学生》请叶圣陶参加编辑。翌年，叶圣陶辞去了商务印书馆的职务也到了开明。

以《中学生》替代《新女性》，宣示了开明书店此后的出版方向。它已跨入了一个新的阶段。

开明书店 20 周年时，叶圣陶在一篇文章中说："我们把我们的读者群规定为中等教育程度的青年，出版一些书刊，绝大部分是存心奉献给他们的。这与我们的学识修养和教育见解都有关系。我们自问并无专家之学，不过有些够得上水准的常识，编选些普通书刊，似乎能胜任愉快。这是一层。我们看出现在的教育继承着旧教育的传统，而新教育继承着的旧教育的传统是没有效果的。我们也知道教育不是孤立的事项，要改革教育必须其他种种方面都改革，但是改革教育的意识不能不从早唤起，改革教育的工具不能不从早准备，这又是一层。"

凝聚力的源泉

章锡琛是个爽直开朗的人，他一生经济并不宽裕，自奉节俭，但待人热情，朋友们有急难，总是慷慨相助，对待作者、同人更是这样。据开明早期的工作人员汪曼之回忆："先生本性仁慈、乐于克己助人，如有作家得知稿子已付印，为等急用宁肯出卖版权一次性取款时，先生总劝他：'卖掉可惜，这部书估计销路好的，便宜了我店里，你要多少钱，我借你……'有作家的稿子已付印，来预支版税的；也有纯粹借柴米之资。这号户头，基本是先生的救济对象。""当时职员是供伙制，七人一桌，四荤两素一汤，碗又大又深，盛得满满，厨司是绍兴来的先生同乡，手艺很高，初一十五加白鸡、白鸭、一壶酒；过年过节整桌席，天天像上馆子。可是厨司不管先生家伙食，以避嫌，由章师母自己管伙，有时我去看他们吃饭，小菜又少又差，先生一碟花生下酒，和我们的伙食距离太远了……"

所以虽然开明书店当时规模很小，经济也很紧，仅有的几位工作人员：赵景深、钱君匋、索非、王霭史、王燕棠、陈云裳、汪曼之、孙怡生等，大部分是年青人，都住在章家，大家工作、生活在一起，待遇不丰，却是非常融洽，干劲十足。这些同志后来虽离开了开明，大都建立了自己的事业，但和章锡琛仍一直保持友情。

1932 年上海"一·二八"事变，商务印书馆的编译所、印刷厂及东方图书馆全部毁于炮火，损失很大，因而大量裁减工作人员；开明在战事中也受到一定损失，但章锡琛坚决把原在商务工作的王伯祥、顾均正、宋云彬、金仲华、徐调孚、贾祖璋以及傅彬然等请到开明，大大充实了开明的编辑队伍。以后还有周振甫、周予同、王统照、郭绍虞、陈乃乾、吕叔湘、张志公、叶至善等知名人士曾参加开明的编辑部。这支既有实力，又有共同为教育和出版事业献身目标的编辑集体，是开明所以成功的主要原因之一。

章锡琛知人善任。他并不迷信什么头衔、学历，而是讲求实际的能力。开明的编辑队伍中并不都是大学毕业生，可又都是学有专长、著译丰富、实实在在的学者；业务人员中，有的文化程度并不高，大部分是陆续招收的练习生，多半只有初中程度，书店除在业余组织他们补习文化外，主要是在实际工作中锻炼，帮助他们提高各方面的知识和办事能力。这批“子弟兵”后来发挥了很大的作用。开明工作人员相对来说比较少，但很精干，办事效率颇高。许多人后来都成为出版界的专门人才。著名的图书装帧家莫志恒原是一位失业青年，得到开明的培养教育，后来成为著名装帧设计家。他说：“雪村先生爱护青年是无微不至的，我在他带领下学习出版技术，从他精于印刷、出版业务方面，给予我许多启迪。1932年，丰子恺先生患眼疾，钱君匋先生已经离店，开明书店正缺乏装帧设计员，而我又是初出茅庐，缺乏经验，但是先生就大胆地把这个重任压在我这个青年的肩头。”这种精心爱护、大胆使用、充分信任，是开明同人凝聚力的源泉。

稳步跻身六大书店

章锡琛在商务印书馆工作多年，对于当时书业界的历史有一定的了解。晚年他写的《漫谈商务印书馆》一文，实际也总结了近现代出版业的若干经验教训。这些，在他经营开明书店中也得到很好的借鉴。

开明的资金比商务、中华等少得多，日子过得相当紧，但还没有碰到过大的困境，这是由于章锡琛对当时某些大书店的负责人曾用公司的资金去参加投机失败，几乎陷于绝境，和他们因过高估计自己的实力，把资金过多投入房产修建以致几乎停业的历史有深刻的印象，所以他决不允许在开明有挪用公款进行投机的活动，也不考虑投资建房。抗战以前，在开明业务最发达的年代，也只在书店集中的上海福州路租用五开间的门面和后院一处货栈的房屋作发行所，又同美成印刷厂一起租用梧州路一家丝厂的旧厂房，因陋就简，充作管理机构和编辑、出版部门办公之用。他注意节约，精打细算，把所有资金用于生产。

“商务、中华、世界所以能够成为出版界的翘楚，惟一的基本条件是印数最多的教科书”，“中国除教科书和通用的工具书以外，一般(印数)都只有几千，销数差的甚至只有几百”，所以“小出版家如果没有教科书或其他销数颇大的出版物，往往都倏起倏灭，不能维持到十年二十年之久，更谈不上什么发展”。这也是章锡琛对当时书业现实的总结。开明要贯彻出好书的宗旨，必须在经济上站得稳，出版教科书是当时惟一的路子，然而他又很清楚有的大书店为了争夺教科书市场，曾经演出过多少你死我活的斗争和使用不光彩的推销手段，有的书局甚至“对女教员赠送旗袍料、高跟皮鞋、丝袜；对男教员更进一步，假期里常在大旅馆里包下房间，请他们日夜吃喝赌博，借给赌本，甚至叫妓女作乐”。开明如果也来出教科书，会不会遭到人家联合起来加以扼杀？能不能不被卷入这种腐蚀教师、污染社会的竞销旋涡？

开明既以中等程度的教育为己任，就不能完全排斥与教学用书的关系。前面谈到的《爱的教育》以及后来出版的《木偶奇遇记》、《稻草人》等书被小学采作辅助教材，而丰子恺编著的《音乐入门》、《中文名歌五十曲》等，实际也已成为各地中学乐于选用的音乐课本。至于《开明活叶文选》，更是别开生面，为大中学校教师所欢迎。

原来《开明活叶文选》的印行，是章锡琛为满足教师需求的一大创举。当时的中学教师普遍不满足已出版的国文教科书，许多教师每学期都要给学生补充一些课本以外的范文，刻印讲义。一般来说，油印的质量不高，字迹往往模糊不清，誊抄也常有错误。同时，大家各自抄印，人力浪费也很惊人。从这种习以为常的现象中，他设想了活叶文选的形式。

《开明活叶文选》就是把教师们乐于选用的古今范文，加以标点分段，精心校对，用四号字排印出来，不论文章长短，每篇自成一帖，不致散失。读者可以任意选购，如果需要，开明也可以代为把选好的多篇文章装订成册，这种文选，既方便，又较自己油印的清楚、整齐、没有差错，价格还比自己印的便宜，所以很受欢迎，采用的越来越多，甚至有订购活叶文选直接作为教科书用的。十年之中，选的文章陆续增加，达到一千六百多种，还编印了注释，供教课和自学参考。由于这种文选要求高，在选配、代客装订等业务项目中手续烦琐，获利又小，所以其他大书店并不愿意仿效、竞争。

《开明活叶文选》在社会上受到好评。教师们和朋友们纷纷建议开明出版教科书。正好立达学园教师刘薰宇、周为群等在教学中积累丰富的实际经验，自己编写了一套初中数学教材，这套教材有明显的特色，容易为学生接受，试用效果很好。开明就以《开明算术教本》、《开明代数教本》、《开明几何教本》的名称出版。章锡琛坚持出版教科书要以其高质量来获得师生的欢迎，决不允许营业部门用不正当的方法来参加同业的竞争，这种作风也赢得正直的教师赞誉。

不久，又出版了林语堂编的《开明英文读本》，由于其内容比较新颖，又由丰子恺用漫画插图，加上开明的精印和硬纸面布脊精装，在教科书中别开生面，独放异彩，一举打破了被商务版《英文模范读本》独霸多年的一统天下的局面。不久，世界书局经理沈知方请林汉达编了一套与之相仿的《标准英语读本》，林语堂认为侵犯了他的著作权，要开明与之交涉。章锡琛、夏丏尊托人与世界书局联系，世界书局沈知方拒不买账，于是双方公开登报辩诘，沈知方反先向租界法院提出控诉，并以重金聘请与南京政府"司法部"很熟悉的女律师起诉，因此法官一味偏袒世界书局。章锡琛敏锐地感到问题的严重性不单是在这一本书，而是有人企图扼杀开明，阻止它出版教科书。当时商务、中华虽只是坐山观虎斗，但一旦开明败诉，后果将难以设想，于是章锡琛要求“教育部”对这两部课本进行审核，终于得到批词断定：《标准英语读本》确有抄袭冒效《开明英文读本》之处，不予审定，禁止发行。开明把这段批词制版在报上公布，这一天法院正要开庭宣判，见报后只好急忙修改早已拟好的判决书。开明虽得到胜诉，但法院却还以开明广告有诽谤之辞为由，判罚开明30元，以挽回女律师的面子。

或许正是这次涉讼的结果，后来开明顺利地出版了各科中学教本和叶圣陶编纂、丰子恺插图的《开明国语课本》等各科小学课本，没有再受到大的阻挠。

当时开明已出版了不少图书，包括茅盾、巴金、丁玲等进步作家的文学作品和众多的科学小品集、中学各科知识读物以及一些学术著作，而教科书的出版，更显示它已稳步跨入了全国几大书店的行列。

为提高图书印制质量进行探索与实践

开明书店对排版、印刷、装订的高标准要求，只依靠一些小印刷厂无法满足。1928年开明第一次招股5万元，到1929年不但足额，而且已经超过。章锡琛征得部分股东的同意，将超额的资金另办了一家印刷厂，定名“美成”，由投资颇多的吴仲盐任经理，章锡琛兼任副经理，专门承接开明的印件。

在排版方面，“美成”是国内第一家引进日本新四号、新五号等“新”体字模的印刷厂，它还创制了对开、四开铅身的标点符号（后人称为开明标点）和一些新的标记符号，使版面更加紧凑，达到节约用纸、降低书刊售价的目的。此外，还规定：除上引号、上括号外，标点不准出现在行首，只有一个字的不能占一行，只有一行的不准占一页等排版格式。

在用纸方面，他充分利用彩色封面纸以节省封面套色。并就本来色泽较差的“次道林纸”，要求纸商在其中加入颜料，从而试制出质高价廉，保护视力，在解放前曾风行一时的“黄道林纸”。

在装订方面，为了克服一般小学课本用铁丝装订极易生锈断散的缺点，他首创用缝纫机装订的办法加以改进。他还创用了硬纸面布脊和软面精装等装订方法，用以代替价值昂贵的硬布面精装本。

这些改进都不是什么惊人的发明，但是反映出章锡琛为了提高书刊印制质量、为了节约物资、为减轻读者负担而不断探索、实践的精神。

1935 年瞿秋白在长汀遇难后，鲁迅亲自为其编集遗稿，拟出版《海上述林》，要找一处可靠的印刷厂排印。章锡琛知道后立即介绍由美成印刷厂秘密排版，成型后送到日本去印刷。这部书排版质量很高，当时大家都真以为是在日本排印的。

在艰难的岁月里

1927 ~1937 年的十年“文化围剿”时期，章锡琛和他的开明书店是在白色恐怖的环境里不断地进行合法的和秘密的斗争中闯过来的。十年中，国民党查禁书刊，从秘密逐步向公开发展，变本加厉。1934 年 2 月，国民党中宣部正式下令，公开查禁“左倾”、“抗日”书籍 149 种，其中涉及鲁迅、郭沫若、陈望道、茅盾、夏衍、巴金、丁玲、田汉等 28 位进步作家，涉及商务、中华、北新、亚东、光华、大江和开明等 25 家书店。在这严峻的时刻，章锡琛挺身而出，由开明领衔，联合 25 家同业两次向国民党上海市党部“请愿”，并由他和夏丏尊联合给蔡元培、邵力子写信，要求立即解除“禁令”。经过努力，终于迫使国民党解禁一部分图书。后来开明还以改换书名或作者姓名的办法，例如夏衍翻译高尔基的《母亲》被禁后，将书名改为《母》,将译者“沈端先”改为“孙光瑞”,继续发行。

1937年抗日战争爆发,8月13日日寇在上海发动进攻,次日,开明书店和美成印刷厂在梧州路的房屋为炮火所毁。开明书店仅存福州路的发行所和外地几个分店,损失达到80%以上,美成印刷厂全部被毁。章锡琛并未泄气,他认为“国家到了最危险的关头,我这点小小事业算得什么”,他一方面采取紧缩开支的办法,一方面鼓励大家共度时艰。有人同他谈及开明惨重的损失时,他说:“好吧,毁了就毁了,还可以从头来过!”他不屈不挠的乐观精神,使大家振奋起来。有的同人要求回家乡的,他仍以“留职停薪”的办法保留他们的职务,他自己则和留下的同人一起吃大锅饭,领取最低的生活费,相信抗战必定胜利,开明也可以复兴。果然,开明后来在内地开展业务,留职停薪的同人先后被召回参加内地业务,逐渐恢复了开明的活力。

1937年10月,章锡琛冒险自沪经杭州去汉口,准备在那里开辟新的据点,可是到汉口时蒋政府正准备撤退,西迁重庆,无法开展工作,而上海方面因福州路发行所欠交房租被房主控告,催他回沪料理,他只好请协理范洗人和叶圣陶一起去渝,自己只身于年底回到上海。此后上海形势日渐恶化,同人中有因家累无法离沪的,文化界朋友留下的也不少,他决定留上海处理棘手的问题。

当时在上海的同人生活上十分艰苦。业务上虽然营业萎缩,却要和日本占领军用各种公开的和隐蔽的手段进行斗争。日本人曾经用软的方法,以同情开明的重大损失为幌子,表示愿意投资“合作”,对外可以不公开,被章锡琛严词拒绝,太平洋事变后日军进入上海租界,抄走开明“抗日”书籍数十万册,章锡琛就把上海所存《子夜》等书的纸型派人秘密运到内地,与日寇周旋到底。在这样的时候,他还邀请留沪文化人周予同、郭绍虞、陈乃乾、周晔等到开明工作,协同夏丏尊、周振甫等编辑字典;自己则着手校注《马氏文通》、《助字辨略》、《经传释词》等书,以备战后印行。尽管生活十分清苦,情绪还是很高。他和夏丏尊还不时以开明的名义,送点钱给生活困难的开明朋友,勉励大家坚持到胜利。

1943 年 12 月 15 日,他与夏丏尊遭日本宪兵队的逮捕,同时被捕的有文艺界人士 39 人。在狱中,日寇问章锡琛为什么要抗日,他从容回答:“那首先要看你们是不是承认侵略,如果说不是侵略,那就不能说我们抗日;如果是侵略,则凡是中国人当然要抵抗,抗日何罪!”临危不惧,大义凛然。后经同业营救和日本友人内山完造的帮助,十天后和夏丏尊一起获释。

抗战胜利,开明在重庆的管理机构迁回上海,重庆在当时已成立了开明总管理处,由范洗人任总经理,章锡琛为了使两地总处合并顺利,决定退让,以求团结。刚好范洗人的侄子范寿康新任台湾省教育厅长,来沪招聘教师,邀他同去台帮助接收日本人遗留的印刷厂,他就于 1946 年初同范寿康一起去台北,但台湾的一些印刷厂为工矿处夺走,教育厅没有接收成,半年后他就回到上海。在这期间,他的挚友夏丏尊不幸病逝,使他悲痛欲绝。经他向董事会竭力推荐,开明聘范洗人为总经理,董事会接受他的建议同时又推章先生为常务董事。

1946 年国民党发动内战,政治上更加反动,经济上濒于绝境,开明书店营业也受到影响,入不敷出,仅靠托人收售黄金美钞保存币值,这使章先生非常伤心。日子非常艰难,但开明的存在在当时还有一定作用,周恩来在 1946 年内战爆发时安排上海文化工作,曾指示将杂志和出版业分成一、二、三线,第一、二线的很可能会被国民党查禁,开明和《中学生》属于三线的,要尽可能保存下来,多登些学习文化科学知识的文章,可以在青年中起到促使他们进步的作用。章锡琛和叶圣陶按照这个要求,尽力维持开明,生存下来。

1949 年 5 月上海解放,章锡琛非常兴奋,他认为出版事业关系到人民的思想文化,应该由国家统一经营、管理,私营书店的历史任务已经完成,可以结束了。有些想法被一部分同人误解竟提出请他退休，但他欣然同意，辞去常务董事职务于8月份携眷到了北京，到京后写成《中国出版业之过去、现在和将来改进的途径》一文，陈述他的见解，提供有关领导部门参考。同年12月，经胡愈之的推荐，章锡琛任出版总署专员，参加革命工作。

为人民的出版事业鞠躬尽瘁

章锡琛虽然辞去了开明的职务，依然十分关心开明的前途，他和董事长邵力子、总编辑叶圣陶、总经理范洗人等多次谈话，建议开明及早争取公私合营。1950年4月，出版总署批示同意开明书店公私合作。1951年初，商务、中华、开明、三联和联营书店的发行部门，包括在全国各地的分店，合并组成"中国图书发行公司"。1953年，开明的编辑出版部门与青年出版社合并，成立"中国青年出版社"成为青年团中央的一个直属单位，开明便有了光荣的归宿。

章锡琛在出版总署工作期间，草拟了新中国第一部《著作权暂行法》及其《细则》等出版法规，组织翻译苏联有关出版工作的图书，并应约于1951年为《苏联大百科全书》撰写《中国出版》条目。

随着出版机构的调整，自1954年起他先后调任古籍出版社编辑、副总编辑，中华书局副总编辑等职务，以他对古籍的渊博知识，和对古汉语和中国历史的造诣，为整理祖国文化遗产做出贡献。1956年，他以年近古稀的高龄，只身亲赴上海校对《资治通鉴》标点本，纠正了不少标点和分段的错误。

1957年，章锡琛不幸被错划为右派分子，"文革"开始，又因此受到冲击，老夫妇俩以耄耋之年，被街道勒令体力劳动。1968年1月8日，其夫人谢世，同年10月其长子士敏亦病死家中，1969年6月6日，章锡琛因偶染小病得不到及时医治，竟与世长逝，时年80岁。

原载《出版史料》2003年第3期

怀念章锡琛先生

夏　衍

1989 年,是章锡琛先生的百岁冥诞,也是他逝世 20 周年。锡琛先生是"五四"新文化运动中的一员闯将,从 1912 年进商务印书馆编译所任《东方杂志》编辑起,1921 年任《妇女杂志》主编,1926 年创办《新女性》杂志,同年与胡愈之、吴觉农先生一起创立"开明书店"。新中国成立后任政务院出版总署调查研究司司长,辛勤地为编辑、出版工作奋斗了半个多世纪,但是他晚年的境遇是非常惨澹的。1957 年他被误划"右派","文革"开始后又受到了更残酷的打击,78 岁高龄的他被"勒令"劳动,终于 1969 年 6 月含冤去世。那时我还身处囹圄,连抚棺一恸的机会也没有!

1985 年 10 月,为纪念开明书店创办 60 周年,我在《人民日报》上写过一篇短文,其中有这样一段话:"提到章锡琛先生,解放后一般人都把他看做是书店的'资方代理人',1957 年他还受到过不公正的批斗,但是我们这些和他共事过的人都知道,他不仅是个有胆识,有才干的出版家,他还是一个新文化运动、妇女解放运动的积极分子。"后来读了章士敭先生的《章锡琛先生传略》,才觉得锡琛先生不仅是新文化运动的积极分子,而且是一位名副其实的战士。1925 年上海发生了"五卅惨案",他以"妇女问题研究会"代表的名义参加了"上海学术团体对外联合会",奔走呼号,站在斗争的前列;1927 年 4 月 12 日国民党反动派背叛革命,上海的工人、店员和知识分子惨遭屠杀,在这严重关头,他和胡愈之、郑振铎、李石岑、吴觉农、周予同一起,联名给国民党中央委员蔡元培、李石曾、吴稚晖写信,抗议反动派的血腥屠杀,并把这封信的全文在《商报》上公开发表。对这件事,周恩来同志不止一次和我谈起过,认为这是中国正直知识分子的“大无畏的壮举”;1934 年 2 月,国民党中央宣传部正式下令查禁“反动”书籍 149 种,举凡鲁迅等人的著作一律禁止印行和出售;禁书名单中涉及的作家共 28 人,即鲁迅、郭沫若、陈望道、茅盾、田汉、沈端先、柔石、丁玲、胡也频、周起应、华汉、冯雪峰、钱杏邨、巴金、高语罕、蒋光慈等,这就使几十家出版进步书刊的中小书店濒于破产,在这白色恐怖最严重的时刻,锡琛先生又挺身而出,由开明书店领衔,联合二十几家书店两次向国民党上海市党部“请愿”,他又和夏丏尊先生联名给蔡元培、邵力子写信,要求立即“解除禁令”,这样,国民党当局才放宽了禁书“尺度”,允许一部分禁书“改正后重印”。

从 1927 年第一次国共分裂一直到 1937 年国共第二次合作,国民党反动派进行了整整十年的文化“围剿”。在这白色恐怖笼罩大地的时刻,锡琛先生编杂志、开书店,无私无畏,默默无闻地做了许许多多鲜为人知的工作,在当时的险峻情况下他还做了别人不肯做或者不敢做的事情。1935 年瞿秋白同志在长汀遇难,鲁迅先生编了秋白的遗作《海上述林》,一时没有一家印刷厂敢于承印,吴觉农先生把这件事告诉了丏尊和锡琛先生,锡琛二话没说,毅然答允在他经营的美成公司秘密排字制版,这样的事假如吴觉农先生不在《我和开明书店的关系》一文中提到,恐怕再也不会有人知道的了。锡琛先生所作不为人所知之事,当然还不止此,例如新中国成立后第一个“著作权暂行法”,是他拟定的;《苏联大百科全书》中的“中国出版”这一条目,也是他撰写的。

1946 年开明书店创立 20 周年的时候,叶圣陶先生在“纪念碑词”中写道:“书林张一年,及今 20 岁,欣兹初度辰,镂金联同辈,开明夙有风,思不出其位,朴实而无华,求进弗欲锐,惟愿文教敷,遑顾心力瘁……”这几句诗真实地表达了“开明人”的心声,也正好说明了锡琛先生为人行事的风格。他正直、善良、勇敢,同时又很谦虚,他在讲到开明书店的店史的时候说:“虽然人家说开明是我创办的,但实在是许多朋友所促成,并不是我有意要办书店,那时主张办书店最力的是胡愈之、吴觉农两位先生,尽力帮助创办的是钱经宇、郑振铎诸先生,至于开明这个店名,则是孙伏园先生取的,第一块招牌也是孙先生写的。”这是他“朴实无华”、功不归己的美德,但这也和当时的客观形势相关,圣陶先生所说的“思不出其位”和“求进弗欲锐”,开明书店也有一条办店精神,这就是“实实在在地为读者服务”和“不投机,不冒险,正正经经地出好书”。大家知道,30 年代初是文化界左倾思想盛行的时候,所以“思不出其位”和“求进弗欲锐”,以及不投机、不冒险,一方面表示了开明同人的实事求是,不趋时、不盲从的精神,另一方面也正是凭着这个宗旨,开明书店和它出版的刊物能够经历了 10 年的文化“围剿”和 8 年抗战时期的风雨而正大光明、鞠躬尽瘁地为民族、为国家、为一代青年做出巨大的贡献。圣陶、丏尊、锡琛先生和大部分开明同人都不是共产党员,在全国解放之前,他们也不曾参加过任何革命团体,但是他们的心,他们的工作,始终是和党保持着一致的。胡绳同志在《我和中学生》一文中有一段话说明了这个问题:“1946 年内战爆发,恩来同志安排上海工作,他要我们把出版界和杂志分成第一线、第二线、第三线三类,第一线像《文萃》那样的杂志,是很快就会被国民党查禁的,第二线是一些还可以维持一个时期,但到了某一时期,也有被禁止的危险,《中学生》和开明书店属于第三线,应该尽可能维持下去,恩来同志这个安排,我和叶圣老谈过,请他尽力维持开明书店,维持《中学生》,在国民党统治越来越严酷的情况下,《中学生》可以多登一些学习科学文化知识的文章,这可以在青年中起促使他们进步的作用”,圣陶、锡琛先生完全同意了恩来同志的安排,甘屈三线,求进弗欲锐,使开明书店和《中学生》杂志一直维持到全国解放。

《中学生》创刊于上海,在抗日战争中停刊了一段时期,1939 年才在桂林复刊,由锡琛先生的弟弟章锡珊和宋云彬先生主持,当时我在桂林《救亡日报》工作，还记得“复刊词”上有一段使我十分感动的话：

> 旧的炸毁了，新的建造起来了，一千个一万个被战争毁灭了，十万个万万个却从瓦砾中重建起来。只怕信念不坚，不愁事业不成。《中学生》杂志抱了这种坚定的信念在西南抗战根据地宣告复刊。在复刊之始，我们愿意和中学生诸君共相勖勉：
>
> 第一是努力追求文化与智慧，用文化和智慧的光辉，消灭世界上的野蛮与疯狂的侵略者；
>
> 第二是民族利益超过一切，牺牲一切个人利益，时刻准备为救国救民而奋斗；
>
> 第三是学习、工作、生活打成一片，生活是为工作，为工作而学习，而且从工作中学习。

这是近四十年前的话了，现在重读，不是也还有很深刻的现实意义，值得今天的知识分子“共相勖勉”么？

大家知道锡琛先生是一位有才干的编辑和出版工作者，但很少有人知道他还是一个学识渊博的作家，20年代他就是“文学研究会”最早的会员，他不仅在《新女性》、《一般》和《中学生》等杂志上写过不少好文章，他还认真严肃地校注过《马氏文通》、《助字辨略》，即使在1957年后的坎坷岁月中，他还是以一贯认真负责的精神，在校阅标点本《二十四史》等工作中做出了很大的贡献。

1927年，吴觉农先生介绍我和锡琛先生见面的时候，我还是一个不满30岁的青年，可能是觉农对于我当时处境的关怀，也可能他们是无话不谈的患难之交，所以觉农在介绍我的经历时，毫不介意地说出了我和蔡叔厚、张秋人的关系，那是在“四一二事件”之后不久，杨虎、陈群在上海杀人如麻的时候，暴露一个初次见面的青年人的政治面貌，对我说来显然是会感到惶惑的，可是完全出于我的意外,锡琛、丏尊先生丝毫没有介蒂,爽快地决定要我给开明书店译书,丏尊先生要我译本间久雄的《欧洲文艺思潮论》,锡琛先生当时正热心于妇女解放运动,又把翻译倍倍尔的《妇女与社会主义》的任务交给了我。特别使我难忘的是几天之后,锡琛先生又对我说,现在的稿费微薄,单靠译书是不能养家活口的,我介绍你到立达学园去教书,"我已经和匡互生先生说好了"。

这一年冬,我译完了《妇女与社会主义》,锡琛先生认真地校阅了一遍,还给我写了一篇"付印题记",其中有一段话:"本书的付印,朋友中颇有恐怕发生意外,加以阻止的。因为本年各处正处于反共反赤呼声的高潮,这样的好意,固然不能视为过虑,但我敢信现在的政府似乎决不会比德皇统治下的政府更专制,所以终于谢绝了他们的好意,决心把这本书出版了。"

在白色恐怖笼罩全国的时刻,他敢于决心出这本宣传共产主义的书,和写这篇"题记",这需要有何等的胸怀,何等的勇气!

写到这里,我只能凄然搁笔,锡琛先生这样一位正直、善良、朴实无华,为了"正正经经地出好书","实实在在地为读者服务"而付出了毕生心血的人,竟以莫须有的罪名,在十年浩劫中含冤去世,迄今快要20年了!这样的事不该再有,我想也不会再有了。

一九八七年九月

原载《出版史料》1988年第1期

怀念老友章锡琛

吴觉农

章锡琛是我的老朋友。他最早在商务印书馆工作,后来是开明书店的创办人之一,毕生从事出版工作。他为人正直、思想进步、学识丰富、工作稳健踏实，勤勤恳恳奋斗了一生，为我国近代出版事业做出了很大贡献。

我和章锡琛是20年代相识的。当时，他是商务印书馆《妇女杂志》的主编，在这本刊物上开展妇女问题的讨论，有一定的进步倾向。我当时在日本留学，常翻译和改写日本刊物上有关妇女问题的文章寄给《妇女杂志》，开始和章锡琛有通信往来，我回到上海，由于我同胡愈之有同乡、同学之谊，彼此间关系密切，他同章锡琛、周建人等却在商务工作，我和章锡琛的交往就更多了。章锡琛是一位有强烈正义感和事业心的人，至今印象十分深刻的是他常同我谈起非常佩服鲁迅先生的文章和为人。

1925年，《妇女杂志》发表了关于离婚问题和新性道德等方面的文章。其实也不是什么新思想，基本上还是属于资产阶级"爱情至上"的观点，但遭到了当时商务印书馆内外一些封建卫道士的非议，随之引起一场公开的辩论。导致商务印书馆的当局，主要是王云五的责难，把章锡琛、周建人调离了《妇女杂志》，章锡琛被调到国文部当一般编辑。《妇女杂志》由别人接办后，内容发生变化，主调是讲"妇德"、"妇容"及如何喂小孩、做鸡蛋之类上去。章锡琛对此是很不满的，他的一些在商务的老朋友，特别是胡愈之、郑振铎等也为之不平。愈之首先创议另办一个讨论妇女解放问题的期刊，传播新思想，批判旧礼教，让章锡琛主编。这就是1926年1月创刊的《新女性》，形成了同商务印书馆的《妇女杂志》唱对台戏的局面。因为愈之、振铎、锡琛等都还在商务挂职。经过商量，决定由我出面。《新女性》创刊号发行人署名吴觉农，地点也是我家住址(上海三德里A十九号)。当然，这也瞒不过别人的耳目，《新女性》创刊号刚印出，商务印书馆当局就把章锡琛辞退了。他既然已经离开商务，我们鼓励章锡琛全力以赴主编《新女性》，他也就专心致志地办起这份刊物。实际上是他一个人从组稿、编辑、校对、付印到发行，什么都干，独力支撑了这个刊物。仅靠这个刊物，要维持出版和解决养家活口等问题是很困难的。加上章锡琛和他的朋友却是具有事业心的人，于是除了出版杂志，他们还陆续出版《妇女问题十讲》、《新性道德讨论集》等图书。因为具有比较好的印刷质量和装潢，特别是认真校对，销路很不错。这样，有不少朋友都把作品拿来要求章锡琛出版，既团结了一批作者，也开拓了业务。尤其是原商务的著名作者如茅盾、巴金等人的长短篇著作，更促进了业务的发展。朋友们就产生了索性办一个书店的想法。愈之是主要的策划者，郑振铎、钱经宇、孙伏园和其他几位朋友，帮助章锡琛一起规划。当时，我已经从事农业方面和茶叶方面的工作，与经济、文化界也有些联系，愈之、锡琛也邀我参加这次工作，帮助联系，但实际工作做得并不多。因其他事情较多，后来也没有做具体工作。开明书店从1926年7月开始筹备，8月就在章锡琛家里挂出招牌，开明书店正式诞生。关于用“开明”二字作为书店的名称，一说是孙伏园起的名，据我记忆，章锡琛曾同我说，是鲁迅先生给取的名，有待再考证。

办书店需要资金，我们都是穷书生，拿不出多少钱来。开始主要是章锡琛把他从商务印书馆工作过14年的退职金用来作本钱。后来书愈出愈多，销路也好，几千元资本已感到不足，章锡琛就向他的胞弟章锡珊借款。章锡珊在奉天（沈阳）商务印书馆工作，后来辞去那里的工作和章锡琛一起合办开明书店。开明书店没有印刷厂，所有出版物均由美成印刷厂来排印。美成虽是一个股份公司，但其主要股东兼经理是章锡琛的妻弟吴仲盐。没有章锡琛倾其所有开办开明书店，没有章锡珊和吴仲盐的出力，没有他们的合作和经营才干，开明书店不可能在短期内发展业务而跻身于中国六大书店之中。

由于受五四运动的影响，章锡琛反对封建旧道德，具有进步的思想倾向。他是一个有正义感和爱国心的事业家，作为开明书店的创始人之一，他使开明书店与商务、中华、世界等书店都有所不同。“开明”，顾名思义，是追求进步的，事实上也的确如此，在当时的历史条件下，开明书店所作所为，不是听命于当时的反动统治，不为他们所驱使。出了不少别人不敢出的好书。参与开办开明书店的人，大多有进步色彩。愈之在当时已与中国共产党有密切联系，搞开明书店，他不会不同有关方面有所联系。愈之邀我参与，不仅因为我们是同乡、同学的关系，而且他也了解我的政治态度。开明书店在编辑出版中学教科书的同时，还出版了《中学生》、《新少年》等刊物，指导文化学习，也谈国家大事，引导青少年有正确方向。许多知名的文化、科学界人士，都谈到在他们的青少年时代受这些进步刊物的影响和启示。开明书店还出版了当时已被公认为进步作家的郭沫若、茅盾、巴金等人的文学作品，如《子夜》等。茅公曾经同我谈过，他当时致力文学创作，比较超脱，也是奉党之命。开明书店印行这些刊物和图书，当然招来国民党当局审查的麻烦。作为经理人员“老板”的章锡琛在处理这类事情上，态度始终是明朗的，也多方奔走坚持开明书店的出版方针。夏衍（沈端先）通过我和开明书店及章锡琛有了联系，他翻译的两本书——倍倍尔的《妇女与社会主义》和高尔基的《母亲》，谁都知道是红色的。有人说，夏衍是共产党，给他出这种书会招来麻烦，不愿承担。我和章锡琛谈过此事，他毫不犹豫地接受了这两本书的出版任务。这说明章锡琛的政治态度和敢担风险的精神。书出来后，受到国民党当局的禁售。开明把译者“沈端先”改为“沈光瑞”，《母亲》改为《母》，继续印行，章锡琛也会参与决定。瞿秋白的《海上述林》这部巨著，在他遇难以后由鲁迅先生筹划印行，当时在印刷上遇到不少困难。通过章锡琛的关系，由吴仲盐的美成印刷厂给打的纸版。这是难能可贵的。胡绳同志在回忆文章中，曾经谈到 1946 年内战爆发，周恩来同志安排上海的工作，指示要设法让《中学生》和开明书店尽力维持。这就说明开明书店在我国现代出版史上的作用和地位，新中国成立以后，在胡愈之同志担任出版总署署长期间，开明书店同青年出版社合并，成为中国青年出版社，这和开明书店从创办到发展的历史作用有关。开明书店已不复存在，许多朋友觉得可惜。但开明书店确实完成了她的历史使命，这也是公认的。我想在这里提一提邵力老（邵力子）与开明的关系，他曾经担任过开明书店的董事长。邵老是国民党的元老，与文化界的进步人士也有不少关系。他对开明书店在经济上有过一定支持，在政治上也有所借力于他。章锡琛与邵老是同乡，遇到一些麻烦，锡琛和开明的其他负责人多次找邵老以解决一些麻烦。锡琛同我谈起过这方面的事，表示“有恃无恐”。

章锡琛一生主要是经营开明书店，他既是编辑，又是“老板”，苦心经营，贡献是很大的。我敢说；没有章锡琛就决不会有开明书店。开明书店既出版了大量的有益书刊，又造就了我国出版界大批有用之才，有的也从开明书店的发展中得到经济上的好处。林语堂所得版税为数不少，成为文化界的“富翁”，而章锡琛将一生精力和积蓄奉献给了开明书店。解放前后，他的生活并不富裕，后来处于相当困难的境地。虽名曰“老板”，确为事业贡献了一切。开明书店提倡进步，反对倒退，反对愚昧；开明书店在出版工作上以严谨的态度，务求保证质量，不容许粗制滥造；开明书店既为读者、又为作者着想，重视扶植人才并不是只顾经济收益，只顾书店赚钱；开明书店同人工作上克勤克俭、艰苦经营、勤奋从公、团结一致，这是“开明精神”，也是开明作风。许多朋友为开明书店的发展，树立“开明精神”做出了贡献，章锡琛是其中的主要一员。确是开明事业的创办者！

章锡琛的一生，既为出版事业鞠躬尽瘁，对于中国的革命事业也是满腔热情。1927年“四一二”反革命事变后，章锡琛和我等许多朋友都是非常愤慨。4月14日，由愈之执笔，有胡愈之、郑振铎、冯次行、章锡琛、周予同、李石岑和我七人联名，向国民党中央委员蔡元培、李石曾、吴稚晖写信，提出抗议，在《商报》公开发表，最初公开揭露国民党反动派屠杀革命志士的罪行。在当时,这确实是需要有勇气的,锡琛对此一直是觉得自负的。在几十年的经历中,章锡琛的政治立场和态度始终如一。作为旧社会过来的知识分子,章锡琛也难免有他的弱点,也因此受到这样那样的误解甚至指责。有的朋友说,如果章锡琛在抗日初期有点眼光和见识,早有点准备,开明的资产也许不会遭到百分之九十以上的损失;如果他在抗日战争中不从武汉又返回上海,也就会少些议论。这些是他颇感委曲的。其中有客观因素,当然也包含锡琛待人处事中的某些不足之处。

新中国成立以后,锡琛虽然没有较高的职务安排,有的朋友也表示不甚理解,但锡琛并无怨言,他还是像过去一样,热情地投入了新中国的出版事业。遗憾的是 1957 年他被错划为右派,受到了不公正的待遇,也带来了种种的折磨,身心都受到影响。

在他去世以前,我曾经去看望过他。他的住处不宽裕,室内也很暗,生活很艰苦,身体已不大好,老伴也病在床上,我心中也很少安。但在交谈中,他怀念众多的老朋友,希望国家兴旺发达,没有什么怨言。他悄然离开人世,没有能够等到新的时期的到来,也没有能够知道对他不公正待遇的改正。这是我一直觉得遗憾的事。

在锡琛先生生辰 100 周年的时候,写下这一些,以志纪念。

一九八七年八月于北京医院

原载《出版史料》1988 年第 1 期

回忆章锡琛先生

钱君匋

1986 年夏日,参加了夏丏尊先生的百年诞辰纪念,在上虞春晖中学的会场上,遇到开明书店创始人章锡琛先生的哲嗣章士敫同志，他说 1989 年是他父亲章锡琛先生的百年诞辰，到时打算举行一次纪念会，借托追思，希望我能为章老写篇文章。士敭说："现在和我父亲同事的人恐怕已经不多，能知道他的情况的也就更少了。"我感于与章锡琛先生的情谊，便毅然答应了。今年开岁以来，我常常想着这件事，但是事情总是忙得不可开交，几次提起笔来，总是构思不久就被别的事打岔而停止了。眼看离章锡琛先生诞辰愈来愈近，只有横一下心，把别的事情撇在一边不管，经过好几天，总算断断续续写成了。

一

章锡琛这个名字，我在 1923 年就听说了。知道他和鲁迅是同乡，和鲁迅在绍兴府学堂是同事，章锡琛创办了开明书店，他周围的朋友都戏呼他为"章老板"，他对这个徽号并不峻拒，日久，凡和他相识的，都会不知不觉地称呼他为章老板。章锡琛原在商务印书馆编译所国文部工作，后出任《妇女杂志》主编，为了提倡妇女运动，在《妇女杂志》上接连发表了许多有关妇女问题、提倡新性道德的文章，商务当局很不以为然，劝之不成，便把他解聘。章锡琛离开商务后，在友人的鼓励下，创办了《新女性》月刊，自任主编，继续宣传妇女问题，提倡新性道德，《新女性》的发行量非常可观，为当时青年男女普遍传诵的一个刊物。不久，为了发展的需要，把《新女性》扩充为开明书店。当时我有三五个同学，都是研究音乐作曲的，我们创作的抒情歌曲，由我和章锡琛联系，在他的《新女性》月刊上按期发表，这样，我和他的通信就不止一次，虽然还没有见过面，但已是互相了解的朋友了。等到《新女性》扩大成为开明书店，章老就想到我，要我进开明搞美术、音乐的编辑工作，我立即应邀来上海接受了他的聘请，到这个时候才认识了章锡琛。他是一位长者，待人和气直爽，有助人为乐的精神，是一位典型的

"绍兴人"!

章锡琛的学问很渊博,古典经籍他都研究过,还精通日语和英语,思想新颖,处事果断。1927 年的大革命时期,前承解放思想的五四运动,此时又值宣传共产主义的高潮,在这样一个局面下,开明朝着进步方向,精兵简政,奋力迈进,率先出版了倾向共产党的书籍、妇女运动的书籍、新文学的书籍,以及为当时出版界未加注意的音乐、美术书籍,一时成为进步青年的知识宝库。开明的出版物一上书架,立即吸引了广大读者,摩肩接踵,争先恐后来购读,开明书店门庭若市,这是章老板经营有方,看准时代脉搏所致。当时的小型书店已如雨后春笋,愈来愈多,但在书的质量上、形式上,如书的装帧设计,最先引起读者注意的是开明书店。章老板不惜代价,一定要使他所出的书与众不同,所以其余的小型书店,都把开明书店作为追赶的目标。尽管如此,却还是达不到开明那样的高水平。过不了多久,开明更加发达起来,出版了《二十五史》,这又是一个创举,是章老板的杰作。商务、中华等大书店出的都是《二十四史》,开明在《二十四史》的基础上,增添了柯邵文的《新元史》,变成《二十五史》,这部书的出版,使开明的经济情况大大地充沛,因此,望平街门市部的房屋已经不够应付庞大读者的光顾,便迁到望平街福州路转角的几间门面房屋,扩展了门市部,准备进一步扩大出版物的发行。就在这个时候,日本军国主义者侵略中国,在上海虹口区登陆,爆发了"一·二八"抗日战争,开明书店的大本营正好处在闸北火线地位,炮声一响,章老板苦心经营的开明书店,在这次战事中损失了很大一部分实力,伤了元气。战事结束后,章老板首先带动开明同仁,在废墟上重振旗鼓,不久又有了奔头。在章老板的领导下,开明改合资经营为股份有限公司,把资金扩大到以前的数十倍,在上海的十里洋场,以中型的书店走向大书店的范畴,计划出版中小学教科书和青年修养读物,除《新女性》外,还出版了综合性月刊《一般》。这两种刊物风行一时,成为青年人的良师益友。数年之后，把这两种刊物改组为《新少年》半月刊和《中学生》月刊，以适应当时的形势。章老板同时罗致了许多饱学之士及经理部的人才为开明工作，开明到此可与商务、中华等大书店并驾齐驱，分享了国定教科书的出版权利，门市部改为在福州路上的七间门面，气势不下于商务、中华，俨然是旧中国的一家大出版社。“八一三”抗战爆发，开明的附属印刷厂及编译所仍处在火线，尽遭毁灭，从此一蹶不振，上海的大发行所收束，迁内地准备东山再起，至日本投降迁回上海，已无昔日雄姿，仅得福州路一间房屋的发行。到了解放，在 1954 年提前公私合营，和青年出版社合并，改名中国青年出版社，迁址北京，章锡琛至此已不在其位，不再参与工作。章锡琛在我国出版事业的发展上，确乎做出了巨大的贡献，这是不能抹杀的。

二

在开明书店成立的第一二年间，章锡琛聘请了几位具有干材的人物，其中有赵景深，他处事细致认真，所审阅的文艺稿件，要求颇高，出版后都能受到读者的欢迎。赵景深所写的作品方面也是文笔隽美，思想犀利，水平颇高。其次是王蔼史女士，她的校对工作极其认真，错字固然没有一个，就是标点，也没有不准确的。如遇不妥帖的句法，或列论不够完整的地方，她都能提请修改。再是索非，他熟悉出版方面的一系列工作，对印刷、装订厂的调配，十分协调，所以开明的书印刷周期短，并能如期出版，质量很好。索非也是一位作家，欢喜写些散文，与巴金为莫逆交。随着发展的需要，开明又吸收了汪曼之、吴似鸿及陈云裳三位女士，她们都任校对，其细致与王蔼史不相上下，所以开明的出版物一直保持没有错字的传统优点。后来我也进了开明，专任美术、音乐编辑，还担任开明的整个装帧工作，我第一件处女作是汪静之的《寂寞的国》，曾得到鲁迅的赞许。开明的装帧,引起了新文艺界的震动,被作家、读者誉为是未曾有的创举。开明的求实精神,一直贯穿着它的整个历程。

章老板提携无名作家也是不遗余力的。当时黎锦明、罗黑芷、贺玉波等人的创作,首先是开明为他们出版的。丁玲的《在黑暗中》、胡也频的《鬼与人心》、戴望舒的《少女之誓》等,都是章老板经手给她们出版的。孙福熙的《北京乎》,也在这个时候出版,还有朱偰的《漪溟湖》、黄石的《梅花梦词钞》等书,陆续在开明出版。章老提携新作家,可见一斑。

我在开明担任书籍装帧工作,由于章老板的积极支持,使我可以解放思想,随意创新,用料用色完全自由。每一装帧完成之后,章老板总是百般赞叹,在人前夸耀我设计的新颖别致,恰到好处地反映了书的内容,我在他的鼓励下,自然而然地要求自己更加努力,以作出特异的成绩来。开明的书籍装帧,结果赢得了广大作者和读者的好评。作家如夏衍、胡愈之、丰子恺、巴金、陈望道、郁达夫等在开明出书,总是先来和我联系,要我为他们的著作披上一袭美丽的外衣,我无有不满足他们的嘱托的。

音乐方面的五线谱,当时只有商务印书馆有铅制的符号可以排印,但形式是属于旧的,我在开明,由于章老板的大力支持,创制了一种五线谱的净绘法,用刻成的各种音乐上的符号,以手工方式来打印净绘,这样印制出来的乐谱,既大方又美观新颖,利于演唱弹奏,在乐谱的制版印刷上,由于这样革新,首先达到了先进水平,开明所出的音乐书籍,就与众不同,焕然一新。

开明对装帧设计和乐谱净绘,把决审权完全交给作者,章老板能够这样客观信任,才能发挥我的智慧和能力。回想起来,如果没有章老板的明智、关怀和爱护,在装帧上我也难于取得像今天这样的成就,也不会有今天这样的地位。我的成就和开明、和章老板是分不开的。

三

章老在商务工作的时期，有许多不拘形迹的朋友，如：沈雁冰、郑振铎、胡愈之、叶绍钧、徐调孚、周予同、王伯祥、顾均正、钱智修、杨贤江、张梓生、黄绍雄、樊仲云诸公，章老离开商务创办了《新女性》——开明书店，因所在地与商务近在咫尺，这许多老友差不多每天下班回家，总喜欢三五成群，来开明小坐，随便聊聊，互通一些新的消息。我当时在开明工作，经常碰到章老的这些朋友，日子一久，我和他们也成为稔友。他们见我在《新女性》上发表作品，因此叶圣陶要我为他的《妇女杂志》写稿并装帧，郑振铎也不例外，要我为《小说月报》写稿、装帧，周予同、杨贤江接踵而来，《教育杂志》和《学生杂志》也发表了我的文章和装帧。周予同还建议我为商务写一套宋体字制成铜模，准备与中华的聚珍仿宋体一决雌雄，这件事耗时太多，我实在没有工夫，始终没有实现。章老的这些朋友与我都很亲热，我在他们的言谈、行动之间得到了不少学识，使我的视野宽阔起来，他们又在朋友之间为我宣传，一传十，十传百，知道我的人愈来愈多，顿时成为新文艺界的“知名之士”，凡作家有著作交任何书店出版，都来求我为他们设计装帧，我有限的时间哪里能够一一满足他们的要求呢，在这种情况下，章老约了丰子恺、夏丏尊、邱望湘、陶元庆、陈抱一等人，为我订立一个《钱君匋书籍装帧画例》，丰子恺老师写《缘起》，刊载在《新女性》、《一般》两家月刊上，广为宣传，以示限制。

章老友人中，能饮绍兴酒5斤以上有的是，他们就自愿结合成一个“酒会”，每逢星期六晚上聚餐饮酒，他们是叶圣陶、郑振铎、王伯祥、周予同、丁孝先、夏丏尊、丰子恺、范洗人、章锡珊及章老诸公，有时也临时邀请几人参加，我只能略饮3斤半的酒，章老说“君匋可以参加，放宽一些尺寸请他来”，于是我也参加过几次酒会。

并曾记得章老与振铎打赌雁冰能否背诵《红楼梦》之笑谈。①

章锡琛工余之暇,喜欢写诗,做对子。他的诗有杨诚斋、范石湖的风格,有时近似龚定庵,富于政论,但不多作。在朋友之间又

---

① 有一天郑振铎来开明找章锡琛,在言谈间,涉及到沈雁冰,锡琛对振铎说雁冰会背诵整部《红楼梦》,振铎听了不信,章老就挑动振铎说可以赌一席酒,当时我正好也在场,章老指着我对振铎说:"如果雁冰背不出《红楼梦》,这席酒由我请客,如果能背,那就要你请客啰,证人就请君匋担任,就在这个星期六怎样?到那时任你要雁冰背哪一回都可以。"振铎在众人挑动下,将信将疑,章老板再进一步迫着振铎,他俩本来经常打趣,振铎用福建口音说就试试看吧。假如雁冰背不出来,你不要赖账!赖账我要找君匋。到了星期六一席厨房酒已经摆好在开明的楼上,同饮者十人,陆续而至:章锡琛、郑振铎、沈雁冰、钱君匋、章锡珊、徐调孚、周予同、索非、汪曼之、陈云裳。酒过三巡,在说笑之间,章老对沈雁冰说:"今天酒菜都不错,又都是熟人,已经喝了两杯,是不是再来个助酒兴的节目。我想到一个,请雁冰背一段《红楼梦》,如何?"章老向全桌扫视一下,但见都在倾听这位"绍兴师爷"所出的点子,谁也没有出声。沈雁冰今晚兴致特别好,对章老板出的点子没有拒绝,欣然应命说:"你怎么知道我会背《红楼梦》?你既然点到我来背,就背一回吧,不知你想听那一回?"章老喜出望外,对郑振铎说:"请振铎指定如何?"当然没有异议,振铎从书架上取出早备好的那本《红楼梦》,随便指定一回请沈雁冰背诵,振铎自己两眼盯着那一回书,看是否背得对。章老板则说:"大家仔细听着,看雁冰背得有没有漏句漏字,若有漏句漏字,还要罚酒。"大家鸦雀无声,都竖起双耳听他背了好长一段时间,章老向郑振铎附耳说:"你看怎样,随点随背,他都不慌不忙背出来,不错一字一句,你可服帖了吧!要他背完这一回还是停背了?"振铎非常惊异地说:"我倒不知雁冰有这一手,背得实在好,一字不错,你问我要不要把这一回背完,我看可以停止了。我已经认输,今天这席酒由我请客出钱。"到这时章老板对沈雁冰说:"雁冰,背得真漂亮,我和振铎赌你能否背《红楼梦》,今晚你帮我胜了振铎,请停止背吧,谢谢你!"雁冰这才知道他们要他背《红楼梦》是在打赌。说:"原来你们借我来打赌,我竟被你们利用了,只怪我答应得太快。"此事老板获胜,振铎认输,双方没有争执,我这个证人总算太平无事。

喜作打油诗取乐，我见到过不少，现在还记得赠郑振铎的一首：

三岛归来近脱曼，西装革履帽遮颜。
《红楼》赌酒全输却，疝疾在身立久难。

原来郑振铎是患疝气的，在讲坛上站着讲学是十分吃力。郑振铎得此打油诗后，曾回敬过一首，但我已记不得了。

抗战胜利，日本投降，丰子恺老师自重庆东还，卜居杭州西湖北山路，其地风景绝佳，我曾到过，也和丰师合影过。后来章老也去探望过丰师，酒后快谈，曾有一联，写其居处：

居邻葛岭招贤寺，门对孤山放雀亭。

丰师所居在葛岭之东，弘一法师曾到过的招贤寺之西，门对孤山之麓的放雀亭。此联不但对仗极工，写景亦颇高明，传诵一时。

时间已相隔半个世纪，健忘如我，只能就记忆所及，写了这些，作为纪念章锡琛先生的百岁诞辰，亦即缅怀这一位有功于我国出版事业的老人！

1987 年 8 月 23 日，莫干山武陵村宾馆七号楼。

原载《出版史料》1988 年第 3、4 期

开明书店章老板

——追怀章锡琛先生

王湜华

只要稍稍了解一些中国近现代出版史的人,没有一个会不知道有家开明书店的,同时也都会知道开明书店的章老板——章锡琛先生。他是一代优秀作家的联系人,同时又是位严谨的学者。开明书店从创办起,到建国后首先公私合营,与青年出版社合并,成立中国青年出版社,历时28个年头,在章锡琛先生主持下,出版了难以确记的大量优秀书籍,办了不少有影响的刊物,在文化教育界产生了很大的影响,使开明书店的名字于20年代中到50年代初,深铭在广大读者心中。同时,章锡琛先生的名字,在近现代出版史上,也成为不可磨灭的。

两应童子试,最终却成为同乡秋瑾、徐锡麟、蔡元培、陶成章的崇拜者

章锡琛先生原名锡檩、锡椿,十岁时改名锡琛,字雪村,又字君实。清光绪十五年己丑七月二十八日(1889年8月24日)出生于浙江绍兴县马山镇。镇在县的东北,河湖港汊环抱,是个物阜民安的好水乡。锡琛先生的父亲章元庸,在镇南长庆桥头开一家专营砖灰建材的小店章义盛,由于经营克实,在镇上信誉很高。锡琛先生的母亲姓鲁,共生育了6个子女,锡琛是老大。

锡琛先生出生时家境小康,父祖辈十分钟爱,4岁便进私塾读书。那时科举未废,他8岁读毕四书五经,便开笔学做八股文,11

岁就去初应童子试。那年正是庚子,清朝国运已蹇,虽未中,故亦并未措意,加上那年他病了一场,所以不但未进学,反而停了学。14岁锡琛到绍兴城里的菩提路私塾读书,塾师颇具进步思想,曾带着他去见过徐锡麟,这是在他幼小心灵中种下的一颗新火种。那时他就开始读《新民丛报》、《浙江潮》等新书刊,从中知道了一些国家大事和世界局势,对本县的革命人物蔡元培、秋瑾、徐锡麟、陶成章等辈十分崇拜,倾心于民主革命。也就在这一年,他再次去应童子试,而且明明考了个第五名,却被别人行贿而顶了去,还是名落孙山。这样两面一对比,他更看透了清朝仕途之可鄙,更坚定了他趋向新学的信念。此时他曾想去日本留学,甚至想参加革命。

15岁时他到陶家堰村从陶云(碌生)先生读书,就住在陶先生家。陶先生让锡琛先生饱览家中藏书,而且因材施教,除了读《古文辞类纂》、《昭明文选》、周秦诸子、宋明理学之外,还特意介绍与引导他读严复翻译的《天演论》、《名学》、《原富》、《法意》等书,还教他学文法、音韵学、算学、物理、化学、日文等等。后来锡琛先生自己认为,他的真正读书,应从这时开始算起,并一再说,碌生先生是他第一位恩师。可惜第二年陶先生即外出任教,锡琛先生遂不得不回家自习。也就在这年冬季,他到县城东文传习所学了3个月的日文,毕业时名列第一。也就是这3个月中学到的日文,居然后来还用它翻译了不少文章,不少人读了还以为他是日本留学归来的呢!

先当先生后当学生,
23岁做了著名的商务印书馆的编辑

1906年初,锡琛先生又考入了本县东湖通艺学堂。而当年5月17日父母为他完了婚,学业就只好停业。为了糊口,第二年他便在家设塾授徒,学生共十余名,他的弟弟妹妹也都随读。1908

年他和一位朋友合办了一所五年制的育德学堂，相当于现在的初级小学，两人分任正副校长，又是语文、算术、体育、音乐等各课程的老师，还兼事务员、校役，反正事无巨细，两个人都包了。这所学校居然招了百余名学生，一时传为美谈。这一片办教育的心实在可嘉，但“学然后知不足，教然后知困”，一年后深感自己实在不懂教育，恰好此时城里成立山会（山阴、会稽）师范学堂，这两位校长又兼扫地的，先后都报名入了师范，毕业后即被留在学校任附小教师，不久又在明道女子师范学堂兼课，育德学堂只好停办。

1911 年辛亥革命成功，11 月 6 日绍兴光复，锡琛先生被绍兴军政府分部邀请主持明道女师校务。军政府分部由王金发任都督，他的秘书谢斐麟来接任明道女师校长。锡琛先生亲眼目睹王、谢等辈之贪污腐化，感到十分痛苦，便于次年，民国元年年初，由杜海生先生介绍，离开绍兴到了上海，由海生先生之堂侄亚泉先生介绍进了商务印书馆，任《东方杂志》编辑。他在亚泉先生的帮助下开始从事日文翻译，所译第一篇文章《镭锭发明者居里夫人小传》，用笔名高劳，发表在 1912 年 5 月 1 日的《东方杂志》上，从此一发不可收，其后九年间，在该杂志上共发表了译文与著作近三百篇。《东方杂志》是商务所办的重要期刊之一，社会影响较大。到 1919 年五四运动期间，新文化运动的冲击波迫使商务对各杂志进行改革，改革便从撤换主编开始，由于锡琛先生在《东方杂志》工作出色，便委任他为商务的另一重要刊物《妇女杂志》主编。

《妇女杂志》从死气沉沉到很具革命性而影响面极大，主编却被辞退

《妇女杂志》是 1915 年创刊的，而始终没摆脱传统的束缚，因此被人批评为“专说些叫女子当男子奴隶的话”。办了 4 年的老杂志，销量才 2000 还不说，竟脱期半年之久。锡琛先生接手后，先从

补上脱期开始，很快便做到了准期出刊，同时外约稿日增，内容虽只有些小变化，销数却已逐步增加，商务领导人对此颇为赞赏。此时他便要求增加人手，并推荐他的朋友周建人来参加编辑。周建人曾在明道女师与锡琛先生共事，两人相交甚笃。合编《妇女杂志》后，两人因多共通想法，使杂志越编越有生气，当然也就越来越受读者欢迎。1921 年 1 月出版了《革新号》，革新后的杂志，除文字尽量用白话之外，内容上则大力介绍世界各国的妇女状况和近代西方讨论的各种问题，包括自由恋爱、自由结婚、自由离婚、妇女解放、女子教育、妇女就业、两性关系、优生、节育、卖淫等各个方面，并经常命题征文，展开专题讨论，开辟通讯专栏与读者对话，随后又出了几个专号，使原来死气沉沉的杂志面目一新。不到半年，来稿激增，销数猛升到一万，成为当时很具革命性而影响面极大的杂志之一。由于上述良好影响与作用，邵力子先生专门来请他们二位去为《民国日报》编《妇女周刊》，为《时事新报》编《现代妇女》旬刊，他们把这两刊也同样编得十分有生气，大受群众欢迎。亦正由此，自然就越来越遭封建卫道士们的抨击。

1925 年 1 月，《妇女杂志》以《新性道德专号》出版，章、周二人的文章受到《现代评论》陈百年的歪曲、诬蔑与攻击，章、周当然要写文章反驳，但反驳的文章竟被《现代评论》扣而不发。鲁迅先生对此十分反感，便把章、周的反驳文章在他编的《莽原》周刊上发表了，并加了按语，予以坚决支持。为此引起了《莽原》与《现代评论》两刊物间的一场论战，导致不少正义之士出来支持章、周与《莽原》。这一下却使商务编译所所长王云五大为恼火与恐慌，便以“审查”各期《妇女杂志》清样为由，逼迫锡琛先生辞去了主编之职。改弦更张返回老路的《妇女杂志》，自然马上一落千丈，暂且不提。而胡愈之、郑振铎、吴觉农以及其他许多朋友，都对王云五此举大不以为然，纷纷主动来支持锡琛先生，出钱的出钱，鼓励的鼓励，都一致希望锡琛先生能在业余另办一妇女刊物来继续传播新思想，批判旧礼教。鲁迅先生还答应经常写稿来尽力支持。经众多朋友的合力帮助，最后商定，出版《新女性》。原想在第二年一月出刊的，为了及早回击这帮封建卫道者，结果提前了两周，在1925年12月中即刊出了1926年1月的《创刊号》。也就在这年年底，锡琛先生被商务印书馆辞退了。

友帮朋助自起炉灶，从《新女性》社到开明书店

在商务工作了14年，而且搞出了卓著的成绩，却落得个失业的下场，对于锡琛先生来说，真是个重大打击。他也曾想过：是否回老家去继续教书，业余再搞些翻译，就此度日算了。而这于心自然不甘，更何况有大量的好朋友支持他，愿与他一道坚决奋斗，至少要把刚办起来的《新女性》更好地办下去。此刻一时生活无着，谢六逸先生便介绍他到神州女中去任教，以便有份固定的收入。在如此众多而盛情的帮助鼓励之下，他深为感动，便决心一定要把《新女性》办好以回报众挚友。

但资金实在困难，仅靠商务辞退时给他的一点点退俸金作本钱哪够用，再加上刊物一旦运转起来，从约稿、组稿，直到编辑、校对、付印、发行等一系列工作，他一个人又怎么忙得过来呢！不得已他只好辞退了神州女中的教职，以便全身心扑到《新女性》上。而办杂志一开始总是亏本的，靠它来养家则更是困难，于是他编了《妇女问题十讲》、《新性道德讨论集》等书，与刊物一起销行。这样，《新女性》杂志社，渐渐也就变成了出版社。后来，朋友们写出作品来，也都愿意送交他出版，而且越来越多，于是很快便越出了《新女性》的范围，必须专为他的出版社另取一个名字，这事与友朋们几经商议，决定采用孙伏园先生（据吴觉农回忆是鲁迅先生）的意见，定名为开明书店。1926年8月，一块由孙伏园先生手书

的“开明书店”店牌,便在宝山路宝山里60号章锡琛先生家的门上挂了出来,这便成了开明书店创业的第一个店址。因自办发行,所以它还是第一个书店门市部。

短短十年,开明便与商务、中华齐名,“章老板”功不可没

小小的书店一开张,当然更不能事无巨细让一个人来忙前忙后,于是增添了营业员、校对、编辑。人数渐次增添,锡琛先生便在一次友朋聚会时,被郑振铎戏称之为“老板”,“章老板”就此叫出了名。他虽是个没有钱的“老板”,却也应承了下来,成为朋友间对他的亲昵称谓。

此时他那二三千元的退俸金早已都用在了出书上,再无法周转下去,不得不约请在商务沈阳分馆当会计的二弟锡珊,辞去职务,投资到开明来。很快两兄弟的资金又都变成了书,经常只好靠借债来度日。为此又想到了招收外股,本来随着业务的扩大,也必须扩大资金,就此开明书店又改组成了开明书店股份有限公司,这已是1928年的事了。后来又多次增股,逐渐壮大,到1936年,股金已达30万,职工已有一百多,店址从宝山路迁到望平街,最后又迁到了书店集中的四马路——福州路;编译所则迁到兆丰路,最后迁到梧州路。另外还在南京、北平、沈阳、长沙、汉口、广州等地开设了分店,一整套独立的编辑、出版、发行系统已颇具规模。后来又拨出部分资金,创办了专为开明印书的美成印刷所,到1936年时,美成也已发展为近百人的中型铅印厂。

开明书店在短短十年间,从一个人独办的杂志社,不断发展扩大,终于成为能与商务印书馆、中华书局、世界书局等齐名的大书店,这虽非锡琛先生一人之力,但主要功绩是该归锡琛先生的。上海市出版工作者协会主席宋原放在评价锡琛先生时曾说:开明书

店如果光有一个好的编辑部，而没有像章先生那样的人才主持店务，那也只能是事倍功半的。这样评价，应说是确切而公允的。

勇毅、魄力与气度

1925年“五卅惨案”发生后，锡琛先生以妇女问题研究会代表的名义参加了上海学术团体对外联合会，奔走呼号，站在斗争的前列。1927年“四一二”之后，他又与胡愈之、郑振铎、李石岑、吴觉农、周予同、冯次行一起，联名给国民党中央委员蔡元培、李石曾、吴稚晖写信，抗议反动派的血腥屠杀，并把这封信的全文在《商报》上公开发表。据夏衍同志回忆，周总理曾不止一次与他谈起过此事，认为这是中国正直知识分子的大无畏的壮举。

1935年瞿秋白同志在长汀遇难，鲁迅先生编了秋白的遗作《海上述林》，一时竟没有一家印刷厂敢来承印。此事吴觉农知道后，便告诉了夏丏尊、章锡琛二位，锡琛先生二话没有，毅然应允下来，即在美成公司秘密印制。

1927~1937这十年“文化围剿”中，锡琛先生以各种方式对当局进行了坚决的斗争，能公开则公开，不能公开则秘密进行，事例很多，方式各异。比如茅盾的《子夜》，下令要删第四章，锡琛先生就叫在第四章的空白处印上个“删”字，控告当局，并告诉读者这是下令被删的。又如夏衍用真名沈端先翻译的高尔基名著《母亲》被禁后，锡琛先生便将书名改成《母》，“沈端先”改成“孙光瑞”，继续印刷发行。而郭沫若的《离骚今译》中有一句“党人之偷乐”，审查大员认为是暗骂国民党，锡琛先生便当面责问审查大员道：“是不是战国时代已经有了国民党？”弄得该大员瞠目结舌，理屈词穷，只得通过让继续发行。正因为锡琛先生在一系列斗争中表现出不凡的勇毅、魄力，有些人还误认为他是“共产党的首领”、“罢工运动的总指挥”等等。

1937年上海“八一三”战事爆发,梧州路的开明总店及美成印刷所全部被毁。这是锡琛先生一生的全部心血所在啊!上一年刚迁入新址,成为开明历史上最辉煌的一页,不断竟遭此大难,开明的损失达80%以上,美成的损失则百分之百。锡琛先生的家也全毁。同人们对此不免悲观消极,而锡琛先生则坚信抗战必胜,认为困难是暂时的,以“店毁了还可以从头来过”这样不畏艰难的话来鼓励大家。他不但这样说了,更拿出实际行动来,与同人们共度难关。

要为乾坤扶正气　徐将口舌折侏儒

“八一三”后,国民党当局要求上海工业悉数内迁,还答应予以经济资助。开明把抢救出来的一些纸型,与租来的一些印刷机运往汉口,不料运货的两只船,一只半途被日寇劫走。本来开明是准备把出版重心移往汉口的,而锡琛先生到汉口时,国民党又准备放弃武汉向重庆撤退,原先答应的资助则一无着落。这时上海总店又频频告急:总店被毁,书业停顿,书市无人问津,欠债累累,……一再催他回沪料理。他为此不得不放弃与叶圣陶一家同去重庆的打算,而取道香港回沪。1938年1月4日他回到了上海,那天笔者的父亲王伯祥先生在日记中有这样一段记载:

> 四时许,雪村始返店。时丏尊、守宪俱在,痛谈别后三日情形,直欲歌哭无端;幸雪村精神弥旺,毫无秋气,大可慰乎!

足见锡琛先生在3个月历尽种种艰难后还是多么豁达。从此他在上海孤岛度过了长达八年的漫漫黑夜。

这八年中,锡琛先生等在上海的开明人是怎么做的呢?请读夏衍的一则回忆:

在孤岛生活最困难的时候，凡是留在上海的“开明同人”，不论有没有出过书，都经常收到丏尊、锡琛先生送来的三块、五块银币的周济。在那种“大家都有困难”的“乱世”，说“相濡以沫”也好，说人情、道义也好，这种出版家与著作者之间的关系，实在是太难能可贵了。

锡琛先生就是这样，在最艰难的困境中，还时时处处去支持他人，团结朋友，来共度难关。

而他在另一方面的表现又是怎么样的呢？有一位日本友人前来开明试探，说日本一家大书店准备找一家中国出版社合作，愿意大量投资，出版一些科学文艺的中文书籍。他看到开明经济困难，提出如果开明同意，他可以从中撮合。听了这话，锡琛先生当即回答他：“感谢你的好意，但在两国战争还没有结束以前，暂时缓谈，等战争结束后再谈吧！”

1943 年 12 月 15 日凌晨，日本宪兵闯进了夏丏尊与章锡琛先生的家，把他俩抓了去。这是日本侵略者对我国进步文化人的迫害。在日本宪兵司令部，锡琛先生面对“审讯”，表现了不凡的气节。“审问”曰：“为什么要抗日？”锡琛先生从容不迫地答道：“这首先要问你们承认不承认侵略了中国。要是你们不承认是侵略中国，那就根本无所谓抗日；如果你们承认侵略了，中国人民当然要抵抗。抗日何罪?!”当他出狱后，即写了一首七律，来进一步阐明他的志气和节操，诗云：

执戈无力效前驱，报国空文触罔罟。
要为乾坤扶正气，枉将口舌折侏儒。
囚龙笯凤只常事，屠狗卖浆有丈夫。
惭愧平生沟壑志，南冠亏上白头颅。

这是多么地正气逼人啊!

远见卓识首先主动公私合营
甘当无名,默默校对《资治通鉴》

1949年上海解放时,锡琛先生亲眼看到解放军战士站在露天被雨淋着,却没有一个躲进商店去避雨的情景,他的心被深深打动。对人民子弟兵敬仰的同时,更加强了对新社会的认识。当他仔细读了毛泽东《新民主主义论》、《论人民民主专政》、《论联合政府》等著作以后,更进一步化为自己的行动。他首先想到的是要让开明书店走上一条新路。他认为:"新闻出版事业是国家宣传和教育的重要工具,不能像别种工商业那样,在新民主主义社会里长期掌握在私商的手中。"因此他决定:开明书店或者结束业务,或者交给国家。经过与邵力子、叶圣陶等人的反复商量,提议应及早公私合营。在他努力主动地奔走之下,不久,即得到出版总署许可,与青年出版社合并,成立中国青年出版社。这是出版系统中第一家公私合营的企业。锡琛先生还在合并前的一次开明干部会上谆谆告诫大家:"现在知道出版总署准许公私合作经营,就认为已经有了靠山,从此可以高枕无忧。这好像把公私合作经营看做观世音的杨枝甘露。这样的看法是不对的。出版总署因为开明以往在出版事业中颇有贡献,所以才准许由国家予以协助和指导。倘使认为一切可以依赖国家,大家不必再努力有所贡献,那也就决不能希望得到国家的协助。"这番由衷之言,是那么的赤诚、明智而又坦然无私。

开明书店的主动公私合营,开出版业合营之先河,在共和国历史上也是应该大书一笔的。但是先生并不以此居功自傲,而是甘愿去做那些费心费力而又默默无闻的工作。

在开明合营之前,锡琛先生已被调任出版总署调查研究处处长。1954年又被调到古籍出版社任总编辑。这时，国家组织正式班子，整理出版《资治通鉴》。尽管该书是由一流学者点校的，但在排版校对的过程中，发现的大大小小的问题仍然不少。这种杀青扫尾的工作是十分琐细而令人头痛的，这事谁愿来做？谁又能来做呢？是锡琛先生主动承担起这一艰巨烦难的工作。1956年初，已年近古稀的他，只身离家去上海（该书是在上海排版印刷的），一丝不苟地对全书进行了系统的修订校改。他对原稿的标点，乃至分段，都提出了不少意见，令原点校的专家们赞扬不已。经过他长达数月不分昼夜的努力，书才正式出版。细思量，这工作还真是非他莫属。像他那样具有至为深厚的旧学功底，又有近半个世纪出版工作经验，而又甘愿去做这默默无闻工作的人，在当时还真难找。

晚年多坎坷，力疾从公坦然处之

在1957年那场风暴中，像锡琛先生这样心胸坦荡，性格豪爽的人，如在“天网”之外，倒反要令人“不可思议”了。“为真诚地帮助党整顿作风，出于善意，发表了正确意见”（1988年6月29日中华书局《关于章锡琛同志右派问题的重新修改结论》中语）的章锡琛同志，却被带上了右派“桂冠”。反右之前他是中华书局的副总编辑，到1958年被错划后，不但撤销副总编辑职务，而且待遇上一下子从编辑四级降到七级。这不仅是政治打击，更是精神与经济的迫害。在如此不公正的待遇之下，他对点校《二十四史》的工作却毫不含糊，经常不分昼夜地工作。右派帽子总算在1960年被摘掉，但要知道，摘不摘，实际上也差不多，在极左思潮泛滥的情况下，在极左分子乃至一般群众心目中，摘帽右派也是右派。这种长期的无形的压力，足可以毁灭一个人。而锡琛先生却能够坦然处之，依然力疾从公，依然不断治学。

1961 年，他已 72 岁高龄，目力已剧退，申请退休未获批准。1963 年他又承担起《张载集》的审阅工作。在工作中有所得，便开始撰写《张载思想分析》（后改《张载哲学初探》），同时还写下了长篇回忆文章《漫谈商务印书馆》（原载《文史资料选辑》第 43 辑，后又被收入《商务印书馆九十年——我与商务印书馆》一书，略被删节）。

1966 年 5 月 17 日，是锡琛先生与夫人吴耦庄正式结婚 60 周年之良辰。这在旧日是最为人所重视的所谓重圆花烛，理当是要大大庆祝的。老两口特地去照相馆照了张合影，尽管那时“文革”的火药味已十分浓重，头童齿豁的两位老人，在相片上仍流露着一丝坦然的微笑。十数日后，破四旧、抄家等天翻地覆的“革命行动”便铺天盖地而来。锡琛先生被街道“红卫兵”抄了家，把他日常工作必须要用的书籍也都悉数虏了去，接着是强迫劳动、侮辱、打骂……不久他夫人便病得卧床不起，去世时锡琛先生都未能与她诀别。也就在这一年，他的长子士敏在洗劫中遭打身残，又得不到应有的治疗，终于 10 月惨死家中。

同一年一头一尾，连遭丧妻丧子之痛，如何承受得了？而他一一承受下来了。留在他身边唯一的外孙女要“上山下乡”，他还特地作了首《沁园春》来鼓励她安心接受再教育。最后他被赶出了自己的家屋，轰到一大杂院中去住。1969 年 6 月初，锡琛先生只因偶感风寒，便很快成了“不治之症”，送到医院，就在急诊室便咽了气。

锡琛先生去世 19 年后，由中华书局出面，为他做了平反结论，宣布本“不应划为右派分子”，撤销原右派结论，恢复名誉，并追认先生为“具有民族气节的爱国出版家”。

原载《人物》1995 年第 1 期

开明创始人章锡琛先生

王建辉

章锡琛先生是绍兴人，曹聚仁说，只有章先生能从商务和中华的天下里夺得一分天下，因为他是绍兴人。这是说的作为绍兴人的章锡琛创办开明书店。因此章的名字是和开明联系在一起的。

在创办开明书店之前，章锡琛曾长期在商务印书馆做编辑。大约在民国元年初，也就是1912年1月，他从故乡到了上海进入商务印书馆。他在工作中温习日文，达到可以给《东方杂志》做流利的译文的程度。1919年开始接手编辑《妇女杂志》，并请周建人作为编辑助手，对杂志进行革新，杂志遂由三千多增加到一万多份。因此章锡琛像沈雁冰、郑振铎等一样，都是20年代初中期商务骨干编辑群中的一员，他们一起开创了商务杂志最活跃的一个时代。

1925年到1926年间，章锡琛因为编辑《妇女杂志》的方针和商务当局意见不和，改任做其他的一般编辑工作，在郑振铎、胡愈之、周建人等朋友们的怂恿下，他以个人的名义创办《新女性》杂志，编印妇女问题研究会丛书，引起商务当局不满，他只能从商务退出。章锡琛在商务印书馆干了15年。

从商务退出后，他以商务的退俸金一二千元为基础，加上兄弟章锡珊的若干资金，在宝山路家中挂出了开明书店的招牌，店招为孙伏园所写。因此最初被称为兄弟书店。由于曾受到胡愈之的鼓动，所以后来章锡琛也说，胡愈之是开明书店的创办人。开明初期的资本，由朋友们尽力资助也只不过得五千元左右。后一二年约1928年改组为股份有限公司，也不过得5万元，开明后来发展起来后，增资规模也不太大。虽则他最初几年并未任经理，但因为开明是章锡琛创办的，店内人和像俞平伯这样的文化人都称他为“章老板”。但他并不是一个资本家，他占有股份不到全部资金的1%。开明的实力很有限，而其时商务和中华已经成为中国出版的龙头老大，商务的资本金更是数百倍于开明。章锡琛在资金周转高度方面虽然能量不是太大，却能依靠不同来源的一批文化人，在商务和中华的眼鼻底下，靠自己的稳打稳扎，成为旧中国六大书局（商务、中华、开明、大东、世界、正中）之一，后来更和商务中华鼎足而三。在商务老板的心目中，开明才是他的劲敌。

徐铸成说得很合实际，开明“创办人章锡琛以文人而艰苦创业”，并实际主持开明，开明有了自己的一些特点。自然，这些特点也很好地折现了章锡琛的作为近代中国杰出的出版人的风采。

开明有一大批文化人作为基本队伍，同时或先或后有夏丏尊、叶圣陶、赵景深、周予同、贾祖璋、朱自清、丰子恺、刘大白、徐调孚、顾均正、傅彬然等知名的文化人数十人之多，这些人都是学有所长的专家，懂得学问，也懂得编辑出版，加上由夏与叶相继主持编辑业务，大家胜任愉快，开明书店成为这一批被称为“开明人”的文化人共同的事业。

开明的方针是有所为而有所不为，这主要体现在开明把自己的主要读者，定位在如叶圣陶后来说的“主要是青年和少年”，始终坚持为这些读者编刊编书。开明办有《中学生》、《开明》等好几种杂志，出版了适合青少年阅读的《文章作法》、《文心》、《阅读与写作》和《给青少年的十二封信》等有影响的图书，这些书均由夏丏尊、叶圣陶等亲自编写。有所为有所不为，还表现在开明把主要的精力放在编辑出版中小学教科书上，开明的中小学课本，比同时的商务和中华的教科书有某些改良和进步，因为他们有一批懂得学校教育的编辑，并常在教学实验学校进行试验。有所为有所不为，更表现在开明编辑成功地编写出版了一连串语文和史地辅助读物。开明出版林语堂著《开明英语读本》，也是章锡琛出版活动的杰作。林语堂打算写书的意图,最初是由孙伏园去与北新书局联系的,林提出的每月先行预支300元遭拒绝。孙向章锡琛试探,不想章老板一口答应下来。林语堂便开始了写作。随后,开明与林密切合作,由章请丰子恺给林书作插图,并和世界书局林汉达编辑的英语读本打了一场官司,林著和开明的名声更传扬开了。此书在开明发行二十多年,林所得版税即达30万元,开明的利润自然可观。教科书的编辑出版为开明书店打开了局面。

开明的出版注重创新。现在流行中华书局的《活页文选》,早在1927年开明书店就编辑出版了《开明活页文选》,这就是章锡琛的点子,形式和现今的中华《活页文选》差不多,都是选编古今名篇加以注释标点,这份文选一直办到中日战争爆发,出版了十余年。建国之初,章锡琛曾写过一篇《开明活页文选》,介绍他们的做法。开明的活页文选也是为教学服务主要供中小学生阅读的通俗读物。

开明出版了许多大部头的书,其中最重要的是《辞通》和《二十五史》等。《辞通》的出版在中国近代出版史上是一桩奇遇。它的作者朱起凤先生以30年心血写成达300万字的《蠡测编》,后改名《读书通》、《新读书通》,在由开明出版之前,从1918年起,经许多权威人士转介,已经在全中国包括商务和中华在内的出版社里十进十退,长达十余年时间。最后大约在30年代初由徐调孚带给开明,由章锡琛拍板决定接受,毅然于10天之内与作者签订出版合同。章还对人说,作者毕生精力写成此书不易,稿费多送给点可为晚年之助。经艰苦编校排印,1934年在开明出版,开明人将书稿易名为《辞通》。这也显示了开明书店成为一家大书店的气魄。

开明特别注重使用年轻人,章锡琛亲自给年轻人举办讲座,在年轻人年满出师后都委以重任,让他们挑重担。在开明做过的编辑和职员都有章老板让他们干事这种感叹。章锡琛希望他的出版事业也能在他的儿女们手里传下去。他的儿子在排字房、印刷间、营业部轮流学习了好几年,才调到南京去主持开明分店的工作。这是他的理想职业教育,他所教育出来的新一代便懂得排字、浇版、印刷、装订以及发行各部门的工作,他试图把他们训练成出版界的全才。

开明的出版物,多以中性为主,但也不是没有进步出版物。如30年代中期,开明出版了茅盾的《子夜》。由夏衍翻译的高尔基的《母亲》,为逃避查禁,开明出版时改书名为《母》,译者署名易为沈端先。所以有人说开明是为革命敲边鼓的。30年代中期,对于当局的书刊查禁,开明还曾巧用自己的中性烟幕,领衔请愿"体恤商艰"。1937年,由顾颉刚的通俗读物编刊社编辑,由开明书店发行的《民众周报》第3卷第8期被上海捕房查抄,因由是该期内容多"妨碍邦交"文字。后经上海第一特区法院判决,开明书店总经理章锡琛被罚30元,章老板不服,由辩护律师提起上诉。通俗读物社也决定继续刊行周报,终未能如愿。

抗日战争是开明书店的一次转折。战争前夕,由于章锡琛不大关心时事,夏丏尊也不大相信蒋政府能跟日本人打仗,这样决策者未能预为设谋,开明书店在这次战火中损失惨重,达全部资产的80%。战争爆发后,开明匆忙应对,实行搬迁,章锡琛还亲自押送第一批物资到武汉,并责问国民政府未能实现帮助上海出版业转移的诺言。在气愤之中,章锡琛听到传来上海第二批物资途中被日军截走的坏消息,又接上海来电说店屋遇到麻烦,遂愤而返回上海,从此不能撤出。开明未撤出部分,如不动产及《二十五史》锌版等,全部毁于日军炮火。敌伪时期,上海的开明书店坚持纯正的出版事业,曾遭日寇封闭,章锡琛与夏丏尊也被拘捕,经日本友人内山完造设法方才获释。撤出部分在叶圣陶、范洗人等组织下,在桂林、重庆等地重起炉灶坚持出版,对抗日战争时期的中国文化做出了贡献。

抗战胜利后,渝沪两地开明同人又重新复兴开明,总店和各地分店都恢复到战前水平,各地分店达 15 处。在艰难之时,出版了《闻一多全集》和《朱自清文集》。苦撑过三年内战后,开明迎来了新生。

1950 年 2 月,开明书店向国家出版总署递交了请求公私合营呈文,呈文对公司的历史现状和将来,做了分析。为迎接公私合营,开明并于这年 6 月在北京召开了“第一届各单位负责干部会议”,总店和各地分店负责人三十余人到会,章锡琛代表开明书店董事会作了“开明书店的新生”的讲话,表示接受中国共产党的领导,并有针对性地分析当时开明职工的思想状况,指出要铲除自卑和自大两种心理,自卑是说开明没有革命的经历,自大是说开明有丰富的经验。总店随后迁往北京。因为开明在长期的出版活动中形成了以青年读物为主体的特色,遂和青年出版社合并为中国青年出版社。开明的大部分人员进入当时新成立的国家出版总署,为新中国的出版事业提供了干部。章锡琛后来又做了古籍出版社的总编辑以及中华书局的副总编辑。当时国家组织学者班子整理出版《资治通鉴》,在排版校对过程中发现大大小小的问题仍然不少,章主动承担了这一艰巨繁重的杀青扫尾工作,用了长达数月不分昼夜的努力,甘愿默默无闻地付出心力。老年章锡琛在继续为新中国的出版事业做出新的贡献。

对旧中国的出版业,曹聚仁认为最成功的是开明书店。“章老板”曾说过如后的话,现在虽然做着十足的商人,却还承许多文人学士错爱,肯跟我做朋友,并不当作“市侩”看待。这是他做出版的一种风格,也是他的一种自信。在他和夏丏尊、叶圣陶等的努力下,开明形成了一种开明精神,一种开明风格,即“既不是保守的,也不是非常激进的”这样一种开明风格。建国前,周恩来曾代表党对开明作了高度的评价,说它代表了革命的第三种阵线。1950 年中央人民政府出版总署署长胡愈之,在开明的工作会议上说:“开明书店过去对人民有贡献。”

章锡琛(1889～1969)把自己的一生称做"一个最平凡的人",说自己的编辑出版事业也平凡得不能再平凡,但是正是在这种平凡中,他实现了自己的人生意义。中国近代出版史在写开明书店这一页时,在写夏丏尊和叶圣陶的同时,也将记住这位平凡的开拓者。

参考文献:

王知伊《开明书店纪事》,书海出版社 1991 年

曹雷选编《曹聚仁书话》,北京出版社 1998 年

《商务印书馆九十年》,商务印书馆 1987 年

《商务印书馆九十五年》,商务印书馆 1992 年

原载《出版广角》1999 年第 3 期

存　目

中国出版工作者协会编　《我与开明》

中国青年出版社 1985 年

章锡琛　《漫谈商务印书馆》

《商务印书馆九十年》,商务印书馆 1987 年

唐　弢　《印象——关于章锡琛先生》

《出版史料》1988 年第 1 期

钱歌川　《回梦六十年——纪念章锡琛先生生辰百年祭》

《出版史料》1988 年第 1 期

许　杰　《章锡琛先生一百周年纪念》

《出版史料》1988 年第 1 期

丰一吟　《我记忆中的章老板》

《出版史料》1988 年第 1 期

吴文祺 《回忆出版界杰出人才章锡琛先生》

《出版史料》1988 年第 2 期

贾祖璋 《缅怀章锡琛先生》

《出版史料》1988 年第 3、4 期

章克标 《缅怀章锡琛先生》

《出版史料》1989 年第 2 期

叶至善 《纪念雪村先生》

《出版史料》1989 年第 2 期

钟达轩 《回忆与纪念》

《出版史料》1989 年第 2 期

林　木 《难忘的情谊——缅怀章锡琛先生》

《出版史料》1989 年第 2 期